# VIDA EM FRAGMENTOS

## Obras de Zygmunt Bauman:

- 44 cartas do mundo líquido moderno
- Amor líquido
- Aprendendo a pensar com a sociologia
- A arte da vida
- Babel
- Bauman sobre Bauman
- Capitalismo parasitário
- Cegueira moral
- Comunidade
- Confiança e medo na cidade
- A cultura no mundo líquido moderno
- Danos colaterais
- O elogio da literatura
- Em busca da política
- Ensaios sobre o conceito de cultura
- Esboços de uma teoria da cultura
- Estado de crise
- Estranho familiar
- Estranhos à nossa porta
- A ética é possível num mundo de consumidores?
- Europa
- Globalização: as consequências humanas

- Identidade
- A individualidade numa época de incertezas
- Isto não é um diário
- Legisladores e intérpretes
- Mal líquido
- O mal-estar da pós-modernidade
- Medo líquido
- Modernidade e ambivalência
- Modernidade e Holocausto
- Modernidade líquida
- Nascidos em tempos líquidos
- Para que serve a sociologia?
- O retorno do pêndulo
- Retrotopia
- A riqueza de poucos beneficia todos nós?
- Sobre educação e juventude
- A sociedade individualizada
- Tempos líquidos
- Vida a crédito
- Vida em fragmentos
- Vida líquida
- Vida para consumo
- Vidas desperdiçadas
- Vigilância líquida

Zygmunt Bauman

# VIDA EM FRAGMENTOS
Sobre a ética pós-moderna

*Tradução:*
Alexandre Werneck

Copyright © 1995 by Zygmunt Bauman

Tradução autorizada da primeira edição inglesa, publicada em 1995
por Blackwell Publishing Ltd., de Oxford, Inglaterra

*Grafia atualizada segundo o Acordo Ortográfico da Língua Portuguesa de 1990,
que entrou em vigor no Brasil em 2009.*

*Título original*
Life in Fragments: Essays in Postmodern Morality

*Capa e imagem*
Bruno Oliveira

*Preparação*
Angela Ramalho Vianna

*Revisão*
Eduardo Farias
Sandra Mager

Dados Internacionais de Catalogação na Publicação (CIP)
(Câmara Brasileira do Livro, SP, Brasil)

Bauman, Zygmunt, 1925-2017
　　Vida em fragmentos : sobre a ética pós-moderna / Zygmunt
Bauman ; tradução Alexandre Werneck. – 1ª ed. – Rio de Janei-
ro: Zahar, 2022.

　　Título original: Life in Fragments: Essays in Postmodern
Morality.
　　Bibliografia.
　　ISBN 978-65-5979-073-9

　　1. Civilização moderna – Século 20 2. Ética moderna – Século 20 3. Pós-modernismo I. Título.

22-109425　　　　　　　　　　　　　　　　　CDD: 170

Índice para catálogo sistemático:
1. Ética : Filosofia　170

Cibele Maria Dias – Bibliotecária – CRB-8/9427

[2022]
Todos os direitos desta edição reservados à
EDITORA SCHWARCZ S.A.
Praça Floriano, 19, sala 3001 – Cinelândia
20031-050 – Rio de Janeiro – RJ
Telefone: (21) 3993-7510
www.companhiadasletras.com.br
www.blogdacompanhia.com.br
facebook.com/editorazahar
instagram.com/editorazahar
twitter.com/editorazahar

A história da vida partida pode ser
narrada apenas em fragmentos

RILKE

**Nota do editor**

Esta obra ainda utiliza a noção de "pós-modernidade", que Bauman veio a substituir pelo conceito de "modernidade líquida" no livro homônimo, publicado originalmente em 2000. Os leitores interessados em conhecer a razão dessa mudança podem consultar o prefácio do autor à edição brasileira de *Legisladores e intérpretes* (Zahar, 2010).

# · Sumário ·

*Introdução*: Em busca de uma razão pós-moderna   9

**1. Uma moralidade sem uma ética**   *21*

Sociedade: a operação de acobertamento, *25* • Enfrentar o não enfrentável, *31* • Tecendo o véu, *35* • O véu perfurado, *39* • O véu rasgado, *45* • Moralidade sem véu, *52* • Leis éticas, normas morais, *58*

**2. Formas de integração**   *67*

Estar-ao-lado, estar-com, ser-para, *74* • Convenção e compromisso, *82* • A insustentável incerteza do ser-para, *87* • O bem está no futuro, *96*

**3. Vidas despedaçadas, estratégias partidas**   *101*

Saindo para dentro da prisão, *103* • O mal-estar da aceleração: "qualidade de vida", *108* • O mal-estar da aceleração: "identidade", *112* • A vida moderna como peregrinação, *115* • O mundo nada hospitaleiro para os peregrinos, *121* • Os sucessores do peregrino, *126* • Que possibilidade de moralidade? Que possibilidade de governo?, *136*

**4. Catálogo de medos pós-modernos**   *143*

Medos do pan-óptico, *145* • Dos fornecedores de bens aos coletores de sensações, *151* • Da saúde à boa forma, *156* • O corpo sob cerco, *163* • Da manipulação à degustação, *166*

**5. O estranho revisitado – e revisitando**   *173*

Duas estratégias de convivência com estranhos, *175* • O estranho visto pelo *flâneur*, *180* • O estranho *anteportas*, *185* • O estranho, encarado como Jano, *188*

**6.** Violência pós-moderna  *191*

A fronteira à deriva, *195* • Formas e meios de separar ações e moral, *202* • Adiaforização, a versão pós-moderna, *207* • Violência estilo faça-você--mesmo, *215* • Uma conclusão inconclusiva, *218*

**7.** Moralidades tribais  *221*

**O corpo como tarefa**  *221*

Guardando as fronteiras da civilização, *226* • Controle de fronteira privatizado, *233*

**Racismo, antirracismo e progresso moral**  *242*

A administração de estranhos, *243* • Progresso moral?, *245* • A nova desordem mundial, ou reordenamento espacial do mundo, *248* • Insegurança e crueldade, *250*

**Um século de campos?**  *258*

Modernizar a crueldade, *263*

**O antissemistimo reavaliado**  *278*

Os judeus são diferentes dos outros, *282* • Os judeus representam a impossibilidade de ordem, *287* • Tempos que mudam, lugares em mudança, *291*

**8.** Moralidade e política  *299*

**Os intelectuais no mundo pós-moderno**  *299*

As origens modernas dos intelectuais, *302* • A "intelligentsia" da periferia civilizacional, *306* • Afastamento e engajamento, *309* • O deslocamento social dos intelectuais, *314* • Rumo a uma recomposição?, *322*

**Europa de nações, Europa de tribos**  *325*

**Um epílogo: ameaças e oportunidades, antigas e novas**  *342*

A história até agora..., *344* • ... E o início de uma nova história, *354* • As oportunidades de integração moral, *361* • A nova comunidade?, *367* • Entre a esperança e o desespero, *373* • Uma nova ética em busca de uma nova política, *377* • Podemos fazê-lo? Será que faremos?, *382*

*Notas  389*
*Índice remissivo  409*

## · Introdução ·

# Em busca de uma razão pós-moderna

Em *Postmodern Ethics*[1] – o livro ao qual os presentes ensaios se referem e cujos temas desenvolvem –, analisei as mudanças que a nova perspectiva pós-moderna trouxe ou pode trazer para nossa compreensão ortodoxa da moralidade e da vida moral. Propus nesse livro que a abolição de certas esperanças e ambições modernas, e a dissipação das ilusões com que elas envolveram os processos sociais e as condutas de vida dos indivíduos, permitem-nos enxergar melhor que nunca a verdadeira natureza dos fenômenos morais. O que ela nos permite ver, acima de tudo, é o status "primordial", primário, da moralidade: muito antes de nos ensinarem e de aprendermos as regras de bom comportamento socialmente construídas e promovidas, e de sermos exortados a seguir certos padrões e nos abster de seguir outros, já estamos numa situação de *escolha moral*. Somos, por assim dizer, inevitavelmente – *existencialmente* –, seres morais: somos confrontados com o desafio do outro, o desafio da responsabilidade pelo outro, uma condição do *ser-para*. Essa "responsabilidade por", em vez de resultar do ordenamento social e de formação pessoal, enquadra a cena primordial a partir da qual os arranjos sociais e as orientações pessoais têm início, à qual eles se referem e que tentam reenquadrar e administrar.

Essa proposição não significa enfatizar uma parte do debate antigo e em geral infrutífero sobre "bondade essencial" ou "maldade essencial" do ser humano. "Ser moral" não significa "ser bom", e sim o exercício da liberdade de autoria (como autor) e/ou atuação (como ator) na forma de uma escolha entre o bem e o mal. Dizer que os seres humanos são "seres essencialmente morais" não significa afirmar que são em essência bons; e declarar que essas regras socialmente construídas e ensinadas são secundárias no que diz respeito à condição moral primordial não quer dizer que o mal vem da distorção ou da incapacitação da bondade original por efeito de pressões sociais insalubres ou arranjos sociais falhos.

Afirmar que a condição humana é moral antes de significar ou poder significar qualquer outra coisa representa que, muito antes de alguma autoridade nos dizer o que é "bem" e "mal" (e por vezes o que não é uma coisa nem outra), nos deparamos com a escolha entre "bem" e "mal". E a enfrentamos desde o primeiro momento do encontro com o outro. Isso, por sua vez, significa que, quer escolhamos quer não, enfrentamos nossas situações como problemas morais, e nossas opções de vida como dilemas morais.

Decorre daí que assumimos responsabilidades morais (isto é, responsabilidades pela escolha entre bem e mal) antes de nos serem dadas ou de assumirmos quaisquer responsabilidades concretas por meio de contrato, cálculo de interesses ou adesão a uma causa. Também por isso é improvável que tais responsabilidades concretas esgotem e substituam de todo a responsabilidade moral primordial que se esforçam para traduzir num código de regras bem-comportadas; que o fato de haver uma responsabilidade moral só pode ser ocultado, mas não revogado.

Esse fato primordial de nosso ser no mundo, em primeiro lugar, como uma condição de escolha moral não promete uma vida alegre e despreocupada. Pelo contrário, torna nossa condição bastante desagradável. Enfrentar a escolha entre bem e mal significa encontrar-se em situação de ambivalência. Esta poderia ser uma preocupação relativamente menor, estivesse a ambiguidade de escolha limitada à preferência direta por bem ou mal, cada um definido de forma clara e inequívoca; limitada em particular à escolha entre atuar baseado na responsabilidade pelo outro ou desistir dessa ação – de novo com uma ideia bastante clara do que envolve "atuar baseado na responsabilidade".

Não é esse o caso. A própria responsabilidade pelo outro é abandonada com ambivalência: não apresenta limites óbvios, nem se traduz facilmente em medidas práticas a serem adotadas ou das quais se abster – cada qual se impregna de consequências desconfortavelmente imprevisíveis e difíceis de se avaliar de antemão. A ambivalência própria à condição de "ser-para" é permanente e incurável; só pode ser extraída com o que for "moral" na condição moral. É tentador dizer que enfrentar a ambivalência de bem e mal (e, portanto, "assumir a responsabilidade pela responsabilidade de alguém") é o *sentido* (o único) de ser moral.

Isso significa, no entanto, esfregar o sal da solidão na ferida da ambivalência. Dilemas não têm soluções prontas. A necessidade de escolher vem sem uma receita infalível para a escolha correta. O esforço de se fazer o bem é empreendido sem a garantia da bondade de intenções ou de seus resultados. O domínio da responsabilidade é algo desgastado de todos os lados. É tão fácil fazer demais quanto fazer de menos aquilo que "agir de forma responsável" pode idealmente exigir. A vida moral é um percurso de incerteza contínua. Ela é construída de tijolos de dúvida e cimentada com surtos de autodepreciação. Uma vez que as linhas divisórias entre bem e mal não tenham sido previamente traçadas, elas são estabelecidas no curso da ação, e o resultado desses esforços em termos de traçados de desenho é semelhante a uma sequência de pegadas na areia, e não a uma rede de estradas mapeadas. Assim, a solidão é um morador tão permanente e não excluível da morada da responsabilidade quanto a ambivalência.

Quando não suavizada e não satisfeita, essa solidão diante da endêmica ambivalência da condição moral é algo extremamente doloroso. Não é de admirar que muito da inventividade humana tenha se dedicado, ao longo da história, a conceber maneiras de se aliviar desse fardo. Em tempos pré-modernos, os principais desses projetos tinham caráter religioso. O núcleo de todo sistema religioso não era a ideia de pecado, mas de *arrependimento* e *redenção*. Nenhuma religião jamais considerou a vida sem pecados uma perspectiva viável, nem propôs um caminho para uma vida sem mal.

De um modo geral, as religiões aceitam de forma bastante realista a inevitabilidade do pecado (ou seja, das crises de consciência incontornáveis quando se leva em conta a incerteza incurável da situação moral) e concentram seus esforços nas formas de amenizar a dor pela nítida prescrição do arrependimento ligada à promessa de redenção. A essência das soluções religiosas para a ambivalência moral é, por assim dizer, lidar com ela em retrospecto, fornecendo meios para equilibrar o peso do fardo de uma escolha errada. O que foi feito pode ser desfeito – o mal pode ser o bem de novo. A responsabilidade pela escolha é ainda um assunto solitário – ela repousa justa e precisamente nos ombros do indivíduo, assim como as consequências da escolha do mal em lugar do bem. Mas uma cura *ex post facto* é oferecida, e o é em conjunto, em nome de uma autoridade que transcende o poder e a compreensão do pecador, garantindo assim a libertação de uma ansiedade como compensação pela obediência.

A promessa de uma vida liberta do pecado (agora renomeado como culpa) foi tão somente o projeto moderno de refazer o mundo à medida das necessidades e capacidades humanas, de acordo com um projeto concebido de modo racional. A legislação deveria ser a principal ferramenta de reconstrução (vista como um "novo começo", no sentido mais amplo do termo, um começo desacoplado de tudo que tenha se passado antes, um virtual "começar do zero"). No caso da condição moral, a legislação dizia respeito a projetar um código de ética: um código que (ao contrário das estratégias religiosas de arrependimento e perdão) pudesse realmente *prevenir* o mal, dando ao ator uma certeza *a priori* em relação ao que deve ser feito, ao que deve ser deixado de lado e ao que não deve ser praticado. (A viabilidade do projeto era garantida por antecipação, tautologicamente; seguir as regras éticas só poderia produzir o que fosse bom, já que "bom" foi definido de forma clara como a obediência às regras.)

## Introdução

O projeto moderno postulou a possibilidade de um mundo humano livre não apenas de pecadores, mas do próprio pecado; não apenas de pessoas que fazem escolhas erradas, mas da própria possibilidade de erro de escolha. Pode-se dizer que, afinal, o projeto moderno postula um mundo livre de ambivalência moral. E uma vez que a ambivalência é a característica natural da condição moral, postula também o afastamento entre as escolhas humanas e sua dimensão moral. Foi isso que a substituição da escolha moral autônoma pela lei ética produziu na prática.

O centro das preocupações morais foi deslocado do autoexame do ator moral para a tarefa filosófica/política de operar as prescrições e proscrições de um código de ética. Enquanto isso, a "responsabilidade pela responsabilidade" – ou seja, a responsabilidade de decidir quais medidas práticas a responsabilidade exige e que passos não se exigem ("vão além da exigência do dever") – foi deslocada do sujeito moral para agências supraindividuais, agora dotadas de autoridade ética exclusiva.

Do ponto de vista do ator moral, a mudança teve muito a ser elogiada. (Na verdade, ela foi uma das principais razões pelas quais a rendição da autonomia pode ser representada, com credibilidade, como uma emancipação e um aumento de liberdade.) Tendo reduzido a vaga e maldefinida *responsabilidade* a uma lista finita de deveres ou *obrigações*, ela poupa ao ator muito do ansioso tatear no escuro, e ajuda a evitar a sensação persistente de que a conta nunca pode ser fechada, de que o trabalho nunca será afinal concluído. A agonia da escolha (a "tirania das possibilidades", de Hannah Arendt) em grande parte se foi, assim como nunca se mostra correto o gosto amargo de uma escolha.

A substituição da obediência à regra pelo intenso, embora nunca bem-sucedido, ato de dar ouvidos a impulsos morais irritantemente reservados resulta na façanha quase inimaginável de não apenas absolver o ator da responsabilidade pessoal pelos erros cometidos, mas também de libertá-lo da própria possibilidade de *ter* pecados. Mais depressa que as soluções religiosas equivalentes – porque se dá *antecipadamente*, antes que o ato tenha sido cometido –, a culpa é eliminada da escolha, agora simplificada na forma de um dilema entre obediência e desobediência à regra.

Afinal, a passagem moderna da responsabilidade moral para as decisões éticas ofereceu uma medicação compensatória para uma doença induzida por outra realização moderna: o impedimento de muitos dos determinantes que mantinham as ações dos atores confinadas e estritamente circunscritas, produzindo assim uma personalidade "desembaraçada", "desencaixada", para quem é permitido (e que é forçada a) se autodefinir e se autoafirmar. Ao self moral, a modernidade ofereceu uma liberdade complementada por formas patenteadas de escapar dela.

Naqueles que são em geral chamados tempos "pós-modernos", a moderna doença da autonomia persiste, enquanto o medicamento de compensação não está mais disponível nas receitas prescritas pelo Sistema Único de Ética. Ele pode ser adquirido apenas no livre mercado, em meio à acirrada guerra de publicidade entre as empresas de medicamentos, cada uma desafiando o blefe da outra, exaltando seus próprios produtos e enfraquecendo os clamores da concorrência.

Com a suspensão do monopólio estatal da ética (na verdade, do desejo de monopólio por parte do Estado), e com o fornecimento de regras éticas em geral privatizado e abandonado aos cuidados do mercado, a tirania da escolha retorna ao ator – embora desta vez não sobrecarregue tanto assim sua competência moral –, mas sob a forma de habilidades de compra. O ator é responsável não pelos conteúdos com que a responsabilidade é preenchida, mas pela escolha de um código de ética dentre muitos, cada qual como o aval de especialistas em esportes e/ou uma credencial de sucesso de bilheteria.

Na verdade, a "responsabilidade pela responsabilidade" não está mais alojada no poder central (ou nos poderes que aspiram à centralidade), mas foi transferida de novo para o ator. Porém, essa metarresponsabilidade privadamente possuída e gerida, sob nova versão, não é uma responsabilidade de dar ouvidos ao instinto moral, nem de seguir um impulso de moralidade, mas de situar a aposta de alguém num padrão ético suscetível de vitória na guerra de promessas de especialistas e/ou índices de popularidade. Na atmosfera instável de famas súbitas, modismos oscilantes e concessões grotescas, esta não é uma tarefa fácil – nada mais seguro que especular na bolsa. As consequências da escolha sobrevivem, em regra, à autoridade sob cujas recomendações a escolha havia sido feita.

Entretanto, a tendência de as autoridades concessoras de permissões se afastarem prematuramente tira bastante o peso das consequências. A essência do ocorrido é que não se deixam rastros duradouros. Uma vida vivida como uma sucessão de episódios é uma vida não preocupada com as consequências. A perspectiva de se viver com os resultados de suas ações, sejam elas quais forem, parece um pouco menos assustadora, ainda que remota e incerta; menos assustadora, pelo menos, que a perspectiva *imediata* de desafiar a autoridade hoje mais vociferante e controladora de tropas. A modernidade enalteceu o adiamento da *gratificação*, na esperança de que essa gratificação fosse ainda gratificante quando o adiamento chegasse ao fim. O mundo pós-moderno, em que as autoridades brotam sem aviso prévio, do nada, para desaparecer de imediato, também sem prévio aviso, prega *adiar o pagamento*. Se a caderneta de poupança era a epítome da vida moderna, o cartão de crédito é o paradigma da pós-moderna.

Uma possível interpretação do que está acontecendo é que a pós-modernidade preserva os preciosos ganhos da modernidade – a "despreocupada" autonomia do ator –, ao mesmo tempo que remove a etiqueta de preço e os fios que a modernidade a eles atrelou. Agora, finalmente, você pode comer o bolo e ainda tê-lo depois. (Ou melhor, uma vez que os bolos tendem a ficar velhos e menos apetitosos mais depressa, você pode comer o bolo e *reciclá-lo*.)

A pós-modernidade (ou, mais apropriadamente ainda, nesse contexto, a "modernidade tardia"), ouve-se uma e outra vez, é a coroação final do sonho moderno de liberdade e do longo e tortuoso esforço para tornar o sonho realidade. Celebremos então o mundo livre de obrigações imaginárias e falsos deveres. Com os princípios universais e as verdades absolutas dissipados ou chutados para fora do campo da moda, *não importa muito mais* que princípios ou verdades pessoais alguém abrace (esse abraçar não deverá nunca ser rígido, de um modo ou de outro) e siga (esse seguir não precisa ser fiel demais nem comprometido, para falar a verdade).

Faz ou não faz diferença? Eis a questão. E segue como uma questão – talvez a questão crucial, constitutiva, da vida pós-moderna (ou tardio-moderna). Pode-se dizer com considerável convicção que o que vale é precisamente o oposto da avaliação pós-moderna para a pós-modernidade: *o falecimento dos universais e absolutos potencializados pelo poder tornou as responsabilidades do ator mais profundas e certamente mais significativas que nunca.* Pode-se dizer com convicção ainda maior que, entre a falência de absolutos universais e universais absolutos, por um lado, e uma licença do tipo "tudo passa", por outro, há um gritante *non sequitur.* Como Steven Connor recentemente observou, "a falta de valores absolutos torna todos os outros valores intercambiáveis, assim como a ausência de um acordo em torno de um padrão-ouro faz todas as moedas do mundo valerem o mesmo."[2]

Ou, como sugere Kate Soper, é perfeitamente possível (embora ainda não se saiba se é também provável) desistir da "ideia, típica das grandes narrativas, de uma verdade única sem abrir mão da ideia de verdade como um ideal de regulação".[3] Quando se traduz a proposição de Soper para a linguagem da ética, pode-se dizer que é possível abrir mão da ideia de grande narrativa de um código de ética único sem desistir da ideia de responsabilidade moral como ideal de regulação. Após a tradução, no entanto, a proposição soa modesta e moderada demais. Poder-se dizer, em vez disso, que é precisamente *pela* morte do código de ética supostamente unificado e em aparência único que o "ideal de regulação" da responsabilidade moral pode alçar voo pleno.

As escolhas entre o bem e o mal ainda podem ser feitas; desta vez, porém, em plena luz do dia e com pleno conhecimento de que ela foi feita. Com a cortina de fumaça de uma legislação centralizada e dispersa, e o poder de procurador devolvido ao signatário, a escolha é deixada ao sabor dos dispositivos da própria pessoa moral. Com o poder de escolha vem a responsabilidade. Se a escolha é inevitável, a responsabilidade é incontornável. Não resta qualquer esconderijo seguro, e os abrigos da responsabilidade ainda disponíveis tendem a ser retirados das prateleiras dos supermercado ainda antes de expirar o termo de garantia a eles anexado, de modo que não há lugar para onde dirigir as reclamações se o produto apresentar defeitos. Fica-se com o produto e os seus defeitos, e tem-se apenas a si mesmo para responsabilizar.

Essa nova condição nos obrigará a fazer coisas boas com mais frequência que antes, e coisas más com menos frequência? Ela fará de nós seres melhores? Não se pode, de maneira responsável, dar uma resposta "sim" ou "não". Como sempre, a situação moral é dotada de uma ambivalência inerente, e ela não seria moral sem uma escolha entre o bem e o mal. (Antes de comer da árvore do conhecimento do bem e do mal, Adão e Eva não eram seres morais, e o Jardim do Éden era um lugar sem moralidade.) Essa nova condição conjura, no entanto, a perspectiva da maior consciência do caráter moral de nossas escolhas; de nosso enfrentar nossas escolhas de forma mais consciente; e de nosso enxergar seu conteúdo moral de maneira mais clara.

Deve-se repetir ao infinito: mesmo essa última perspectiva – de olhos mais abertos para o "por" em cada "com", de ressuscitar a consideração do outro temporariamente empurrada para longe ou suspensa por meio da obediência à norma – não augura necessariamente a chegada de um mundo melhor, habitado por pessoas melhores. Mesmo que essa perspectiva se torne realidade, não há qualquer tipo de garantia de que a moralidade ganhará ao expor-se, à queima-roupa, ao self moral abandonado a seu próprio senso moral. Talvez ninguém, dada essa incerteza (ou melhor, esse medo), tenha voz mais pungente que Gillian Rose:

A *nova ética* [expressão pela qual Rose se refere a essa visão pós--moderna de moralidade que repudia qualquer "política de princípios" e põe o outro, e não o sujeito moral, no centro] está acenando para "o outro", que afoga e arrasta suas crianças água abaixo com seus gestos violentos, moribundos. A *nova ética* se preocupa com "o outro", porém, uma vez que nega qualquer relação com o direito, pode ser misericordiosa e também impiedosa. Em ambos os casos, tendo renunciado a princípios e intenções, essa *nova ética* mostra "as melhores intenções" – a intenção de fazer as coisas direito dessa vez. Em seu regime de absoluta misericórdia, a nova ética estará tão envolvida com as consequências indesejadas quanto seu predecessor em termos de princípios.[4]

Essa é, grosso modo, a ideia que desejei transmitir em meu livro sobre *ética pós-moderna*: a *pós-modernidade é ao mesmo tempo a maldição e a sorte da pessoa moral. Trata-se de uma questão moral em si: qual dessas duas faces da condição pós-moderna se consolidará como sua imagem duradoura.*

Os ensaios reunidos neste volume aprofundam essas ideias e dão continuidade a elas – à medida que extraem sua seiva da vida cotidiana de homens e mulheres pós-modernos, ou os secam e fazem murchar. Ao contrário dos antecessores, os ensaios estão menos preocupados com a questão de como a moralidade pode ser descrita na ausência de uma "política de princípios", e muito mais – e sobretudo – com a questão de que aspectos das condições de vida tornam uma "política de princípios" redundante ou impossível.

Seria injusto culpar os filósofos por abandonarem os princípios e se recusarem a buscar os fundamentos inabaláveis da bondade humana; seria presunçoso propor que o aspecto preocupante da situação moral do homem pós-moderno é que os filósofos "entenderam tudo errado" e negligenciaram seu dever. A filosofia sempre foi e continua a ser um comentário informado e ponderado sobre o ser; e o "ser em relação" que ela comenta é o tipo de ser vivido sob as condições que se tornaram o destino de homens e mulheres de seu tempo e de sua parte do mundo. Deve haver alguma coisa nesse tempo e nessa parte do mundo que faça com que alguns comentários familiares soem ocos ao fornecer novos temas e novos tons. Estes ensaios são uma tentativa de desvendar esse "algo".

Christopher Lasch observou que a sociedade "não é mais regida por um consenso moral". Ele também indica que a nossa ordem social não exige "o consentimento informado dos cidadãos". Proponho que as duas observações não são independentes, e que os dois fenômenos que relatam têm raízes comuns. E que há uma ligação íntima entre ambos e um terceiro fenômeno, localizado aparentemente num plano diferente da experiência – "Nossa impaciência com tudo que limite nossa liberdade soberana de escolha, ... nossa preferência por 'compromissos não obrigatórios.'"[5] Proponho, assim, que o estudo da(s) moralidade(s) pós-moderna(s) seja uma análise do contexto da vida e das estratégias de vida pós-modernas. O tema norteador destes ensaios é o fato de que as raízes dos problemas morais pós-modernos descendem do caráter fragmentário do contexto social e do caráter episódico dos objetivos de vida.

Estes são estudos menos sobre "consequências não intencionais" do que sobre a endêmica e incurável ambivalência da cena moral primordial – a cena de escolhas morais e a cena de descoberta da moralidade das escolhas – em que as consequências são geradas por desígnio ou por padrão. Eles tentam fazer um balanço dos riscos e das oportunidades inerentes a essa cena – e, sobretudo, daqueles privilégios ambivalentes da vida pós-moderna sobre os quais ainda não sabemos se são obstáculos ou trampolins; e que, por tudo que sabemos, ainda podem se tornar as duas coisas.

# · 1 ·

# Uma moralidade sem uma ética

A ética é uma preocupação de filósofos, educadores e pregadores. Eles fazem discursos éticos – quando falam dos modos como as pessoas se comportam em relação umas às outras e em relação a elas próprias. Não diriam, contudo, que qualquer descrição desse comportamento mereça ser contada entre as afirmações éticas. Dizer apenas o que as pessoas fazem entre elas e para si mesmas não significa ainda falar de ética: significa no máximo fazer declarações do campo da sociologia ou da antropologia do comportamento moral. Se não se descreve apenas a conduta comum, mas também sua comum *avaliação* (ou seja, inclui-se informação sobre se as pessoas aprovam ou condenam certas ações), esses discursos pertencem a "etnoéticas"; o que nos informa sobre as visões de correto e incorreto mantidas pelas pessoas descritas, mas não necessariamente partilhadas por aqueles que as descrevem, e sem dúvida não consideradas aceitáveis apenas pelo fato de serem realizadas por aquelas pessoas descritas.

O termo "etnoética" diz-nos o que alguns povos ("etnos") *acreditam* ser correto ou incorreto, sem nos dizer se essas crenças, em si, são corretas ou incorretas. Mas os filósofos, educadores e pregadores insistirão que, para produzir uma declaração ética, não é suficiente afirmar que algumas pessoas acreditam que algo é correto, ou bom, ou justo. Se esses filósofos, educadores e pregadores de ética fizeram da ética sua preocupação é precisamente porque nenhum deles confiaria o julgamento sobre correto e incorreto às próprias pessoas, nem reconheceria, sem mais verificações, a autoridade de suas crenças sobre tal assunto.

A ética, portanto, é algo mais que a mera descrição do que as pessoas fazem. Mais até que uma descrição do que elas acreditam que deveriam estar fazendo a fim de ser dignas, justas, boas – ou, mais genericamente, "do lado certo". Declarações éticas adequadas são tais que não dependem de sua veracidade com base no que as pessoas realmente fazem, ou mesmo no que se acredita que deveriam fazer. Se aquilo que as declarações éticas dizem e o que as pessoas fazem ou acreditam estão em contradição, acredita-se que isso quer dizer, sem necessidade de outras provas, que as pessoas estão erradas. Somente a ética pode dizer o que *realmente* deveria ser feito para que o bem seja atendido.

De modo ideal, a ética é um código de leis que prescreve o comportamento "universalmente" correto, isto é, para todas as pessoas em todos os momentos. Trata-se daquele comportamento que separa o bem do mal para todos, de uma vez por todas. É por isso que a enunciação de determinações éticas deve ser uma tarefa de pessoas especiais, como filósofos, educadores e pregadores. É também isso que coloca essas pessoas especiais, os peritos em ética, em posição de autoridade sobre as pessoas comuns que vão fazendo as coisas enquanto aplicam as regras informais a que se prendem (muitas vezes sem serem capazes de dizer como elas são).

A autoridade dos especialistas em ética é legislativa e judiciária ao mesmo tempo. Os peritos proclamam a lei e julgam se suas prescrições foram seguidas de modo fiel e correto. Eles afirmam ser capazes disso porque têm acesso a um conhecimento não disponível às pessoas comuns – por meio da comunicação com os espíritos dos antepassados, do estudo das sagradas escrituras ou do desvendamento dos ditames da razão.

O olhar depreciativo sobre a "competência ética" das pessoas comuns em circunstâncias normais e a autoridade concedida de antemão ao que os especialistas dizem, podem dizer, ou gostariam de dizer sobre o assunto leva-nos a presumir que juízos éticos adequados não são "fundamentados" (isto é, oficiais e obrigatórios) enquanto a única evidência que pode ser apresentada a seu favor for o fato de que "as pessoas fazem esse tipo de coisa". Os verdadeiros fundamentos devem ser mais fortes e menos voláteis que os erráticos hábitos das pessoas comuns e suas opiniões notoriamente insalubres e inconstantes.

Além disso, esses fundamentos devem ser dispostos a certa distância da agitação da vida cotidiana, de modo que as pessoas comuns não os enxerguem a partir dos locais onde exercem suas atividades normais e não sejam capazes de fingir que as conhecem, a menos que elas lhes sejam citadas, ensinadas, ou que os especialistas as treinem sobre elas. A impotência ética dos leigos e a autoridade ética dos peritos explicam-se e justificam-se mutuamente. E o postulado de uma ética "devidamente fundamentada" suporta-as.

Notemos que não foi a necessidade de orientação e de confiança das pessoas o que colocou os peritos éticos para trabalhar. A maioria das pessoas, na maior parte das vezes (e isso inclui os próprios especialistas em ética, sempre que fazem uma pausa em suas atividades profissionais e se ocupam de suas tarefas de todo dia), pode operar muito bem sem um código de conduta e sem selos oficiais certificando as propriedades desse código. Na verdade, elas precisam tão pouco do código e de suas autorizações que quase nunca têm a oportunidade de notar sua ausência, da mesma maneira como não percebemos o roubo de artigos domésticos que não usamos.

A maioria das pessoas – a maioria de nós – segue a maior parte das vezes o hábito e a rotina: comportamo-nos hoje da forma como fizemos ontem e como as pessoas ao nosso redor continuam a se comportar. Contanto que ninguém ou nada nos impeça de fazer "o usual", podemos seguir dessa maneira, indefinidamente. Então, trata-se mais do contrário: são os experts em ética que não poderão permanecer o que são – os peritos portam autoridade, ficam em posição de dizer aos outros o que fazer, de censurá-los por fazer o mal e forçá-los a fazer o certo – sem afirmar a necessidade de fundações sólidas e garantias infalíveis que supostamente nos faltam; sem insistir na teoria e, melhor ainda, demonstrar na prática que, sem os fundamentos e garantias que eles descobriram, não podemos "seguir em frente", ou pelo menos não podemos seguir em frente como *deveríamos* – como pessoas verdadeiramente *morais* e decentes.

Quando afirmadas repetidamente, com a autoridade e o apoio de recursos adequados, as proposições tendem a se tornar realidade – e só pode dar frutos a formação que visa nos tornar "peritodependentes". Cedo ou tarde, começaremos a procurar intensamente e por nossa própria vontade uma orientação confiável de "pessoas do saber". Se pararmos de confiar em nosso próprio julgamento, iremos nos tornar sensíveis ao medo de estar errados; chamamos o que receamos de pecado, medo, culpa ou vergonha – mas, seja qual for o nome, sentimos necessidade da mão útil do perito para nos trazer de volta ao conforto da segurança. Trata-se de um medo tal que se amplia a dependência da especialização. Contudo, uma vez que ela se estabeleceu e fincou raízes, a necessidade de especialização ética torna-se "autoevidente" e sobretudo autorreproduzida.

Isso também significa que a necessidade de especialistas em ética depende pouco, se é que depende, de quanto os peritos possam ou não cumprir sua promessa (assim como precisamos de médicos especialistas independentemente da eficácia dos serviços que eles ofereçam). A necessidade surge apenas quando não podemos agir sem buscar o cumprimento dessa promessa. De modo paradoxal, a necessidade se torna ainda maior à medida que os bens resultantes não superam de todo as expectativas, e portanto não satisfazem a necessidade que se esperava satisfazer.

## Sociedade: a operação de acobertamento

A ideia de caos, declara a socióloga polonesa da cultura Elzbieta Tarkowska, diz respeito "a um determinado estado, um estado primitivo que precede a criação, um estado marcado por fluidez, ausência de forma, indeterminação, indiferenciação, uma total confusão de todos os elementos". Uma vez que, no estado de caos, "a mudança é permanente", esse estado "soa obscuro, ilegível, imprevisível para aqueles nele expressados (bem como para os observadores e estudiosos)".

Permitam-nos explicar que o caos descrito por Tarkowska é um estado em que tudo pode acontecer (assim como a ordem, antônima de caos, é um estado do qual certos eventos são quase excluídos, enquanto outros são mais que aleatoriamente prováveis), em que nenhum evento tem maior probabilidade que qualquer outro – mesmo se tivesse, não seríamos capazes de dizê-lo de antemão. Ser caótico é estar desprovido de estrutura – se "estrutura" significar uma distribuição assimétrica de probabilidades, uma não aleatoriedade dos eventos.

No decorrer do debate que se seguiu à sua tentativa de adicionar o conceito de "caos" ao vocabulário dos estudos culturais, Tarkowska chamou atenção para o fato de que a linguagem das ciências sociais resiste a acréscimos. Mesmo quando os participantes do debate concordaram em descrever como "caos" os estados (temporários, como eles esperavam) de confusão teórica e as incertezas que ocorrem nos momentos da chamada "crise paradigmática", eles demonstraram claramente sua falta de vontade (mais intuitiva que racional) de lançar mão do conceito de "caos" na descrição da condição humana, mais que na da teoria dessa condição.

Em sua resistência à representação da realidade social como "caótica por si só", os participantes do debate intelectual entraram em pleno acordo com a intuição do senso comum, cultivada por nossa linguagem. Isso pressupõe e insinua como discretas a natureza, a diferenciação, a classificação e a "ordenabilidade" geral do mundo. Eles preferiram falar de "reestruturação" ou simplesmente de "transformação" da cultura. Um estado de "objetiva" falta de estrutura, se é que se pode pensar em algo assim, soou-lhes como um enfraquecimento temporário da estrutura – ou aquele momento breve, dramático e pleno que separa uma ordem de outra em vias de substituí-la. Puderam falar de "caos" apenas como *um afastamento da norma*, uma perturbação do estado normal das coisas, e, portanto, um estado anormal e excepcional, perigoso, um estado de "crise" ou condição clínica. De forma semelhante à ideia de "crime" ou de "doença", a ideia de caos parecia estar carregada, desde o princípio, de um estigma que nenhum esforço de definição poderia apagar.

"Os seres humanos", observou Cornelius Castoriadis, em 1982, "não podem aceitar o caos, e, mesmo ao aceitá-lo como caos, não podem ficar de pé, firmes, e enfrentar o abismo." O fato de que eles não possam fazer isso não consegue ser "explicado", "ganhar sentido", ser representado como o efeito de alguma outra coisa, de uma causa; essa condição é a própria fonte e a própria causa de todo o alvoroço de produção de sentido e de todo o esforço explicativo, eles próprios sem sentido e inexplicáveis. Podemos dizer que este é um fato antigo, "bruto" – de que os seres humanos promovem sua existência com esforço interminável, uma vez que nunca são totalmente bem-sucedidos, para escapar ao caos: a sociedade, suas instituições e suas rotinas, sua imagens e suas posições, suas estruturas e seus princípios de gestão – tudo isso são facetas daquela sempre inconclusiva e implacável fuga.

A sociedade, podemos dizer, é uma maciça operação de contínuo acobertamento. E, ainda assim, o melhor que essa fuga já conseguiu produzir foi uma fina película de ordem sempre perfurada, rasgada e redobrada pelo caos sobre o qual ela se estende: o caos "constantemente invade a imanência suposta – o dado, o familiar, o domesticado em aparência". E a invasão é, como a própria "imanência", um evento cotidiano, familiar, embora nunca de todo domesticado: manifesta-se "pelo surgimento da alteridade irredutivelmente nova, radical", e "por uma via de destruição, aniquilamento, morte".[1]

No entanto, podemos dizer que essa operação de acobertamento chamada sociedade em geral é eficaz para que o "caos", o
"abismo", a "falta de chão" de que fala Castoriadis apareça para nós,
homens, não como a cena primordial diante da qual nos ocupa-
mos de fugir e nos esconder; ela se apresenta sob a pele de uma
ruptura com o "estabelecido", uma irrupção, uma fenda na rocha
da normalidade (sólida em outras circunstâncias), um orifício na
rotina suavemente fluida do ser. Ela irrompe em nossas vidas como
um sinal de derrota e um aviso de falência, como um lembrete da
risível arrogância da ambição e do descabimento dos esforços que
a ele se seguem. O caos é o que há de mais aterrador para as promessas acenadas pela rotina do estabelecido. A sociedade é uma
fuga do medo, mas também é o solo fértil desse medo, e dele se
alimenta, é dele a garra com que ela nos detém e extrai sua força.

Nascimento e morte, a chegada do novo e a partida do familiar, estes são dois furos escancarados na pretensão de ordem
que nenhum esforço jamais ativou ou nunca chegará a ativar. O
ser bloqueado no tempo/espaço breve/estreito entre a chegada
e a partida – diariamente lembrado da teimosa contingência e
da inevitabilidade dos dois limites, à medida que transita entre
os limites de si mesmo – não pode alongar os significados que
tece para longe o bastante de modo a cobrir o "*antes*" e o "*além*".
Desse *outro lugar* não supervisionado e não controlado, desse *diferentemente do ser*, vêm a novidade e o inesperado. Nisso afunda
tudo que é usual e familiar em última instância. Significados são
ilhas no mar da falta de sentido, embora sejam ilhas vacilantes e à
deriva, sem ancoragem no fundo do mar – se é que esse mar tem
fundo. Sem uma âncora própria, essas ilhas de sentido autode-
senvolvidas necessitam de apoio externo; uma base é necessária
quando o ancoramento está ausente. Nietzsche diz:

> A morte natural é aquela independente de toda razão, a propria-
> mente irracional, em que a miserável substância da casca determina
> quanto tempo deve existir o núcleo: ou seja, em que o minguado,
> enfermo, obtuso guardião da cadeia é o senhor que designa o ins-
> tante em que seu nobre prisioneiro deve morrer. A morte natural

é o suicídio da natureza, isto é, a destruição do ser mais racional pelo elemento mais irracional que a ele está ligado. Apenas sob a luz da religião pode parecer o contrário: porque então, como é de esperar, a razão superior (de Deus) dá suas ordens, a que a razão inferior deve se dobrar.[2]

As inescrutáveis razões de Deus dão conta da falta de racionalidade do caos. Agora, o princípio que se espera que faça o espaço/tempo curto/estreito ser habitável vai além dos limites que tornam esse espaço/tempo insustentável, pacificando o além. A razão monitora o armistício entre o lógico e o absurdo, as pretensões de ordem e sua brevidade/estreiteza. O caos é batizado com um nome que nega sua improcedência, e o ser é dispensado da necessidade de prestar contas de si mesmo, de sua finalidade e de seu significado. A ordem humana nunca foi obrigada a admitir que só pode contar consigo mesma para explicar tanto sua presença quanto suas limitações.

A sociedade continua a salvo onde domina, contanto que formalize a administração daquilo que não domina. Pode até, por um tempo, manter em segredo sua assinatura no ato de renúncia. Pode mascarar sua impotência aludindo à onipotência de Deus; mascarar sua incompreensão aludindo à onisciência divina; sua mortalidade, à eternidade do Criador; seu isolamento, à onipresença do Todo-Poderoso.

Nada há de inevitável na ligação entre sociedade e religião. Seria inútil buscar compreender esse elo por meio de uma coleção de escolhas e acidentes históricos. Religião e sociedade são a mesma coisa. A sociedade sem religião é incompleta e está condenada, incapaz de se defender diante de qualquer tribunal. Fundamento de todos os sentidos, embora ela mesma sem sentido próprio, endosso de todos os propósitos, embora ela própria despropositada, incapaz de suprimir as evidências dessa incongruência, a sociedade seria condenada no momento em que se tornasse ré, acusada da autoria de seus atos e da responsabilidade por eles.

Se não se pode enfrentar o abismo, a melhor coisa a fazer é afugentá-lo para longe da visão. É exatamente o que consegue fazer a religião/sociedade. A sociedade precisa de Deus. Mais que tudo, precisa de um Deus "pessoal", como você e eu, apenas infinitamente mais cheio de recursos, um Deus que enxerga ordem e sentido com clareza, vê um plano onde você e eu apenas divisamos ou pressentimos um arremedo de sentido e de propósito. Um Deus não pessoal, como a razão ou as leis da história, é apenas a segunda melhor solução, com larga distância em relação à primeira, para ser exato. A "mão invisível", a "astúcia da razão" ou a "inevitabilidade histórica" – todas partilham com o Deus pessoal os atributos cruciais de inescrutabilidade e inexplicabilidade.[*]

Mas o que deixam de lado, sem acompanhamento e sem supervisão, são aquelas inflexíveis qualidades do ser que, antes de mais nada, tornam Deus necessário: em primeiro lugar, a brevidade/estreiteza da existência, a mortalidade, a morte, "a aniquilação mais racional dos seres pelo mais irracional dos elementos". Onde essas qualidades se apresentam, a morte se torna uma ofensa, um desafio e uma abertura pela qual o absurdo escoa para a vida, uma janela que não pode ser fechada no acolhedor – embora apertado – lar da existência sensível; uma abertura para a infinita expansão do nonsense. Como "não pode fazer sentido", a morte deve ser desmentida, reprimida por um código de confidencialidade cultural, ou desconstruída – e essa se comprovou uma tarefa extremamente difícil.[3]

Na ausência de Deus, sem Sua ajuda, "não enfrentar o abismo" não é fácil. O que se encara face a face é o brutal fato de que, como Arthur Schopenhauer percebeu muito tempo atrás, diante de uma modernidade ainda jovem, exuberante e autoconfiante, "a existência é meramente acidental":

---

[*] No original, unaccountability, impossibilidade de accountability, ou seja, impossibilidade de "prestação de contas". Traduzimos como "inexplicabilidade", mas o termo account possui sentido bastante específico na sociologia, sendo uma das figuras centrais da corrente conhecida como etnometodologia, que se dedica a essas prestações de contas dadas pelos atores sociais: um account não é tanto uma "explicação" quanto um "dar uma satisfação por". (N.T.)

Se alguém se aventura a levantar a questão de por que não há nada mais além deste mundo, então o mundo não pode ser justificado em si mesmo; nenhuma base, nenhuma causa final de sua existência pode ser encontrada em si; não se pode demonstrar que ele exista para seu próprio bem ou, em outras palavras, em benefício próprio.

Qual é, então, a resposta para a pergunta?

A morte é o resultado da vida, seu *résumé*, ou é uma soma total, expressando de um só golpe todas as instruções por ela dadas pouco a pouco e em pormenores, a saber, que todo o empreendimento, o fenômeno que a vida é, representou um esforço inútil, infrutífero e contraditório, para retornar daquilo que é uma conclusão.[4]

Naquele momento, a voz de Schopenhauer era um grito no deserto – ou melhor, o lugar de onde as vozes desse tipo podiam ser ouvidas foi denominado deserto pela civilização, ainda confiante de que poderia realizar o trabalho que Deus não tinha feito ou não tinha mais a permissão de executar. A filosofia do século XIX foi bem-sucedida em marginalizar e anatematizar insights como o de Schopenhauer. Começou com uma grandiosa e otimista utopia de Hegel, operada por uma confiança no cientificismo com *todos os limites fora dos limites*. E terminou com o recolhimento de Nietzsche num hospício.

Ao longo daquele século sonhador (talvez mais bem-simbolizado pelo conde de Saint-Simon, que instruiu seu criado a acordá-lo todas as manhãs com as palavras: "Levante-se, sua excelência. Há feitos grandiosos a serem realizados."), nunca se permitiu que fosse extinta a esperança de que o que havia para ser feito fosse feito, mas também que se tornaria claro e indiscutível que o que estava sendo feito era o que cabia fazer, *und kann nicht anders.** ("Os tempos modernos", afirma E.M. Cioran, "começam com dois histéricos: Don Quixote e Lutero.")[5]

---

* "E não poderia ser diferente", frase atribuída a Martinho Lutero. (N.T.)

O que há de peculiar nas opiniões expressadas nas citações anteriores a Castoriadis não é sua novidade (Schopenhauer as disse todas, e com força exemplar), mas o fato de que elas não são mais marginais. O que costumava ser a voz da dissidência está se tornando ortodoxia; o que era sussurrado nos submundos condenados é agora gritado nas praças da cidade; o que se passava clandestina e sorrateiramente no escuro da noite agora é comercializado sob intensa luz e em shoppings lotados. Essa diferença faz toda a diferença.

## Enfrentar o não enfrentável

Agora, afinal, "estamos de pé, firmes, a enfrentar o caos". Nunca fizemos isso antes. Apenas enfrentar o caos já seria desconcertante e incômodo o suficiente. Mas a novidade do ato – a total ausência de qualquer antecedente pelo qual passar, pelo qual ser confirmado, pelo qual ser guiado – torna a situação enervante. As águas em que nos lançamos não são apenas profundas, nunca foram mapeadas. Não estamos ainda numa encruzilhada: para uma encruzilhada ser uma encruzilhada primeiro deve haver estradas. Agora sabemos que *fazemos* as estradas – as únicas estradas existentes e que podem ser construídas –, e fazemos simplesmente por nelas *caminhar*.

Ou, para dizer o mesmo na linguagem dos filósofos e educadores (embora ainda não na dos pregadores, seja lá o que tenha restado hoje dessa categoria): nenhum fundamento foi encontrado ou é suscetível de ser encontrado para o ser, e nenhum esforço para estabelecer essas fundações teve êxito ou poderá lográ-lo. Não há causa nem razão para a moralidade. A necessidade de ser moral, e o significado de ser moral, não pode ser demonstrado nem logicamente deduzido. Assim, a moral é tão contingente quanto o resto do ser: ela não tem fundamentos éticos.

Não podemos mais oferecer orientações éticas para os selves morais; não podemos mais "legislar" sobre a moralidade nem esperar adquirir essa habilidade nos dedicando à tarefa com mais zelo ou de forma mais sistemática. Convencemos a nós e a todos dispostos a ouvir que o caso da moralidade só é seguro se construí-do em terra firme, por forças mais fortes que as dos seres morais em si mesmos – e tais forças precedem e sobrevivem ao curto/estreito espaço/tempo dos selves morais. Por isso achamos difícil, ou melhor, impossível, compreender por que o self deve ser moral e reconhecê-lo como moral quando ou se for esse o caso.

Uma coisa é acreditar que os fundamentos éticos sejam *ainda não* encontrados ou *até agora* não construídos; outra é não acreditar em fundamentos éticos. O brusco "se Deus não existe, tudo é permitido" de Dostoiévski bradou os mais íntimos medos dos construtores modernos de uma ordem sem divindade (ou talvez "pós-divina"). "Não há um Deus" significa: não há força maior que a vontade humana nem mais poderosa que a resistência humana capaz de coagir os selves humanos a serem morais. Nenhuma autoridade é mais nobre e digna de confiança que os próprios desejos e premonições dos homens para lhes assegurar que as ações que eles consideram dignas, justas e adequadas – morais – sejam de fato corretas; bem como para afastá-los do erro no caso de essas ações falharem.

Se não houver essa força e essa autoridade, os seres humanos estarão abandonados ao seu próprio juízo e à sua própria vontade. E estes, como os filósofos argumentam e os pregadores tentam fazer com que as pessoas entendam, podem dar à luz apenas o pecado e o mal; como os teólogos nos explicaram de forma tão convincente, não se pode confiar neles para produzir um comportamento correto ou fazer passar um julgamento correto. Não pode haver algo como uma "moral eticamente infundada"; e uma moralidade "autofundada" é, gritante e deploravelmente, algo infundado do ponto de vista ético.

De uma coisa podemos ter certeza: não importa quanta moralidade haja ou possa haver numa sociedade que tenha reconhecido estar sem chão, sem propósito e diante de um abismo atravessado apenas por uma frágil prancha feita de convenções, ela pode ser apenas uma *moral eticamente infundada*. Como tal, é e continuará a ser incontrolável e imprevisível. Ela se constrói;

Uma moralidade sem uma ética    33

da mesma maneira, pode se desmontar e se reconstruir de outra forma no curso da *sociabilidade*: à medida que as pessoas se reúnem e se afastam, unem forças e as veem se desintegrar, chegam a um acordo e o desfazem, elas tecem e desmantelam os laços, lealdades e solidariedades que as unem. É tudo o que sabemos. O resto, no entanto – as consequências de tudo isso –, está longe de ser esclarecido.

Ou talvez o desespero seja infundado, e a ignorância, exagerada. Pode-se dizer: a autoconstituição da sociedade não é nova, é apenas "notícia": desde o início dos tempos, a sociedade existe por meio da autoconstituição, *apenas não sabíamos disso* (ou melhor, antes conseguíamos desviar nosso olhar dessa verdade). Mas muito paira sobre esse "apenas". Nas palavras de Castoriadis: embora tenha sempre sido autoconstituída, a sociedade, até agora, além disso, tem sido "auto-ocultada". E "auto-ocultação" consiste em negar ou dissimular a verdade da autoconstituição, de modo que a sociedade pode enfrentar a precipitação de sua própria autocriação como resultado de um comando heterônomo ou da estranha ordem das coisas.

Presumivelmente, um comando heterônomo é mais fácil de ser seguido que um projeto próprio não testado. As consequências são menos difíceis de suportar, as dores são mais fáceis de enfrentar, as dores de consciência são abafadas, o sal da responsabilidade não é mais esfregado na ferida do fracasso. (Qualquer praticante de um crime que seja levado a julgamento e declare inocência apontando o dedo para os "de cima", que lhe teriam dado a ordem, conhece essa diferença muito bem.) A agonia da "desocultação" vem sobretudo do fato de se encarar a responsabilidade que não pode ser transferida e a qual ninguém pode assumir.

Essa agonia é a condição da *sociedade autônoma*, isto é, para citar novamente Castoriadis, "uma [sociedade] que se autoconstitui de forma explícita. Isso equivale a dizer: ela sabe que as significações em que e pelas quais vive e existe como sociedade são sua *obra*, e que não são nem necessárias nem contingentes"[6] – o que significa, permita-nos acrescentar, que não são inegociáveis, não chegam sem aviso prévio e não provêm do nada.

Para a sociedade autônoma, as significações (e também o significado de "ser moral") não soam infundadas, embora sejam desprovidas de "fundamentos", no sentido inferido pelos filósofos morais. Elas são bem-"fundadas", mas suas fundações são feitas do mesmo material que as significações que assumem. São também os sedimentos do processo em curso de autocriação. Ética e moralidade (se ainda se insistir em separá-las) crescem no mesmo solo: os selves morais não "descobrem" seus fundamentos éticos, e sim (de maneira muito semelhante à da obra de arte contemporânea, que deve fornecer seu próprio quadro de interpretação e as normas segundo as quais se dispõe a ser julgada) os edificam enquanto se constroem a si mesmos.

Agora, considere esse mundo com uma nova imagem e preencha-o com o superfamiliar bicho-papão que é o normativamente des ou sub-regulamentado, solitário e "antissocial" monstro de um Hobbes ou de um Durkheim, e você terá todos os motivos para temer pelo futuro da humanidade. Ou melhor, teria, não fosse por um fato que merece ser repetido (muitas vezes ainda): não é tanto a forma como vivemos juntos que mudou, mas nossa compreensão de como continuamos a alcançar este feito notável. Assim sabemos que, do mesmo modo como os fundamentos éticos heterônomos da ordem humana, o espantalho do ogro social foi uma ficção da sociedade para se ocultar. (Na verdade, as duas ficções precisavam uma da outra, geravam-se uma à outra e se corroboravam mutuamente, assim como procedem as profecias autorrealizadoras.)

A tarefa de autocriação permanece tão dolorosamente difícil quanto costumava ser, mas não há razões óbvias para que isso seja *mais* difícil agora do que antes. O que mudou é que agora sabemos o quão difícil é a tarefa e suspeitamos que não se possa encontrar uma saída fácil para a dificuldade: nenhum subterfúgio ou fechar de olhos poderá ajudar.

Pode-se também seguir Max Horkheimer, que elegeu Schopenhauer como "o professor para o nosso tempo". ("Há ideias", escreveu Horkheimer em 1961, "de que o mundo de hoje necessita mais de Schopenhauer – ideias que, diante da profunda desesperança e exatamente porque a desafiam, conhecem mais que qualquer outra a respeito da esperança.") A doutrina de Schopenhauer

da vontade cega como força eterna retira do mundo a traiçoeira folha de ouro que a velha metafísica lhe havia dado. Em absoluto contraste com o positivismo, ela enuncia o negativo e o preserva no pensamento ao expor a motivação para a solidariedade partilhada por homens e todos os seres – o abandono de si. Nenhuma necessidade será em nenhum momento compensada por nenhum além. O impulso para mitigá-la *neste* mundo nasce da incapacidade de se olhar para ela com plena consciência dessa maldição e de tolerá-la quando houver uma oportunidade para detê-la. Para tal solidariedade, que brota da desesperança, o conhecimento do *principium individuationis* é secundário. ...

Levantar-se pelo que é temporal, em oposição à impiedosa eternidade é a moralidade no sentido de Schopenhauer.[7]

## Tecendo o véu

Uma característica bastante preeminente do espírito moderno é que ele nunca se reconciliou com aquele "abandono", mas nem por um momento admitiu o "desespero". A esse respeito, estava de acordo com a ocultação pré-moderna e teologicamente orientada. O "desencanto" moderno foi parcial em todos os tempos: desaprovar e repudiar velhas estratégias e generais fatigados, mas exaltar a potência dos oficiais mais jovens que tomaram seus lugares, a necessidade de uma estratégia e a promessa de que a estratégia correta afinal se produziria.

Os sacerdotes da ciência substituíram os sacerdotes de Deus; a sociedade orientada para o progresso estava destinada a conseguir o que a sociedade preordenada não conseguiu. Dúvidas quanto ao derradeiro sucesso foram reformuladas como crítica ao passado imperfeito. As fragilidades e os erros de ontem seriam desfeitos sob a nova gestão – e os sacerdotes do movimento progressista diferem dos sacerdotes do Deus eterno em sua contínua autorrenovação.

A crítica moderna seria incompleta a menos que conduzisse ao programa "positivo". Apenas a crítica "positiva" era aceitável. Por mais assustadora e chocante que fosse, ela tinha de apontar para um final feliz. A crítica moderna extraiu sua energia e sua legitimação da crença inabalável de que uma "solução" podia ser encontrada, de que um programa "positivo" seria certamente possível e, ainda mais certamente, imperativo. Em retrospecto, o glorificado desencanto moderno parece mais com a passagem do bastão numa corrida de revezamento de mágicos. O desencantamento moderno vem em embalagem promocional que contém um novo e operacional kit de encantamento.

As fórmulas mágicas agora eram a história e a razão: a razão da história, ou a história como trabalho da razão, ou ainda a história como processo de autopurificação da razão, de uma razão que se volta para si mesma por meio da história. Em tais fórmulas, razão e história eram gêmeas siamesas que não podiam ser separadas por cirurgia. A razão foi apresentada como história, como um perpétuo "ainda não", como um *outro lugar* de qualquer lugar ou *algum outro momento* de qualquer momento. "Razão" era um substantivo curioso, comportando-se como verbo e sempre usado no tempo futuro – esperava-se que o presente determinado a um propósito se rendesse à razão à medida que extraía seu significado do propósito mesmo que estava destinado a alcançar, do projeto a que servia. A "razão prestes a governar" emprestou significado ao presente, que estava a ponto de participar do esforço encadeador de tempo e controlador do futuro.

A narrativa moderna, nas palavras de Jean-François Lyotard, buscou legitimação "num futuro que estava por vir, ou seja, numa ideia a ser implementada". A imortalidade da esperança parecia ter sido assegurada pela inextinguível tensão entre o futuro, sempre "ainda não alcançado", e o presente, que sempre o trazia para mais perto: a tensão entre "a particularidade, a contingência, a opacidade do presente, e a universalidade, a autodeterminação e a transparência do futuro que ele prometia".[8]

A modernidade consistiu num incessante esforço por estabelecer uma meta: prender o mesmíssimo futuro que emprestou ao esforço seu significado. Foi um esforço para se certificar de que, no final, haveria comprovação de que ele não fora em vão, para forçar a legitimação com antecedência a se confirmar *ex post facto*. A versão moderna da rendição teológica da auto-ocultação, ao contrário da antiga e da pré-moderna, poderia assumir a mudança, a incerteza e a contingência em seus passos largos: ela envolveu na nuvem do significado não apenas *o que é e deve ser*, mas também *o que está prestes a desaparecer* e, portanto, só poderia ganhar sentido desde que o espaço fosse limpo por seu desaparecimento. A sensação que a modernidade teceu para encobrir a falta de fundamento do ser, e também do ser moderno, foi a da *destruição criativa*.

"Dado o espetáculo de seus abundantes sucessos", diz Cioran,

> as nações do Ocidente não tiveram problemas para exaltar a história, atribuindo-lhe um sentido e uma finalidade. Ela pertencia a eles, que eram seus agentes: daí ela dever tomar um curso racional. ... Consequentemente, eles a colocaram sob o patrocínio, por turnos, da providência, da razão e do progresso.[9]

A lei local da civilização ocidental que se autodenominou modernidade poderia ser articulada e *sentida* como universal graças à universalidade do abraço com que o Ocidente envolveu o resto do que era humano do globo: foi a globalidade de sua dominação que permitiu aos europeus projetar "a civilização *deles*, a história *deles*, o conhecimento *deles* como civilização, história e conhecimento *überhaupt*" ("em qualquer situação");[10] perspectivas a partir das quais as percepções são estabelecidas e reparadas pelo diferencial de poder. O objeto da percepção é tão fraco e acidental quanto é esmagador o poder de mudá-lo ou movê-lo para fora do caminho.

Vistos do pináculo, os objetos na parte inferior da hierarquia parecem minúsculos. Para os armados pioneiros colonizadores da América, da Austrália ou da Nova Zelândia, a terra de cujos elementos essenciais tomaram posse deve ter parecido vazia: um ponto zerado da história, um sítio para uma revigorada partida, um novo começo.

A forma especificamente moderna de auto-ocultação era a percepção do mundo como fronteira. A modernidade é antes de mais nada uma *civilização de fronteira*. Ela só pode sobreviver enquanto ainda houver alguma fronteira como local para um recomeço prometido e esperado; ou melhor, enquanto o mundo se permita ser percebido – e, acima de tudo, tratado – como fronteira. "O Ocidente", diz Castoriadis, "é escravo da ideia de liberdade absoluta", entendida como "pura arbitrariedade (*Willkür*)", ou "vazio absoluto", ainda a ser preenchido de atributos.[11] O que quer que possa ser feito deve ser feito. É *a capacidade de agir*, e não a ação em si, o que conta mais. O conteúdo, a finalidade e as consequências da ação são derivativos, secundários.

A existência moderna é só aparentemente orientada segundo fins. Importa realmente a autoconfiança derivada de se "deter os meios" – pois é a confiança de que se pode seguir tentando (de que nenhum fracasso é definido) que alimenta o estilo "a história é o progresso da razão" de auto-ocultação. Assim, ao contrário de seu autoconhecimento e/ou da sua autopropaganda, a civilização moderna é e sempre foi não *orientada segundo ações*, mas *orientada segundo a capacidade para agir*. Essa capacidade, no entanto, era o produto comum dos instrumentos que pudesse reunir e da resistência da matéria-prima (ou seja, o despreparo do material para ser tratado como matéria-prima): em resumo, produto do diferencial de poder.

É razoável supor que a diminuição da diferença de poder entre o Ocidente e o resto do mundo tenha sido um dos motivos principais para que a versão orientada segundo a história, o progresso, o projeto da auto-ocultação perdesse energia; para a crise da modernidade; para o advento da pós-modernidade; para a crescente disposição de admitir que o ser não apenas está apoiado no caos e no absurdo – e não sobre uma ordem predestinada e dotada de significado –, mas que ele vai continuar assim enquanto durar, e nada que possamos fazer irá mudar isso.

## O véu perfurado

A modernidade outrora considerou a si mesma *universal*. Agora, em vez disso, ela se pensa como *global*. Por trás dessa mudança de termos esconde-se um divisor de águas na história do autoconhecimento e da autoconfiança modernos. "Universalidade" deveria ser o reinado da razão – a ordem das coisas que substituiria a escravidão das paixões pela autonomia dos seres racionais; a superstição e a ignorância pela verdade; as tribulações do plâncton flutuante por uma história projetada, feita por si mesma e cuidadosamente monitorada.

"Globalidade", ao contrário disso, significa apenas que todo mundo em todos os lugares pode se alimentar de hambúrgueres do McDonald's e assistir aos últimos docudramas feitos para a TV. A universalidade foi um projeto soberbo, uma missão hercúlea a executar. A globalidade, em contraste, é uma aceitação dócil do que está acontecendo "lá fora", uma admissão sempre marcada pela amargura da capitulação, mesmo que adoçada com uma autoexortação consoladora do tipo "se você não pode vencê-los, junte-se a eles". A universalidade foi uma pena no chapéu dos filósofos. A globalidade exilou os filósofos, nus, de volta ao deserto do qual a universalidade prometia emancipá-los. Nas palavras de David E. Klemm:

> [Uma] lei é construída no sistema competitivo da economia global (maximizar os benefícios econômicos), o que acaba tornando o discurso filosófico completamente irrelevante. Essa lei desempenha o papel de norma para orientar e coagir a ação, não por apelo à verdade, mas por determinação dos resultados reais da vida. A lei ela própria faz a seleção entre o sucesso e a falha ao longo das linhas de uma espécie de darwinismo econômico. O apelo à verdade não pode desafiar a lei.[12]

Em outras palavras, não importa muito agora o que os filósofos dizem ou não dizem; por mais que eles gostassem que fosse de outro modo, e embora teimosamente insistam, de Hegel a Habermas, que a história, a modernidade e acima de tudo o progresso/maturação da história até a fase moderna sejam um problema *filosófico* – uma tarefa *à espera* (mesmo que, como acredita Habermas, ela não saiba ou não admita) do julgamento filosófico. O caos e a contingência, que deviam ser expulsos para além das fronteiras das ilhas societais de ordem racional, estão de volta com um projeto de vingança. Eles têm o controle no interior daquela que se esperava ser a morada segura da razão, gerida por leis legisladas, e não por leis da natureza. E quando a contingência governa, os sábios são rebaixados do alto posto de fazedores da história ao trabalho braçal de cronistas da corte.

Para somar perplexidade à humilhação, nem mesmo está claro se esse alto posto sobreviveu à passagem da universalidade à globalização (ou melhor, ao desmascaramento da universalidade, revelada como globalização; ou ainda ao rebaixamento do *projeto* de universalidade à *prática* da globalização). A sociedade não finge mais ser um escudo contra a contingência. Na ausência de poderes fortes e obstinados o suficiente para tentar domesticar a fera selvagem da espontaneidade, a própria sociedade toma o lugar do caos – o campo de batalha e/ou área de pastagem para os rebanhos, cada um em busca de sua própria rota, embora estejam todos na mesma busca de alimento e abrigo seguro.

A cronologia substitui a história; o "desenvolvimento" toma o lugar do progresso; a contingência assume o lugar da lógica do projeto que nunca chegou a se realizar. Não foram os filósofos que não conseguiram colocar o ser contingente e sem fundamento sobre bases seguras; os equipamentos de construção é que foram arrancados de suas mãos. Mas não para serem dados a outros, menos merecedores e menos dignos de confiança, mas para se juntarem ao sonho da razão universal na lata de lixo das esperanças frustradas e das promessas não cumpridas.

O rebaixamento dos legisladores teria provocado ira política; o desmantelamento do processo legislativo teria gerado desespero filosófico. Não se tratava apenas de ter terminado em divórcio o casamento entre verdade e poder, que se esperava duradouro. Muito pior que isso, a verdade dos filósofos padeceu da escassez de solteiros com quem se casar. Parecia não haver qualquer fuga da gaiola. Simplesmente, não há poderes à vista, ansiosos para vestir o manto do "déspota esclarecido", costurado pelos filósofos para o noivo da verdade, por mais desesperadamente que se possa procurá-los ou farejá-los nos chefes tribais – os hoje rebeldes, mas amanhã desmascarados como pequenos tiranos. (Para aqueles que demonstram esta última inclinação, Cioran tem os seguintes avisos: "Uma definição é sempre a pedra angular de um templo"; todos os "olhos inflamados pressagiam o abate"; "o homem que propõe uma nova fé é perseguido, até que chegue sua vez de tornar-se perseguidor: a verdade começa por um conflito com a polícia e termina com um chamado por ela.").[13]

O discurso pós-modernista (algo distinto do discurso pós-moderno) dos filósofos, no controle da nostalgia legislativa, segue fielmente a agenda de todos os relatos de frustração. A expectativa é que os portadores das notícias sejam responsabilizados como venenosos, enquanto a notícia em si seja refutada com veemência ou indeferida com desdém.

Ao fazê-lo, os filósofos culpam a realidade por não se elevar ao padrão da racionalidade guiada que eles haviam definido como horizonte da história progressiva. O que de fato aconteceu é que o conjunto de processos em andamento com o advento da modernidade, confundido com um progresso na direção de uma racionalidade (universal) coordenada e/ou guiada, deu à luz uma multidão de racionalidades (locais, paroquiais) descoordenadas e autoguiadas que se transformou no principal obstáculo à ordem racional universal.

No distante fim da saga moderna, ergue-se a "sociedade de risco" de Ulrich Beck, que pode esperar, na melhor das hipóteses, que algumas iniciativas local e globalmente arriscadas se mobilizem a tempo para limitar os danos deixados por empreendimentos outrora local e globalmente danosos.

A sensação de "quem desdenha quer comprar"* é reverberada na opinião muitas vezes repetida de que nossa era atual é afligida e debilitada pelo esmorecimento da capacidade de "pensar por antecipação", em particular pelo declínio das utopias. Questiona-se, porém, se esse diagnóstico está correto, se ele não é o desvanecimento de certo *tipo* de utopia que é aqui lamentado, ocultado numa proposição generalizada demais.

A pós-modernidade é moderna o suficiente para viver de esperança. Ela perdeu pouco do truculento otimismo da modernidade (embora seja improvável que os filósofos tomem parte nisso, já que encontram poucas migalhas sob a mesa festiva; não se deixou muito espaço para *seus* tipos de habilidades e credenciais na leitura especificamente pós-moderna de um "futuro novo e melhor"). A pós-modernidade tem suas próprias utopias, embora haja desculpas por não se reconhecer nelas aquilo que se foi treinado a procurar encontrar nas utopias que moveram, a base de espora e chicote, a impaciência moderna com as eternamente imperfeitas realidades do presente.

Joe Bailey descreve bem as duas utopias mutuamente complementares da pós-modernidade: a da maravilhosa capacidade de cicatrização do livre mercado e a infinita capacidade da "solução tecnológica". No primeiro caso, a utopia neoliberal visualiza o paraíso da concorrência de mercado totalmente liberada e desregulamentada, em que, de modo infalível, encontra a mais curta e mais barata forma de riqueza e felicidade.

> Basicamente, a sociedade é vista como uma ordem *natural* na qual instituições sociais satisfatórias surgem de maneira involuntária. A interferência e o consciente projetar por meio do planejamento e da

---

* No original, o autor usa a expressão *sour grape feeling*, que se refere à fábula clássica de Esopo conhecida como "A raposa e as uvas", na qual o animal tenta alcançar as frutas de uma parreira alta e, não conseguindo, delas faz pouco caso, afirmando que estão "verdes" (*sour grapes*). Usamos aqui a expressão mais próxima ao sentido original, embora não guarde ligação direta com a fábula. (N.T.)

"politização" o provisionamento social são vistos como perigosas rupturas de uma ordem social espontânea.

No segundo caso, a utopia tecnológica

afirma que problemas sociais, políticos e mesmo morais da sociedade são suscetíveis de uma solução técnica, que o progresso em todas as esferas é garantido apenas pela evolução tecnológica, e que a sociedade em que vivemos agora está se acelerando rumo a novas melhorias qualitativas por meio do desenvolvimento tecnológico.

Bailey conclui:

Essas são importantes e, eu gostaria de sugerir, poderosas utopias novas que projetam otimismo no discurso público. Mais: elas dominam e colonizam o otimismo.[14]

As utopias pós-modernas são anarquistas – apenas raramente anarcossindicalistas. Elas enxergam um mundo com direitos, sem deveres e, acima de tudo, sem governantes e *gens d'armes*, exceto aqueles necessários para garantir um passeio seguro e proteger as bolsas de compras dos assaltantes. Elas depositam sua confiança na sabedoria da razão ausente. Elas militam contra o projetar e o planejar; contra o sacrifício em nome de benefícios futuros; contra a postergação da gratificação – todas essas regras informais de outrora, consideradas eficazes graças à crença de que o futuro pode ser controlado, delimitado, obrigado a obedecer à semelhança pintada com antecedência e, portanto, o que se faz agora conta para mais tarde está "prenhe de consequências".

A sabedoria pós-moderna reconhece apenas um planejamento, o "planejamento familiar" (assim chamado perversa e ambiguamente, num estilo típico da novilíngua [de George Orwell], uma vez que sua essência consiste no impedimento à criação de famílias) – preocupado com a *prevenção* da "gravidez", com limpar os atos de suas consequências –, como se o novo axioma fosse a exata inversão do antigo, isto é: em vez de atores retendo o futuro, o futuro é que retém, coage e oprime os atores. A espontaneidade do mundo que as utopias pós-modernas conjuram torna toda preocupação com o futuro um nonsense, exceto com o se ver livre da preocupação com o futuro e, portanto, com o ser capaz de agir de forma despreocupada.

O caos e a contingência que a modernidade levou dois séculos para obstruir nos negócios da vida não apenas estão de volta ao campo de visão, mas lá se mostram (talvez pela primeira vez tão descaradamente e para tantos espectadores) nus, sem qualquer cobertura ou adorno, e sem a vergonha que poderia impeli-los a procurar roupas. A falta de fundamento não é mais o segredo pejado de culpa e vergonha do ser de que a sociedade tentou ao máximo se arrepender e que tentou expiar. Ele é saudado, em vez disso, como a beleza e a alegria do ser, como o único fundamento da verdadeira liberdade.

A pós-modernidade significa o desmantelamento, a divisão e a desregulamentação das agências encarregadas, na era moderna, da tarefa de puxar os seres humanos, conjunta e individualmente, para seu estado ideal – o da racionalidade e da perfeição, da perfeição racional e da racionalidade perfeita. As utopias pós-modernas querem que nos alegremos com esse desmantelamento, que comemoremos a rendição dos ideais (exigentes, prolongados, vexatórios) como o ato final da emancipação.

Não está claro como a causa da moralidade, da bondade e da justiça pode ser levada a sério num mundo que parece ter chegado a um acordo com sua própria falta de fundamento, que não parece dar mais importância a isso e se sente pouco perturbado pela ausência de agências com a tarefa de manter o caos a uma distância segura. Não admira que a filosofia moral esteja perdendo seu vigor e prefira se manter no interior do círculo encantado dos comentários eruditos sobre textos antigos para dar conta de seus negócios tradicionais, mas agora cada vez mais aventureiros e impopulares, da legislação e do julgamento éticos. Tendo dado uma boa olhada nas atuais preocupações intelectuais, tanto à direita quanto à esquerda do espectro político, Castoriadis encontrou uma "terrível regressão ideológica entre os *literati*".

Definir e legislar são sempre, aberta ou indiretamente, uma crítica da realidade existente – e a atual relutância para fazer um ou outro coincide, não por acaso, com a extinção quase total do pensamento crítico –, na verdade, da capacidade de imaginar, para não dizer de sugerir um tipo de sociedade diferente da que parece ter nos deixado hoje sem alternativa plausível e viável. "O período atual é, portanto, mais bem-definido como uma retirada geral rumo ao conformismo", conclui Castoriadis, com tristeza e raiva. Mas mesmo ele, exigindo uma injeção de vida nova no projeto aceleradamente esmorecedor de autonomia individual e coletiva, encerra sua leitura com uma observação não muito diferente da opinião culpabilizada (e com razão) pela dormência e pelo empobrecimento ideológico dos *literati* de hoje: "Novos objetivos políticos e novas atitudes humanas são necessários; deles, por enquanto, só há poucos sinais."[15]

## O véu rasgado

Mesmo que seja responsável pela "cobertura negativa na imprensa", que hoje deteriora e aleija todo compromisso ético, a cegueira generalizada e sem perspectiva em relação a uma alternativa parece mais sintoma do que a causa da fadiga e da cautela éticas. A reticência na arbitragem ética parece brotar de uma genuína incerteza quanto aos méritos da operação "Caosgate" na forma especificamente moderna na qual era antes realizada.

Embora sem dúvida bem-sucedida em estabelecer numerosas ilhas locais de ordem, essa operação não conseguiu manter o caos do lado de fora dos limites (ou, nesse sentido, fora da mente) nem garantiu o esperado "progresso ético". Pensando bem, o remédio não parece mais (se é que não parece menos) atraente que a doença que foi feito para curar. "O progresso geral da humanidade", tanto no sentido de controle efetivo sobre o elementar, o inevitável e o potencialmente desastroso, quanto no do crescimento da autonomia social e individual, não foi bem-sucedido – enquanto o esforço para realizá-lo perfurou de todo alguns frutos venenosos.

A pergunta pela qual qualquer mente reflexiva deve ser assombrada é saber se esse esforço *poderia* trazer outra coisa além de frutos venenosos. Até que haja uma resposta plausível a essa questão, não é de imediato óbvio que a regressão "ideológica" seja uma questão de traição ou de covardia, mais que de prudência e senso de responsabilidade. Como disse Jean-François Lyotard,

> Após esses dois últimos séculos, nos tornamos mais sensíveis aos sinais que implicam um movimento oposto [ao do progresso]. Nem o liberalismo, econômico ou político, nem as diversas formas de marxismo emergiram desses séculos sangrentos sem incorrer numa acusação de crimes contra a humanidade.

Duas dúvidas, mais que tudo, esgotam a confiança e a auto-honradez ética própria do Ocidente.

A primeira é a suspeita, que teimosamente se recusa a ser dissipada, de que Auschwitz e o Gulag (em grande medida, assim como o posterior e bem mais recente ressurgir do ressentimento contra os estranhos, em suas muitas formas – desde a limpeza étnica, passando sub-repticiamente por celebrados ataques aos estrangeiros e chegando às publicamente aplaudidas "novas e melhoradas" leis de nacionalidade e contra a imigração) foram os produtos legítimos, e não as aberrações, da típica prática moderna da "ordenação por decreto"; de que as outras faces da "universalização" são o divisionismo, a opressão e um salto rumo à dominação, enquanto as fundações supostamente "universais" muitas vezes servem como máscaras de intolerância em relação à alteridade e como licença para o sufocamento da alteridade do outro; e de que, em outras palavras, o preço a ser pago pelo projeto de humanização é mais desumanidade.

Os tentáculos dessa dúvida atingem o âmago – na verdade, chegam ao verdadeiro coração – do projeto moderno. O que está sendo questionado é se o casamento entre o crescimento do controle racional e o crescimento das autonomias pessoal e social, os cernes da estratégia moderna, não foram malconcebidos desde o início, e se ele pode, afinal, chegar a ser consumado.

A segunda dúvida também é fundamental. Ela diz respeito a outro pressuposto essencial do projeto moderno: a modernidade é uma civilização intrinsecamente universal. De fato, é a primeira civilização na longa e atormentada história da humanidade adequada para a aplicação global. O corolário dessa crença foi a autoapresentação das partes modernas do mundo como "avançadas" – como uma espécie de *avant-garde* que demarca o caminho a ser seguido pelo resto da humanidade. A implacável erradicação de formas de vida "pré-modernas" dos cantos mais distantes do globo poderia então ser vista como uma abertura para uma unidade verdadeiramente global de parceiros iguais, uma espécie de *civitas gentium* kantiana, guiada por um *jus cosmopoliticum* – uma federação de povos livres perseguindo os mesmos valores e partilhando dos mesmos princípios éticos.

Nenhuma dessas crenças estreitamente correlacionadas passou com louvor no teste do tempo. Multiplicam-se os sinais de que, longe de ser endemicamente universal, a civilização moderna é imprópria em si mesma para aplicação universalizada; de que, para permanecer flutuando em alguns lugares, é preciso devastar e empobrecer outras localidades – e que isso pode muito bem funcionar sem combustível, uma vez que ficam escassas as localidades nas quais se podem despejar os resíduos dos processos de construção de ordem e de controle sobre o caos em casa. Novamente citando Lyotard:

> [A] humanidade está dividida em duas partes. Uma enfrenta o desafio da complexidade, a outra enfrenta o antigo e terrível desafio da sobrevivência. Esse talvez seja o aspecto principal do fracasso do projeto moderno. ...
>
> Não foi a ausência de progresso, mas, pelo contrário, o desenvolvimento – técnico-científico, artístico, econômico, político – que tornou possíveis as guerras totais, os totalitarismos, o crescente abismo entre a riqueza do norte e a pobreza do sul, o desemprego e os "novos pobres".

A conclusão de Lyotard é brutal e condenatória: "tornou-se impossível legitimar o desenvolvimento com a promessa de emancipação da humanidade em sua totalidade."[16] Mas foi exatamente essa "emancipação" – da falta, dos "baixos padrões de vida", da escassez de necessidades básicas, fazendo o que a comunidade fez, em vez de "tornar-se capaz" de fazer qualquer coisa ainda desejável no futuro ("capaz" mais do que o presente deseja) – que vagamente se agigantou por trás da declaração de guerra que Harry Truman fez em 1947 contra o "subdesenvolvimento". Desde então, sofrimentos indizíveis têm sido visitados pelas então existentes "economias da terra" em nome da felicidade, identificada agora com o estilo de vida "desenvolvido", ou seja, moderno. Suas condições de subsistência delicadamente equilibradas, que não poderiam sobreviver à condenação da simplicidade, da frugalidade, da aceitação dos limites humanos e do respeito às formas de vida não humanas, encontra-se agora em ruínas, e nenhuma alternativa viável, localmente realista, se mostra no horizonte.

As vítimas do "desenvolvimento" – o verdadeiro carro de Jagrená* giddensiano, o rolo compressor que esmaga tudo e todos que atravessam seu caminho –, "evitadas pelo setor avançado e isoladas das vias tradicionais, ... são expatriadas em seus próprios países".[17] Onde quer que o rolo compressor tenha passado, o know-how desaparece, substituído por uma escassez de competências. O *trabalho* mercantilizado surge onde *homens e mulheres* outrora viviam; a tradição torna-se um lastro incômodo e um fardo oneroso; as utilidades comuns, recursos

---

* No original, *juggernaut*, termo usado por Giddens em *As consequências da modernidade*, livro de 1990 (edição brasileira em 1991), tipicamente usado pelos britânicos para se referir a grandes veículos, jamantas. A palavra é oriunda do hindi *Jagannãth*, um dos nomes do deus Krishna (usado quando ele era carregado num grande veículo sagrado). Por isso, a tradução consagrada do livro de Giddens apresenta o termo como "carro de Jagrená", referindo-se ao nome da divindade. Giddens emprega a expressão para dizer que a modernidade é, como um enorme caminhão, algo muito grande e difícil de governar. Mantivemos a tradução consagrada, mas adicionamos a ela o "rolo compressor", pela dimensão "esmagadora" sugerida por Bauman. (N.T.)

subutilizados; a sabedoria, preconceito; sábios, portadores de superstições.

Não que o rolo compressor se mova apenas por sua própria iniciativa, ajudado e encorajado pelas multidões de futuras vítimas, ansiosas por serem esmagadas (embora este também seja o caso: em muitas ocasiões, seríamos tentados a falar, em vez de um carro de Jagrená, de um Moloch, a divindade de pedra com uma pira na barriga, em que as vítimas voluntariamente selecionadas saltam com alegria, cantando e dançando). Essa máquina, uma vez a chave virada, também é empurrada por trás, furtiva mas incansavelmente, por multidões incontáveis de peritos, engenheiros, empreiteiros, comerciantes de sementes, fertilizantes, pesticidas, ferramentas e motores, cientistas de institutos de pesquisa e políticos, nativos e cosmopolitas, em busca de prestígio e glória. Assim, o rolo compressor parece irrefreável, e essa impressão de irrefreabilidade torna-o ainda mais impossível de parar.

Não parece haver fuga ao "desenvolvimento", "naturalizado" na forma de algo muito próximo de uma "lei da natureza" pela parte moderna do mundo desesperadamente em busca de novas fontes de abastecimento de sangue virgem, de que precisa para se manter viva e em forma. Mas o que esse "desenvolvimento" desenvolve?

Pode-se dizer que o mais evidentemente "em desenvolvimento" no "desenvolvimento" é a distância entre o que os homens e as mulheres fazem e aquilo de que precisam se apropriar e usar a fim de permanecer vivos (como quer que "permanecer vivo" possa se traduzir nessas circunstâncias). Muito obviamente, o "desenvolvimento" desenvolve a dependência de homens e mulheres pelas coisas e eventos que eles não podem produzir, controlar, ver ou compreender. As ações de outros seres humanos emitem ondas longas que, quando atingem a beira da porta, se assemelham de modo impressionante a inundações e outras catástrofes naturais. Assim como elas, as ondas vêm do nada, sem aviso prévio, e, também como as catástrofes, zombam da antevisão, da destreza e da prudência.

Por mais sinceramente que os planejadores acreditem que estão ou podem estar no controle, e por maior firmeza com que acreditem enxergar ordem no fluxo das coisas, para as vítimas (os "objetos" do desenvolvimento), a mudança abre as comportas por onde o caos e a contingência se derramam sobre suas vidas outrora ordenadas. Sentem-se perdidas agora onde antes se sentiam em casa. Para os planejadores, um desencanto – para elas, um encanto; um incompreensível mistério que agora envolve com solidez o mundo antes acolhedor, transparente e familiar. Eles agora não sabem como seguir em frente e não confiam em seus próprios pés, não com firmeza suficiente para se manter de pé em solo inconstante e móvel. Eles precisam de suportes – guias, especialistas, instrutores, alguém que lhes dê ordens.

Não é isso, porém, que se entende por "desenvolvimento" nas narrativas econômicas e políticas. Nelas, o desenvolvimento é medido pelo volume de produtos consumidos – pela abrangência da demanda efetiva de bens e serviços. No que diz respeito à ciência econômica e à prática política, o desenvolvimento tem lugar quando aquela abrangência é ampliada. Num raciocínio tipicamente pleonástico, ele é representado como um progresso na satisfação das necessidades (como aponta Robert E. Lane, da Universidade Yale, para os economistas ortodoxos, "a satisfação com algo é revelada pelo próprio fato de que ele foi adquirido, independentemente da alegria ou da tristeza que esse algo possa ter trazido ou dos usos alternativos do tempo e do esforço de uma pessoa fora do mercado"[18], de modo que é evidente que as pessoas compram aquilo de que precisam e o fazem *porque* precisam daquilo). Este é um raciocínio que escamoteia o grande problema da oferta que precede a procura e das mercadorias "comprando" seus próprios clientes potenciais, além das necessidades básicas a serem consideradas produtos industriais da mesma maneira como os bens comercializados para satisfazê-las.

A premissa tácita que torna a equação acima crível – e mesmo "evidente" – é a de que a felicidade nos chega na sequência da satisfação de desejos (uma crença com fortes raízes no senso comum, a despeito de ser repetidamente desacreditada por uma longa cadeia de eminentes pensadores que vai de Schopenhauer a Freud). A conclusão desse quase silogismo, baseada numa premissa tautológica e em outra falsa, é de que o desenvolvimento é necessário, desejável e eticamente correto, porque aumenta o volume da felicidade humana, enquanto em outra rodada de raciocínio circular essa conclusão é corroborada repetidas vezes pelas estatísticas de aumento de renda e do volume de comércio na parte "desenvolvida" do mundo.

Examinando os resultados disponíveis sobre o nível de satisfação com a vida, conforme percebida e definida por aqueles que deveriam estar satisfeitos, Robert Lane chega a uma conclusão agressivamente em desacordo com a sabedoria econômica ortodoxa:

> Estudos em economias avançadas demonstram, como seria de se esperar, que, para cada mil libras esterlinas de renda, há, na verdade, um crescimento na sensação de bem-estar – mas somente para o quinto mais pobre da população. Para além desse patamar, não há quase aumento algum na satisfação das pessoas com suas vidas diante de um aumento nos níveis de renda. ... [N]os Estados Unidos e na Inglaterra, verifica-se apenas uma relação trivial e errática. Os ricos não são mais felizes que as pessoas de classe média, e os indivíduos de classe média alta não são mais felizes que os da classe média baixa. Além dos níveis de renda de pobreza e quase pobreza, se o dinheiro compra felicidade, ele compra muito pouco, e muitas vezes não pode adquirir felicidade alguma.

Uma renda ampliada adiciona felicidade à vida somente entre aqueles que estão em situação de pobreza, mas, como todas as estatísticas mostram, são justamente as pessoas em situação de pobreza que podem esperar um pequeno aumento de renda como resultado do "desenvolvimento". Se algo ocorre, o número de categorias estatísticas se amplia, e decai a participação relativa deles nas antigas e nas novas riquezas. (Reparemos antes de tudo que é o próprio "desenvolvimento" que reformula a existência frugal como "privação material", assim produzindo, em vez de resolver, o "problema da pobreza", de caráter sociopsicológico, na forma mobilizada em sua autolegitimação.) Aqueles cuja felicidade pode aumentar graças a uma maior renda têm menos chance de ampliar seus ganhos, enquanto aqueles que ganham mais (e gastam mais) deixam de notar que seu bem-estar se amplia...

E, finalmente, há o fenômeno da "serpente que devora a própria cauda" (imagem sugerida por Rosa Luxemburgo), mais visível a cada dia, à medida que o crescimento tão vigoroso do período da reconstrução no pós-guerra empacou, e a magnanimidade do passado recente logo foi traduzida, de uma linguagem da ética, numa linguagem da economia, e redefinida como "contraproducente". Pode-se esperar que a vasta imagem de um desenvolvimento mundial – tornando *todos* felizes e modernos – afunde sem deixar vestígios na areia movediça dos protecionismos locais, na disputa universal por uma parcela maior do capital errante e nos esforços dos governos nacionais para roubar empregos de outros povos e despejar no exterior seu desemprego doméstico. Para todos os efeitos, pouco resta para galvanizar o velho credo da emancipação por meio do desenvolvimento e para manter viva a velha esperança de que, no outro extremo da saga do desenvolvimento, repousa um mundo concebido e gerido de forma racional e ordenada.

## Moralidade sem véu

A modernidade sabia onde estava indo e estava determinada a lá chegar. A mente moderna sabia aonde queria chegar e o que precisava fazer para descobrir como alcançar seu objetivo. Se a modernidade estava obcecada com a legislação e a mente moderna era legislativa, não era por avareza ou por apetites imperiais, mas por arrogância e autoconfiança. O imperialismo global e a voracidade ilimitada não passavam de reflexos pragmáticos da desconcertante tarefa de conjurar uma ordem na qual o caos fosse governante, e fazer isso com seus próprios esforços, sem colaboração externa nem outra garantia de sucesso além de sua própria determinação.

A tarefa clamava por mentes arrojadas e mãos poderosas. Muito precisava ser destruído no caminho, mas essa *destruição* era *criativa*. A impiedade tornava-se necessária para se perseguir e alcançar o objetivo, mas a superioridade da meta converteu a misericórdia em crime, e a falta de escrúpulos em humanitarismo. A brilhante perspectiva de saúde exigia que o remédio fosse amargo; o impressionante projeto de liberdade universal demandou uma estreita vigilância e regras rígidas. A imagem radiante do governo da razão proibiu a confiança no poder racional daqueles destinados a se deleitar na sua benevolência.

Pode-se dizer que a obsessão legislativa é uma característica de todas as civilizações ("este era um mundo que tinha sido civilizado durante séculos, tinha mil caminhos e estradas", escreveu Michael Ondaatje em *O paciente inglês*, o que significa que se pode reconhecer uma civilização pelos viajantes a seguirem trilhas definidas, em vez de demarcarem seus próprios caminhos, e pelas trilhas que tenham sido deixadas para que sejam seguidas por eles). Mas só a modernidade reconheceu *a si mesma* como civilização, deu a si mesma esse nome e produziu, a partir do destino que descobriu, um destino a ser conscientemente abraçado (apenas retrospectivamente traduziu os outros como variantes inferiores de si mesma, apresentando sua própria especificidade como modalidade universal – muito à semelhança dos pedagogos obcecados pela educação no Iluminismo, que apontaram as matronas e os párocos como seus predecessores na história da profissão docente).

A modernidade definiu-se como *civilização* – como uma tentativa de domesticar os elementos e criar um mundo que não seria como é se não fosse o trabalho de criação: um mundo artificial, um mundo obra de arte, um mundo que, como qualquer trabalho artístico, deve buscar, construir, defender e proteger seus próprios fundamentos. Ao contrário de outras civilizações, a modernidade legislou a si mesma no legislar – a legislação como vocação e dever, além de uma questão de sobrevivência.

A lei posicionou-se entre a ordem e o caos, a existência humana e o vale-tudo animal, o mundo habitável e o inabitável, o sentido e a falta de sentido. A lei era para todos e para tudo: e também para tudo que qualquer pessoa pode fazer a qualquer outra. A busca incessante dos princípios éticos era uma parte (uma parte esperável, inexorável) do frenesi legislativo. As pessoas tinham de ser informadas de seu *dever* de fazer o bem, e que cumprir o seu dever é a bondade. E as pessoas precisavam ser persuadidas a seguir aquela linha do dever, o que dificilmente fariam sem ser ensinadas, instigadas ou coagidas.

A modernidade foi e teve de ser a *Era de Ética* – não seria a modernidade se fosse de outra forma. Assim como a lei precedia toda a ordem, a ética deve preceder toda a moralidade. A moralidade é um *produto* da ética; princípios éticos eram os meios de produção; a filosofia moral foi a tecnologia, e a pregação ética foi a pragmática da indústria moral. O bem era seu rendimento planejado; o mal, seu resíduo ou um produto fora do padrão.

Se a ordenação e a criação foram os gritos de guerra da modernidade, a desregulamentação e a reciclagem tornaram-se as palavras de ordem da pós-modernidade. Meditações sobre o "eterno retorno" nietzschiano chegaram para preencher as páginas em branco dos guias de que a história do progresso fora excluída. Ainda estamos indo, mas não sabemos mais aonde. Não temos como ter certeza se nos movemos em linha reta ou estamos correndo em círculos. "Para frente" e "para trás" são expressões que perderam muito de seus significados, a menos que se apliquem a viagens curtas e espaços confinados, onde a curvatura do espaço-tempo possa ser por um momento esquecida.

O novo é meramente uma reciclagem do antigo, e o antigo está à espera de ressurreição e da volta ao uso para se renovar. (Como tentei demonstrar em *Mortality, Immortality and Other Life Strategies*, não existe mortalidade, e não há "morte definitiva", não no sentido de *uma-vez-por-toda-idade*, de impossibilidade de retorno, de irrevogabilidade. Há apenas um ato de desaparição, a queda temporária no esquecimento. Ser esquecido significa ser colocado em câmara frigorífica para ser reanimado quando necessário.

Mas sem mortalidade não há também imortalidade, no sentido de um "para todo o sempre", de permanência, de não envelhecimento. Nem queda na obsolescência. Apenas uma imortalidade instantânea, uma imortalidade *por um instante*, como algo entregue aos caprichos do destino, como a mortalidade outrora foi. E, assim, há pouco a receber, a ganhar, a vencer – nada para impulsionar um esforço para controlar o destino, vencer a praga, preservar o efêmero, tornar duradouro o transitório. A mortalidade não pode se tornar revogável sem tornar a imortalidade revogável também.

A história se desfaz. Uma vez mais, como antes da aurora da modernidade, ela lembra um evento de uma cadeia, em vez de um processo "em construção", cumulativo. As coisas *acontecem*, em vez de se seguirem e se vincularem. No entanto, em oposição aos tempos pré-modernos, não há qualquer mente superior ou força mais elevada para *fazê-las* acontecer, para representar os vínculos ausentes.

No tempo-espaço de episódios e localidades, a *phronesis*,[*] o know-how prático, a habilidade para resolver as coisas ao alcance assumem a primazia ante a verdade objetiva e os princípios consistentes. A inquietação com a capacidade de seguir em frente substitui a preocupação com os fundamentos; e regras informais acabam com princípios universais. Nesse tempo-espaço, quaisquer legislações, exceto as dos tipos até-segunda-ordem e dentro-dos-limites, são vaidade (e um pesadelo totalitário). Assim, não há espaço para uma legislação ética, exceto no interior dos refúgios encharcados de nostalgia da academia.

Para todos que costumavam considerar a moralidade o produto final da indústria da ética (isto é, para todos nós, habituados a pensar a moralidade dessa forma), o fim da Era da Ética (ou seja, a era de *legislar pela moralidade*) anuncia o fim da moralidade. Com as linhas de produção pouco a pouco desativadas, o

---

[*] Uma das duas virtudes intelectuais de Aristóteles, apresentadas na *Ética a Nicômaco*. A *phronesis* é a competência prática para resolver problemas específicos da vida, enquanto a *sophia* é a sabedoria ou o "conhecimento", a capacidade de compreender as coisas do mundo e sua abstração. (N.T.)

fornecimento de mercadorias sem dúvida secará. No rastro do mundo, de um lado, mantido por mandamentos de Deus e, de outro, administrado pela razão, surge um mundo de homens e mulheres abandonados a suas próprias sagacidades e habilidades. Homens e mulheres à solta... Homens soltos, mulheres soltas? A vida, novamente sórdida, brutal e curta? (*Leviatã*).

Isso é o que a era da legislação, uma fomentadora de medo, nos preparou. A estratégia de construção da ordem inevitavelmente gera uma política de falta de alternativa, de "sem nós, o dilúvio". É sempre o *nosso* tipo de vida, civilizada, ou a barbárie. Um substituto para essa ordem é a total aleatoriedade, não outra ordem. Lá fora é uma selva, e a selva é assustadora e *inabitável* porque nela *tudo é permitido*. Mas mesmo esse indescritível pavor do vale-tudo foi representado pela propaganda promotora de medo da ordem civilizada como "a *lei* da selva". Na era da ordem construída e da construção da ordem, a entidade mais difícil, mais que isso, impossível, de contemplar era um mundo no qual não houvesse nenhuma "ordem" – por mais espúria, deformada ou perversa (assim como era difícil imaginar "superstições" sem maus professores, ou a dissidência sem líderes da rebelião).

Hoje, no entanto, estamos enfrentando o inimaginável: não é o questionamento de um conjunto de princípios legislados em nome de outro conjunto, mas o questionamento do próprio legislar de princípios. É uma selva privada mesmo da lei da selva... Uma moralidade sem uma ética... Não se trata apenas da perspectiva de substituir uma moral por outra; nem da promoção de um tipo errado de moralidade, baseado em princípios falsos ou em princípios não universalizáveis, rudes ou impopulares. A nossa é a impensável perspectiva de uma sociedade *sem* moralidade.

Os legisladores não podem imaginar um mundo ordenado sem legislação. O legislador ético ou o pregador não podem imaginar um mundo moral sem uma ética imposta pela lei. Em seus termos, eles estão certos. Não admira que seja necessário um enorme esforço para imaginar o vocabulário com o qual conceber, articular e debater as questões morais da condição humana pós-ética e pós-legislativa. É menos ainda de se admirar que esse esforço receba veemente resistência intelectual.

E ainda assim é apenas graças à promoção do princípio moderno de "nenhuma moralidade sem lei ética" que *o mundo sem ética* parece ser necessário e *um mundo sem moralidade.* Mas tente jogar fora os sedimentos mentais dessa promoção, apagar a marca de identidade forçada entre moralidade e moralidade eticamente legislada – e pode muito bem ocorrer-lhe que, com o falecimento da legislação ética efetiva, a moralidade não desapareça, mas, pelo contrário, se aproxime de sua própria moralidade. É bem possível que a lei ética administrada pelo poder, longe de ser a estrutura sólida que impede a carne trêmula dos padrões morais de desmoronar, fosse uma rígida gaiola que impediu aqueles padrões de se esticarem até suas dimensões verdadeiras e passassem pelo teste supremo tanto da ética quanto da moralidade – o de orientar e sustentar a integração humana.

Pode bem ser verdade que, uma vez que o quadro desmorone, os conteúdos que ele era destinado a abraçar e conter não se dissipem, mas, pelo contrário, ganhem em solidez, não tendo agora nada com que contar senão sua própria força interior. É bem possível que, com a atenção e a autoridade não mais desviadas para as preocupações com a legislação ética, homens e mulheres estejam livres para – e obrigados a – enfrentar diretamente a realidade de sua própria autonomia moral, o que significa também a realidade de sua própria responsabilidade moral inalienável e não desincumbível. Poderia acontecer (apenas poderia) que, assim como a forma como a modernidade entrou para a história como *a era da ética*, a era pós-moderna vindoura seja registrada como *a era da moralidade...*

## Leis éticas, normas morais

Seja o que for que seja passado como "bom" ou "ruim", explicou Friedrich Nietzsche, isso tem algo a ver com hierarquia, superioridade e inferioridade, dominação e supremacia. Não há uma relação intrínseca, "natural", entre determinadas condutas e a bondade (por exemplo, "não há uma necessidade a priori de se associar a palavra 'bem' a ações altruístas"). A ligação precisa ser decretada antes de ser vista. E aqueles que têm o poder de estabelecer o decreto e colocá-lo em funcionamento o fazem:

> o juízo "bom" *não* provém daqueles aos quais se fez o "bem"! Foram os "bons" mesmos, isto é, os nobres, poderosos, superiores em posição e pensamento, que sentiram e estabeleceram a si e a seus atos como bons, ou seja, de primeira ordem, em oposição a tudo que era baixo, de pensamento baixo, vulgar e plebeu. Desse *pathos da distância* é que eles tomaram para si o direito de criar valores, cunhar nomes para os valores...
>
> Em toda parte, "nobre", "aristocrático", no sentido social, é o conceito básico a partir do qual se desenvolveu *bom* no sentido de "espiritualmente nobre", de "espiritualmente bem-nascido": um desenvolvimento que sempre corre paralelo àquele outro que faz "plebeu", "comum", "baixo" transmutar-se afinal em *ruim*.[19]

Pode-se dizer que o painel feito por Nietzsche da definição aristocrática primordial (em sua leitura, "natural", inata, e sem distorções)[20] de bom e de ruim é a imagem de uma moralidade sem ética, sem a espontaneidade da bondade e sem a bondade da espontaneidade que se ressente e se libera de toda codificação em regras. Mas a liberdade do nobre é, notemos, não liberdade do comum; a espontaneidade do elevado e poderoso repercute como um destino alheio e incontrolado do baixo e do impotente. Não admira que a contramoralidade do "humilde e simples" apele para as regras: ela clama por regras, regras coercitivas, regras costuradas à mão, normas cujo poder coercitivo compensaria a impotência dos dominados. Nietzsche fareja em toda moralidade regrada, em toda ética, a conspiração dos escravos.

Diz Nietzsche: foi o rancor dos ressentidos, dos escravos, invejosos apesar de impotentes, que contestou e afinal minou a equação aristocrática entre o bom, nobre, poderoso, belo, feliz e caro aos deuses; e fez passar a ideia contrária de que "somente os miseráveis são os bons, apenas os pobres, os impotentes, os baixos, são bons, os sofredores, necessitados, feios, doentes são os únicos beatos, os únicos abençoados". Foi justamente o fraco, o comum, o sem talento, o impotente que inventou a moral guiada por regras e continuou a usá-la como um aríete contra a verdadeira moral do nobre.[21]

Nietzsche identifica toda ética – toda moralidade vinculada a regras – com os humildes e oprimidos, uma vez que ele imagina seu polo oposto, a aristocracia da vontade e do espírito, como alguém para quem as regras não têm serventia; a aristocracia de Nietzsche afirma a si mesma, faz a si mesma – a nobreza que é – por meio do desprezo e da desdenhosa rejeição da pressão niveladora da "norma". Foi, porém, a aristocracia de herdades cercadas e castelos murados que serviu a Nietzsche como protótipo para seu modelo de nobreza: isolados da *hoi polloi*[*] na vida e no pensamento, infinitamente afastados, nem construindo nem precisando construir pontes por sobre o abismo que os mantém separados, sem esperar por nenhuma comunicação dos comuns e dos baixos nem sentir a necessidade de comunicar qualquer coisa que seja a eles. Essa aristocracia talvez fosse capaz de interpretar livremente o seu oposto como pura projeção de um pensamento desprendido e despreocupado, não o objeto de um engajamento prático – e de fazê-lo descuidadamente e sem pensar, sem medo das consequências do erro.

As elites modernas que substituíram tal aristocracia não têm essa vantagem. Desde o início da nova era, tinham sido enredadas e encerradas nas reviravoltas da dialética senhor-escravo, e portanto dependiam da docilidade das "massas" para obter seus

---

[*] Expressão grega que significa "a maioria", e que, em inglês, representa "a plebe" ou "as massas", indicando as pessoas comuns, banais. (N.T.)

privilégios, e estavam conscientes da necessidade de reafirmar esse privilégio para que as massas seguissem a representá-las como seus mestres.

Como a aristocracia do passado, os membros da elite moderna eram dominantes – mas ao contrário daquela aristocracia, tinham de ser também professores, tutores e supervisores se quisessem manter seu domínio. Sua *dominação* política e econômica teve de ser endossada pela *hegemonia* espiritual. Nem por um único momento eles poderiam esquecer a presença das massas. A distração ou o erro de avaliação podiam se mostrar custosos, suas consequências, irreparáveis, e afinal suicidas. A elite moderna não poderia bancar a jocosidade e o espírito lúdico, fossem eles verdadeiros ou supostos, nem a alegria infantil, egocêntrica e despreocupada das elites nietzschianas. Sua condição não era um jogo – ou seja, não era uma aventura de cavaleiros andantes livres para a errância, nem as fantasias poéticas do trovador. A dominação moderna foi uma questão fechada às anedotas, mortalmente séria. Foi um trabalho em tempo integral, que exigiu elevadas habilidades e concentração perene.

Seja o que for que a aristocracia de Nietzsche possa ter necessitado ou dispensado, eram as elites, as dominantes, que necessitavam de regras nos tempos da modernidade. Regras rígidas, de preferência não ambíguas, e que fossem executáveis, efetivas. Eles precisavam de uma ética – um código de regras para todos e para todas as ocasiões da vida, regras ubíquas, atingindo cada recanto e cada fenda do espaço dominado, direcionando ou detendo, conforme o caso exigisse, cada movimento para todos que habitassem aquele espaço. Nada nem ninguém poderia ser deixado sozinho, por si só, à sorte. O dominante necessitava assegurar isso tudo a fim de perpetuar sua dominação – prender e controlar as forças das trevas que emanavam das massas rebeldes e erráticas, "domar a fera", manter em xeque a *mobile vulgus* ou *les classes dangereuses*.

Para conseguir tudo isso, no entanto, precisava de uma espécie de lei que apresentasse a ordem de sua dominação – uma ordem que fosse seu domínio e nada mais – não em termos de suas próprias peculiaridades, mas nos termos da universalidade dos princípios que tornam os dominantes dominantes e os dominados, dominados; e que obrigasse ambos a permanecer como tais. E então eles precisavam de uma ética bem e verdadeiramente fundamentada, universal ou universalizável, que acenasse para a autoridade da razão – aquela faculdade prodigiosa como nenhuma outra, que se pronuncia sobre o assunto apenas uma vez e não reconhece direito a apelações ou recursos.

Foi o dominado que, ao contrário, não sentiu necessidade de tais regras. Era difícil que o dominado se sentisse inclinado a dar conta de sua vida em termos de "deveres" universais e, principalmente, discutíveis. Sempre aconteceu de as regras, emolduradas pelo dominante como postulados da razão, virem à tona do lado dominado como uma força brutal e uma "necessidade cega". Para os dominados, parecia que eram esbofeteados, mais do que nadavam, que eram empurrados, mais que se movendo livremente; "tendo de", mais que escolhendo.

A questão de se havia um padrão na série dos "têm de" e dos "sem escolha" e a questão da racionalidade ou irracionalidade desse padrão são, da perspectiva dos dominados, uma discussão meramente acadêmica; e os dominados, notoriamente, não são afeiçoados nem têm tempo para passatempos acadêmicos. Fossem os dominados teorizar sobre o universo em que vivem, tendo sua própria experiência de vida como ponto de partida e como referência, não terminariam com um elegante código de princípios éticos e prescrições morais, mas com uma malha emaranhada de forças irresistíveis e de uma inevitabilidade do tipo "sem perguntas".

Poderia muito bem ser uma ilusão de seus guias espirituais nomeados e autonomeados, que, na era moderna – que passou a ser também a era do capitalismo (se não do capitalismo, dos totalitarismos) –, "as massas" escolheram, abraçaram e *seguiram* "valores", de modo que seu comportamento pudesse ser explicado por essa escolha. Essa visão atribui "às massas" mais liberdade de manobra do que elas jamais tiveram e poderiam ter. Os homens e mulheres "normais" dotados de volumes "normais" de recursos e poder poucas vezes enfrentaram situações de verdadeira escolha entre valores. Como Joseph A. Schumpeter observou muito tempo atrás,

> sejam favoráveis ou desfavoráveis, juízos de valor sobre o desempenho do capitalismo são de pouco interesse. Pois a humanidade não é livre para escolher. E isso não apenas porque a massa de pessoas não está em condições de comparar as alternativas de forma racional e sempre aceitam o que lhes é dito. Há uma razão mais profunda para isso. As coisas econômicas e sociais se movem com sua dinâmica própria, e as situações decorrentes obrigam os indivíduos e grupos a se comportarem de certas maneiras, seja o que for que eles possam querer fazer – ou seja, na verdade, não destruindo sua liberdade de escolha, mas por moldar as mentalidades que praticam a escolha e por estreitar a lista de possibilidades a escolher.[22]

O colapso da legislação ética, o evento tão horrível para os filósofos, educadores e pregadores, pode muito bem ter passado despercebido pelos muitos para quem a vida foi desde o começo uma corrente de "necessidades", mais que de "deveres", do inelutável, mais do que princípios. Bem como antes, as multidões são mais vezes manobradas do que caminham por si – mesmo que caminhassem livremente, se direcionam para onde esperam o próximo empurrão a incitá-las. Como antes, elas raramente ganham tempo para sentar e meditar sobre os princípios. Sobrevivência é o nome do jogo, e a sobrevivência em questão é, em regra, sobreviver até o próximo pôr do sol. As coisas são tomadas à medida que se apresentam, esquecidas à medida que se vão.

Para as multidões, os princípios éticos não desaparecem, pois, para começo de conversa, eles nunca estiveram lá. A perda de vigor dos filósofos e a verdadeira cacofonia de sermões e exortações do mercado que substituiu a lei universal dos filósofos guardam poucas diferenças. As pessoas não ficaram menos morais que antes, elas agora são "imorais" apenas num tipo de sentido ético/filosófico que, se fosse aplicado à prática de suas

Uma moralidade sem uma ética 63

vidas reais, obrigaria a descrevê-las como "imorais" também na época passada, de grandes esperanças éticas.

Pessoas afundadas até as orelhas na luta diária pela sobrevivência nunca foram capazes nem sentiram a necessidade de codificar sua compreensão do bem e do mal sob a forma de um código de ética. Afinal, os princípios dizem respeito ao futuro – a como esse futuro deveria ser diferente do presente. Por sua própria natureza, os princípios se encaixam bem no indivíduo moderno emancipado, "desencaixado", "desembaraçado", autoconstrutor, autoaprimorador, que arrancou do peito a preocupação apenas utilitária de se alimentar, abrigar e calçar, e assim poderia dedicar seu tempo a "transcender" tudo isso.

Os princípios são necessários para (espera-se) impedir a transcendência de sair do controle. A sobrevivência, pelo contrário, é essencialmente conservadora. Seu horizonte é desenhado com tintas antigas. Manter-se vivo, hoje, significa não perder o que quer que ontem assegurasse a vida – não muito mais que isso. O elemento central da sobrevivência é as coisas não ficarem piores que antes.

Por conseguinte, seja como for que os juízos morais se façam por pessoas sobrecarregadas com a tarefa de sobrevivência, eles tendem a ser negativos, e não positivos: eles assumem a forma de condenação, e não exortação, proscrição em vez de prescrição. Como Barrington Moore Jr. descobriu, os oprimidos ao longo dos tempos foram moralmente despertados pela experiência de *injustiça*, e não por qualquer modelo prospectivo de justiça com o qual pretendessem substituir a forma da cotidianidade. Eles experimentavam como injusto qualquer *desvio* da opressão que enfrentavam diariamente, de forma rotineira, por mais grave e desumana aquela desgraça "cotidianizada" pudesse ser, e tão "injusta" quanto pudesse ser proclamada como algo avaliado por algum abstrato princípio "objetivo" de decência.

Foi a cruel realidade da exploração feudal que os camponeses ergueram para defender como seu *Rechtsgewohnenheiten*.* A violenta reação moral foi mais incitada pelo aparafusar da rosca

---

* Do alemão, "direito consuetudinário", "direito do costume". (N.T.)

da opressão uma ou duas voltas que por um descontentamento com o nível cotidiano de opressão, desmascarada, exposta e mantida em condenação por um visionário projeto de justiça perfeita.[23] Sobre esse modelo de "moralidade popular" – que tende a relacionar-se mais a comparativos com referências, *benchmarks*, do que a princípios –, Axel Honneth disse que ele implica a necessidade de se buscar a estrutura da moralidade popular por meio dos manifestos "padrões para a condenação moral":

> A ética social das massas reprimidas não contém as ideias de uma ordem moral total ou de projeções de uma sociedade justa abstraída a partir de situações específicas. Em vez disso, é um sistema sensório altamente perceptivo a ofensas e reivindicações morais intuitivamente reconhecidas. … [A] moralidade interna da consciência da injustiça social só pode ser apreendida indiretamente, com base em padrões suscitados pela desaprovação moral de eventos e processos sociais.[24]

A se confiar na seminal descoberta de Barrington Moore, a moralidade popular em momento algum se assemelhou ao código de princípios universais os quais a verdadeira ética, de acordo com a filosofia moderna, deveria mirar. Isso não significa que "as massas" fossem estranhas aos sentimentos morais e à sensibilidade moral, e que deveriam ser ensinadas na moralidade ou forçadas a serem morais. Significa apenas que, fosse qual fosse a moralidade que essas massas possam ter tido, ela em geral não era nem aprimorada nem diminuída pelos esforços especializados para instalar princípios heterônomos de distinção entre bem/mal, ou mesmo pela falta de esforços.

Por isso, repitamos, a crise da ética não necessariamente augura uma crise de moralidade. E ainda menos obviamente o fim da "era da ética" proclama o fim da moralidade. Um caso convincente poderia ser montado, em nome da suposição oposta, o argumento de que o fim da "Era da Ética" serve de guia para a "Era da Moralidade" – e de que a pós-modernidade pode ser vista justamente como essa era. Não no sentido de necessariamente produzir mais bem e menos mal que a modernidade, com sua busca por princípios, a promoção da universalidade de sua legislação ética. Nem no sentido de simplificar escolhas morais ou tornar os dilemas morais menos assustadores, e sem dúvida também não no sentido de tornar a vida da moralidade mais fácil, enfrentando desigualdades menos esmagadoras e resistentes que antes. Pode-se dizer que a pós-modernidade é uma "era moral" apenas num sentido: graças à *"des-oclusão"* – a dispersão das nuvens éticas que envolvem firmemente e obscurecem a realidade do self moral e a responsabilidade moral – é agora possível, mais que isso, inevitável, enfrentar as questões morais diretamente, em toda sua pura verdade, à medida que elas emergem da experiência de vida de homens e mulheres; à medida que eles enfrentam selves morais em toda sua irreparável e irredimível ambivalência.

De modo paradoxal, só agora aquelas ações parecem aos selves morais como uma questão de escolha responsável – em última instância, de consciência e responsabilidade morais. Por um lado, na polifonia de vozes diversas e muitas vezes discordantes, e de lealdades conflitantes e inconstantes que marcam a "desregulamentada" e fragmentada condição pós-moderna, não é mais crível que a divisão entre bons e maus tenha sido predeterminada, deixando assim ao indivíduo que atua apenas a tarefa de aprender e aplicar um princípio ético inequívoco, adequado para a ocasião.

Por outro lado, a gritante contingência do ser, o caráter episódico das ocasiões da vida e a instabilidade de todo e qualquer aspecto da existência social resultam nos padrões de rápida mudança da "normalidade" que outrora – quando era sólida e persistente – oferecia o valor de referência em relação ao qual a injustiça, a violação do "normal" e do "habitual", poderiam ser medidas, confirmando assim, na forma de uma deriva, os padrões estáveis e "objetivos" da moralidade popular. No caso, *ambas* as fontes de heteronomia passada do comportamento moral parecem estar se consumindo. Os habitantes da era pós-moderna são, por assim dizer, forçados a se posicionar cara a cara com sua autonomia moral e também com sua responsabilidade moral. Essa é a causa da agonia moral. Essa é também a oportunidade com que os selves morais nunca se depararam antes.

# · 2 ·

# Formas de integração

Há vários tipos de integração.

Há a integração *móvel* da rua movimentada ou do shopping center. De um local de passagem, de proximidade momentânea e separação instantânea. Uma localidade móvel com conteúdo líquido; à medida que o local se move, corpos se movimentam (ou são sugados) para ele e passam fora (ou são sacudidos para fora) dele – alguns corpos ostensivamente automotores, outros colocados em virtual movimento apenas pelo deslocamento do próprio espaço móvel. Só alguns corpos têm oportunidade de se condensar como estranhos – como *seres com intenções*, seres cujas intenções contam, embora sejam desconhecidas, e contam *porque* são desconhecidas. (É a ignorância das intenções o que conta, pois ela pode interferir com a mobilidade e a liquidez do local.)

A maioria dos corpos nunca chega tão longe, já que passa de lampejo pela periferia da atenção. (Ajuda quando justamente a atenção é mantida em "registro periférico"). Corpos periféricos são apenas os limites exteriores da trajetória do sítio móvel: são obstáculos a se evitar ou contornar. Uma navegação rápida e hábil pode manter todos os corpos em segurança na periferia; um pedestre experiente (e sortudo) pode passar de lá para cá sem encontrar *ninguém* e sem ser encontrado. Os poucos corpos que se condensam na forma de estranhos (ou por atenção muito ávida, ou os corpos demasiado indiscretos) intercalam os avanços com os *encontros*: em vez de uma trajetória e do espaço que ela compõe por meio de seu próprio progresso, há então duas trajetórias e dois espaçamentos (descoordenados).

Esses corpos se convertem em *intrusos*. Não se pode contar com eles para ficarem parados ou procederem de forma constante e monótona. Seus movimentos já não podem ser plotados com antecedência: eles devem ser *adivinhados*. A navegação se transforma em *gestão de riscos*. Na versão de rua da integração, o estranho é um obstáculo; o encontro é um incômodo e um atraso. Na rua, não se pode fugir de estar um *ao lado* do outro. Mas tenta-se fortemente não se estar-com o outro.

Isso é o que se tenta também em outra integração indesejada, embora inevitável – a integração *estacionária* do vagão de trem, da cabine de avião, da sala de espera. É o ajuntamento de estranhos que sabem que em breve irão embora, cada um seguindo seu caminho, para nunca mais se encontrarem de novo – mas que antes que isso aconteça, são obrigados a compartilhar esse espaço aqui e agora, não "por causa de" nada em particular, não porque o que eles têm a fazer exija que fiquem ao alcance físico um do outro. Nenhum dos estranhos entre estranhos realmente precisa da presença de qualquer outro. Essa presença é totalmente fortuita, acidental e redundante, seja qual for o jeito que você olhe para ela.

O propósito de uma presença ali não sofreria nem um pouco se os outros desaparecessem ou se nunca tivessem estado lá desde o começo. Na verdade, os outros não são obstáculos (não, a menos que forcem um encontro, se recusem a ser invisíveis e de alguma maneira se tornem um incômodo) –, mas tampouco são úteis. Esse é um espaço de animação suspensa, de encontros praticamente congelados. Uma vez lançados na situação de integração estacionária, fazemos o que podemos, e com excelentes habilidades, para manter suspensa a animação.

Numa descrição espirituosa, "se tivermos a oportunidade, ocuparemos o assento ao lado do nosso num café com capas e guarda-chuvas, olharemos sem parar cartazes sobre o sarampo numa sala de espera de médico... Qualquer coisa menos mostrar-se convidativo ao encontro; tudo, menos se envolver". Tudo isso para manter "o estranho a uma distância segura".[1]

Designs hábeis podem ajudar a mantê-los assim – nos mais modernos vagões, ônibus de viagem e aviões de passageiros, olha-se para o pescoço do outro no banco da frente, enquanto o resto dos lugares, junto com seus ocupantes, está escondido da vista por completo: o espaço lotado finge estar vazio, o espaço transforma ocupação física em vazio espiritual. Mas, se o design falhar, habilidades pessoais de decretamento de vazio vêm ao auxílio: um jornal ou um livro comprado às pressas antes do embarque são os buracos portáteis da era da superlotação. Pode-se enterrar os olhos na página impressa, ou virá-los para longe, ou fechá-los. Com os ouvidos é diferente. A integração passageira prospera numa cumplicidade de silêncio, e o discurso em alto e bom som perfura o escudo protetor da conspiração.

Há também a integração comedida, *moderada*, do prédio de escritórios ou da fábrica. Essa é uma unidade nos fins, embora as finalidades que impelem as pessoas a ficarem juntas possam não estar de acordo com a finalidade de estarem juntas. Mas, seja qual for a finalidade dessa integração, permanecer junto é a condição de fazê-lo. Uma vez que não há qualquer outra razão para sua perpetuação, o propósito da unidade determina a forma que a integração precisa assumir, enquanto outras finalidades – sobretudo aquelas que motivam o ajuntamento a ficar e permanecer junto – precisam ser recrutadas para servir e dar suporte a essa forma ou a ser empurradas para a irrelevância.

Essa integração é uma matriz de (e para) encontros estruturados – normativamente regulados, regrados, circunscritos de modo preventivo e de preferência estritos e breves, a fim de que não sejam obrigados a ingressar em outros encontros que precisam ser mantidos num registro diferente, de que não percam a concentração ou se tornem receptivos a fins diferentes daquele em atividade. O engenhoso projeto de integração no estilo ambiente de trabalho precisa se equilibrar entre as tarefas de potencializar os encontros estruturados e incapacitar os não estruturados; ao mesmo tempo, deve tornar o ficar junto atraente o bastante para todos os envolvidos – uma condição preliminar de ambas as tarefas a serem empreendidas com possibilidades de êxito.

Essa é, na melhor das hipóteses, uma tarefa e tanto, uma vez que tal condição debilita continuamente as próprias tarefas das quais ela é uma condição. Por mais rigorosa que possa ser a declarada oposição entre os encontros estruturados (desejados) e os não estruturados (indesejáveis), entre relatórios e vazamentos, entre lealdades e panelinhas – as fronteiras são difíceis de traçar e virtualmente impossíveis de preservar, uma vez que os encontros, por mais fragmentários que sejam, tendem a se tornar multilaterais e a formar um todo, quando muito repetidos. A continuidade que a integração do tipo local de trabalho mal pode dispensar tende também a transformar a matriz projetada somente para encontros estruturados numa matriz para solidariedades crescentes de forma não intencional, espontânea e "rizomática".

Há também a integração *manifesta* de uma marcha de protesto, uma torcida de futebol ou uma boate – integração apenas fantasiada de instrumental; ela precisa de uma razão exterior somente como pretexto ou como convite à reintegração, uma vez que antes de tudo estes são seu objetivo e sua finalidade. A finalidade dessa integração é estar unido, e estar unido em grande número, um número que não ocupa em geral um espaço de tais dimensões, um número que excede a densidade comum, estabelecida e habitual. A densidade mais elevada que o habitual gesta uma densidade similar em termos de impressões sensoriais: é uma verdadeira inundação de imagens e sons, um nível mais elevado que o habitual de estimulação sensorial, porém, mais importante ainda, um nível *concentrado* de estimulação; alcança um cume que em outros lugares seria inalcançável graças não apenas ao volume de dimensões agigantadas, mas também à

Formas de integração

monótona homogeneidade dos estímulos: os lenços de mesma cor enrolados em milhares de pescoços, o mesmo hino ou cântico entoado, as mesmas palavras gritadas ritmadamente por milhares de peitos, as mesmas idas e vindas concretizadas por milhares de corpos. Uma massa, mas uma massa uniforme – na qual qualquer coisa idiossincrática e particular pode se dissolver (se bem que, e confortavelmente, por um momento apenas) ou ser estrangulada para se recolher ao silêncio. A rotina da cotidianidade é suspensa por um momento, com suas pequenas e agridoces liberdades e suas grandes dependências, a tirania diária das possibilidades e as dolorosas alegrias das tomadas de decisão. Uma integração manifesta bem-sucedida entorpece o hiperestímulo: o êxtase conduz ao (fica à beira do, funde-se com o) nirvana.

Nietzsche chamaria esse tipo da integração de dionisíaca; Maffesoli, de orgástica; Durkheim talvez visualizasse nela a celebração coletiva há muito desaparecida da solidariedade mecânica; Victor Turner poderia falar de um passeio de feriado à *communitas* escondida; nos dias úteis, nas costuras da *societas*. Mas todos concordariam que, seja qual for o nome, uma integração desse tipo diz respeito sobretudo ao alívio da carga da individualidade.

De forma ostensiva, as máscaras são rasgadas para revelar a careta de uma face desnudada; na verdade, esses rostos é que são limpos de suas identidades de modo que possa reinar suprema uma outra identidade, a identidade de ninguém, a responsabilidade de ninguém, a tarefa de ninguém. Com a identidade, pelo menos enquanto ela dure, não como uma propriedade individual, a integração manifesta mata o encontro ainda no berço. Não há selves capazes de encontrar os outros em suas individualidades, e assim a integração manifesta é um espaço sem encontros. Nessa integração, procura-se, e se obtém, ou se obtém sem se procurar, uma licença da enfadonha e preocupante, onerosa e desafiadora aposta do encontro.

O contrário está de acordo com uma integração *postulada* (das irmandades entre as nações, raças, classes, gêneros e outras sombrias e abstrusas comunidades sonhadas) – embora esta última integração seja muitas vezes confundida, tanto por profissionais práticos quanto por teóricos, com a forma antes descrita. A integração postulada é sempre um trabalho da imaginação impelida pela *saudade de casa*. (A saudade de casa, como aponta Jonathan Matthew Schwartz, precisa ser distinguida da "ânsia nostálgica": trata-se da "experiência de casa a distância", "um clamor por se sentir em casa, por reconhecer os arredores e pertencer ao local". Mas, reparemos, e reparemos muito bem, a "casa" das "saudades de casa" é o "sentir-se no futuro do presente";[2] nenhuma casa real de tijolos e argamassa, nem mesmo uma casa firmemente tecida com o fio dos laços humanos, estaria de acordo com os padrões estabelecidos pela "casa das saudades de casa". As saudades de casa não dizem respeito apenas à ausência do lar, mas – embora de modo inconsciente – consistem na impossibilidade de se encontrar um lar, de manter viva a esperança, por meio do expediente do infinito adiamento).

O local de construção da identidade, com suas tarefas diárias, o suor e a lassitude de seus construtores, é o solo em que crescem a integração manifesta e a integração postulada; mas a afinidade termina aí, uma vez que cada integração procura destruir o que a outra busca estabelecer. A integração manifesta seduz pela emancipação em relação aos encontros; a integração postulada o faz por sua promessa de encontros íntimos com garantia de serem consumados antes mesmo que se tente.

"Sentir-se em casa" e "pertencimento" significam encontros abundantes e não problemáticos, encontros invariavelmente satisfatórios, com as benesses de estar com o outro isentas do perigo de ter extraído o "com", ou de o aconchego transformar-se em opressão. As casas reais, familiares, pairam desajeitadamente no meio do caminho entre os lares e as prisões; a "casa" das "saudades de casa" tem garantia de devolução do dinheiro caso ela venha a guinar de maneira incômoda para perto do polo prisional. Tal casa é um sonho de domicílio permanente, mas a permanência é a parcela de pesadelo do sonho. A "casa" das "saudades de casa" mantém seus poderes sedutores contanto que eles conservem sua mobilidade. Residir no futuro do presente ajuda: os encontros frustrantes não são intimados a testemunhar no julgamento da esperança; mas o caso nunca chega ao tribunal de um jeito ou de outro, à medida que permanece endemicamente inconclusivo, que a nenhum de seus muitos testes é concedido o status de *experimentum crucis.*

Ainda há uma *metaintegração*, a integração *matricial* de um bar, uma praia no feriado, um salão de baile. Não tanto uma integração *per se*, como uma matriz para a "coisa real" – uma oficina de tecelão onde os filamentos podem ser tramados na forma de um tecido, vidas solitárias entrelaçadas e trançadas. Quem quer que surja aqui é um tecelão em potencial e/ou uma fibra em potencial, e sabe que todos os outros ao redor anseiam por tecer e/ou servir como o fio para as fábricas dos outros tecelões.

A metaintegração é desenhada como um cenário para encontros; facilitar encontros é a medida de um bom design. Nela, o esperar foi extraído do querer; o mero fato de se estar aqui dá conta dos primeiros obstáculos e quebra o primeiro gelo. Nela, ao contrário do que acontece em outros lugares, pode-se estar razoavelmente certo de que a oferta de integração não será rejeitada sem reflexão; de que as artimanhas de jogo serão respondidas; de que o desdém em relação aos avanços é algo que as convenções do lugar não permitiriam.

Naturalmente, o sucesso final não está garantido, mas a quantidade de coragem e de habilidades que se precisa reunir para buscar esse sucesso foi reduzida de modo considerável. Os encontros estão disponíveis a preço reduzido, o que é uma boa notícia. A notícia ruim é que, como no caso de muitos dos outros produtos comprados em liquidação, a durabilidade dos bens nada tem de garantida, e os direitos do consumidor não são inteiramente honrados.

Poucas fábricas permanecem ilesas por muito tempo após terem abandonado as premissas; poucos encontros sobrevivem à última chamada ou ao final das férias. A metaintegração é sobretudo um território de infinitas experiências, de tentativa e erro – mas de um erro que não se antecipe a tentativas adicionais, e de tentativas que não esperem ser infalíveis.

Os tipos de integração listados até aqui foram apresentados no formato ideal-típico, claro. E – veja bem – em nenhuma ordem intrinsecamente lógica ou preferível, sugerida por aumento ou diminuição do valor de alguma variável particular. O melhor é supor que a sequência foi aleatória. (Não fica claro nem se a lista é exaustiva; os leitores podem e são convidados a adicionar os tipos que faltem e que tenham escapado à atenção do autor, ou que, por uma razão ou outra, tenham sido julgados indignos de inclusão.) Em particular, é aconselhável não plotar as formas sucessivas sobre nenhuma linha reta, crescente ou decrescente, conduzindo a "mais" integração, a uma integração mais "íntima" ou "melhor", por mais que a última qualidade possa ser medida.

Por outro lado, é vital notar que, não obstante todas as suas características peculiares, as formas de integração discutidas até agora partilham certas características dignas de nota, talvez mesmo decisivas para suas consequências morais.

## Estar-ao-lado, estar-com, ser-para

Os mais notáveis dentre os traços comuns são dois: dentro de cada uma das configurações listadas, os encontros (se houver uma possibilidade de que sejam permitidos) são *fragmentados*, *episódicos* ou ambos. São fragmentados no tanto que apenas uma parte dos *selves* multifacetados e seus múltiplos desejos e interesses sejam mobilizados no encontro – com o resto temporariamente suspenso, posto sub-repticiamente de lado, ou manifestamente contido por ser considerado *particular* (isto é, por ser presumido como irrelevante para este encontro aqui e agora). São episódicos no quanto os encontros sejam decretados como se não tivessem uma história passada e nenhum futuro.

Seja o que for que diga respeito ao encontro, isso tende a ser gerado e esgotado na extensão do próprio encontro – ou seja, tem início, se desenrola e se conclui em seu decurso. Cada encontro ganha a aparência de uma entidade encerrada e até sustentada em si mesma. A consequência mais importante da natureza episódica do encontro é a *falta* de consequências – os encontros tendem a ser *inconsequentes* no sentido de não deixar um legado durável de direitos e/ou obrigações mútuos em seu rastro. Ou, pelo menos, muito da arte dos encontros fragmentados/episódicos é direcionada para prevenir que tal legado seja abandonado. Os encontros são desempenhados com a *intenção* de inconsequência.

Nas configurações marcadas pelas formas de integração antes listadas, as pessoas são colocadas *ao lado* uma da outra; sua copresença tem a modalidade de *estar-ao-lado*. Obviamente, de relance, como num olhar de pássaro, a presença do outro, mesmo uma presença ao lado, faz diferença – o campo de ação não está vazio, os recursos que ele contém devem ser compartilhados, e o que os outros fazem ou podem fazer, de algum modo, indiretamente, determina a viabilidade dos fins e do leque de estratégias viáveis.

Mas as pessoas imersas no estado de integração não são pássaros, mal podem sustentar um olhar de ave e têm pouco tempo para algo assim. Do interior de sua integração, a maioria das entidades que se parecem com um outro é vista apenas como "no lado". Elas fornecem o espaço pelo qual as pessoas se movem, contudo, para todos os efeitos, acabam por tremeluzir na periferia da visão e desaparecem ou são registradas tão logo suas posições sejam traçadas, raramente se paralisando por tempo suficiente para merecer uma parcela da atenção. É desse panorama bastante indiscriminado e fracamente mapeado que determinadas entidades são colhidas por deslocar a atenção e se convertem em pessoas – isto é, em partícipes de um encontro.

A natureza da integração, entretanto, empresta seu sabor aos encontros inseridos em sua estrutura. Os encontros tendem a ser tão fragmentados e episódicos quanto a própria integração. De uma posição ao lado, os outros são selecionados para se mover até a modalidade de *estar-com*. Eles agora são objeto de atenção. Agora as dependências mútuas que precedem a interação surgem durante a interação e/ou são negociadas e modificadas no decurso do encontro, ingressam no campo de visão, ganham relevância tópica, convertem-se em objetos de pensamento e de decisão.

Permitam-me enfatizar, entretanto, que a relevância oferecida é apenas *tópica*, e que, em geral, é o tópico à mão, o interesse ad hoc, que ao mesmo tempo gera e limita a relevância. O impacto coercitivo do caráter tópico grava a si mesmo em ambos os lados. Nada mais do self tende a ser mobilizado no encontro do que as demandas do tópico à mão, e nada mais do outro é destacado do que o tópico à mão permite. Estar-com é uma reunião de seres incompletos, de selves deficientes. Em tais reuniões, ressaltar é tão crucial quanto esconder, o engajamento deve ser complementado pelo desengajamento, e a mobilização de alguns recursos deve ser pareada com a retirada de outros.

A intermitência entre revelação e segredo é, para falar a verdade, a principal técnica de construção do tipo de encontro chamado estar-com. Quando comparado com uma reunião de selves completos – uma reunião que não é fragmentada nem episódica – o tipo estar-com de encontro pode ser justificadamente apresentado como uma *des*-reunião. Entretanto, cabe perguntar: qual é aquela reunião não deficiente em relação à qual a deficiência da *des*-reunião é medida, aquela reunião de selves completos que serve como horizonte imaginário a partir do qual se podem traçar todas as outras reuniões e que redefine todas as outras como *des*-reuniões? Aparentemente, ela não pode ser encontrada em integrações de nenhum dos tipos enumerados até agora (pelo menos não como seu residente legítimo; no máximo, como uma ocorrência bizarra). Para encontrá-la, precisa-se avaliar a possibilidade de um outro tipo de integração, um que, de modo esperançoso, se comprove hospitaleiro e que contribua para encontros *diferentes* dos do tipo estar-com.

Pense nas circunstâncias que devem ser satisfeitas por uma integração não comprometida com manter a distância nem com matar o tempo. Uma integração que é – ou se torna, ou tende a ser – *plena* e *contínua*. Deve-se supor que tal integração é para durar para sempre, embora, na maior parte das vezes, ela seja contrafactualmente determinada. Mas só num tempo infinito a plenitude é realizável. Deve-se supor, outra vez, em muitos casos, de forma contrafactual, que ela é totalmente abrangente. Apenas entre seres completos a comunicação pode ser verdadeiramente contínua.

Se essa integração se prova plena e contínua quanto pretende, esta é uma outra questão, uma questão jamais resolvida de forma conclusiva, que nunca recebe uma resposta final, irrevogável. O que conta, entretanto, é que se deve supor que ela é assim (permanente e abrangente), e que os participantes devem se relacionar como se a suposição fosse verdadeira, e verdadeira de uma forma definitiva – ou seja, sem estar sujeita à negociação nem a outra verificação adicional.

Assim, os participantes devem se relacionar de alguma outra maneira que não o estar-com. (É tentador dizer, de forma desdenhosa, "de alguma outra maneira que não o *mero* estar--com"; essa procurada "outra maneira" precisa ser "mais perfeita" – no sentido central da ideia de perfeição como *plenitude*.) Essa outra maneira de se relacionar é o *ser-para*; ela rompe decisivamente aquela separação endêmica que, sob a condição de "estar-com", permanece como linha de base a partir da qual o encontro não passa de um desvio provisório e para o qual os participantes retornam (ou são empurrados de volta) após cada episódio de encontro; uma linha de base da qual nenhum desvio completo é plausível, por mais momentâneo que seja, enquanto persista o caráter fragmentário intrínseco aos encontros do tipo estar-com.

O ser-para é um salto do isolamento para a unidade, mas não para uma *fusão*, esse sonho místico de largar o fardo da identidade, mas em nome de uma *liga* cujas preciosas qualidades dependam inteiramente da preservação da alteridade e da identidade de seus ingredientes. Ingressa-se no ser-para pelo bem da salvaguarda e da defesa da unicidade do outro; essa guarda empreendida pelo self como sua tarefa e sua responsabilidade torna o eu verdadeiramente original, no sentido de ser insubstituível. Não importa quão numerosos possam ser os defensores da alteridade única do outro, o self não é absolvido da responsabilidade. Suportar essa tarefa sem alívio é o que produz um self original a partir de uma cifra. O ser-para é o ato de transcendência do estar-com.

Ao contrário da passagem do estar-ao-lado ao estar-com, essa transcendência (entre estar-com e ser-para) não é oferecida como uma possibilidade pré-fabricada de configuração – de *nenhum* ajuste, nenhuma forma empiricamente dada de integração. Qualquer das formas conhecidas de integração privilegia o ser-para; mas, ao mesmo tempo, nenhuma previne seu acontecimento. Não há conexão causal nem uma "afinidade eletiva" entre o estado de ser-para e qualquer configuração social específica – caso se encontre uma correlação, positiva ou negativa, entre os dois, pode-se facilmente considerá-la coincidência.

Muitos elementos da existência humana determinam várias formas de estar-com e de torná-las inevitáveis. Nada, entretanto, decide pelo emergir do ser-para de maneira comparavelmente "determinista" ou "probabilística". O ser-para não é um produto, um resultado, uma consequência, uma entrega ou um fruto do estar-com – uma vez que a fragmentação espacial e temporal da qual o estar-com depende e que ele reafirma em cada sucessivo episódio não pode ser reparada, não com os recursos e as estratégias disponíveis ao estar-com. Ela pode somente ser posta de lado, dispensada, contornada, ignorada. O ser-para somente pode chegar, por assim dizer, por trás do estar-com.

E o self também não pode planejar, tramar, projetar nem calcular a passagem do estar-com para o ser-para. O ser-para não é oriundo de um julgamento, nem é uma questão de escolha. Não se ingressa nele por preferência – por ser mais útil, mais agradável, mais sensato ou de maneira geral mais satisfatório. Aliás, não está claro nem o quanto se poderia resolver o problema da preferência, que presume de antemão que aquilo que se considera preferido (e todo o resto em relação ao qual se estabelece essa preferência) tem uma função que possa estimar o ser como tal e assim ser convertido num objeto da avaliação.

Todo o conhecimento que se poderia usar para se lidar com a questão da escolha e da preferência é um conhecimento fragmentado, pressupondo um caráter fragmentado do ser, enquanto o ser-para diz respeito à plenitude e à indivisibilidade. O ser-para não dispõe de muito para falar em seu próprio favor no tribunal da razão, uma vez que nessa corte colocam-se perguntas como "por quê?", "para quê?", "baseado em quê?", "apoiado na autoridade de quem?" – todas perguntas para as quais o ser-para não tem uma boa resposta nem pode ter, sendo o ser-para que é.

O ser-para é um escândalo em termos de razão; para falar a verdade, é *o* escândalo da razão, uma vez que a razão se tinha declarado, e segue a se redeclarar, na oposição a, e em luta contra, qualquer coisa que escape à rede de ponderação. E o ser-para é o maior peixe a escapar à rede – tão grande e difícil de dominar que rasga a rede ao sair dela.

Um encontro pessoa a pessoa, diz Arne Johan Vetlesen (ele usa esse termo de forma mais ou menos sinonímica a meu uso de ser-para, ou de *reunião* como o oposto de *des*-reunião),

> o olhar a encontrar outro olhar, a face em face de outra face redundam numa relação que é disparada por um momento do compromisso. Mas esse compromisso é diferente de todos os outros. Não é um produto da intencionalidade do sujeito. Ele não é procurado, simplesmente se impõe como uma propriedade que pertence à própria estrutura dessa díade de proximidade.[3]

Os olhos param de vaguear em torno e evitar corpos em movimento, encontram outros olhos e permanecem fixos – e um *compromisso* surge, aparentemente do nada, sem intenção, instrução e norma prévias. O surgimento do compromisso é tão surpreendente quanto sua presença se impõe. Os encontros são férteis em compromisso, e não parece haver maneira de controlar essa fecundidade em particular. Pode-se apenas tentar o aborto, ou o confinamento de reuniões prenhes de compromissos ao regaço dos lares, dos claustros ou dos orfanatos.

Seu ruidoso e ameaçador antagonista, aquele "atirar e ser alvo de tiros", aquela repentina abertura para o outro, a explosão não programada de não indiferença, a abrupta redução da distância – a razão os nomeia de sentimento, emoção, sensibilidade, paixão.

A razão tenta seguidas vezes descrever e definir aqueles "outros de si" "em seus próprios termos", com referência a seus traços supostamente endêmicos e imanentes, traduzindo-os desse modo como entidades objetais dotadas de identidade própria. Mas não com muito proveito, uma vez que o único significado confirmado de sentimento/emoção/sensibilidade/paixão é o desafio, o desdém e o desprezo à razão. A razão e a sensibilidade definem-se mutuamente: é apenas sua oposição que carrega significado, não cada termo sozinho, independente de seu oposto. Para que a razão seja lícita, seu oposto, o ilícito, deve ser o irracional, o sentimental.

Quando Kant diz que não se deve permitir que as emoções (isto é, *todas* as emoções, exceto a paixão pela lei moral – a lei proibida de ser minada por motivos pessoais, subjetivos, motivos "eu e tu")* interfiram com o trabalho da razão, uma vez que elas tornam o julgamento nebuloso e o debilitam, ele está cometendo uma tautologia: "emoções" significam o que "debilita" o "julgamento" – e não muito além disso. Se as regras e as normas que a razão notabiliza-se por legislar retivessem a integração humana numa garra completa e inapta, dificilmente haveria ocasião para a ideia de paixão ser ao menos concebida. Mas a supervisão da razão se paralisa bem perto da plenitude; a conduta humana, bem perto da monotonia; os intercursos humanos, bem perto da previsibilidade.

---

* Do alemão *Ich und Du,* título de um livro do filósofo judeu-austríaco Martin Buber, publicado em 1923, no qual ele sugere dois tipos de existência: a do "eu" diante das coisas e a do "eu" diante do "tu", na qual as relações não têm limites. Para Buber, as relações humanas são marcadas por uma metarrelação com Deus, o "tu eterno". (N.T.)

Sentimento/emoção/sensibilidade/paixão são o nome dessa imprevisibilidade que se abre onde o braço da razão, por mais longo que seja, não pode alcançar (apesar de ter fornecido, originalmente, o *casus belli*, o pretexto para o estiramento desse braço). No jardim da razão, os sentimentos são ervas daninhas – plantas que semeiam a si próprias em pontos inesperados e incômodos. Esses locais são inconvenientes porque não foram alocados por antecipação – são aleatórios do ponto de vista do plano diretor, e, por conseguinte, minam o projeto porque ele é sobretudo uma forma de garantir a impossibilidade de aleatoriedade.

Desde o começo da modernidade, com sua alteridade universal chamada "esfera pública", com seu esforço incessante para conjurar a ordem a partir do caos da alteridade, as emoções são os *ubi leones* da ordem racional. Elas eram algo ainda a ser domesticado e dominado, listadas na agenda dos assuntos inacabados, anexada a cada sucessivo memorial da razão. A esfera pública – o local da integração – devia ser governada pela *civilidade* (que adotou a *intimidade* como seu lado sombrio, desfavorável e vergonhoso). E a civilidade, de acordo com numerosos textos de professores e manuais de aprenda sozinho, "opuseram, ponto a ponto, os movimentos do coração e do corpo em suas paixões íntimas" (Philippe Ariès).[4] A civilidade era a questão do aprendizado majoritariamente negativo, nada positivo: um aprendizado daquilo que se deve esconder, daquilo que não se deve falar, aquilo de que se deve ter vergonha. Cada ato de espontaneidade, cada gesto ou careta não programados e descontrolados traía e expunha a fragilidade do verniz civilizado e a energia sensual das paixões que fervem sob a superfície. Assim, toda espontaneidade era destrutiva para a ordem civil e, pelo bem dessa ordem, tinha que ser "expulsa da existência pela vergonha", proclamada degradante e embaraçosa e preparada para ser assim experimentada.

Num texto dedicado a cultivar maneiras civilizadas, Erasmo de Roterdã escreveu, da soleira da modernidade, que, numa criança, "olhos ferozes denotam violência, olhos fixos são sinais de arrogância, olhos fugidios, perturbados, sinal de idiotismo" (e assim por diante);[5] os olhos são janelas, a permitir relances do interior, do privado, que as regras da civilidade não alcançam e que não controlaram. Essas janelas tiveram de se tornar opacas, de modo que as coisas não submetidas a controle jamais interferissem com o ambiente controlado da civilidade. "O homem selvagem interior" precisava se manter numa coleira e de preferência nunca ser levado a passear em público; reciprocamente, "o selvagem" no interior do homem era tudo aquilo que as regras da vida pública proibiram que fosse a passeio. As regras proibiram tudo que não governavam e não puderam governar.

Knud E. Logstrup escreve sobre as demandas *ditas* e *não ditas* imanentes no encontro, e sugere que toda a correspondência entre as duas "é uma pura coincidência"; em geral, elas não são de modo nenhum semelhantes". "A demanda vigente em todo relacionamento humano é... não dita e não deve ser igualada aos desejos e requisições expressados de uma pessoa."[6]

## Convenção e compromisso

A demanda *dita* (articulada, verbalizada) tem a modalidade de uma regra. Como a regra, ela conjura o que deve ser feito e – por incumbência ou pela omissão – o que não deve e não precisa ser feito. Indiretamente, ela também desculpa o seguidor de regras por não refletir algo além da instrução conjurada, suprindo-o com a incontroversa sondagem da "missão cumprida", "da obrigação realizada", "do trabalho bem-feito". A demanda falada evita ao ator muitos problemas. Seja sob a forma de uma regra universal, seja na forma de uma reivindicação de um participante do encontro que invoque tal regra, ela pode ser ponderada de acordo com o mérito do caso. A única preocupação é se a aplicação (ou a invocação) da regra é justificada pela natureza do caso (ou seja, se o participante "merece" um tratamento peculiar previsto pela regra, e quanto desse tratamento ele merece).

Num encontro regrado, o ator não é confrontado com outra pessoa, mas com uma "demanda dita"; o verdadeiro relacionamento é estabelecido entre o ator e a regra, enquanto a outra pessoa, a causa ou o objeto da ação, é apenas um peão movido no tabuleiro de xadrez dos direitos e dos deveres. A área regrada é uma área de *convenção*, e uma convenção não apenas pode ser estabelecida sem comprometimento emocional; ela como considera qualquer sentimento além da lealdade à regra e todo compromisso excetuando àquele com a obediência à regra impostores potencialmente perigosos. A convenção substitui a preocupação com a regra pelo interesse pelo participante do encontro (este último, que não apenas é desnecessário, mas alguém que "anuvia o julgamento", criando assim a possibilidade de que a regra não seja plenamente observada, será posto de lado, ou interrompido).

Lévinas diz: "A maravilhosa alteridade do outro foi banalizada e enturvecida numa simples troca de cortesias estabelecida como um 'comércio interpessoal' de alfândegas."[7] Usamos a convenção, conclui Logstrup, "como forma de nos mantermos indiferentes um ao outro e para nos ilharmos". A integração regrada, o estar-com esgotado no cumprimento das regras, é uma colônia de eremitas, um arquipélago de ilhas de um único habitante. Ela também permite que a interação desprovida de sentimentos preserve os sentimentos centrados no procedimento da interação.

Paul Ricœur sugeriu que "o homem ingressa no mundo ético pelo medo e não pelo amor".[8] Isso é verdadeiro, contanto que identifiquemos o "mundo ético" com a integração regrada do "estar-com". O medo em questão não é do outro licencioso, selvagem e descontrolado, mas da lei, estrita e severa – embora isso seja o oposto do que em geral sugerem os textos que promovem o estado de direito. A selvageria do outro (e de si mesmo, interiormente) é, aqui, a encarnação final da severidade da lei reprocessada e remodelada. O que poderia ser causa de ressentimento em relação à lei – por um astuto subterfúgio – é de novo mobilizado a serviço da própria lei. A ética – a conjuração com formato de lei da diferença entre moral e imoral – conduz através do portal do medo rumo ao mundo que define como moral: é um duplo medo, de um mundo sem lei e também da punição pela desobediência a ela.

Mas há outro portal, um portal de amor, companheirismo, interesse sincero: o portal do *compromisso*; apenas parece que ele conduz a um edifício diferente, o da moralidade, cuja correspondência com a casa da ética é (para parafrasear Logstrup) "uma pura coincidência" (embora a ética vise invadir e anexar esse diferente edifício, e expulsar todos os seus moradores que resistam à *Anschluss*, à anexação).

Nesse edifício da moralidade em que se entra por meio do compromisso, é a demanda *não dita* que guia os residentes. Esse edifício é igualmente afligido pela solidão, embora seja uma solidão de tipo diferente daquela da integração do estar-com. Enquanto a solidão ética é criada artificialmente, a solidão da pessoa moral é o oposto. No primeiro caso, trata-se da solidão da indiferença e do não comprometimento que foram objeto de consultoria, de aconselhamento; no segundo, é a solidão dos imprevisíveis e ingovernáveis compromisso e interesse.

Em sua esplêndida análise dos sentimentos como precondições do desempenho moral, Vetlesen se opõe à interpretação de Hannah Arendt (indicada por seu influente relato do caso Eichmann) do mal como produto da *incapacidade para pensar* – o que sugere, em vez disso, que "Eichmann *não era* meramente *irrefletido*, mas antes de mais nada *insensível*". Aquilo que deixou o mal agir livremente foi a "indiferença de Eichmann ao significado do sofrimento, à imposição da dor". "E enquanto adota uma atitude objetivadora em relação a seus companheiros, por oposição a uma postura enfático-participativa, Eichmann, para todos os efeitos, *impede que o domínio do fenômeno moral seja transparente para ele*".[9] O que, sejamos explícitos, não significa necessariamente que Eichmann e outros autores de "crimes legais" fossem não éticos, pelo contrário.

A posição enfático-participativa é sempre e irreparavelmente uma posição pessoal, tomada do ponto de vista da pessoa – algo endemicamente errático, que escapa à codificação; não pode ser ensinado ou adquirido por se decorar; exatamente por isso, o mundo da ética, o mundo da regularidade, os códigos, o ensino e a aprendizagem não têm espaço para a empatia e o envolvimento emocional nos sofrimentos do outro. A "atitude enfático-participativa" é um corpo estranho no mundo eticamente organizado, e a posição "objetivadora" adotada por Eichmann foi um triunfo, não uma derrota da ética. (E novamente Hannah Arendt nos alertou para o fato de que é nos *paterfamilias* "eticamente corretos" – o cidadão cumpridor da lei, comerciante honesto, marido leal e pai carinhoso – que mora a possibilidade de que "um belo dia uma humanidade altamente organizada e mecanizada concluirá, de forma bastante democrática – ou seja, por decisão majoritária –, que para a humanidade como um todo seria melhor arrancar determinadas partes dali".)[10]

Como Vetlesen aponta corretamente, aqueles que se voltam para a capacidade da razão a fim de obter comprovação lógica na busca de salvaguarda contra a humanidade estão destinados a terminar de mãos vazias, se não em condição ainda pior. Assim, por exemplo, Karl-Otto Apel – que apostou suas fichas na "responsabilidade da razão, que deve assumir o posto de consciência do pecado baseada em alguma medida no instinto"[11] – fala, ainda que de modo inconsciente, em nome da mesmíssima estratégia moderna que gerou o modelo novo, moderno, de criminalidade organizada e legalmente abençoada, não mais dependente da mobilização moral de seus perpetradores.

O que é legalmente condenado (e legalmente objeto de prevenção ou perseguição) é a ação baseada numa autoridade diferente daquela do código legal/ético. E é contra esse poder impressionante de aprovar/desaprovar a gerência da razão que os sentimentos morais rebeldes (rebeldes por serem sentimentos, e não cálculos) se levantam. Isso torna o rebelde sozinho. Ele não tem nada bem-conceituado como guia, nem professores oficializados ou regras potencializadas a dar garantias para estar correto e ter feito o que o dever exige. O rebelde é sozinho *porque* a demanda que persegue é *não dita*.

As normas sociais, diz Logstrup, "oferecem diretrizes comparativamente precisas sobre o que devemos fazer e o que devemos nos abster de fazer". A demanda não dita, e portanto radical, "não indica uma direção, por mais que ... não especifique nada. ... Em vez disso, deixa-as inteiramente nas mãos do indivíduo." Essa "não dizibilidade" não é uma "ofertidade" de algum tipo – uma voz cutucando para se agir, mas se recusando a articular aquilo ao qual a ação deveria se referir. A "não dizibilidade" representa o silêncio, audível somente em contraste ao ruído dos conselhos e das instigações vociferantes. A não dizibilidade significa que a ordem, como a conhecemos e como nos acostumamos a esperar que ela seja, não foi dada. Não tomaríamos nenhum conhecimento da demanda não dita se não estivéssemos acostumados a ouvir muitas demandas ditas.

Há pouco sentido nas tentativas de descrever e definir a "demanda não dita" por si, como "um outro tipo" de demanda (e menos ainda na tentativa de discutir logicamente as "razões" para a demanda não dita, como fez Logstrup). A "não dizibilidade" é uma pura negatividade, uma pura ausência de orientação. (E uma vez que se possa falar apenas obliquamente de "nulidade", "vazio", falando de um ser "que não é", falamos de um "comando não dito" – mas seremos bem-aconselhados a nos lembrar que usamos a palavra "ordem", como diria Derrida, *sous rature*, uma casca vazia feita de necessidade linguística, por assim dizer. Qualquer tentativa de imaginar um objeto para o qual a expressão *sous rature* sinalize – e ainda mais qualquer tentativa de imaginar uma autoridade por trás desse objeto, uma autoridade que *deu a ordem* – representaria o erro da hipóstase.)

A "não dizibilidade" significa apenas que o/a ator/atriz está agora por si próprio(a), traçando seu itinerário sem auxílio, tateando na escuridão e nunca completamente certo(a) de que o caminho escolhido é o caminho correto. Mas significa também que o ator *não sabe* de sua ignorância e *não pergunta* se a escolha do caminho era ou não correta. Se o fizesse, teria invocado uma ordem, e sem dúvida deparado com uma – e muitas delas se acotovelam por atenção. A "não dizibilidade" significa, em vez disso, que a autoridade da ordem *não foi buscada*, que o ator age sem uma ordem e o faz como se ela não fosse necessária. Essa espontaneidade despreocupada para a ação, esse *desprojetamento* da ação, é chamada, na terminologia da razão, como lembramos, sentimento/emoção/sensibilidade/paixão.

Quando os sentimentos assumem o controle, as demandas são congeladas e se tornam redundantes. E esse é, afinal, todo o sentido da ideia de "demanda não dita". Quando age sem uma ordem e sem solicitar uma ordem, o self realiza o que Lévinas caracterizou como "ruptura de sua forma"[12] – arrombando *qualquer forma socialmente traçada*, deixando cair qualquer vestimenta socialmente tecida, colocando-se diante do outro como um rosto, não uma máscara, e, nesse processo, com sua própria face desnudada.

## A insustentável incerteza do ser-para

Essa passagem do estar-com ao ser-para, da convenção ao compromisso, esse deixar cair as máscaras até que o rosto nu, indefeso, se mostre é, na maior parte da vezes, descrito como um trabalho do amor, e também por Logstrup e Lévinas. Para o primeiro, a "demanda não dita" é uma "demanda por amor", uma "demanda por tomar conta" do outro.[13]

Para Lévinas, o princípio da moralidade é "uma preocupação com o outro que chega até o sacrifício, até a possibilidade de morrer pelo outro".[14] Identificado outrora com o domínio do ser-para, o domínio da moralidade é encerrado no quadro da simpatia,* da disposição para servir, para fazer o bem, para o autossacrifício pelo outro. Despertar para o rosto – Lévinas nunca se cansou de repetir – é equivalente ao choque de ouvir o

---

* O termo original *sympathy* não corresponde ao sentido de senso comum de "simpatia", em português. Enquanto este se refere a uma afinidade moral e sentimental entre duas pessoas, em geral a partir da maneira como alguém age (diz-se que alguém é "simpático"), o termo em inglês se refere mais a um "colocar-se no lugar" relativamente ao sofrimento do outro (diz-se que alguém desperta simpatia) – sentido aliás também presente na palavra usada no Brasil; por isso, mantivemos a tradução como "simpatia". O conceito de *sympathy* é tema importante para a sociologia dos sofrimentos, fazendo parte de uma equação que coordena compaixão e ação. (N.T.)

inaudível clamor por auxílio que a vulnerabilidade e a fraqueza do outro, reveladas na nudez da face, emitem sem depender da fala; é um choque tão avassalador que torna ridiculamente insignificantes todas aquelas considerações racionais que repousam na soberba do mundo das convenções e das obrigações contratuais. O nascimento da pessoa moral é o autocomando: é minha responsabilidade, e responsabilidade apenas minha. E isso significa que eu, e eu sozinho, sou responsável pela integridade e pelo bem-estar do(a) outro(a). "No momento em que me torno responsável pelo outro, sou único. Sou único naquilo que sou insubstituível, no tanto que sou escolhido a responder. A responsabilidade é vivida como uma eleição."[15]

Assumir a responsabilidade moral significa não considerar o outro mais como um espécime de uma espécie ou de uma categoria, mas como único, e, ao fazê-lo, elevar-se (tornando-se "escolhido") ao estado digno da unicidade.

O longo reinado da legislação ética e o longo doutrinamento por legisladores éticos tiveram, entretanto, um efeito sintético de traduzir a moralidade a partir da imagem da ética. Se a ética diz respeito a construir a fronteira do bem sentado do lado de cá do limite, então a moralidade, tal como pensada no mundo eticamente administrado, também deve dizer respeito à distinção entre bem (o que você deve fazer) e mal (o que você não deve fazer), e a como permanecer no lado da fronteira correspondente à bondade.

Seja uma ramificação ou uma sedimentação da ética (como descrito na filosofia moral dominante, ajudada e induzida pela sociologia dominante), seja uma alternativa à convencionalidade do código de ética (como traduzido nas rebeliões de Logstrup ou Lévinas contra a filosofia hegemônica), a moralidade permanece um reflexo do quadro ético oficial, pintado à semelhança da imagem de uma ética autoconfiante (mais que isso, arrogante) o bastante para reivindicar a habilidade de manter separados o bem agir do mal agir, e para guiar rumo ao bem, enquanto percorre de forma livre as armadilhas e as emboscadas do mal.

Parece que as proposições usadas para se debater a moralidade não convencional nos termos de demandas "não ditas" (por distinção às "ditas") ou de responsabilidades "incondicionais" (por distinção às "condicionais", definidas contratualmente), carregam também a carga de suas origens: são assombradas pelo espectro das éticas com forma de lei projetadas para expulsar. Implicitamente, perpetuam os quadros mentais e as linhas de delimitação construídas por essas éticas – ainda que apenas pela sua negação explícita e atos de hostilidade.

Com um pé em cada universo discursivo diferente (e parcamente compatível), as duas proposições não estão inteiramente em casa em nenhum dos dois. Geram, de formas iguais, uma confusão categorial que por sua vez leva a dilemas virtualmente insolúveis. A ruptura que propõem e personificam não parece radical o bastante para reabrir a questão da moralidade de uma forma consoante à era "pós-legitimação".[16]

Finalmente, transformaram-se em reféns das noções herdadas de comando ou demanda que agora se tornaram incongruentes. Se na moralidade eticamente legislada os comandos e as demandas costumavam ser significativos conquanto se referissem a um sujeito falante (fosse ele Deus ou a razão), hoje não parece haver uma boa resposta à persistente e pertinente questão sobre a fonte. Não é provável que objeções ao questionamento soem convincentes, e menos ainda conclusivas, assim como as próprias noções de "demanda" ou "comando" são um permanente convite a interrogações sobre credenciais e razões para a obediência. As tentativas de responder às perguntas levam a problemas ainda mais desconcertantes, como na insistência de Logstrup, de que a demanda radical deve ser obedecida, "dado o fato de que a vida foi recebida como uma dádiva".[17]

Proponho que a passagem da condição convencionada à condição moral não é marcada pelo repentino torpor da antes volúvel demanda, nem pela derrocada das condições que outrora circunscreviam a responsabilidade, mas pela aparição (ou reaparição) daquilo que o legislar ético declara interditado no mundo da moralidade, a saber, o relacionamento emocional em referência ao outro. Proponho também que o tipo de emoção que colore esse relacionamento é secundário em relação à própria emotividade do encontro, que é primordial – e decisiva. O ser-para é, de começo, neutro em relação ao bem e ao mal. Ele não encontra dada a oposição entre o bem e o mal, menos ainda traçada de forma definida, inequívoca e definitiva. É mais um caso em que *a própria oposição, a possibilidade de atos serem bons ou maus, emerge e toma forma na história do ser-para* (embora, mesmo nesse caso, ele raramente alcance o grau de clareza que o onisciente legislar ético pressupõe).

O ser-para, sugiro, representa um engajamento emocional com o outro *antes* que este esteja comprometido (e antes que possa se comprometer de uma forma concebível) com um plano de ação específico a respeito do outro. As emoções transformam o "mero estar-com" em um ser-para por meio de três realizações cruciais. Em primeiro lugar, a emoção marca a saída do estado de *indiferença* experimentado no meio de outros *coisificados*. Em segundo lugar, a emoção arranca o/a outro(a) do mundo da finitude e da certeza estereotipada e o/a lança no universo da subdeterminação, do questionamento e da inconclusividade. E em terceiro lugar, a emoção desembaraça o outro do mundo da convenção, da rotina e da monotonia normativamente engendrada; e lhe permite se propagar num mundo em que nenhuma regra universal se aplica, enquanto aquelas que se aplicam são aberta e gritantemente não universais, específicas, concebidas e conformadas na autocontenção do face a face protegida da influência exterior pelo muro do sentimento.

Com esses três feitos, o engajamento emocional transforma o outro num problema e na tarefa do e para o self (precisamente a condição que a ética supraindividual e *onirreguladora* se esforça para impedir). Está agora nas mãos do self, e apenas nas dele, fazer algo (um algo não especifico) a respeito do outro. O outro se torna uma *responsabilidade* do self, e nesse ponto a moralidade se instaura como possibilidade de escolha entre o bem e o mal.

Formas de integração

As emoções de que estamos falando aqui não precisam ser as da simpatia ou do companheirismo. Menos ainda a empatia, a comiseração ou a compaixão. O único requisito é que o outro seja colocado como alvo para a emoção. O que deve acontecer em primeiro lugar, antes que a simpatia ou a compaixão se tornem possibilidades, é o que Martin Buber descreveu como *a resistência à objetificação*:

> O domínio das relações inter-humanas vai muito além do da simpatia. ... Só importa que para cada um de dois homens o outro se manifeste como um outro particular, que cada um se torne ciente do outro e, assim, esteja relacionado a ele de tal maneira que não o considere e não o use como seu objeto, mas como seu parceiro num evento vivo. ... O detalhe essencial não é que o primeiro faça do outro seu objeto, mas o fato de que ele não seja totalmente capaz de fazê-lo, além da razão para essa incapacidade. ... [É] meu privilégio como homem que, pela atividade oculta de meu ser, eu possa estabelecer uma barreira inexpugnável contra a objetificação.[18]

O objeto pode ser manuseado assim como qualquer objeto pode ser examinado, dissecado, medido, classificado, movido de um lugar para outro. Erguer um obstáculo contra esse manuseio, uma "barreira contra a objetificação", é uma noção sinônima a desenvolver uma atitude emocional. Nós apelidamos de "emocional" o ato e o pensamento que não sejam limitados por resultados de medição e avaliação. As emoções não racionalizam, muito menos racionalizam logicamente. Elas não são consistentes e poucas vezes são coesas, livres de contradições internas. Evitam ou explodem qualquer quadro constituído de normas e regras.

Desde que, como nos lembra Jean-François Lyotard, passamos a identificar nos seres humanos maturidade e previsibilidade, a confiabilidade e regularidade de conduta, as emoções só podem ser apresentadas, de forma desdenhosa, como manifestações de *infantilidade* (isto é, daquilo que o projeto de amadurecimento, na forma a ele dada pela era moderna, quer que deixemos para trás). Quando nas garras da emoção, é como se fôssemos reconvertidos ao estado infantil de fragilidade e de abandono: não há regra da qual se aproximar, mais uma vez nos movemos no mundo sem um mapa; e de novo traçamos as direções, como que do zero, à medida que seguimos.

Isso é precisamente o que quer dizer "assumir a responsabilidade" (o fato que é desmentido pela noção de amadurecimento e apresentado como uma gradual submissão às normas; nessa noção, a invocação "seja responsável!" quer dizer "siga as regras!"). Chamando a atenção para as regras, representando minha ligação com o outro como um item no conjunto das ligações similares, como um espécime de uma categoria, um exemplo de uma regra geral – evito toda responsabilidade, salvo aquela da natureza do procedimento.

Mas estar ligado ao outro pela emoção significa, por outro lado, que sou responsável por ele/ela, e sobretudo pelo que minha ação ou inação possa lhe fazer. Não sou não mais uma cifra, um item intercambiável de um conjunto, uma fresta corrigível na rede das relações. O que faço faz diferença – e fará igualmente diferença se eu desistir de fazê-lo. Agora, o outro se torna meu refém; e eu, por minha vez, torno-me refém de minha responsabilidade.

Assim, o caso de capturar o outro na rede de minhas emoções estabelece uma ligação da dependência mútua. Essa reciprocidade primordial é também minha criação isolada e minha responsabilidade solitária. Sou responsável por manter viva essa dependência mútua. Essa é a única realidade fundada por meu "alongamento até o outro" de forma emocional. O resto é silêncio.

Não sei o que o exercício de minha responsabilidade pode significar. A responsabilidade é ao mesmo tempo vazia, esperando para ser preenchida, e infinita, pouco suscetível de ser completada algum dia. Desse modo, sou também responsável por reforjar a responsabilidade existencial na forma de uma prática, por preenchê-la com os conteúdos que lhe faltem, por lutar para torná-la completa, contra todas as probabilidades. Essa responsabilidade torna-me poderoso; e também presume meu poder; apresenta-me o outro como fraco. E ela ainda supõe sua fraqueza. É-se responsável *para* alguém mais forte; é-se responsável *por* alguém mais fraco.

O ser-para, o ser responsável por, é, assim, basicamente, *uma relação de poder*. Essa condição não pode ser tornada nula e vazia; ela persiste, mesmo que seja ocultada ou negada enfaticamente, por toda interação proveniente da responsabilidade, e também em ação que tenham a submissão ao outro como objetivo. (Mesmo que a submissão escolhida seja um exercício de meu poder de escolha.) A conexão entre a responsabilidade e o poder é quase tautológica: sem poder, não haveria nenhuma responsabilidade. Sem poder, preencher a responsabilidade com conteúdos seria inconcebível (e, vice-versa, esse preenchimento não é nada mais que uma manifestação de poder).

O que também significa que a responsabilidade é um sinônimo de *liberdade*. De fato, pode-se dizer que responsabilidade-pelo-outro, poder-sobre-o-outro e a liberdade vis-à-vis o outro são três termos fundados por três diferentes discursos, mas convergentes no mesmo domínio da "cena moral primordial".

Nessa cena primordial, o curso da ação é ainda-não-determinado. A linha de divisão entre bem e mal é ainda-não-traçada. Serão apenas as ações subsequentes dos atores que farão essa distinção, separarão bem de mal, determinarão os bens e os males do que será feito. Não há roteiro previamente escrito, e os atores concebem a trama à medida que atuam, cada um sendo seu próprio diretor, e eles traduzem a língua de escrita no curso do escrever.

Minha responsabilidade pelo outro, Lévinas insiste repetidamente, inclui também minha responsabilidade de determinar o que precisa de ser feito para se exercer essa responsabilidade. O que significa por sua vez que sou responsável por definir as necessidades do outro, por dizer o que é bom e o que é mal para ele. Se eu o amo e, com isso, desejo sua felicidade, é minha responsabilidade decidir o que o faria verdadeiramente feliz. Se o admiro e desejo seu aperfeiçoamento, é minha responsabilidade decidir como seria sua forma perfeita. Se o respeito, desejo preservá-lo e realçar sua liberdade, é outra vez minha responsabilidade decifrar no que consistiria sua genuína autonomia.

"O mal se mostra como pecado, isto é, como uma responsabilidade, apesar de si, pela recusa das responsabilidades",[19] diz Lévinas. A essa frase eu adicionaria que não recusar a responsabilidade não repele o espectro do mal. Assumir responsabilidade é uma condição necessária, mas lamentavelmente insuficiente do bem. O exercício da responsabilidade significa direcionar para sempre um curso entre bem e mal sem o socorro da certeza ou da confiança oficial, sem a esperança de traçar algum dia a derradeira, definitiva e incontestável linha entre os dois. Se a recusa da responsabilidade conduz à vida de pecado, sua aceitação leva a uma vida de ansiedade e autodepreciação. Eis porque o evitar a *moralidade* do relacionamento, e não o evitar de *fazer o bem* (optar por estar fora da moralidade, não da bondade), é a mais atraente das tentações que o mal pode agitar diante do self que se desespera com os fardos da atuação e da autoria.

"Aquilo que os homens comumente elogiam como bom ou gentil", observa Logstrup, de modo cáustico, "em geral representa na realidade o tipo de acomodação que conduz a um relacionamento incerto. O que o homem de hábito chama de amor é em geral uma afetação que rejeita como a uma praga a verdade entre as pessoas." Mas amor, ele argumenta, não é indulgência. Relevar não está de acordo com o cuidado com o outro. Cuidar é fazer algo para que o espaço do outro seja melhor do que é. (Como acrescentaria Lévinas, sou também responsável pelas falhas do outro.)

Mas isso, assinala Logstrup, carrega ainda outras perversões. A primeira delas, para falar a verdade, não parece nada uma "perversão", sendo muito mais um simples *encolhimento* da responsabilidade e, assim, uma antecipação à própria possibilidade de pervertê-la. (Logstrup descreve essa primeira perversão como "o tipo de animação que, pela preguiça, pelo medo de gente, ou uma propensão para relacionamentos acomodados, consiste simplesmente na tentativa de satisfazer-se mutuamente enquanto se evita a questão".) Está mais aparentado ao pecado da omissão descrito por Lévinas.

A segunda perversão, entretanto, é um caso genuíno: trata--se de "nosso desejo de mudar a outra pessoa; [*o fato de que*] temos uma opinião definitiva sobre como elas deveriam ser". Mas "a responsabilidade pelo outro nunca consiste em assumirmos a responsabilidade que é dele".[20] Tudo muito bem, mas como fazer um sem o outro? Como agir em relação à minha própria responsabilidade sem ter uma opinião do que é bom para ela? E se me limito a tomar o que ouço dela por seu valor de face, isso não seria igual ao pecado da omissão?

A Cila da indiferença, da responsabilidade abandonada, e a Caríbdis da autonomia roubada, da responsabilidade degenerada em coerção, parecem demasiado próximas para permitir uma navegação segura.* Amor e ódio, bem e mal, parecem ambos ser moradores legítimos da casa administrada pela responsabilidade moral. Todas são operações de responsabilidade praticadas por alguém "de dentro". A cena moral primordial está semeada de ambivalência. Qualquer atuação nessa cena visa à redução da ambivalência. Aquilo a que a atuação corresponde, no entanto, é um interminável cordão de arranjos entre possibilidades suavemente atrativas ou desinteressantes. (O arranjo, diz Lars-Henrik Schmidt, não é uma decisão; difere de um cálculo racional e prossegue "sem critérios fixos"; não está "à procura de ajuda na compreensão ou na racionalidade" nem está "a decidir de acordo com conceitos ou princípios"; não tem "nenhum procedimento fixo"; em resumo, "difere do 'poder-saber' da compreensão, o 'ousar-esperar' do julgamento e do 'dever-fazer' da razão".[21]) E, de modo mais assustador, a soma total da ambivalência parece

---

* Cila e Caríbdis, duas figuras mitológicas gregas, ambas ligadas ao mar. A ninfa Cila despertou a paixão de Glauco, mas é transformada em monstro marinho pela feiticeira Circe, que se apaixonou pelo herói; Cila é condenada a viver aterrorizando aqueles que, viajando para encontrar sua legendária beleza, se horrorizam diante de sua nova imagem. A ninfa Caríbdis é convertida em monstro, como castigo de Zeus, por sua excessiva voracidade; ela morava no outro extremo do estreito habitado por Cila e, com ela, provocaria tempestades marinhas. A imagem de ambas juntas é associada à de uma zona de perigo, delimitada pelas duas. (N.T.)

ser imune a todos os esforços para apará-la, e, isso considerado, cresce – assim como as cabeças do dragão cospe-fogo, notoriamente capazes de multiplicar-se quando cortadas.

Atuar moralmente significa enfrentar essa incurável ambivalência.

## O bem está no futuro

Maurice Blanchot disse da poesia: "Ela vem de além do futuro e não cessa de vir quando já veio."[22] E do escritor: "Você nunca saberá o que escreveu, mesmo se escreveu apenas para sabê-lo. ... Antes do trabalho, o escritor não existe ainda; depois, ele já não está mais lá."[23] E do estranho:

> Falar de alguém significa concordar em não o introduzir no sistema das coisas, ou seja, das coisas a serem conhecidas; significa reconhecer seu não-ser-conhecido e o admitir como um estranho, sem obrigá-lo a cessar de ser diferente. Nesse sentido, a palavra é a terra prometida em que o exílio é consumado por meio da permanência, uma vez que o que está em jogo aqui não é estar em casa, e sim o estar sempre fora, num movimento no curso do qual o estranho se entrega sem abnegação.[24]

A arte e o outro do relacionamento moral – o outro do ser--para, o outro como *a face* – compartilham do mesmo status: quando são, são no futuro; quando não são no futuro, não são mais. São o que são apenas como um desafio ao que já é e foi. Estão sempre "fora" (na frase de Lévinas, "diferentemente de ser"). Quando entendidos e oferecidos, perdem o que os torna o que são. E o que eles são é aparentados à modalidade do futuro:

> Aquilo que não está de nenhuma maneira compreendido, isso é o futuro; a exterioridade do futuro é totalmente diferente da exterioridade espacial porque o futuro é absolutamente surpreendente. O futuro antecipado, futuro projetado, considerado a essência

do tempo por todas as teorias de Bergson a Sartre, é meramente o presente do futuro e, por isso, não é o autêntico futuro, aquilo que não foi alcançado, que tomba sobre nós para nos subjugar. O futuro é o outro.[25]

O futuro está cheio de surpresas. E assim também é o outro, uma vez que é reconhecido em sua absoluta alteridade. O ser-para é como um viver-para-o-futuro, um preencher-se com expectativas, um estar ciente do abismo entre o futuro previsto e o futuro que ele será. É esse hiato que, como um ímã, atrai o self para o outro, assim como atrai a vida na direção do futuro, fazendo da vida uma atividade de superação, transcendência, de deixar para trás. O self se alonga na direção do outro, assim como a vida se alonga para o futuro. Nenhum dos dois consegue alcançar aquilo até que se alonguem, mas é nesse alongar-se-para o esperançoso e desesperado, nunca conclusivo e jamais abandonado, que o self é sempre recriado, e a vida, sempre revivida.

Nas palavras de M.M. Bakhtin, é apenas nesse mundo não ainda consumado de expectativa e de experimentação, inclinando-se teimosamente para um outro outro, que a vida pode ser vivida – não no mundo dos "eventos ocorridos". Neste último mundo, "é impossível viver, agir, responsavelmente. Nele, não sou necessário. Em princípio, eu nem sequer estou lá."[26]

A arte, o outro, o futuro: o que os une, o que os torna três palavras que tentam em vão agarrar o mesmo mistério é a modalidade da possibilidade. Uma modalidade curiosa, que não está em casa nem na ontologia nem na epistemologia. Ela mesma, assim como aquilo que tenta capturar em sua rede, está "sempre fora", para sempre "diferente de ser". A possibilidade de que estamos falando não é o ser superfamiliar inseguro de si, e, por meio dessa incerteza, imperfeito, inferior e incompleto, desdenhosamente dispensado pela triunfante existência como "mera possibilidade", como "apenas uma possibilidade". E possibilidade é, em vez disso, "mais que a realidade" – tanto origem quanto fundação de ser. A esperança, diz Blanchot, proclama a possibilidade daquilo que evita o possível; "no limite, essa é a esperança do laço recapturado onde está agora perdido."[27]

A esperança é sempre a esperança de *ser realizado*, mas o que mantém a esperança viva e assim mantém o ser aberto e em movimento é sua não realização. Pode-se dizer que o *paradoxo da esperança* (e o paradoxo das possibilidades fundado na esperança) consiste no fato de que ela só pode levar a cabo seu destino traindo sua natureza. A mais exuberante das energias é gasta no impulso para o descanso. A possibilidade utiliza sua abertura à procura do fechamento. Sua imagem de ser melhor é seu próprio empobrecimento...

A integração ser-para é esculpida do mesmo bloco; ela partilha do paradoxal conjunto de todas as possibilidades. E dura enquanto não esteja completada, mas se esgota no interminável esforço de consumação, de retomar o elo, tornando-o firme e imune a todas as tentações futuras. Num sentido importante, talvez decisivo, ela se mostra autodestrutiva e derrotista: seu triunfo é sua morte.

O outro, como uma arte inquieta e imprevisível, como o próprio futuro, é um mistério. E ser-para-o-outro, ir ao encontro do outro pelo tortuoso e rochoso desfiladeiro da afeição, lança luz sobre esse mistério – transforma-o num desafio. Esse mistério é o que antes de mais nada impulsionou o sentimento – mas o objetivo do movimento resultante era justamente quebrar esse mistério. Mistério que deve ser desatado de modo que o ser-para possa dar ênfase ao outro: é preciso saber aquilo a que dar ênfase. (A "demanda" é *não dita*, a responsabilidade empreendida é *incondicional*; cabe àquele ou àquela que segue a demanda e assume a responsabilidade decidir o que o dar sequência a essa demanda e o se dedicar a essa responsabilidade significam em termos práticos.)

O mistério – assinalou Max Frisch – (e o outro é um mistério) é um quebra-cabeça interessante, mas tende-se a ficar cansado desse interesse. "Cada um cria para si uma imagem. É um ato amoroso, a traição."[28] Criar uma imagem do outro leva à substituição da imagem para o outro. O outro fica então fixado – suave e confortavelmente. Não há nada mais pelo que se interessar.

Sei do que o outro necessita, sei onde minha responsabilidade começa e onde ela termina. O que quer que o outro possa agora fazer será arrebatado e usado contra ele. O que costumava ser recebido como uma surpresa emocionante agora parece mais uma perversão; o que outrora era adorado como um animado ato de criatividade soa agora como perversa leviandade. Tânatos venceu Eros, e a excitação produzida pelo inalcançável tornou-se o enfado e o tédio do já alcançado.

Mas, como observou György Lukács, "tudo que uma pessoa pode saber sobre outra é apenas uma expectativa, somente uma potencialidade, um desejo ou um medo, adquirindo realidade apenas como resultado do que acontece depois; e também essa realidade se dissolve diretamente em potencialidades". Somente a morte, com sua inexorabilidade e irreversibilidade, põe fim à dança das cadeiras do real e do potencial – de uma vez por todas fecha o abraço de integração que outrora estava convidativamente aberto e tentava o self solitário.[29] "Criar uma imagem" é a prova de roupa daquela morte. Mas criar uma imagem é o impulso interior, a constante tentação, o *tem que* de toda afeição.

É a solidão de ser abandonado a uma ambivalência insolúvel e a um sentimento sem âncora e sem forma que mantém a integração em ser-para. Mas aquilo que a solidão busca na integração é um fim para sua condição atual – um fim para si mesmo. Sem saber – sem ser capaz de saber – que a esperança de substituir a vexatória solidão pela integração está fundada apenas em sua própria incompletude, e que uma vez que não haja mais solidão, a integração (a do tipo ser-para) deverá também desmoronar, porque não pode sobreviver à sua própria completude. O que a solidão procura na unidade (de forma suicida, por suas próprias ânsias) é o impedimento do, e o antecipar-se ao futuro, cancelando o futuro antes que ele se faça presente, roubando-lhe o mistério, mas também a possibilidade de que ele se encontra prenhe. De forma inconsciente embora necessária, ela busca isso tudo em detrimento de si própria, uma vez que o sucesso (se é que há um) pode apenas trazê-la de volta ao ponto em que começou e à condição que antes de mais nada a impeliu a iniciar a jornada.

A integração de ser-para está sempre no futuro, e em nenhum outro lugar. E não estará mais quando o self proclamar: "Cheguei", "Consegui", "Cumpri meu dever". O ser-para começa na realização das partes mais profundas e inalcançáveis da tarefa e termina com a declaração de que o infinito foi esgotado. Essa é a tragédia de ser-para – a razão pela qual não pode senão ser limitado pela morte, ao mesmo tempo que mantém uma atração que não morre. Nessa tragédia, há muitos momentos felizes, mas nenhum final feliz. A morte é sempre a execução de uma hipoteca das possibilidades, e ela chega ao final, em seu próprio tempo, mesmo que não tenha sido antecipada pela impaciência do amor. O complicado é direcionar a afeição para evitar o fim, e o fazer contra os afetos da natureza.

Por conseguinte, se o relacionamento moral for baseado na integração do tipo ser-para (como é), então pode existir como projeto e guiar a conduta do self apenas enquanto sua natureza de projeto (um projeto ainda não terminado) não seja negada. A moralidade, como o próprio futuro, é um eterno ainda-não. (E é por isso que o código ético, qualquer um, e mais quanto mais perfeito for por si próprio, dá sustentação à moralidade assim como a corda sustenta o enforcado.)

É pela nossa solidão que almejamos integração. É por conta dessa solidão que nos abrimos ao outro e permitimos que ele se abra para nós. É graças a essa mesma solidão (que é somente desmentida, nunca superada, pelo tumulto do estar-com) que nos transformamos em selves morais. E é justamente por permitir à integração alcançar suas possibilidades que apenas o futuro pode revelar que temos uma oportunidade de agir moralmente, e por vezes mesmo de ser bons, no presente.

# · 3 ·

# Vidas despedaçadas,
# estratégias partidas*

O "meio" no título do livro de Gillian Rose, *The Broken Middle* [*O meio rompido*][1] representa o espaço que se estende e o tempo que se passa entre o "começo" e o "fim". O começo é a *potencialidade* do ser; o fim, sua *atualidade*. Quando contemplado a partir do meio, o início é lembrado como um aglomerado de possibilidades que já começam a desaparecer ou a se ossificar; o final é delineado como o encerramento de atividades das possibilidades. Mas é no meio que a potencialidade é aparada e ressolidificada em atualidade. É no meio que nós, tristes alquimistas, convertemos o ouro da liberdade no metal básico da necessidade. É o meio – o trabalho ali realizado e o pensamento que faz com que ele ocorra – que difrata o conteúdo de sua própria composição de liberdade e da delimitação em duas telas separadas e opostas, e reformula o começo como o universo do possível, e o fim, como o reinado da falta de liberdade. É o trabalho silencioso e sincero feito no meio que planta o início afastado do fim e faz com que se oponham um ao outro.

O meio é o leito da ambiguidade, da ambivalência e do equívoco – das oposições "que poderiam dar início a um processo

---

* Ensaio parcialmente baseado em seminário preparado para a Universidade Aberta do Reino Unido.

e à dor",[2] mas que não são resolvidas nesse processo, por mais doloroso que ele seja. A recompensa para a dor é o "risco de vir a conhecer", ou seja, conhecer a presença da indecisão entre os contrários, o destino "aporético" do ser.

"Eu sou um fim ou um começo", observou Franz Kafka. "Eu sou um fim ou um começo" é a modalidade do meio. Esse fim e esse começo, na condição em que se encontram naquele ponto, são o fim do começo e o começo do fim: o início está acabando porque seu poder se afrouxa, mas o fim apenas começa porque seu controle é ainda fraco. Este é um lugar de solidão, medo, ansiedade – e escolha moral. Este é o lugar da responsabilidade. Na partida, a ansiedade não tem âncora; é apenas uma premonição da "possibilidade de possibilidade". Rose diz: "Não é a escolha do bem e do mal, mas a possibilidade ... que dá origem à ansiedade, o termo psicológico 'intermediário' para essa passagem por cima da possibilidade em favor de uma realidade que não é nem lógica nem ética, e sim existencial, uma 'liberdade embaraçada', na qual a liberdade fica embaraçada em si própria".[3]

O "ético" é o moral que já foi antecipado, "comunitarizado" ou divinizado. Na temporalidade do meio, o ético – a lei – sempre já chegou. Ele contribui muito pouco para aplacar a ansiedade, assim como o conhecimento de que o veredicto de Deus já foi previamente estabelecido contribuiu para dispersar os pesadelos dos pios calvinistas. Ainda se confronta a liberdade suspeitando-se de que ela não é tão livre quanto parece e finge ser, mas conhecendo-se pouco sobre a natureza do cativeiro. Nas palavras de Maurice Blanchot, "todos aqui têm sua própria prisão, mas nessa prisão cada pessoa é livre".[4]

Assim como o personagem Knecht, de Hermann Hesse (em *O jogo das contas de vidro*), o herói do *Idílio*, de Blanchot, acha o mundo impossível de ser vivido quando finalmente consegue permissão para nele entrar. Só se pode ser no interior da prisão? E a ilusão da liberdade fora dela não seria o verdadeiro início da escravidão? O ator/autor (e todo mundo é um ator/autor da vida) não seria "o personagem efêmero que nasce e morre a cada noite a fim de se fazer extravagantemente visto, executado pela própria performance que o torna visível"?[5] Antes que o trabalho seja atuado/que o texto esteja escrito, a liberdade ainda não está lá. Quando tudo estiver completo, ela não está mais (e assim também acontece com o ator/autor, aquele que atua/escreve).

## Saindo para dentro da prisão

Pode-se ler o "meio *rompido*" de Rose como uma "*prisão rompida*" (ou, mais precisamente talvez, mas sem dúvida com maior perplexidade, rompendo a fronteira entre prisão e mundo externo). O que aconteceu na estrada até o ponto em que a modernidade atinge seu *pós*-(decomposição?) vida foi o desmantelamento dos muros da prisão, com o efeito de que a autoria/atuação, não mais "de fora", uma vez que não há paredes para delimitar o encarceramento, passa a adotar o faça-você-mesmo. O meio *partido* é o mundo das cabanas de cárcere privado, cada qual feita sob encomenda por seu residente "singular", "único". O meio foi rompido (já teria havido um não rompido?) no processo de *privatização dos serviços prisionais*.

Na colônia de presídios de uma só cela que é o lugar do meio partido, a liberdade significa "estar sempre pronto para a ansiedade";[6] ali, "a ansiedade define o pecado, e não o pecado, a ansiedade", apesar do fato de que "o direito precede o desejo e a inteligibilidade"[7] – sempre houve um início *antes* de o meio ser atingido, embora numa prisão individual tudo pareça "começar do começo", começar outra vez, de dentro – no próprio meio. O pecado é produto da ansiedade, mas a ansiedade surge da sensação vaga, embora pungente, de que o pecado *já* foi cometido, e da incerteza ainda mais angustiante quanto à natureza exata daquele pecado.

O que significa esse "já"? Mais importante que isso, que poder – de atuação/de autoria – transformou esse "já" em algo pecador? De onde vem essa lei que, se conhecida, torna inteligível a atuação/autoria de alguém? K, o personagem de Kafka, esforçou-se em vão para encontrar as respostas no tribunal; a corte o recebeu quando ele chegou, e o dispensou quando se foi. O crime, assim parecia, era ser acusado de um crime, mas ninguém verbalizou as acusações, ninguém se sentou no banco da promotoria. Desesperado por tentar encontrar o princípio de sua culpa, Kafka escreveu: "Minha imperfeição é ... não congênita, não adquirida." "As censuras passam tempo dentro de mim."[8]

A imprecisão, a assombrosa indefinição da lei, guiou a pena de Kierkegaard quando ele escreveu sobre o "mandamento perene": "Ouço-o, de certa forma, mesmo quando não o escuto, de tal maneira que, embora não seja audível em si, ele amarga ou abafa a voz, convidando-me a fazer outras coisas." Rose comenta: "A maldição do mandamento perene atrita com as exigências temporais da voz amargurada e em oposição. ... O mandamento interior não inteligível que, no entanto, insiste em ser comunicado é imperativo, mas não compreensível".[9]

Um século depois de Kierkegaard, Emmanuel Lévinas falaria sobre "obedecer ao comando antes de ele ser formulado", o comando que é obrigatório antes de ter sido dito.[10] E Knud E. Logstrup concluiu que uma vez que "o comando" é "incondicional, infinito absoluto", e acima de tudo "não dito", "uma pessoa nunca pode estar completamente segura de que agiu da maneira correta".[11]

A "*rompibilidade*" do meio é vivida como incerteza, uma incerteza da qual cada ato é uma tentativa de fuga (para se passar do início, onde tudo é mera possibilidade, ao fim, onde a certeza foi comprada com o preço da liberdade), mas em que cada um desses atos só é bem-sucedido se nele se aprofunda. É como se o meio trabalhasse sob a maldição de um início interminável, como se o início, essa "tirania das oportunidades" (Hannah Arendt), nunca chegasse ao fim.

Um sociólogo estaria naturalmente inclinado a decifrar a enervante "subdeterminação" do comando nunca dito e da ordem nunca formulada como a emergência de pressões sociais difusas, descentralizadas, contraditórias, por parte do abrigo seguro do divino e de seu único e verdadeiro código de lei moral.

Tendo abandonado toda e qualquer pretensão de universalidade (o que só poderia ser interpretado como algo supra-humano), essa "libertação" deixa o prisioneiro solitário do meio livre para construir sua própria prisão.

Esta é a conclusão trazida pela expedição exploratória de Rose ao meio:

> O grande sofrimento da autoria é permanecer com a ansiedade do início e a ambiguidade da ética. ... O fato de o meio não poder ser consertado, de que nenhuma política ou conhecimento pode estar disponível ou ser empregável, não quer dizer que nenhuma compreensão ou representação seja possível, ou que sejam evitáveis independentemente do que ocorra.[12]

Não se pode confiar em nenhuma receita para reparar a fissura. Quanto mais radicais forem, mais se deve delas suspeitar. Cada tentativa de reparação (nenhuma tentativa pode ser feita sem violência) apenas agravará a situação que deveria ser reparada. Residindo no meio partido está nosso destino comum. Não podemos viver em nenhum outro lugar, não há nenhum outro local, nem poderia haver.

Rose oferece-nos uma filosofia serena, digna, que evita as ilusões e – mais que qualquer outra coisa – autoilusões. Aquilo que ele rejeita é, afinal, a esperança moderna do ser humano substituindo o divino e fazendo seu trabalho. Nesse sentido, e o mais importante de tudo, a filosofia de Rose, apesar dos protestos do próprio autor, é *pós-moderna por inteiro*. De uma forma tão típica da mentalidade pós-moderna, ele ainda pensa que seria bom se as esperanças da modernidade se tornassem realidade, mas não acredita mais que isso vá ocorrer.

A filosofia de Rose se encaixa muito bem no atual clima de "novo desencantamento"; o desencantamento com a potência e a sabedoria das mesmas *razão e vontade humanas* que o primeiro desencantamento, o moderno, aquele em relação à natureza (codinome para o divino), agraciado com poderes mágicos e o dom da infalibilidade (o ato que reforçou esse desencanto na forma de uma filosofia de otimismo e ruidosa autoconfiança). "Não há mais salvação pela sociedade", escreveu Peter Drucker. Não há mais engenharia social, gritamos todos, com diferentes graus de estridência.

Quanto às sonhadas alternativas comuns para o agora universalmente suspeito Estado, cada vez mais dedos ficam chamuscados com o calor das emoções comunalmente bafejado que derrete as antigas solidariedades civilizadas para derramá-las nos moldes de novas e incivilizadas solidariedades. É preciso ter cuidado com a salvação vinda daquelas fontes – é tudo que podemos saber até agora, embora, por mais que *possamos* saber, muitos estão em busca do mesmo e muitos mais ainda se juntarão a eles nessa busca.

Paul Valéry[13] descreveu certa vez nossa civilização como um "regime de excitações intensas". Estar imerso em tal civilização, disse Valéry, significa estar "embriagado de energia", "ensandecido pela pressa". De fato, nossa civilização é uma espécie caracterizada mais por seu modo curioso de ser-que-se-autoanula do que por quaisquer conteúdos fixos; mais por atitudes que por substâncias. Não importa tanto o que está sendo feito e que objetivos são perseguidos; o que importa é que, seja lá o que estiver sendo feito, o seja rapidamente, e que os alvos perseguidos escapem à captura, movam-se e se mantenham em movimento. Estar "embriagado de energia" significa estar embriagado com a *capacidade* de se mover e agir, não com qualquer trabalho particular a ser feito ou destino específico a ser atingido. Nossa civilização não consiste na *postergação* da recompensa (o que seria, de fato, contrário à sua natureza), e sim numa questão de *impossibilidade* de estar satisfeita.

A vida moderna, salientou Valéry, é alimentada pela sede insaciável de energia, não guiada pela necessidade de satisfazer "eternas necessidades vitais". Encontrar novas fontes de energia e explorá-las de forma mais eficiente significa aumentar a potencialidade do trabalho, muitas vezes maior que qualquer necessidade já sentida. A modernidade é "pródiga com as necessidades" ("*les prodigue*"), cria novas necessidades à medida que prossegue, necessidades nunca antes experimentadas, previamente inimagináveis. "Tendo inventado um novo material, ela inventa, *para se adequar a suas propriedades*, novas doenças que pode curar, novas ânsias que pode pacificar."

> Os homens estão, portanto, bêbedos de dispersão. Abusam da velocidade; abusam da iluminação; abusam de tranquilizantes, sedativos e estimulantes; abusam da frequência das impressões; abusam dos formidáveis meios de *dissociação* e de *ativação*, o que coloca enormes poderes nas mãos de uma criança. Toda a vida atual é indissociável desses abusos. ... As pessoas desenvolvem dependência do veneno, exigem seu fornecimento contínuo, acham cada dose insuficiente. Nos tempos de Ronsard, o olho ficava satisfeito com uma vela. Os sábios daquela época, que voluntariamente trabalhavam durante a noite, liam (e que rabiscos ilegíveis eles acabavam por ler!) e escreviam sem dificuldade em qualquer luz bruxuleante e pobre. Hoje, qualquer um precisa de vinte, cinquenta, cem velas [watts].

A vida, pode-se dizer, é sempre – e endemicamente – uma autocrítica. Mas a vida moderna, Valéry parece sugerir, acelerou essa crítica a tal ponto que a realização do objetivo anteriormente perseguido desacredita e ridiculariza a necessidade (expondo sua modéstia imperdoável), em vez de satisfazê-la. Podemos dizer que, quando a satisfação de necessidades torna-se um vício, nenhuma dose de satisfação pode satisfazer mais. Em certa velocidade crítica, a satisfação torna-se inconcebível – e, assim, a aceleração em si, mais que a acumulação de lucros, torna-se o motivo da busca. Sob essas circunstâncias, a oposição entre conservadorismo e criação, preservação e crítica, entra em colapso. (A implosão da oposição é adequadamente apreendida pela ideia de *reciclagem*, que combina preservação com renovação, rejeição com afirmação.) Ser conservador é manter o ritmo de aceleração. Ou, melhor ainda, manter, preservar a tendência de autoaceleração da aceleração.

## O mal-estar da aceleração: "qualidade de vida"

Não haveria interesse algum na "qualidade de vida" (o próprio conceito dificilmente teria sido inventado) não fosse pela sensação generalizada, muitas vezes vaga, mas sempre aguda e irritante, de que a vida como ela é "não é boa o suficiente". Discussões sobre qualidade de vida não são tanto sobre decidir como seria uma vida verdadeiramente boa, mas sobre dar alguma carne e osso a esse sentimento de desafeto vago, evasivo. Trata-se de expressar exatamente o que torna a vida como ela é algo não agradável o suficiente e no geral insatisfatória.

Por essa razão, o discurso da "qualidade de vida" é, em seu núcleo mais profundo, *uma crítica à vida cotidiana*. Apenas secundariamente é o que antes de tudo finge ser – uma crítica aos princípios de integração social e de organização sistêmica, ou das normas morais da sociedade, ou ambos (dependendo do referencial teórico adotado). É, portanto, fiel ao espírito da mentalidade moderna, que desde o início sentiu-se desconfortável no "meio partido" ("fora daqui, esse é meu objetivo", como anotou Kafka), mas acreditava que uma saída podia ser projetada.

A mentalidade estava embriagada com sua própria capacidade de tornar as coisas diferentes de como elas ocorrem nesse momento (e, portanto, não poderia conceber uma razão válida para tolerar que as coisas fossem como são), e negou a autoridade da realidade existente em nome daquilo que poderia se tornar realidade, caso diligentemente operada. E ainda a crítica realizada sob o título da "qualidade de vida" difere da crítica cultural *mainstream* à modernidade "clássica" em dois aspectos importantes. Essas duas diferenças lhe conferem um caráter nitidamente *pós*-moderno.

Em primeiro lugar, a ideia de "qualidade de vida" veio substituir a preocupação com *a autopreservação e a sobrevivência* que costumava ser o cerne da crítica moderna. Na crítica mais radical, marxista, à sociedade moderna, aquela à forma dada à sociedade sob a égide do capitalismo, a sociedade foi condenada

Vidas despedaçadas, estratégias partidas

pela ineficiência e pela falta de normas morais no desempenho (ou no não desempenho) da tarefa de garantir a sobrevivência humana. A modernidade (pelo menos em sua forma capitalista) foi acusada de desperdiçar esforço criativo humano, de não proporcionar uma distribuição justa dos recursos exigidos pela sobrevivência dos homens. Por conseguinte, "sobrevivência" era o nome do jogo em que o capitalismo falhou e no qual havia esperanças no sucesso do socialismo.

"Qualidade de vida", por outro lado, torna-se a norma principal da crítica à realidade na parte do mundo em que a sobrevivência, no sentido biológico básico, foi assegurada para todos ou quase todos os seres humanos (ou pelo menos assim se supõe); de modo que o futuro que fornece os critérios para criticar o presente não pode ser imaginado como "mais *sobrevivência*" ("sobrevivência mais assegurada"), mas apenas como "mais *felicidade*" daqueles cuja sobrevivência (como seres capazes de buscar a felicidade e serem felizes) já foi garantida.

Como Ulrich Beck salientou em *Sociedade de risco*, e de forma ainda mais pungente em *Contravenenos*, as questões de sobrevivência reaparecem no debate contemporâneo de uma forma modificada, como problemas para se detectar e neutralizar os riscos inadvertidamente criados por realizações espetaculares da ciência e tecnologia na *execução* da tarefa de assegurar a sobrevivência. Podemos notar, no entanto, que essa preocupação com a sobrevivência, em nova versão, na prática combina perfeitamente com as preocupações com a qualidade de vida. Por exemplo, mais apoio para o movimento ecológico vem de pessoas preocupadas com a deterioração do potencial de geração de felicidade em seu hábitat, mais que com a questão mais abstrata da continuidade da espécie humana.

Em segundo lugar, e talvez ainda mais sintomaticamente, a "qualidade de vida" difere da "sobrevivência" (e de todas as outras metas que a modernidade colocou diante de si) por seu endêmico caráter *não definitivo*. Era um paradoxo dessa vida determinada à sobrevivência que o Estado ideal buscado, quaisquer que fossem as cores que ganhasse, aparecesse acima de tudo como o fim da luta e a resolução final de seja o que possa ter sido sentido como um "problema", algo a necessitar de "resolução", algo como "o fim da história" – um estado de coisas estável, imutável, mas ainda mais diretamente como o fim da própria vida; o indizível e inefável ideal da vida preenchida com a preocupação com a sobrevivência é a morte. O horizonte da vida-pelo-bem-da-autopreservação era o estado de *perfeição* – e a perfeição, como todos nós sabíamos desde os tempos de Alberti, é o estado de não mudança, um estado que não pode ser melhorado em mais nada, um estado que qualquer mudança só pode vir a piorar.

Assim, a moderna crítica da realidade sempre usou padrões sólidos para medir e expor as deficiências da realidade. (A trajetória do progresso – aquilo que permitiu aos críticos descrever o presente como já atrasado, "atrás no tempo" e, portanto, fadado à extinção – foi invariavelmente imaginada como um caminho com uma linha de chegada.) Por outro lado, a crítica da realidade contemporânea (pós-moderna), organizada em torno do conceito de qualidade de vida, não contém ou rejeita explicitamente a ideia de um "estado final", de um cume conhecido por antecedência para o qual os seres humanos, em busca de melhoria, possam subir. O objetivo da qualidade de vida está intrinsecamente em aberto, embora não para a lentidão da imaginação, e sim para os horrores de se "hipotecar o futuro", a antecipação às possibilidades que ele pode ainda revelar; para o medo de "ser fixado"; e para o desgosto dos constrangimentos que a preferência por determinado "estado ideal" necessariamente imporia à busca de uma boa vida. Pode-se dizer, de modo paradoxal, que a característica definidora da noção pós-moderna de boa vida é a falta de definição da vida boa.

As sucessivas campanhas realizadas em nome da qualidade de vida tendem a ser específicas. Cada campanha é desencadeada por uma queixa particular: pela inconveniência mais dolorosa, o perigo mais temível, o sonho mais acre num determinado momento ou lugar para uma determinada categoria de pessoas. Mas os temas da campanha não se somam "naturalmente" num modelo esmagador, extraterritorial e extemporâneo para uma qualidade de vida "definitiva" que tornaria todos os esforços de aperfeiçoamento gratuitos e redundantes.

Em vez disso, é a capacidade de definir sempre novas metas, e não qualquer objetivo em particular, o que mais se aproxima da popular (embora raramente articulada) imagem, do popular postulado, da boa vida. (Já em 1958, Karl Jaspers observou que "o nosso tempo raciocina em termos de 'saber como fazer', mesmo quando não há nada a ser feito".) Essa ênfase na não fixidez, na liberdade de manobra, na aptidão para abraçar e absorver novas experiências e novas oportunidades para o prazer, seja como for que essas oportunidades possam ainda se revelar, está, afinal, em sintonia com a contingência essencial, o caráter episódico, fragmentado e "assistêmico" da existência pós-moderna.

O conceito de "qualidade de vida" tem tido uma carreira tão espetacular no discurso intelectual precisamente por conta da ressonância entre as notórias indefinição e subdeterminação de seus conteúdos e semelhantes características consideradas endêmicas na experiência de vida pós-moderna. As estratégias de vida pós-moderna, assim como a ideia da qualidade de vida, são orientadas pelos princípios heurísticos de "manter as opções em aberto", do evitar o compromisso e, mais genericamente, de ser cauteloso em relação a "hipotecar o futuro".

Por esse motivo, qualquer definição sobre o que é a qualidade de vida – no momento uma falta que precisa ser suprida – deve ser localizada e transitória, precisa ser logo esquecida por aqueles que hoje se agarram a ela; e em nada determinada a se entender nem pelos vizinhos mais próximos. (Embora isso possa parecer incrível para as pessoas que abraçam essa definição "natural" e acriticamente como se fosse autoevidente, como Schopenhauer já descobriu e Freud já explicou, é a perspectiva de superação de uma infelicidade específica aqui e agora que sempre se mostra para nós como "a felicidade enquanto tal".)

*A característica mais preeminente de "qualidade de vida" é que ela sempre existe como uma imagem*, e que essa imagem está em perpétua mutação. E que a credibilidade, o poder de sedução e o potencial de mobilização de cada imagem (ou a falta dela) dependem de sua harmonização (ou da sua dissonância) com a experiência local e historicamente circunscrita. Em princípio, as imagens da "qualidade de vida" são *resistentes à universalização* – e tanto mais quanto mais concretas e precisamente definidas sejam.

A área aberta pelo discurso da qualidade de vida é, portanto, um território de endêmica e perpétua subdeterminação (embora ele tenha sido criado com a intenção de curar o desafeto e a ansiedade vergonhosos e ilusórios). A ambivalência sempre gera uma *demanda por especialidade*; e a falta de orientação atrai especialistas em rastreamento de trilhas. Os especialistas tendem a prometer uma segura e definitiva rota de fuga da incerteza, mas o que eles oferecem na prática é uma decisão sobre como "resolver" o dilema presente sem reduzir sua ambivalência.

Precisamente porque a redução da ambivalência não é algo determinado que apenas "arranjos", controversos e inconclusos, são viáveis, e a necessidade de especialistas é tão aguda. Precisamos deles sobretudo como autoridades, como alguém em quem podemos confiar porque todos confiam neles, de modo que, ao aceitar seus conselhos, podemos ficar menos atormentados de dúvidas ou sentimentos de culpa do que quando agimos por nossa própria responsabilidade. A insatisfação nascida do enquadramento de vida definido pela sociedade de consumo fornece, por essa razão, um terreno fértil para o crescimento e a propagação de sempre novas especialidades. O crescimento é autoperpetuador, já que nenhum dos "arranjos" especializados pode, por definição, ser finito e final; parafraseando Wittgenstein, pode-se dizer que as sucessivas alterações na qualidade de vida deixam tudo na condição humana tão ambivalente quanto antes.

## O mal-estar da aceleração: "identidade"

"A identidade continua a ser o problema que foi por toda a modernidade" – diz Douglas Kellner, acrescentando que, "na sociedade contemporânea, longe de a identidade desaparecer, ela é re-

Vidas despedaçadas, estratégias partidas 113

construída e redefinida". Mas, alguns parágrafos adiante, Kellner lança dúvidas sobre a viabilidade dessa "reconstrução e redefinição", salientando que "a identidade torna-se hoje um jogo de livre escolha, uma apresentação teatral de si", e que, "quando se muda radicalmente de identidade à vontade, pode-se perder o controle."[14] Essa ambivalência descrita por Kellner reflete a ambivalência da questão em si. Mais que nunca, ouve-se hoje falar de identidade e de seus problemas nos tempos modernos. E ainda há a pergunta sobre se a obsessão atual não é apenas mais um caso da regra geral segundo a qual as coisas são notadas apenas *ex post facto*, quando desaparecem, fracassam ou acabam se tornando insatisfatórias.

Proponho que – embora seja verdade que a identidade "continua a ser o problema" – ela *não é* o problema que foi por toda a modernidade. O "problema de identidade" *moderno* consistia em como construir uma identidade e mantê-la sólida e estável. O "problema de identidade" pós-moderno diz respeito essencialmente à forma de se evitar a fixidez e manter abertas as opções. No caso da identidade, como em outros, o lema da modernidade era "criação"; o lema da pós-modernidade é "reciclagem". "O meio que era a mensagem" da modernidade representava o papel fotográfico (pense nos álbuns de família inchados, rastreando página amarelada por página amarelada o lento crescimento de eventos inapagáveis e produtores de identidade); o meio pós-moderno é definitivamente o vídeo (apagável e reutilizável, calculado para nada manter para sempre, admitindo acontecimentos de hoje apenas sob a condição de apagar os de ontem, gritando a mensagem de um universal "até segunda ordem" a respeito de tudo o que se considere digno de gravação).

A principal ansiedade atrelada à identidade nos tempos modernos era a preocupação com a durabilidade; hoje, é a inquietação com o evitar o compromisso. A modernidade foi construída em aço e concreto; a pós-modernidade, em plástico biodegradável.

Assim como "a qualidade de vida", a identidade enquanto tal é uma invenção moderna. Dizer, como comumente se diz, que a modernidade levou ao "desencaixe" da identidade, ou que ela tornou a identidade "desembaraçada", é fazer valer um pleonasmo – uma vez que em momento algum a identidade "tornou-se" um problema. Ela só poderia existir apenas *como problema*; foi um "problema" desde seu nascimento – *nasceu* como um problema (ou seja, como uma coisa sobre a qual se precisa fazer algo a respeito, como uma tarefa). Era um problema e portanto estava pronta para ser trazida à luz, precisamente por conta dessa experiência de subdeterminação e deriva, que veio a ser articulada a posteriori como "desencaixe". A identidade não teria se solidificado como uma entidade visível e palpável de qualquer outra forma senão "desencaixada" e "desembaraçada".

Pensa-se na identidade sempre que *não há certeza* sobre o lugar de pertencimento, quando não há certeza sobre como se colocar dentre a evidente variedade de estilos e padrões de comportamento, e sobre como se assegurar de que as pessoas aceitem essa posição como correta e adequada de modo que ambos os lados saibam como agir em presença do outro. *"Identidade" é um nome dado à buscada fuga dessa incerteza.* Assim, "identidade", apesar de ser claramente um substantivo, comporta-se como verbo, ainda que um verbo estranho: ele só aparece conjugado no futuro.

Embora muitas vezes hipostasiada como atributo de uma entidade material, a identidade tem o status ontológico de um projeto e de um *postulado*. Dizer "identidade postulada" é gastar uma palavra, uma vez que não há nem pode haver qualquer outra identidade senão postulada. A identidade é uma projeção crítica do que é exigido e/ou procurado sobre o "o que é", com uma ressalva extra de que cabe ao "o que é" responder adequadamente, por seus próprios esforços, à "procura/exigência". Ou, mais bem-dito, *a identidade é uma afirmação oblíqua da inadequação ou da incompletude "do que é".*

A identidade invadiu o pensamento e a prática modernos, vestida desde o início como tarefa individual. Cabia ao indivíduo encontrar uma fuga da incerteza. Nem pela primeira e nem pela última vez, os problemas criados socialmente deviam ser resolvidos por meio de esforços *individuais*; e moléstias coletivas, curadas por medicamentos *privados*. Não que os indivíduos tenham sido abandonados a suas próprias iniciativas, nem que se confiasse em sua sagacidade. Muito pelo contrário, colocar na agenda a responsabilidade individual pela formação de si gerou o acolhimento de preparadores, treinadores, professores, conselheiros e guias, todos reivindicando possuir um conhecimento superior sobre em que consistem as identidades para as quais são consultores e sobre as maneiras como essas identidades podem ser adquiridas, mantidas e demonstradas como tal.

Os conceitos de construção de identidade e de cultura (isto é, a ideia de incompetência individual, a necessidade de gestação coletiva e a importância dos criadores hábeis e conhecedores) eram complementares entre si, deram sentido um ao outro, e, portanto, só poderiam nascer juntos. A identidade "desencaixada" conduz simultaneamente à liberdade individual de escolha e à dependência do indivíduo em relação à orientação especializada.

## A vida moderna como peregrinação

A figura do peregrino não foi uma invenção moderna. É tão antiga quanto o cristianismo. Mas a modernidade deu-lhe outra importância e uma inflexão seminalmente nova.

Quando Roma tombou em ruínas, rebaixada, humilhada, saqueada e pilhada pelos nômades de Alarico, santo Agostinho anotou a seguinte observação: "Está escrito de Caim que ele construiu uma cidade, enquanto Abel, como se fosse apenas um peregrino sobre a Terra, não construiu nenhuma." "A verdadeira cidade dos santos está no céu." Aqui na Terra, meditou santo Agostinho, os cristãos vagam, "como numa peregrinação pelo tempo, à procura do reino da eternidade".[15]

Para os que peregrinam pelo tempo, a verdade está em outro lugar, o destino verdadeiro está sempre a certa distância, a algum tempo. Onde quer que o peregrino esteja agora, não é este o lugar onde ele deveria estar, e não é este o local em que ele sonharia se ver. A distância entre o mundo real e este mundo aqui e agora é feita do descompasso entre o que se quer alcançar e o que realmente foi. A glória e a gravidade do destino futuro depreciam o presente, rebaixam seu significado, lançam-lhe luz. Para um peregrino, de que pode servir uma cidade? Para o peregrino, apenas as ruas fazem sentido, e não as casas – uma casa tentará o peregrino cansado a descansar e relaxar, e se esquecer de seu destino ou adiá-lo indefinidamente.

Porém, até as ruas podem revelar-se obstáculos, em vez de ajudar, constituir armadilhas no lugar de vias públicas. Elas podem desencaminhar, desviar o viajante do caminho certo, fazê-lo se perder. "A cultura judaico-cristã", escreve Richard Sennett, "consiste, em suas raízes mais profundas, nas experiências de deslocamento e desabrigo espirituais. ... Nossa fé teve início em desacordo com a ideia de lugar."[16]

"Somos peregrinos no tempo" não era, sob a pena de santo Agostinho, uma exortação, mas uma declaração de verdade. O que quer que façamos, somos peregrinos, e há pouco a fazer a esse respeito, mesmo que quiséssemos. A vida terrena é apenas uma breve abertura para a eternidade da alma. Em última análise, não se trata de onde o destino nos determine a estar – e só a parte de nós destinada a estar em outro lugar é digna de preocupação e cuidado.

Apenas alguns desejariam e teriam capacidade de compor eles próprios aquela breve abertura terrena, em sintonia com a música das esferas celestes – para construir sua sorte como um destino conscientemente assumido. Esses poucos teriam de escapar das distrações da cidade. O deserto é o hábitat que devem escolher. O deserto do eremita cristão foi estabelecido a certa distância do burburinho da vida cotidiana, longe da cidade e do vilarejo, do domínio do mundano, da *polis*.

O deserto significava colocar uma distância entre si e "aqui" – seus deveres e obrigações, o calor e a agonia de estar com os outros, de ser observado por eles, ser enquadrado e moldado por seu controle, suas exigências e expectativas. Ali, no dia a dia mundano, as mãos estavam atadas, e também os pensamentos. Ali o horizonte era preenchido com cabanas, celeiros, bosques, pomares e campanários. Aqui, por onde quer que alguém se movesse, estava *em um lugar*, e isso significava permanecer no mesmo local, fazer aquilo que o local precisava que fosse feito. O deserto, em oposição, era uma terra ainda não fatiada em lugares, e por esse motivo era a terra da autocriação.

O deserto, disse Edmond Jabès, "é um espaço em que cada passo abre caminho para o próximo, que desfaz o precedente, e o horizonte representa a esperança de um amanhã que fala." "Você não vai para o deserto encontrar a identidade, mas perdê-la, perder sua personalidade, tornar-se anônimo. ... Então, algo extraordinário acontece: você ouve o silêncio falar."[17]

O deserto é o arquétipo e a estufa de uma liberdade nua, crua, primitiva e realista que é apenas ausência de limites. O que fazia com que os eremitas medievais se sentissem no deserto tão perto de Deus era a sensação de se sentir semelhantes a Ele: não limitados pelo hábito e pela convenção, por necessidades de seus próprios corpos e das almas das outras pessoas, por seus feitos passados e ações presentes. Nas palavras dos teóricos atuais, pode-se dizer que os eremitas foram os primeiros a viver a experiência dos selves "desencaixados", "desembaraçados". Eram como Deus, porque o que quer que fizessem, faziam-no *ab nihilo*. Sua peregrinação a Deus era um exercício de autoconstrução. (É por isso que a Igreja, desejando ser a única linha de ligação com Deus, desde o início se ressentia dos eremitas – e logo saiu de seu caminho empurrando-os para as ordens monásticas, sob a estreita supervisão de regras e rotinas.)

Os protestantes, como nos contou Weber, consumaram um feito impensável para os solitários eremitas do passado: tornaram-se *peregrinos do mundo interior*. Eles inventaram uma forma de embarcar numa peregrinação sem sair de casa. Mas puderam fazer isso apenas porque o deserto se esticava e chegava às profundezas de suas cidades, até suas portas. Eles não se aventuraram no deserto. O mundo de suas vidas cotidianas foi se tornando mais e mais "como o deserto". E, como o deserto, o mundo ficou sem lugares. As características familiares haviam sido destruídas, mas as novas, que foram criadas para substituí-

-las, ganharam o tipo de permanência outrora exclusivo das dunas de areia. Na nova cidade pós-Reforma da modernidade, o deserto começava do outro lado da porta.

O protestante, esse montador de padrões (ou seria ele apenas uma alegoria?) para a moderna estratégia de vida, como nos diz Sennett, foi "tentado pela imensidão lá fora, por um lugar de vazio que não lhe lançava demandas sedutoras. E nisso ele não era diferente do eremita. A diferença era que, em vez de viajar para o deserto, o protestante trabalhou duro para fazer o deserto chegar até ele, para refazer o mundo à semelhança do deserto. "Impessoalidade, frieza e *vazio* são palavras essenciais na língua ambiental protestante; elas expressam o desejo de ver o exterior como nulo, carecendo de valor."[18]

Esse era o tipo de linguagem com a qual se fala do deserto: a do nada à espera de tornar-se algo, mesmo que apenas por um momento; a da ausência de significado à espera de sentido, ainda que apenas de forma passageira; a de um espaço sem contornos pronto a aceitar qualquer contorno oferecido, ainda que apenas até que outros contornos sejam oferecidos; a de um terreno antes não sulcado, mas fértil com a expectativa de lâminas afiadas; a de terra virgem ainda por ser arada e preparada; a da terra em perpétuo início; a do lugar-nenhum-lugar cujo nome e a identidade é o ainda-não. Nessas terras, as trilhas são traçadas pelo destino do peregrino, e há poucos caminhos diferentes com que se contar.

Nessas terras, comumente chamadas sociedade moderna, a peregrinação não é mais uma *escolha* de modo de vida, menos ainda uma escolha heroica ou *santificada*. Viver a vida como uma peregrinação não é mais o tipo de sabedoria ética revelada para, ou intuída por, o escolhido e o justo. A peregrinação é o que se faz por *necessidade*, mesmo que o impulso seja miraculosamente reencarnado como algo que puxa, e a finalidade seja feita de inevitabilidade. É *preciso* viver a vida como peregrinação a fim de evitar estar perdido num deserto – investir a caminhada de um objetivo enquanto se vaga pela terra sem destino. Sendo um peregrino, pode-se fazer mais que andar – pode-se *caminhar para*. Pode-se ainda olhar para trás, para as pegadas deixadas na areia, e recompô-las na forma de estrada. Pode-se *refletir* sobre a estrada passada e falar dela como um *progresso rumo a*, um avanço, um *aproximar-se de*. Pode-se fazer uma distinção entre "atrás" e "à frente", e traçar a "estrada à frente" como uma sucessão de pegadas ainda a marcar a terra sem traços. O destino, o objetivo estabelecido da peregrinação da vida, dá forma ao informe, faz um todo a partir do fragmentário, dá continuidade ao episódico.

O mundo desértico ordena que a vida seja vivida como peregrinação. Mas, uma vez que a vida já foi tornada ação peregrina, o mundo à sua porta é desértico, inexpressivo; seu significado ainda precisa ser introduzido pelo errante, que o transformará em pista que conduz à linha de chegada, onde reside o significado. *Esse "introduzir" de significado tem sido chamado "construção da identidade"*. O peregrino e o mundo desértico em que ele caminha adquirem seus significados *conjuntamente, um por meio do outro*. Ambos os processos podem e devem prosseguir porque há uma distância entre o objetivo (o significado do mundo e a identidade do peregrino, sempre ainda não atingidos, sempre no futuro) e o momento presente (a posição da jornada e a identidade do errante).

Tanto o significado quanto a identidade só podem existir como *projetos*, e é a distância que permite a existência de projetos. A "distância" é o que chamamos, na linguagem "objetiva" do espaço, a experiência que em termos "subjetivos", psicológicos, chamamos de insatisfação com, e o denegrir de, o aqui e o agora. A "distância" e a "insatisfação" têm o mesmo referente, e ambas fazem sentido na vida vivida como peregrinação.

"A diferença de montante entre o prazer *demandado* da satisfação e o que é realmente *realizado* fornece o fator de condução que permitirá não se estacionar em qualquer posição alcançada, mas, nas palavras do poeta, 'pressiona sempre para frente, indomado' (Fausto)", observou Freud em *Além do princípio do prazer*. Janine Chasseguet-Smirgel[19] oferece um comentário ampliado a essa observação inspiradora, encontrando na condição primária da satisfação postergada o início do autodesenvolvimento, da construção da identidade etc.; a distância a nunca ser coberta entre o ideal do eu e as realidades do presente.

"Distância" se traduz como "atraso"... A passagem pelo espaço é uma função do tempo, as distâncias são medidas pelo tempo necessário para anulá-las. "Aqui" é a espera; "lá" é a gratificação. O quão distante está o aqui do lá, da espera à gratificação, do vazio ao sentido, do projeto à identidade? Dez anos, vinte? O tempo para se viver uma vocação? O tempo que se pode usar para medir distâncias deve ser como as réguas dos estudantes – retas, uma única peça, com marcações equidistantes, feitas de material resistente e sólido. E assim era, na verdade, o tempo moderno do viver-para-projetos. Era como a própria vida: direcional, contínua e inflexível. O tempo que "marcha" e "passa". Tanto o tempo quanto a vida foram feitos à medida da peregrinação.

Para o peregrino, para o homem moderno,[20] isso significava, na prática, que ele podia/devia/tinha de escolher seu ponto de chegada bem cedo e com confiança, certo de que a linha reta do tempo de vida pela frente não se curvaria, torceria ou deformaria, não chegaria a um impasse ou se voltaria para trás. O postergar da satisfação, bem como a frustração momentânea que gerava, foi um fator de dinamização e uma fonte de zelo na construção de identidade, à medida que era emparelhada com a confiança na linearidade e no caráter cumulativo do tempo.

A estratégia principal da vida como peregrinação, da vida como construção da identidade, era "poupar para o futuro", mas essa poupança faz sentido como estratégia apenas quando se pode ter certeza de que o futuro premiará a economia com juros, e que os bônus acumulados não serão retirados, que a poupança não será desvalorizada antes da data de distribuição de prêmios ou declarada moeda inválida, que o que é visto hoje como "capital" será visto da mesma forma amanhã e depois de amanhã.

Peregrinos tiveram uma participação na solidez do mundo que percorreram, numa espécie de mundo em que se pode narrar a vida como uma história contínua, uma história "produtora de sentido", uma história que faz de cada caso o efeito do evento anterior e causa do evento posterior; cada idade, como uma estação no caminho que aponta para a realização. O mundo dos peregrinos – dos construtores de identidade – deve ser ordenado, determinado, previsível, assegurado; mas, acima de tudo, ele deve ser um tipo de mundo em que as pegadas sejam gravadas para sempre, de modo que o traçado e o registro de viagens passadas sejam mantidos e preservados. Um mundo em que viajar pode ser de fato uma peregrinação. Um mundo hospitaleiro para os peregrinos.

## O mundo nada hospitaleiro para os peregrinos

O mundo não é mais hospitaleiro para os peregrinos. Eles perderam sua batalha ao vencê-la. Fizeram do mundo um deserto, mas depois descobriram que esse deserto, apesar de confortavelmente despojado de traços determinantes para aqueles que procuram deixar nele sua marca, não retém muito bem os traços. Quanto mais fácil seja imprimir uma pegada, mais fácil será apagá-la. Uma rajada de vento basta. E os desertos são locais com muito vento.

Logo transpareceu que o problema real não é como construir a identidade, mas como preservá-la. O que quer que você possa construir na areia, é pouco provável que seja um castelo. Num mundo desértico, não é necessário grande esforço para demarcar um caminho – a dificuldade é a forma de reconhecê-lo como trilha depois de um tempo. Como distinguir a marcha de um andar em círculos, do eterno retorno? Torna-se quase impossível compor os trechos de areia pisada na forma de um itinerário – muito menos num plano para uma viagem ao longo da vida.

O significado da identidade, destaca Christopher Lasch, "refere-se tanto às pessoas quanto às coisas. Ambos perderam sua solidez na sociedade moderna, seu caráter definitivo e sua continuidade." O mundo constituído de objetos duráveis foi substituído "por produtos descartáveis projetados para imediata obsolescência". Num mundo assim, "as identidades podem ser adotadas e descartadas como uma mudança de costume".[21] O horror da nova situação é que todo o diligente trabalho de construção pode ser em vão. Sua sedução é o fato de não estar limitado por experiências passadas, nunca sendo derrotado de forma irrevogável, sempre "mantendo as opções em aberto". O horror e o fascínio também tornam a vida-como-peregrinação dificilmente factível como estratégia e improvável de ser escolhida como a única. De qualquer maneira, não o é por muitos. Tampouco têm grande chance de sucesso.

No jogo da vida do consumidor pós-moderno, as regras sempre mudam no decorrer da partida. A estratégia sensata é, assim, manter cada jogo curto – de modo que um jogo da vida jogado de forma sensata convida a uma divisão de um grande e abrangente jogo com grandes apostas numa série de partidas breves e estreitas com apostas modestas. "Determinação para viver um dia de cada vez", "descrever a vida cotidiana como uma sucessão de pequenas emergências"[22] passam a ser os princípios orientadores de toda conduta racional.

Manter o jogo breve significa tomar cuidado com comprometimentos de longo prazo, recusar-se a ser "fixado" de uma forma ou de outra. Não ficar amarrado a um único lugar, por mais agradável que possa soar a atual escala. Não casar a vida com uma só vocação. Não jurar coerência e lealdade a nada e a ninguém. Não *controlar* o futuro, mas se *recusar a hipotecá-lo*: cuidar para que as consequências do jogo não sobrevivam ao próprio jogo, e renunciar à responsabilidade por tais consequências à medida que o faça. Proibir o passado de incidir sobre o presente. Em resumo, cortar o presente em ambas as pontas, separar o presente da história. Abolir o tempo de qualquer outra forma que não uma coleção ou sequência arbitrária de momentos presentes, achatar o fluxo do tempo num presente contínuo.

Depois de desmantelado, e de não ser mais um vetor, o tempo não estrutura mais o espaço. Nesse terreno, não há mais "à frente" e "para trás". É apenas a capacidade de não ficar parado que conta. *Estar em forma* – a capacidade de se mover depressa onde está a ação e estar pronto para assimilar as experiências à medida que elas se apresentam – assume a precedência sobre a *saúde*, a ideia de um padrão de normalidade e de se manter esse

Vidas despedaçadas, estratégias partidas 123

padrão estável e incólume. Pois toda postergação, e também a "postergação da satisfação", perde seu sentido: não resta mais um tempo em forma de seta para medi-la.

Assim o desafio não é mais como descobrir, inventar, construir, montar (até mesmo comprar) uma identidade, mas como impedir que ela fique muito estreita – e que se prenda ao corpo. Uma identidade bem-construída e durável se converte de ativo em passivo. *O ponto central da estratégia de vida pós-moderna não é a construção de identidade, mas a evasão de se fixar.*

A que possível objetivo a estratégia do "progresso" de estilo peregrino poderia servir neste nosso mundo? Neste mundo, não desapareceram apenas os empregos para toda a vida; os negócios e as profissões que adquiriram o hábito desconcertante de aparecer do nada e desaparecer sem aviso podem ser vividos como a "vocação" weberiana. (E, como para esfregar sal na ferida, a demanda pelas habilidades necessárias para a prática de tais profissões raramente dura tanto tempo quanto o necessário para adquiri-las – como a maioria dos alunos, para seu desespero, acaba por descobrir.)

Os empregos não são mais protegidos, sem dúvida não o são mais que os frágeis e precários locais em que são praticados. Onde quer que as palavras "racionalização", "investimento" ou "desenvolvimento técnico" sejam pronunciadas, todo mundo sabe que o desaparecimento de mais postos e locais de trabalho está no horizonte. A estabilidade e a confiabilidade da rede de relações humanas não estão muito melhores.

Nossa era é do "relacionamento puro" de Anthony Giddens, "em que se entra pela própria relação, pelo que pode ser derivado por parte de cada pessoa"; e que, assim, "pode ser terminado, mais ou menos à vontade, por qualquer um dos parceiros, em qualquer momento particular". É a era do "amor confluente", que "entra em choque com as categorias 'para sempre' e 'único' da ideia do amor romântico", de modo que o romance "não pode mais ser vinculado à permanência"; da "sexualidade plástica", que é o prazer sexual "separado de sua antiguíssima integração com a reprodução, com os laços de parentesco e com as gerações".[23]

Dificilmente se pode "enganchar" uma identidade a relações que não admitem "ganchos". E avisa-se solenemente para nem se tentar – assim como o compromisso forte, o apego profundo (muito menos a lealdade, esse tributo à ideia agora obsoleta de que a ligação tem consequências que amarram, enquanto compromissos significam obrigações) pode machucar e produzir cicatrizes quando chega o momento de desligar seu self do do parceiro, como quase certamente ocorrerá. Além disso, todas as forças do mundo, incluindo as mais esmagadoras, militam contra a relação estável. E não admira, pois, como Dean MacCannell apontou

> famílias e casais adultos estáveis, incluindo arranjos homossexuais que se assemelham a formações heterossexuais (isto é, casais estáveis a longo prazo, em oposição ao modelo do "sexo casual", "furtivo") são "disfuncionais" no quadro do capitalismo corporativista. Não que os casais sexualmente pareados estejam propensos a gastar seu tempo conjunto planejando a derrubada da ordem simbólica. É uma questão simples: casais e familiares têm uma capacidade comprovada de se entreter um ao outro e quase sem parar usando apenas seus corpos, expressões faciais, dons de linguagem e as tecnologias mais simples.[24]

O jogo da vida é rápido, totalmente absorvedor e consumidor de atenção, tornando nulo o tempo para parar e traçar projetos elaborados. Mas, novamente, adicionando impotência à perplexidade, as regras do jogo mudam muito antes de o jogo terminar. Os valores a serem tornados caros e perseguidos ativamente, as recompensas pelas quais se lutar e os estratagemas a serem implantados para conquistá-los são calculados, nas palavras de George Steiner, "para impacto máximo e obsolescência instantânea".

Para *impacto máximo*, uma vez que, no mundo supersaturado de informações, a atenção se transforma no mais escasso dos recursos, e apenas uma mensagem chocante (um verdadeiro *Stoss* heideggeriano), mais chocante que as precedentes, tem chance de alcançá-la (quer dizer, até o próximo choque); e *ob-*

*solescência instantânea*, uma vez que o local em questão precisa ser esvaziado tão logo tenha sido preenchido, para abrir espaço a novas mensagens que já forçam a entrada.

O principal resultado disso é a *fragmentação* do tempo em *episódios*, cada um isentado de seu passado e de seu futuro, cada qual fechado e contido em si mesmo. O tempo não é mais um rio, mas um conjunto de lagunas e lagos.

Nenhuma estratégia de vida consistente e coesa emerge das experiências que podem ser reunidas num mundo assim – nenhuma remotamente reminiscente do senso de propósito e da acidentada determinação da peregrinação. Nada surge dessa experiência senão regras informais (sobretudo negativas): não planeje suas viagens para muito tempo – quanto mais curta a viagem, maior a chance de completá-la; não fique emocionalmente atrelado às pessoas que você encontra em cada local de suas escalas – quanto menos você se preocupa com elas, menos será custoso deixá-las; não se comprometa demais com pessoas, lugares e causas – você não tem como saber quanto tempo elas durarão ou quanto tempo você ainda as considerará dignas de seu empenho; não pense em seus recursos atuais como capital – a poupança perde o valor depressa, e o outrora louvado "capital cultural" logo tende a se transformar em *passivo* cultural; e, acima de tudo, não postergue a satisfação se você puder se beneficiar dela – o que quer que você esteja buscando, tente obtê-lo *agora*, porque você não tem como saber se a gratificação que você procura hoje ainda será gratificante amanhã.

Proponho que, assim como o peregrino foi a alegoria mais adequada da estratégia de vida moderna, preocupada com a difícil tarefa de construção da identidade, o andarilho, o vagabundo, o turista e o jogador oferecem conjuntamente a metáfora para a estratégia pós-moderna, movida pelo horror de se estar preso e fixo.

Nenhum dos tipos/estilos listados são invenções pós-modernas – eles já eram conhecidos bem antes do advento dos tempos pós-modernos. Assim como as condições modernas remodelaram a figura do peregrino que herdaram do cristianismo, o contexto pós-moderno deu nova qualificação aos tipos conhecidos por seus antecessores. E o faz em dois aspectos cruciais: em primeiro lugar, os estilos, uma vez praticados por pessoas marginais em horários marginais e locais marginais, são agora praticados pela maioria no horário nobre e em locais centrais para suas vidas, e tornaram-se agora, plena e verdadeiramente, *estilos de vida*; em segundo lugar, apesar de serem um quarteto, esses tipos não são uma galeria de escolhas, não são um ou outro. A vida pós-moderna é confusa e incoerente demais para ser alcançada por qualquer modelo coesivo. Cada tipo transmite apenas parte de uma história que dificilmente se integra em totalidade (sua "totalidade" *não passa da* soma de suas partes). No coro pós-moderno, os quatro tipos cantam – às vezes em harmonia, mas com mais frequência em cacofonia.

## Os sucessores do peregrino

### O andarilho

Charles Baudelaire batizou Constantin Guy de "o pintor da vida moderna". Guy pintou cenas de rua urbana da forma como elas eram vistas pelo andarilho (*flâneur*). Comentando a observação de Baudelaire, Walter Benjamin fez do termo *flâneur* um nome familiar na análise cultural e uma figura simbólica central da metrópole moderna. Todas as vertentes da vida moderna parecem se encontrar e ser amarradas no passatempo e na experiência do andarilho: ir para um passeio como quem vai a um teatro; encontrar-se entre estranhos e ser um estranho para eles (na multidão, mas não da multidão); tomar esses estranhos como "superfícies" – assim, aquilo "que se vê" esgota "o que eles são" – e, acima de tudo, vê-los e deles saber episodicamente.

Do ponto de vista psíquico, passear significa repetir a realidade humana como uma série de episódios, ou seja, como eventos sem passado e sem consequências. Significa também ensaiar os encontros como des-encontros, como encontros sem impacto: os fugazes fragmentos da vida das outras pessoas que o andarilho derivou à vontade em histórias. Foi sua percepção que as transformou em atores nas peças que escreveu sem que se soubessem atores e muito menos conhecessem o enredo do drama que interpretavam.

O andarilho era o mestre da simulação do passado – ele se imaginava um autor e um diretor a puxar as cordas das vidas de outras pessoas, sem danificar ou distorcer seus destinos. O andarilho praticava a vida "como se" e o comprometimento "como se" com a vida de outras pessoas. Ele acabou com a oposição entre "aparência" e "realidade". Ele era o criador, sem as penalidades associadas à criação, o mestre que não precisava temer as consequências de seus feitos, o corajoso que nunca enfrentaria as contas de sua coragem. O andarilho tinha todos os prazeres da vida moderna sem os tormentos a ela inerentes.

A vida-como-passeio era algo muito distante da vida-como--peregrinação. Daquilo que o peregrino fazia com toda a seriedade o andarilho zombava jocosamente. Nesse processo, ele se livrava dos custos e também dos efeitos. O *flâneur* se encaixava mal na cena moderna, mas então ele se escondeu sob suas asas. Ele era um homem do lazer e fazia seus passeios nos momentos de lazer. O andarilho e sua prática de passeio aguardavam nas margens chegar sua hora. E ela chegou – ou melhor, foi provocada pelo avatar pós-moderno do heroico produtor como consumidor divertido. Agora, o passeio, antes uma atividade praticada por pessoas marginais nas margens da "vida real", passou a ser a vida em si, e a questão da "realidade" não precisa mais ser enfrentada.

"Centros", em seu sentido moderno, se referiam aos espaços para passeio. Agora, a maioria é de *centros comerciais*, *shopping centers*, espaços para passear enquanto você faz compras e para comprar enquanto passeia. Os comerciantes farejaram a atração e o poder de sedução dos hábitos dos andarilhos e começaram a moldar-lhes a vida. As arcadas parisienses foram promovidas, em retrospecto, a cabeças de ponte dos tempos vindouros: eram as ilhas pós-modernas nos mares da modernidade. Os centros de compra tornam o mundo (ou uma parte dele cuidadosamente murada, monitorada eletronicamente e vigiada de forma intensiva) seguro para a vida-como-passeio. Ou melhor, esses shopping centers são os mundos feitos por designers ad hoc, sob medida para os andarilhos. São os espaços de subencontro, de encontros com a garantia de serem episódicos, do presente valorizado de forma distante do passado e do futuro, de superfícies a encobrir superfícies.

Nesses mundos, cada andarilho pode se imaginar como um diretor, apesar de todos os andarilhos serem objetos de *mise en scène*. Essa direção é, como a deles próprios costumava ser, discreta e invisível (embora, ao contrário da deles, raramente inconsequente), de modo que as tentações soam como desejos; pressões, como intenções; sedução, como tomada de decisão. Na vida como comprar-para-passear e como passeio-para-comprar, a dependência dissolve-se na liberdade, e a liberdade busca dependência.

Os centros iniciaram a promoção pós-moderna do andarilho, mas também prepararam terreno para a ainda maior elevação (ou seria a purificação?) do estilo de vida andarilho. Este foi alcançado na *telecidade* (termo feliz de Henning Bech), a cidade que o andarilho persegue, destilada em sua pura essência, que agora entra no derradeiro abrigo do mundo totalmente privado, seguro, trancado, à prova de roubos, da mônada solitária, na qual a presença física de estranhos não esconde – ou interfere com – sua condição psíquica de estar fora de alcance. Em sua versão telecidade, ruas e centros de compra foram limpos de tudo o que, do ponto de vista do andarilho, fosse prejudicial ao esporte – uma impureza, uma redundância ou o desperdício –, de modo que o resultado dessa limpeza pudesse brilhar e ser apreciado em toda sua imaculada pureza. Nas palavras de Bech,

> o mundo mediado pela tela da telecidade existe apenas por meio de superfícies; e, de forma tendencial, tudo pode e deve ser transformado em um objeto para o olhar. ... há, por ação de "leituras" dos sinais superficiais, a oportunidade para uma empatia muito mais intensa e cambiante dentro e fora das identidades, por conta das possibilidades de audiência contínua e sem interferência. ... A televisão é totalmente não comprometedora.[25]

A liberdade definitiva é dirigida para a tela, vivida na companhia de superfícies, e se chama *zapping*.

## O vagabundo*

O vagabundo era a perdição do início da modernidade, o duende maligno que estimulou os governantes e filósofos a um frenesi de ordenação e legislação.[26] O vagabundo era *incontrolável* e, como tal (fora de controle, fora do quadro, à solta), uma condição que a modernidade não podia suportar, e por isso passou o resto de sua história a combater. Os legisladores elisabetanos ficaram obcecados com a necessidade de direcionar o vagabundo para fora das estradas e de volta para a vida paroquiana, "à qual ele pertencia" (mas que deixara, precisamente porque não se identificava mais àquele lugar).

Os vagabundos eram as tropas avançadas ou as unidades de guerrilha do caos pós-tradicional (traduzidos pelos governantes como *anarquia*, segundo aquela habitual maneira de usar um espelho para pintar a imagem do outro), e eles deviam ir embora, se a ordem (ou seja, o espaço gerido e supervisionado) se tornasse a regra. Os vagabundos do livre vagar tornaram imperiosa e urgente a busca por uma ordem nova, administrada pelo Estado, no plano societário.

O que tornou o vagabundo algo tão terrível foi sua aparente liberdade de se mover e assim escapar da rede do controle antes situada na esfera local. Pior que isso, os movimentos do vagabundo eram imprevisíveis. Ao contrário do peregrino, ou, no mesmo sentido, de um nômade, o vagabundo não tem destino definido. Você não sabe para onde ele se moverá em seguida, porque ele próprio nem sabe nem liga muito para isso. A vagabundagem, a errância, não tem itinerário prévio – sua trajetória é integrada pouco a pouco, um pedaço de cada vez. Cada lugar é, para o vagabundo, uma escala, mas ele nunca sabe quanto tempo permanecerá em algum deles. Isso dependerá da gene-

---

* O termo "vagabundo" é empregado por Bauman em seu sentido mais original, como "aquele que vagueia sem destino definido". Em português, o termo costuma ser associado à imagem de alguém que não trabalha e mesmo ao criminoso, mas esses dois últimos sentidos não estão presentes aqui. Optamos por "vagabundo", em vez do mais exato "errante", para manter a cognação entre as palavras. (N.T.)

rosidade e da paciência dos moradores, mas também de novidades sobre outros lugares que possam despertar novas esperanças. (O vagabundo é empurrado por trás pela força de esperanças, elas próprias já frustradas, e puxado pela frente por esperanças ainda não colocadas à prova.)

O vagabundo decide para onde ir quando chega a um cruzamento, escolhe a próxima estada ao ler os nomes nas placas de estrada. É fácil controlar o peregrino (e mesmo o nômade), absolutamente previsível graças à determinação típica da peregrinação (ou à monotonia rotineira do ciclo do nomadismo). Já controlar o caprichoso e errático vagabundo é tarefa desencorajadora (embora, no final, esse tenha se mostrado um dos poucos problemas que a engenhosidade moderna conseguiu resolver).

Aonde quer que o vagabundo vá, ele é um estranho, um estrangeiro, nunca pode ser "o nativo", o "estabelecido", aquele com "raízes na terra" – e não por falta de tentativa: o que quer que ele possa fazer para obter as boas graças aos olhos dos nativos, está ainda muito fresca na memória sua chegada – ou seja, o fato de ele ter estado em outro lugar antes. Ele ainda cheira a outros lugares, àquele além contra o qual a propriedade original dos nativos foi construída. Alimentar o sonho de se tornar nativo só pode terminar em recriminação e amargura mútuas. É melhor para o vagabundo, portanto, não se acostumar muito com o lugar.

Felizmente, outros lugares acenam, ainda não visitados, talvez menos cruéis ou mesmo mais hospitaleiros, certamente capazes de oferecer oportunidades que o presente local evidentemente negou. Acalentar uma condição de "deslocamento" de alguém é a estratégia sensata e a única possibilidade de adiamento do futuro. Ele dá ao sofrimento presente um sabor de "até segunda ordem". Impede que as opções sejam eliminadas para sempre. Se os nativos se tornarem insuportavelmente desagradáveis, pode-se sempre tentar encontrar outros mais suportáveis.

O vagabundo do início da era moderna vagava pelos lugares estabelecidos. Ele era um vagabundo porque em nenhum lugar poderia se estabelecer como os outros. Os estabelecidos eram muitos; os vagabundos, poucos. A pós-modernidade inverteu essa relação. Hoje, restam poucos lugares "assentáveis". Os residentes "estabelecidos desde sempre" despertam para encontrar os lugares (lugares na Terra, lugares na sociedade e lugares na vida) aos quais "pertencem", inexistentes ou não mais cômodos. Ruas hoje arrumadas se tornam perigosas amanhã, as fábricas desaparecem com os postos de trabalho, habilidades não encontram mais compradores, o conhecimento se transforma em ignorância, a experiência profissional se converte em deficiência, redes de relações seguras desmoronam e enlameiam o espaço com lixo pútrido.

Agora, o vagabundo é vagabundo não pela relutância ou dificuldade de se estabelecer, mas pela escassez de locais assentáveis. Agora, a probabilidade maior é que as pessoas que ele encontra em suas viagens sejam outros vagabundos – vagabundos hoje ou vagabundos amanhã. O mundo está se emparelhando com o vagabundo, e se emparelhando depressa. O mundo se remodela na medida do vagabundo.

### O turista

Assim como o vagabundo, o turista costumava outrora ocupar as margens da ação "propriamente social" (embora o vagabundo fosse um *homem* marginal, enquanto o turismo era uma *atividade* marginal) que agora se mudou para o centro (em ambos os sentidos). Assim como o vagabundo, o turista está em movimento. E assim como o vagabundo, onde quer que ele vá, estará no *lugar*, mas nunca será *do* lugar. Entretanto, há também diferenças, e elas são seminais.

Em primeiro lugar, no equilíbrio entre os fatores de "empuxo" e "tração", no caso do vagabundo, muito pesados no lado do "empurrar"; e, no caso dos deslocamentos turísticos, para o "puxar". O turista se move *de propósito* (ou pelo menos assim ele/ela pensa). Seus movimentos são antes de tudo "para", e apenas secundariamente (se tanto) "porque" (mesmo que esse "para" acabe por ser meramente o objetivo de escapar à decepção provocada pela última escapada). como Chris Rojek lembra argutamente, a parcela de turista em nós nasce de uma

> inquieta insatisfação e de um desejo de contraste. ... Nunca estamos totalmente convencidos de termos experimentado coisas ... o suficiente; estamos sempre tolamente conscientes de que nossas experiências poderiam ser melhores; não ingressamos em atividades de "escape" antes de nos sentirmos enervantemente instados a delas escapar.[27]

O objetivo, naquele momento e agora, é a experiência nova. O turista é um caçador consciente e sistemático de experiências, de uma experiência nova e diferente, da experiência de diferença e novidade – que as alegrias do familiar logo fazem desaparecer e cujo fascínio fazem cessar.

Os turistas querem mergulhar em elementos estranhos e bizarros (uma sensação agradável de cócegas e rejuvenescimento que combina um pálido perigo com um sentimento de salvação, como aquele de se deixar ser golpeada pelas ondas do mar), sob a condição, porém, de que não sobrevivam à máquina de produção de prazer e que possam ser jogados fora sempre que se desejar. Eles escolhem os elementos em que mergulhar dependendo de quão estranhos e quão inócuos eles são. Você reconhece os lugares favoritos do turista por sua estranheza flagrante e ostensiva (se meticulosamente preparadas), mas também por uma profusão de almofadas de segurança e rotas de fuga bem-sinalizadas.

No mundo do turista, o estranho é manso, domesticado, e não assusta mais; os choques vêm numa embalagem promocional, com a segurança. Isso faz o mundo soar infinitamente dócil, obediente aos desejos e caprichos do turista, pronto a servir, mas também um mundo faça-você-mesmo, agradavelmente flexível, moldado por seus desejos turísticos, feito e refeito com um propósito em mente – animar, agradar e divertir. Não há outra

Vidas despedaçadas, estratégias partidas 133

finalidade para justificar a presença desse mundo e a presença do turista nele. O mundo do turista é total e exclusivamente estruturado por critérios *estéticos* (cada vez mais autores que se debruçam sobre a "estetização" do mundo pós-moderno, em detrimento de suas outras dimensões, também morais, descrevem – mesmo que inconscientes disso – o mundo visto pelo turista; o mundo "estetizado" é o mundo habitado pelos turistas).

Em contraste com a vida do vagabundo, realidades duras e ásperas, resistentes ao esculpir estético não interferem na experiência do turista. Pode-se dizer que o que o/a turista compra, aquilo pelo que ele/ela paga, o que ele/ela pede para ser entregue (e dispensa ou pede ajuda à Justiça se a entrega é atrasada) é precisamente o direito de não ser incomodado, a liberdade de qualquer espaço que não seja o estético.

Em segundo lugar, ao contrário do vagabundo, que tem pouca escolha além de se adaptar ao estado de pobreza, o turista tem uma casa, ou pelo menos deveria ter. Ter uma casa é parte do pacote de segurança: para que o prazer seja claro e verdadeiramente cativante, deve haver em algum lugar um espaço acolhedor e aconchegante, sem dúvida alguma próprio, para se ir quando a aventura atual tiver terminado, ou quando a viagem não se provar tão aventureira quanto se esperava. "O lar" é o lugar onde tirar a armadura e desfazer as malas – o lugar em que nada precisa ser provado e defendido, uma vez que tudo está lá, evidente e familiar.

Foi a placidez do lar que levou o turista a procurar novas aventuras, mas é essa mesmíssima placidez que torna a busca por aventuras um passatempo prazeroso: o que quer que tenha ocorrido a meu rosto aqui, no mundo do turismo, ou qualquer que seja a máscara que visto, meu "verdadeiro rosto" é mantido a salvo, originalmente limpo, resistente a manchas, imaculado.

O problema, porém, é que, como as escapadelas turísticas consomem cada vez mais da vida, a própria vida se transforma em prolongada escapada turística, a conduta do turista torna-se o modo de vida e a postura turística se torna seu atributo, fica cada vez menos claro qual dos lugares de visita é o lar e qual é apenas um lugar turístico. A oposição "aqui, estou apenas de visita; lá está minha casa" permanece tão clara quanto antes, mas não é fácil apontar onde é "lá". "Lá" é cada vez mais despojado de todos os traços materiais, a "casa" que contém não é sequer *imaginária* (qualquer imagem mental seria específica demais, obrigatória demais), e sim *postulada*. E aquilo que se postula é *ter* uma casa, não um edifício, uma rua, uma paisagem ou um grupo de pessoas em particular.

Jonathan Matthew Schwartz recomenda "distinguir as *saudades de casa* do anseio nostálgico". Este último é, pelo menos aparentemente, orientado para o passado, enquanto a casa das saudades de casa é, em geral, "conjugada no futuro do presente… É um desejo de se sentir em casa, para reconhecer o entorno e a ele pertencer."[28] As saudades de casa são um *sonho de pertencimento* – desta vez, de ser *do* lugar, não apenas de estar *no* lugar. E ainda que o presente seja a condição futura de toda conjugação no futuro, o futuro da "saudade de casa" é uma exceção. O valor da "casa" nas saudades de casa reside precisamente em sua tendência de permanecer no tempo futuro para sempre. Ela não pode passar para o presente sem ser despojada de seu encanto e seu fascínio.

Quando o turismo se torna o modo de vida, quando as experiências ingeridas até agora excitam o apetite de excitação adicional, quando o limiar de excitação sobe sem parar e cada novo choque deve ser mais chocante que o anterior, a possibilidade de o sonho de casa algum dia se tornar realidade é tão assustadora quanto a possibilidade de nunca se tornar. As saudades de casa, de certa forma, não são o único sentimento do turista: o outro é o medo de atrelamento à casa, de estar preso a um lugar e impedido de sair. A "casa" persiste no horizonte da vida turística como uma estranha mistura de abrigo e prisão. O slogan favorito do turista é "preciso mais espaço". E espaço é a última coisa que alguém procuraria em casa.

## O jogador

Num jogo, não há inevitabilidade nem acidente (não pode haver nenhum acidente num mundo que não conhece necessidade ou determinação); nada é totalmente previsível e controlável, mas também nada é totalmente imutável e irrevogável. O mundo do jogo é suave, mas ilusório. Nele, a coisa mais importante é a forma como cada um joga sua mão. Claro, existem coisas como o "golpe de sorte" – quando as cartas são embaralhadas a favor de alguém ou o vento força a bola para a rede. Mas o "golpe de sorte" (ou, na outra ponta, o golpe de infortúnio) não empresta do mundo a tenacidade de que visivelmente carece; ele sinaliza os limites de quão longe "jogar com a mão certa" pode tornar a vitória indubitável, ao mesmo tempo que corrobora o status de falta de necessidade, de ausência de acidentes nos cálculos do jogador.

No jogo, o próprio mundo é um jogador; e sorte e azar são apenas os movimentos desse mundo a jogar. No confronto entre jogador e mundo não há leis nem ilegalidade, ordem nem caos. Há apenas as jogadas – mais ou menos inteligentes, astutas ou capciosas, inspiradas ou equivocadas. A questão é adivinhar as jogadas do adversário e antecipá-las, preveni-las ou adiantar-se a elas – para ficar "um à frente". As regras que o jogador pode seguir podem ser somente informais, instruções heurísticas e não algorítmicas. O mundo do jogador é o mundo dos *riscos*, da intuição, das precauções.

O tempo no mundo-como-jogo se divide numa sucessão de partidas. Cada uma delas é feita de convenções próprias, é uma independente "província de significado" – um pequeno universo próprio, fechado e contido em si mesmo. Cada qual demanda que a descrença seja suspensa no momento da entrada, embora em toda partida haja uma descrença diferente a ser suspensa. Aqueles que se recusarem a obedecer as convenções não se rebelam contra o jogo, apenas optam por sair e deixam de ser jogadores. Mas "o jogo continua", e o que quer que digam e façam depois estes que o deixaram não o influenciará em nada. Os muros do jogo são impenetráveis; as vozes de fora alcançam o interior apenas como um ruído surdo e desarticulado.

Cada partida tem seu início e seu fim. A preocupação do jogador é que cada jogo deve realmente principiar do começo, da "casa um", como se nenhuma partida tivesse sido jogada antes e nenhum dos jogadores tenha acumulado vitórias ou derrotas que zombassem do "zero ponto" e transformassem o que era para ser um começo numa continuação atrelada ao anterior. Por essa razão, no entanto, é preciso se certificar de que a partida também tenha um fim claro, incontestado. Ela não deve "transbordar" sobre o tempo posterior: no que diz respeito ao jogo mais recente, nenhuma partida jogada antes deve prejudicar, privilegiar ou determinar os jogadores, ou seja, *ser uma consequência*. Quem não gostar do resultado precisa "anular suas perdas" e começar do zero – e ser capaz de fazer exatamente isso.

Para se certificar de que nenhum jogo deixe consequências duradouras, o jogador deve estar consciente (e seus parceiros e adversários) de que "aquilo é *apenas* um jogo". É um lembrete importante, porém difícil de aceitar, uma vez que o propósito do jogo é ganhar; e, assim, ele não permite espaço para piedade, comiseração, compaixão ou cooperação. O jogo é como a guerra, mas a guerra que o jogo é não deve deixar cicatriz mental nem nutrir rancores: "Somos pessoas crescidas. Vamos nos comportar como adultos e seguir como amigos", solicita o consorte-jogador desistindo do jogo do casamento, em nome da "jogabilidade" das futuras partidas, por mais sérias ou cruéis que sejam. A guerra que um jogo é absolve a consciência de sua falta de escrúpulos. *A marca da idade adulta pós-moderna é a vontade de abraçar o jogo de todo o coração, como fazem as crianças.*

## Que possibilidade de moralidade?
## Que possibilidade de governo?

Cada um dos quatro tipos esboçados antes contém uma dose sólida de ambivalência própria. Além disso, eles também diferem uns dos outros em vários aspectos; assim, misturá-los num estilo unificado de vida não é tarefa fácil. Não impressiona que haja uma pitada bastante generosa de esquizofrenia em cada personalidade pós-moderna – que segue de alguma forma na direção de dar conta da inquietação, da inconstância e da indecisão notórias das estratégias de vida praticadas.

Há, porém, certas características partilhadas pelos quatro tipos. A mais inspiradora é o conjunto de seus efeitos sobre a moral popular, sobre as atitudes das instituições políticas e, indiretamente, sobre o estatuto da moralidade e da política num contexto pós-moderno.

Sugeri em outro lugar que a modernidade era preeminente pela tendência de afastar as responsabilidades morais do self moral, quer na direção de agências supraindividuais socialmente construídas e geridas, quer por meio da responsabilidade flutuante dentro de um burocrático "governo de ninguém".[29] O resultado geral foi, por um lado, a tendência de substituir a ética, que é um código legislativo de regras e convenções, por sentimentos morais, intuições e impulsos de selves autônomos; e, por outro lado, a tendência à "adiaforização" – isto é, a isenção de uma parte considerável da ação humana do julgamento moral e, na verdade, de importância moral.

Esses processos não são de modo algum uma questão do passado – mas parece que seu impacto é de alguma forma menos decisivo que nos tempos da "modernidade clássica". Sugiro que o contexto em que as atitudes morais são forjadas (ou não) é hoje o da *política de vida*, mais que de *estruturas* sociais e sistêmicas; que, em outras palavras, as estratégias de vida pós-modernas, em vez do modo burocrático de gestão dos processos sociais e de coordenação da ação, são as mais consequentes entre os fatores que determinam a situação moral de homens e mulheres pós-modernos.

As quatro estratégias de vida pós-moderna, entrelaçadas e interpenetradas, têm isso em comum: tendem a tornar as relações humanas fragmentárias (lembre-se da "pureza" das relações reduzida a uma única função e um único serviço) e descontínuas.

Elas estão todas em pé de guerra contra as "amarras" e consequências duradouras, e militam contra a construção de redes duradouras de direitos e obrigações recíprocos. Todas favorecem e promovem uma *distância* entre o indivíduo e o outro e apresentam o outro sobretudo como objeto de avaliação estética, não moral; como uma questão de gosto, não de responsabilidade.

Na verdade, essas estratégias colocaram a autonomia individual em oposição à responsabilidade moral (assim como a todas as outras) e afastaram uma grande área da interação humana, de fato a mais íntima entre elas, do julgamento moral (processo muitíssimo semelhante em suas consequências à adiaforização burocraticamente promovida). Seguir o impulso moral significa assumir a *responsabilidade* pelo outro, que, por sua vez, leva ao *engajamento* no destino do outro e ao *comprometimento* com seu bem-estar. O desengajamento e a evasão de compromisso favorecida pelas quatro estratégias pós-modernas têm um efeito de súbito retrocesso no formato da supressão do impulso moral, bem como o repúdio e a difamação dos sentimentos morais.

O que foi dito antes pode soar em chocante desacordo com o culto da intimidade interpessoal, também característica preeminente da consciência pós-moderna. Não há contradição aqui, entretanto. O culto não é mais que uma compensação psicológica (ilusória e geradora de ansiedade) para a solidão que inevitavelmente envolve os objetos de desejo esteticamente orientados. E é, além disso, autodestrutivo, uma vez que a interpessoalidade à prova de consequência reduzida a "relacionamentos puros" pode gerar pouca intimidade e não sustentar pontes de confiança sobre desertos de estranhamento. Como Christopher Lasch registrou no final dos anos 1970, "o culto das relações pessoais ... esconde uma profunda desilusão com essas relações, assim como o culto da sensualidade implica uma rejeição total da sensualidade, com exceção de suas formas mais primitivas". Nossa sociedade "tornou cada vez mais difíceis de se alcançar as amizades, os amores e casamentos profundos e duradouros".[30]

A incapacidade política dos homens e mulheres pós-modernos provém da mesma fonte de sua incapacidade moral. O ordenamento espacial, de forma estética, preferido por todas as estratégias pós-modernas já listadas – e dominante em todas elas –, difere de outros tipos de espaço social (assim como de espaço moral ou cognitivo): ele não escolhe como pontos de referência e orientação os traços e qualidades possuídas por (ou atribuídos a) os objetos do espaço, e sim os atributos do sujeito do espaço (como interesse, entusiasmo, satisfação ou prazer).

Como Jean-François Lyotard observou, "os objetos e os conteúdos tornaram-se indiferentes. A única questão é se eles são 'interessantes'".[31] O mundo se transforma num poço de objetos potencialmente interessantes, e a empreitada é espremer deles tanto interesse quanto possam render. Essa tarefa e sua realização bem-sucedida se erguem e caem, no entanto, pelo esforço e engenhosidade do caçador de interesses. Há pouco ou nada que possa ser feito por e sobre os próprios objetos.[32]

Centrar-se em sujeitos caçadores de interesse deixa enevoados os contornos do mundo em que os interesses são perseguidos. Encontrados (subencontrados?) apenas de forma descuidada, passageira, superficial, os objetos não são apresentados como entidades por si próprias, e podem precisar de mais energia, de melhoria ou de uma forma diferente. Não ruminamos sobre como corrigir mercadorias exibidas em prateleiras de supermercados – se as achamos insatisfatórias, passamos por elas, mantendo intocada nossa confiança no sistema de supermercado, na esperança de que os produtos que correspondam aos nossos interesses estejam na próxima prateleira ou na loja seguinte.

A emancipação, diz Lyotard, "não está mais situada como uma alternativa para a realidade, como uma configuração ideal a conquistar e a impor à realidade de fora". Em consequência disso, a prática militante foi substituída por uma defensiva, aquela que é facilmente assimilada pelo "sistema", uma vez que agora se aceita que esta contém todos os bocados e pedaços de que o "self emancipado" será afinal montado.[33] O "sistema" fez o que pôde fazer. O restante é com aqueles que "jogam".

Isso poupa problemas – condenação, escárnio, banimento – aos pobres, aos incapazes de conduzir a vida do andarilho, do turista ou do jogador, aos "estraga-prazeres" que se recusam a jogar o jogo e, assim, nada adicionam às alegrias daqueles que jogam, mesmo que não envenenem o prazer de jogar. Como disse Jean Baudrillard:

> Esta vida fácil não conhece piedade. Sua lógica é impiedosa. Se a utopia já foi alcançada, então a infelicidade não existe, e os pobres já não são críveis. ... Enquanto frequentou os fazendeiros ricos ou os fabricantes do Oeste, Reagan nunca teve a menor noção dos pobres e de sua existência, nem o menor contato com eles. ... Os pobres "nada têm" serão condenados ao esquecimento, ao abandono, ao desaparecimento puro e simples. Esta é a lógica do "deve sair": "as pessoas pobres precisam sair". O ultimato emitido em nome da riqueza e da eficiência retira-os do mapa. E com razão, pois demonstram um mau gosto que os afasta do consenso geral.[34]

Mais uma vez, não sejamos enganados pelos ataques coletivos de frenesi caridoso promovidos pelos meios de comunicação, que acabam tão rápido quanto a atenção (e as elegantes mesas de conversação) se move para novas e verdejantes pastagens igualmente promovidas pela mídia. Estes são os eventos do carnaval de Bakhtin, intervalos no contínuo drama do cotidiano, servindo sobretudo para realçar e destacar o cotidiano e o normal – sua mais bem-enraizada e mais importante oponente. Como Stjepan G. Mestrovic observou, com adequação,

> a genuína moralidade, os hábitos de abnegação e amor ao próximo diminuem de intensidade. ... Nesse meio-tempo, os pobres ficaram mais pobres e os ricos se tornaram mais ricos, enquanto os meios de comunicação referem-se à "fadiga da compaixão" a fim de explicar por que quase ninguém se preocupa com a fome e os sofrimentos dos outros no mundo.[35]

Exagerando a imagem, mas apenas ligeiramente, pode-se dizer que, na percepção popular, o principal, talvez o único, dever do cidadão pós-moderno (um pouco como os direitos dos presos da abadia de Télème, de Rabelais) é levar uma vida agradável. Para tratar os sujeitos como cidadãos, o Estado é obrigado a fornecer as instalações consideradas necessárias para essa vida, não dar oportunidade a dúvidas sobre se é viável o cumprimento do dever. Isso não significa necessariamente que a vida de um assim reduzido cidadão deve ser uma felicidade absoluta.

O mal-estar surge por vezes de forma tão aguda que incita uma ação que ultrapassa a preocupação comum com o cuidado de si. Isso acontece o tempo todo, até regularmente, sempre que os limites não individuais das buscas individuais pelo "interessante" são trazidos à tona, toda vez que fatores para além do controle individual (como decisões de planejamento sobre um novo desvio, uma autoestrada, um empreendimento habitacional suscetível de atrair "outsiders", uma fábrica suspeita de poluir uma "área de beleza natural", um acampamento de viajantes, de deteriorar uma "área de grande significado científico") interfiram com o conteúdo de interesse ao meio ambiente. E ainda nas explosões momentâneas de ação solidária que podem não resultar em alterações dos traços essenciais das relações pós-modernas: seu caráter fragmentário e sua descontinuidade, sua estreiteza de foco e objetivo, sua superficialidade de contato.

Engajamentos conjuntos vêm e vão. Em cada caso, a emergente "totalidade" não é mais que "a soma de suas partes". Além disso, por mais numerosos e multifacetados que sejam, o rancor e as mágoas difusos, de hábito geradores de campanhas monotemáticas, não somam, condensam ou demonstram propensão a reforçar uns aos outros. Pelo contrário, competindo uns com os outros pelo escasso recurso chamado atenção do público, eles dividem tanto quanto unem. Pode-se dizer que os ossos fragmentados da disputa pós-moderna não se encaixam para formar um esqueleto em torno do qual um engajamento não fragmentário, contínuo e partilhado pudesse se entrelaçar.

Stuart Hall resumiu com vigor a condição resultante e o panorama que ela pode ou não realizar:

> Não temos meios alternativos pelos quais os adultos podem se beneficiar das maneiras como as pessoas têm se libertado das amarras das formas tradicionalistas de viver e pensar, e continuado a exercer as responsabilidades pelos outros de um modo livre e aberto. Não temos nenhuma noção de cidadania democrática nesse sentido.[36]

Ou talvez possamos ter – imagine – essa noção. O que realmente não podemos imaginar, não tendo tempo de sobra para exercitar a imaginação, é uma rede de relações que se acomode e sustente tal noção. Afinal, é mais uma vez a antiga verdade: cada sociedade estabelece limites para as estratégias de vida que se pode imaginar e, sem dúvida, para aquelas que podem ser praticadas. Mas o tipo de sociedade em que vivemos deixa fora dos limites essas estratégias, uma vez que, de forma crítica e militante, pode questionar seus princípios e, assim, abrir caminho para novas estratégias hoje excluídas pela inviabilidade.

# · 4 ·

# Catálogo de medos pós-modernos

Na vida humana, o medo não é uma novidade. A humanidade o conheceu desde o princípio. O medo encontraria um lugar próximo ao topo de qualquer lista que se possa imaginar das características mais evidentes da humanidade. Cada época da história teve seus próprios temores, que a distinguem de outras épocas; ou melhor, cada uma deu aos medos conhecidos de todas as épocas nomes que ela mesma criou. Esses nomes eram interpretações ocultas. Eles informam sobre onde repousam as raízes das temidas ameaças, o que se poderia fazer para mantê-las a distância, ou por que nada se podia fazer para afastá-las. Outro dos traços mais evidentes da humanidade é que as faculdades cognitiva e conativa se entrelaçam tão intimamente que apenas as pessoas chamadas filósofos, bem treinados na arte de separação, podem separá-las e imaginar uma sem a outra.

As próprias ameaças parecem ter sido sempre, teimosamente, as mesmas. Sigmund Freud classificou-as de modo definitivo:

> Somos ameaçados pelo sofrimento que chega até nós por três caminhos: nosso corpo, que é fadado à decadência e à decomposição, e que nem sequer pode existir sem os sinais de alerta da dor e da ansiedade; o mundo exterior, que pode nos combater com forças

destrutivas assombrosas e impiedosas; e finalmente nossas relações com outros seres humanos.[1]

Pode-se ver que esses "caminhos" já são interpretações, embora, talvez, as mais constantes e elásticas entre elas – a ponto de serem "autoevidentes" e não serem tomadas como interpretações. Por trás das três eleva-se ostensivamente a "mãe de todas as ameaças", aquela que a cada dia gera todas as outras ameaças e nunca lhes permite passear fora do alcance: a ameaça do fim, de um fim abrupto e terminal, um fim para além do qual não há começo.

A morte é o arquétipo desse fim, o único que não pode aparecer de qualquer outra maneira a não ser de uma forma singular. Assim, acontece que ser humano significa ao mesmo tempo ser atrelado ao tempo e limitado pelo tempo. A mente atrelada ao tempo tem todas as razões para experimentar-se como eterna, ainda que resida num envoltório flagrante e irremediavelmente transitório. A transitoriedade deste diminui, restringe e humilha a eternidade daquela. Por fim, ela abreviará a eternidade de que o primeiro era capaz, mas, muito antes, reduzirá o desanuviado "para sempre" a um preocupante "enquanto". Ser humano significa saber disso e ser incapaz de fazer qualquer coisa a respeito, e ainda conhecer essa incapacidade. É por isso que *ser humano significa também experimentar o medo*.

O princípio contido em todas as estratégias implantadas ao longo da história para tornar vivível a vida com medo foi transferir a atenção das coisas sobre as quais nada se pode fazer para coisas que podem ser remendadas; e tornar o remendo um consumidor de energia e de tempo o suficiente para deixar pouco espaço (melhor que isso, espaço algum) para que se pudesse preocupar com coisas que nenhum remendo poderia mudar. Um bolso cheio de moedas de pequeno valor com as quais comprar pequenas graças permitiu adiar o momento do confronto com a falência existencial. Cada era cunhou suas próprias moedas, assim como cada época fez diferentes graças valerem a pena, ou tornou imperativa a busca dessas graças.

# Medos do pan-óptico

Certeza e transparência são muitas vezes apresentadas como o "projeto" da modernidade. Sob escrutínio mais atento, no entanto, elas parecem mais produtos imprevistos da gestão de crises que princípios preconcebidos. A própria modernidade parece mais um ajustamento forçado a uma condição nova, imprevista, que um "projeto" planejado. A modernidade emergiu como uma resposta involuntária, sem possibilidade de escolha, ao colapso do *ancien régime* – um tipo de ordem, então, que não pensou, não precisou pensar em si como uma "ordem", muito menos como "projeto". Ela pode ser narrada como a história de um longo e inconcluso escape do grande terror que aquele colapso trouxe ao chegar.

O nome do terror era *incerteza*, falta de compreensão, não saber *como ir adiante*. A apertada malha de vigilância comunitária foi rasgada, e o medo do desconhecido passou a pairar sobre os fragmentos. Ninguém partiu a malha deliberadamente; ela cedeu sob a pressão de cadeias de interações humanas que lhe provocaram o estiramento, e do frenético desassossego de indivíduos "desembaraçados", que ela não pôde nem conter nem acomodar. O chamado "projeto" da modernidade não foi muito mais que tornar a necessidade uma virtude.

De acordo com o princípio do "se não pode juntar-se a eles, vença-os", as coisas cuja morte levou à atual turbulência e a seus medos foram acusadas dos horrores mais tenebrosos e ganharam nomes com o objetivo de alertar e repelir. Quando a guerra foi declarada, a tradição, o costume ou o particularismo comunitário contra os quais ela foi travada já se balançavam, nas últimas, consumidos por uma doença terminal.

O assalto concêntrico de propaganda contra os últimos resquícios de *mini*ordens difusas e já descaradamente ineficazes era uma apologia por procuração para os também concêntricos esforços materiais para instalar uma nova ordem global. A última tarefa demandava o "reembaraçamento" dos "desembaraçados", o "reencaixe" dos "desencaixados"; uma encomendada certeza da monotonia assistida pelo poder tinha de preencher a lacuna deixada por certezas irrefletidas, formadas de modo espontâneo e reprodutoras de si mesmas a respeito de costumes comunitariamente assistidos. A "ordem" se mudou agora do início para o fim da ação: o que costumava ser alcançado literalmente (e era visto como uma conquista somente então, quando não estava mais presente), era para ser um produto do *disciplinamento*. A vigilância difusa e mútua que sustentou a integridade das miniordens devia ser tornada unidirecional e concentrada na torre central do pan-óptico moderno.

Seguindo a inspiração de Jeremy Bentham, Michel Foucault assinalou que essa administração da vigilância de cima para baixo, a assimetria do olhar, que define a vigilância como uma função profissional e habilidosa, era o traço comum de invenções modernas tão funcionalmente diversas quanto escolas, quartéis, hospitais, clínicas psiquiátricas, albergues, instalações industriais e prisões. Todas essas instituições eram fábricas de ordem. E, como todas as fábricas, eram locais de atividade propositada, calculada para resultar num produto concebido com antecedência – no caso, no restabelecimento da certeza, eliminando a aleatoriedade, tornando a conduta dos internos regular e previsível novamente.

Como Bentham astutamente observou, essa nova ordem necessitava meramente de "custódia segura, confinamento, solidão, trabalho forçado e instrução"; conjunto de fatores suficientes para atuar "punindo o incorrigível, guardando o insano, reformando o viciado, confinando o suspeito, empregando o ocioso, mantendo o desamparado, curando os doentes, instruindo os dispostos em qualquer ramo da indústria ou instruindo a raça em ascensão no caminho da educação".

A imagem do pan-óptico não derivou da malícia, do despeito ou da misantropia, nem era conscientemente cruel. Genuíno reformador embriagado pela radiante visão do progresso humano e empurrado para a ação pelo desejo de acelerá-la, Bentham procurou, afinal, em tudo o que pensou, a "felicidade da maioria". Ele acreditava que o produto residual da fábrica de ordem do pan-óptico seria a felicidade dos presos: "Chamem-lhes de

Catálogo de medos pós-modernos     147

soldados, chamem-lhes de monges, chamem-lhes de máquinas; sejam eles simplesmente felizes, eu não me preocuparia." Os internos são obrigados a ser felizes, ao que parece, porque a fonte mais profunda de sua infelicidade era a incerteza; atue disciplinarmente sobre a incerteza para que ela saia da existência, ponha em seu lugar a certeza da necessidade, por mais triste e dolorosa que seja, e você está quase lá, no feliz mundo da ordem renascida.

O espectro da incerteza, portanto, é exorcizado pelo disciplinamento. A certeza é restaurada por forças externas ao indivíduo – a partir *de fora*. Em última análise, a cura moderna para a incerteza resumiu-se a encurtar o domínio da escolha. Não o campo de escolha teórico e abstrato que a modernidade manteve crescente, ampliando o volume de ansiedade e medo; mas um campo prático, pragmaticamente sensível, um campo de escolhas "realistas" e não muito custosas – e é provável que o reino das escolhas seja visto como "o melhor para" quem faz a escolha, portanto, o mais provável de ser escolhido. (Bentham novamente: "Se um homem não trabalha, ele nada tem para fazer da manhã à noite senão comer seu péssimo pão e tomar sua água, sem uma alma com quem falar."[2] Os campos de escolha teóricos são, para os internos de um pan-óptico, tão amplos quanto para qualquer um, mas o campo prático se encolhe diante da escolha entre uma ociosidade idiotizante e maltrapilha e um trabalho idiotizante e maltrapilhamente remunerado. Assim, este último é mais suscetível de escolha, e a certeza reina mais uma vez – ou quase.)

Restabelecer a ordem (ou seja, uma configuração que na percepção subjetiva ressoe, de modo reafirmado, como certeza) por meio da força de disciplina era uma ideia viável apenas se quem estivesse para ser disciplinado fosse colocado sob a influência de uma ou várias instituições pan-ópticas. Isso a atividade moderna de imposição da lei tentou alcançar, prorrogando implacavelmente o período compulsório na escola, tornando o serviço militar universal e obrigatório, e, acima de tudo, ligando a subsistência ao "emprego" – estar sob a supervisão de alguém, ter um patrão. (Caso não houvesse o emprego "regular", e os meios de subsistência fossem obtidos do Estado ou de benefícios sociais, o patrão deveria ser substituído por inspetores públicos, com as mesmas, se não maiores, prerrogativas de fiscalização.)

Entre si, as vigilantes-treinadoras-disciplinadoras fábricas de ordem e certeza supervisionavam toda a extensão da vida do *homem*, exceto os pequenos trechos no início e no fim – onde qualquer incerteza que pudesse ser experimentada não seria vista como "problema social". (A outra fatia da população – as *mulheres* – devia ser colocada sob a vigilância de "chefes de família" masculinos, de quem se esperava que realizassem o papel de patrão. Isso era presumivelmente uma mobilização da família como agência complementar de vigilância, o que induziu Foucault a descrever o poder pan-óptico como "capilar", penetrando, à semelhança do sangue que capilariza todos os tecidos e células, a sociedade como um todo.)

Com as instituições pan-ópticas firmemente estabelecidas como principais instalações industriais da nova certeza, os indivíduos foram interpretados, em primeiro lugar, como internos reais ou potenciais dessas instituições. Para a grande maioria da população masculina, isso significava acima de tudo fábricas e quartéis. A fim de serem submetidos ao procedimento de produção de certeza, os homens tinham de ser capazes de passar nos exames de acesso ao trabalho fabril ou aos empreendimentos marciais. Sua "aptidão social" era medida pela capacidade de executar o trabalho industrial e as atividades militares. Na época, ambos os tipos de atividade exigiam a aplicação de força física e habilidades localizadas nos membros e nos músculos; exigiam, em outras palavras, *corpos fortes*. O tipo de exercício físico exigido pela fábrica e pelo exército definia o que "corpo forte" significava; ele estabelecia o padrão para força e fraqueza, saúde e doença.

Em todos os tempos, diz Bryan S. Turner, pioneiro e fundador da sociologia do corpo, há "uma potencialidade elaborada pela cultura e desenvolvida nas relações sociais".[3] A cultura moderna e a teia moderna das relações sociais desenvolveram a potencialidade num corpo – sobretudo o do trabalhador da indústria e o do soldado. "Ser saudável" – corporalmente "normal" – significava estar apto para o trabalho fabril e/ou o serviço militar. O bem-documentado pânico entre os políticos, médicos, educadores e filósofos do século XIX, aos olhos da verdadeira ou suposta "deterioração física" da população, em especial de suas classes mais baixas, foi demonstrado em termos da preocupação com a economia e com o potencial militar da nação.

Mas por sob esse argumento é fácil discernir outra preocupação, mais fundamental, com a preservação da verdadeira fábrica da sociedade, o estado de direito e da ordem – o que, nas condições modernas, era mantido com a ajuda de treinamento industrial e militar. Um homem incapaz de emprego ou de alistamento era um homem essencialmente fora da rede de controle social, assim como aquele duende maligno da lei e ordem do século XVII, o "vagabundo", enganando a capacidade de vigilância da comunidade da aldeia e da paróquia, os únicos veículos de lei e ordem daquela era.

Os respingos mais espetaculares e reverberantes do pânico de "inadequação corporal" foram causados pelas guerras, que, por sua natureza dramática, tenderam a se condensar e elevar a tom maior as preocupações que, em tempos normais, ficavam difusas e tinham tom abaixo. Em seu clássico estudo do movimento da eugenia, J.R. Searle documentou o "pânico da Guerra dos Bôeres sobre a possível deterioração" e a subsequente e intensa "preocupação com a 'eficiência nacional', e o desânimo com o aparente fracasso de políticas sociais 'ambientais'". Mas a explosão da guerra e o frenético esforço para recrutar soldados aptos para a vida árdua de batalha apenas acendeu a chama da ansiedade latente a respeito da fragilidade da lei e da ordem, insuficientemente apoiadas pelo moderno programa de treinamento:

> Analistas de classe média sobre a "questão social" da década de 1870 em diante olhavam com medo para os trabalhadores informais e os habitantes dos bairros miseráveis e favelas das grandes cidades; eles

notaram, ao mesmo tempo com desapontamento e apreensão, que essas pessoas não tinham "respondido" às tentativas de legisladores e organizações de caridade em elevá-los a um patamar superior nacional e moralmente, e alguns ficaram tentados a explicar isso pela hipótese da degeneração urbana.[4]

Na verdade, como Daniel Pick demonstrou em seu estudo pioneiro, praticamente todos os pensadores mais destacados da segunda metade do século XIX, de uma forma ou de outra, expressaram medo da "degeneração" que ameaçaria as nações civilizadas se ela não fosse cuidada a tempo. O "corpo forte" permaneceu no núcleo dessas preocupações. A "degeneração", conceito notoriamente vago e maldefinido[5] (antes uma palavra-ônibus que representa os sentimentos difusos, e não um termo científico referente a um conjunto definido de fenômenos), girava, no entanto, em torno da imagem de "perda de energia", moleza corporal, fraqueza e flacidez. "Como encontramos poucas pessoas perfeitamente fortes" era, para Herbert Spencer, o item principal no longo inventário dos perigos iminentes. A flacidez recém-notada e supostamente sem precedentes do corpo humano, tornando-o inadequado para o ritmo tributário das atividades industriais e militares, significou, do ponto de vista de Spencer, "um acúmulo deliberado de desgraças para as gerações futuras. Não há maior maldição para a posteridade que a de legar-lhe uma população crescente de imbecis, ociosos e criminosos".[6]

Os números ostensivamente crescentes de "não empregáveis" e de "inaptos para o serviço militar" desencadeou um pânico intelectual e legislativo, por serem lidos (e não erradamente) como sinais de fracasso do mais decisivo dos empreendimentos modernos. Aqueles temporariamente fora de atividade ou sem emprego regular ainda tinham de ser avaliados pelo padrão das tarefas das quais estavam excluídos no momento – tarefas cujas perspectivas, no entanto, deram forma e propósito à sua ociosidade temporária. Esse pressuposto foi transmitido por sua descrição como "exército industrial de reserva" ou "soldados da reserva".

## Dos fornecedores de bens
## aos coletores de sensações

Nem o trabalho nem o serviço militar são hoje muito demandados. O "progresso técnico" passou a significar não a criação de novos empregos e o esgotamento do "exército industrial de reserva", e sim – muito diferente – tornar o pleno emprego cada vez mais irrelevante do ponto de vista do volume de produção. O investimento passou a significar dispensar postos. E o emprego industrial parece apresentar, no século XX, um "número de invisibilidade" surpreendentemente similar àquele que o trabalho agrícola na Europa Ocidental experimentara um século antes.

Os postos no setor de serviços – em caráter temporário, em meio período, flexíveis, sobretudo ocupados por mulheres e com parca remuneração – que vieram (em parte e de maneira imperfeita) a substituir os empregos industriais, aqueles da vida toda, de horário integral, com cartão de ponto, na maior parte ocupados por homens e estáveis, são inadequados para oferecer à ordem social o mesmo serviço pedagógico-disciplinar que se esperava de seus antecessores.

Mudança bastante similar deu-se com as carreiras militares. A guerra de alta tecnologia contemporânea teria muito pouco a ganhar com a mobilização de exércitos de massa. Assim como na indústria, no exército o progresso técnico representa corte de pessoal – tanto em serviço ativo quanto da reserva. Como fatores de dispersão de medo, vigilância, pedagogização e disciplinamento de certezas, a indústria e o exército sem dúvida sobreviveram à sua utilidade. (Não é à toa que não se ouve mais falar da "missão moral" dos empregadores, tema recorrente na autoconsciência do século XIX).[7]

O "regime de disciplinamento", do qual fábrica e exército eram ferramentas e modelos institucionais primordiais, substituiu o medo original moderno da incerteza pelo medo de tombar diante das normas – medo do desvio e da consequente punição. A sociologia, a autoconsciência da sociedade moderna tal como codificada na virada do século, promoveu uma generalização a partir da experiência moderna e apresentou a sociedade "enquanto tal" como normativamente regulamentada, unida pelas sanções punitivas, como um cenário em que a conduta dos indivíduos se tornava uniforme pela pressão de forças aplicadas externamente; embora, como em tantos outros casos, a coruja de Minerva tenha aberto suas asas ao entardecer, e a história do dia tenha sido narrada na íntegra somente ao anoitecer.

A uniformidade de comportamento, replicada pela conformidade de atitudes (a "socialização" era explicada como a educação das pessoas de tal maneira que elas *queiram* fazer aquilo que *têm que* fazer), era a mais central das preocupações sociais, o critério para avaliar as funções da maioria das instituições sociais, talvez de todas. Se houve um elemento de voluntariedade deixado aos atores individuais expostos à pedagogização externa, ele se expressou num ativo buscar de normas e instrução, num irresistível desejo de *conformidade*, de ser como os outros e de fazer o que os outros fazem.

No mais, trabalhadores e soldados em potencial, os homens (e as mulheres, que não são mais disciplinadas pelos *pater familias* disciplinados fabril/militarmente), foram libertados das pressões pan-ópticas pela conformidade. Mas, com as pressões fora do caminho, não se podia mais lidar com o medo da incerteza, substituindo-o pela preocupação de evitar desvios – como desde o início da sociedade moderna. Contudo, o próprio medo só fez continuar a se tornar cada vez mais opressivo por ter sido confrontado à queima-roupa. A identidade do indivíduo permaneceu subdefinida, flutuante e "desencaixada", como tem sido ao longo dos tempos modernos, mas parece mais virulenta e enervante, à medida que os poderosos mecanismos de "reencaixe" perdem sua força normativa ou simplesmente não existem mais.

A reprodução das condições da vida social será agora realizada por meios diferentes dos coletivizados, societais; ela foi em grande medida privatizada – retirada da esfera das políticas estatais e mesmo da tomada pública de decisões. Aqui, "privatização" significa, entretanto, não apenas a derrubada da respon-

Catálogo de medos pós-modernos

sabilidade pelos espaços de poder societal concentrado e o abandono das questões de integração social e reprodução sistêmica ao jogo livre da iniciativa privada. Essa privatização vai mais fundo. Os processos são agora em grande parte *des-institucionalizados*, construídos do zero, a partir de esforços individuais, de faça-você-mesmo, de autoformação. Não há mais serviços administrados pelo Estado e institucionalmente prestados para aqueles que buscam fugir da subdeterminação, da falta de clareza e da incerteza do ser. Não mais amenizado pelo regime de necessidades compensado pela inevitabilidade ausente, o medo da incerteza confronta agora suas vítimas com toda a antiga severidade. Toda sua enorme pressão tomba diante do indivíduo praticamente isolado, e precisa ser repelida ou neutralizada pela ação individual.

Em vez de estimular a alta do alvoroço administrativo, o medo de subdeterminação estimula o indivíduo a um frenesi de esforços de autoformação e autoafirmação. A incerteza deve ser agora subjugada por meios próprios; a escassez de *porquês* deve ser compensada por *paras* feitos em casa. A derrota ou a não conclusividade da vitória na interminável batalha pela autoformação resulta na dor da *inadequação* – agora substituindo o desvio como a mais temida penalidade para a falha individual. Não se trata de uma inadequação à antiga, medida a distância excessiva em relação a um padrão claro e sólido ao qual se era obrigado ou exortado a se ajustar, mas uma inadequação nova e melhorada, pós-moderna, no sentido de falhar em adquirir a forma que se pretendia assumir, qualquer que fosse ela; de falhar em se manter em movimento, mas também em estacionar no local de sua escolha, de permanecer flexível e disposto a assumir formas à vontade, de ser simultaneamente a flexível argila e o talentoso escultor.

Cinzéis, espátulas e outras ferramentas de modelagem são fornecidos socialmente (aliás, são compráveis nas lojas), assim como os padrões discretos para orientar a modelagem. Mas a responsabilidade de ocupar-se e levar a cabo o trabalho de escultura repousa agora sobre os ombros do escultor em argila (tanto quanto em *O processo* de Kafka, em que o tribunal mantinha uma expressão branda, nunca enviou uma intimação, e em que cabia ao acusado formalizar as acusações e buscar a audiência e o veredicto). O supervisor, o capataz, o professor, todos desaparecem – com os seus poderes para coagir, mas também para liberar da responsabilidade. Agora é uma questão de autocontrole, autoexame e autoaprendizagem. O indivíduo é seu próprio guarda e professor. Para inverter a frase de Maurice Blanchot – todos agora são livres, mas cada um é livre dentro de sua própria prisão, prisão que livremente constrói.

Portanto, não é mais a tarefa à qual se adaptar que induz os esforços de vida do indivíduo, mas uma espécie de metaesforço, *o esforço para ficar apto a realizar esforços*; o esforço para não ficar enferrujado, velho, cansado, para não ficar preso em nenhuma escala de viagem por muito tempo, para não hipotecar o futuro, para não prejulgar sentenças judiciais no caso de o tribunal decidir falar, para não ser forçado pelo veredicto de um tribunal apenas, para escolher a jurisdição de acordo com o gosto próprio, para manter amplo o "espaço" em que se mover.

Há uma evidente afinidade seletiva entre a privatização da função que manipula a incerteza e o suprimento de mercado para consumo privado. Uma vez que o medo da incerteza foi reforjado na forma do medo da incapacidade de autoformação pessoal, a oferta do mercado consumidor é irresistível. Ele não precisa de coerção nem de doutrinamento para ser tomado; será livremente escolhido. A recompensa oferecida pelo regime de vigilância e de coerção em troca da conformidade era a liberdade dos tormentos da escolha e da responsabilidade. Essa liberdade não está disponível no regime de autoformação oferecido por produtos de mercado. Mas os prêmios ofertados por esse novo regime são radiantes o suficiente para ofuscar a existência do espectro sombrio da responsabilidade; é a liberdade de não pensar na responsabilidade – não ter de carregar o fardo da preocupação com as consequências, dividir a vida em episódios que não são suplantados por seus

Catálogo de medos pós-modernos

resultados e não prejudicam os episódios vindouros – que o mercado oferece.

Em vez da irresponsabilidade forçada, imposta, dos prisioneiros (tão pesada quanto a privação e a escravidão), a irresponsabilidade de uma borboleta (vestida leve e alegremente como dom de liberdade). A luz está agora onde havia trevas; a passagem para uma nova dependência é percebida como uma libertação, como "ir embora".

Como sempre no caso de afinidades seletivas, não haveria muita utilidade na tentativa de separar causa e efeito. O medo de inadequação seria a causa do entusiasmo consumista? Ou, em vez disso, seria o inteligente estratagema ou uma inesperada consequência do mercado consumidor em expansão que substituiu o medo de desvio pelo medo de inadequação como a tradução popular do medo de incerteza? Argumentos podem se erguer facilmente em favor de qualquer das alternativas, mas isso, de um jeito ou de outro, não importa muito, uma vez que – como no caso do capitalismo, na apresentação de Weber – o manto leve há muito se transformou em gaiola de ferro da qual não há escapatória visível. O medo da inadequação e o frenesi consumidor se fortalecem mutuamente, sugam sua energia um do outro e cuidam para que o "outro" esteja vivo e bem.

Seja qual for a maneira pela qual isso se deu, o indivíduo moderno, desalojado da posição de interno do pan-óptico, sua situação vivida como o papel de *provedor de bens* (um papel não mais em ampla oferta), encontrou-se na posição de consumidor de bens, viveu com o papel de *colecionador de prazeres* – ou, mais exatamente, *coletor de sensações*. As duas posições apontam para dois métodos diferentes (um coletivo e um privatizado) de enfrentar o medo de incerteza gestado pelo grande processo de "desembaraçamento" chamado modernidade. Os dois papéis apontam duas diferentes (uma coletiva e outra privatizada) agências encarregadas da tarefa de aplicação desses métodos. A única coisa que emergiu intacta, mais que isso, incólume, da troca de guarda foi o próprio medo da incerteza

– embora desta vez vestido como o medo de inadequação, mais que como desvio.

Medo do *desvio* é uma forma fortemente condensada de ansiedade. É fácil enxergar um conteúdo comum por trás da variedade de formas. Horkheimer e Adorno poderiam infalivelmente localizar o "medo do vazio", experimentado como medo de ser diferente e, assim, solitário como o núcleo duro das angústias modernas. A tarefa é menos direta no caso do medo pós-moderno de *inadequação*. Em parte porque o próprio mundo em que ele opera é – ao contrário do mundo moderno "clássico" – fragmentado e porque o tempo pós-moderno, em oposição flagrante ao tempo moderno, linear e contínuo, é "achatado" e episódico.

Num mundo assim e num tempo como esse, as categorias se referem mais a "semelhanças familiares" que a "núcleos duros" ou mesmo a "denominadores comuns". No rico poço de angústias pós-modernas dificilmente se poderia encontrar um traço único em cada amostra. "Inadequação" serve aqui como um rótulo para arquivar de modo conjunto uma grande variedade de medos – diversamente orientados, experimentados, combatidos. Nenhum dos muitos medos pode ser facilmente identificado como o "principal elo" na cadeia de ansiedades, muito menos como "causa primária" de todo o conjunto. Em vez de caçar uma "mãe [pós-moderna] de todos os medos", é prudente se contentar com um inventário das ansiedades pós-modernas. Isso, e não mais que isso, o restante deste ensaio tentará fazer.

## Da saúde à boa forma

O corpo moderno, o corpo do produtor/soldado, chegou a ser disciplinado – colocado em forma à força por poderes ambientais manipulados com astúcia – e obrigado a realizar movimentos regulares, como na linha de montagem de Taylor, por meio de entornos engenhosamente concebidos.

Catálogo de medos pós-modernos

A única contribuição exigida do corpo em si era que ele fosse capaz de reunir a força interior necessária para responder de pronto aos estímulos com o vigor necessário. Essa capacidade foi chamada de "saúde"; inversamente, "doença" significava incapacidade. Para todos os efeitos, a quantidade a ser consumida, considerada necessária para garantir a saúde entendida dessa maneira e para repelir a incapacidade, foi reduzida à nutrição. O alimento precisava ser ingerido nas quantidades estabelecidas para manter o fornecimento de energia muscular nos padrões exigidos pelo trabalho civil/serviço militar. Qualquer porção além dessa quantidade era classificada como luxo; sinal de desperdício, se consumida, e de prudência e moralidade, se poupada ou investida.

Na aurora daquele século, o primeiro "padrão mínimo de vida", calculado por Seebohm Rowntree para os trabalhadores britânicos, não incluía o chá, sua bebida favorita e elemento indispensável dos rituais de socialização – isso em razão do então óbvio motivo de ele não ter valor nutricional. Note-se que o pensamento não mudou muito em nossos tempos no que diz respeito aos pobres, aos consumidores falhos, àqueles a quem foi recusado o ingresso na sociedade pós-moderna.

Há muitos anos, Peter Townsend conduziu uma heroica, ainda que inconclusiva, batalha para incluir, digamos, a falta de dinheiro para cartões de Natal entre os indicadores de uma vida abaixo da linha de pobreza. As bebidas continuam a ser desprezadas: seu consumo é causticamente marcado como sinal de indulgência e de excesso. Acima da linha de pobreza, no entanto, as necessidades dos corpos são vistas hoje sob uma perspectiva completamente diferente. Afinal, eles são, em primeiro lugar, corpos *consumidores*, e a medida da sua condição adequada é a capacidade de consumir o que a sociedade de consumo tem a oferecer.

O corpo pós-moderno é, antes de tudo, um receptor de *sensações*; ele absorve e digere *experiências*. A capacidade de ser estimulado torna-o um instrumento de *prazer*. Essa capacidade é chamada *boa forma*. Inversamente, o "estado de não estar em forma" representa langor, apatia, desinteresse, desânimo, uma resposta prostrada a qualquer estímulo; representa uma diminuição – ou simplesmente uma capacidade e um interesse "abaixo da média" – diante de novas sensações e experiências. "Estar deprimido" significa não estar disposto a "sair e aproveitar a vida", a "se divertir". As "doenças" mais populares e assustadoras, de uma maneira ou de outra, são enfermidades do *consumo*. Manter o corpo em forma significa mantê-lo pronto para absorver e ser estimulado.

Um corpo em forma é altamente estimulável e um afinado instrumento de prazer, qualquer prazer, seja ele sexual, gastronômico ou derivado do mero exercício físico e demonstração de boa forma. Não é tanto o desempenho do corpo que conta, mas as sensações que ele recebe no curso de sua atuação. Essas sensações devem ser profundas e gratificantes – "eletrizantes", "arrebatadoras", "entusiasmantes", "extasiantes".

Uma vez que a profundidade da "sensação" é muito menos propícia à exata medição e definição de metas de "performance", avaliada em termos de seus produtos tangíveis e resultados "objetivos", o efeito colateral da ênfase no deslocamento é a desvalorização da noção outrora central de "normalidade" (e, pela mesma lógica, da noção de "anormalidade"). A medicina moderna esforçou-se para traçar uma linha clara e visível entre doença e saúde; portanto, fez da distinção entre normal e anormal sua maior preocupação. A distinção deveria ser idealmente definida em termos empíricos testáveis e quantificáveis e, na sequência, medida com precisão – de forma muito parecida com a que determina a "temperatura normal" do corpo num termômetro clínico.

Essa é uma perspectiva dificilmente viável no caso de uma sensação, sempre um evento vivido subjetivamente, impossível de ser articulado em termos intersubjetivamente comunicáveis e, assim, transportado, colocado ao lado das sensações de outra pessoa para ser comparado "com objetividade". É-se condenado a viver para sempre em dúvida sobre se as sensações de alguém

Catálogo de medos pós-modernos

são "compatíveis com o padrão" e – de modo ainda mais agudo – se elas atingem um cume que as outras pessoas também sejam capazes de alcançar.

Por mais profundamente que possam ser experimentadas, as sensações sempre podem ser mais profundas; e, desse modo, nunca terão profundidade suficiente. O que quer que aconteça ainda pode ser melhorado: em cada sopa há uma mosca de suspeita de que a experiência realmente sentida não passou de uma pálida sombra do que a experiência "real" poderia ser (e que, se *pudesse, seria*). A ideia de "normalidade" não faz sentido nessas condições. Existe uma escala móvel, ascendente e infinita de arrebatamento que, quando aplicada ao experimentado, lança sobre cada experiência uma sombra de profundo "defeito". A escala móvel de prazer se converte em escala móvel de defeito, e conjura eternamente infinitas insatisfações e inquietações.

Cada exercício de boa forma, por mais espetacular e gratificante que seja, é envenenado por um gosto amargo de uma condição prenunciada de estar fora de forma. Estar fora de forma pressagia a perda de oportunidades de prazer vaticinado. A busca de um corpo "realmente em forma" é atormentada por uma ansiedade que talvez nunca seja dissipada. A aptidão do corpo para a sensação e o êxtase vívidos está condenada a permanecer sempre aquém do ideal ilusório – daí o fato de que nenhuma quantidade de cuidado ou treino do corpo, em qualquer momento, é capaz de pôr fim à tormentosa suspeita do mau funcionamento.

Nenhum remédio é capaz de sair vitorioso do teste. Remédios mantêm autoridade enquanto tenham sido sonhados e buscados com frenesi, mas são desclassificados quase no momento de sua aplicação. Segue-se de forma árdua e diligente a receita de "melhoramento sensorial", mas qualquer avanço obtido é condenado a ficar aquém do prometido e esperado. Curas logo são descartadas em favor de outras, novas e aprimoradas, que devem substituí-las em ritmo crescente; a boa forma do corpo não é um fim que possa ser alcançado, e não há nenhum momento no horizonte em que se possa dizer com clara convicção: consegui. A impaciência escala a crescente pilha de decepções sucessivas, impulsionada pela suspeita de inadequação.

Tudo isso, lembremo-nos, acontece a um corpo já não regulado – pelo menos não da maneira como o corpo produtivo/militar outrora o foi. O outro lado da coerção e da vigilância externas foi ocupado pela dissidência e pelos protestos coletivos. À opressão política tende a resultar em oposição política. Mas o corpo coletor de sensações é uma criação do tipo faça-você-mesmo, e seus defeitos são percalços autoinfligidos. Falhas nada adicionam à imagem de privação coletiva, e queixas não se coagulam em reivindicações coletivas. Uma reparação, seja qual for seu mérito, deve ser individualmente perseguida, obtida e aplicada. O treinamento do corpo produtor/soldado une. O autotreinamento do corpo coletor de sensações divide e separa.

O Serviço Nacional de Saúde é uma consequência natural da maneira como o conceito de saúde é socialmente construído: os serviços nacionais, por sua própria natureza, são feitos para lidar com a norma e a anormalidade – com aspectos humanos comuns a todos, que podem ser estatisticamente tratados como médios e proclamados como a norma que afirma todas as peculiaridades como anormalidade. Mas um "Serviço Nacional de Boa Forma" seria uma contradição em termos. Em tempos nos quais preocupações com a boa forma ganham prioridade sobre a preocupação com a saúde (instituições sociais mais interessadas na aplicação da norma ou na oferta de produtores e soldados), o Serviço Nacional de Saúde (britânico) também soa menos "natural" e "óbvio" que antes. O conceito que legou, entranhado e institucionalizado em sua estrutura tradicional, está mal preparado para processar o tipo de serviço que a mudança de ênfase da saúde para a boa forma incita seus clientes a buscar.

O corpo agora é incontestavelmente uma *propriedade privada*, e cabe ao/à proprietário(a) cultivá-lo. Ele/ela não tem mais ninguém a culpar pelas ervas daninhas que crescem e tomam conta do jardim, ou pelos irrigadores que não funcionam. Isso lança o(a) proprietário(a) a uma posição estranha, insustentável. Ele/ela deve estar no controle, mas é ele/ela que deve ser controlado(a). O corpo deve flutuar no fluxo das sensações, em forma para se abandonar aos irrefletidos prazeres da experiência; mas o "dono" (e o treinador) do corpo, que "fica dentro" desse corpo no momento da experiência e só pela força da imaginação pode ser "destacado" dele, deve verificar essa flutuação e esse abandono de si, avaliar e medir, comparar e se pronunciar sobre sua qualidade. André Béjin oferece um diagnóstico clínico dessa condição aporética, no caso da busca de sensações orgásticas, o agora amplamente reconhecido "sentido" do desempenho sexual:

> É preciso ... abandonar-se às sensações sem deixar de submeter a ação a um cálculo racional de "conveniência sexual". O prazer deve estar de acordo e, ao mesmo tempo, ser um episódio absolutamente espontâneo, além de uma performance teatral dirigida cenicamente pelo cérebro. ... Assim, qualquer um se vê instruído a distanciar-se de seu corpo pelo pensamento, da melhor maneira, de modo a coincidir com as sensações que lhe surgem de modo espontâneo, a ser espectador do ato sexual sem deixar de tomar parte nele, a ser sobrepujado por estímulos enquanto, ao mesmo tempo, os ativa por ação de fantasias que ele evoca e domina, expressando-se "espontaneamente" no decurso das ações que têm de ser programadas.[8]

Uma situação verdadeiramente propensa à esquizofrenia. É preciso *aprender* como se expor *ao que antecede e ultrapassa toda aprendizagem*; é preciso usar o cérebro para estimular e forçar o *visceral*; é preciso treinar, ensinar e, de outra maneira, *coagir* o corpo, a fim de deixá-lo ir, torná-lo livre do controle, capacitá-lo apto para o gozo *sem entraves*. É preciso estar no interior e no exterior ao mesmo tempo: estar no interior é o pré-requisito indispensável para estar verdadeiramente no interior, ao mesmo tempo que contaminando irremediavelmente o "caráter inato" do "interior".

A deformação da vigilância e do treinamento socialmente administrados para o automonitoramento e o autotreinamento cancela a distinção entre sujeito e objeto, entre ator e objeto da ação; anula mesmo a distinção entre fazer e sofrer, entre ação e seus produtos. O que antes costumava ser uma contradição torna-se uma aporia: o confuso estado de uma ambivalência ao estilo areia movediça que nunca será resolvido, uma vez que cada tentativa de sair só resulta em afundar cada vez mais na lama.

A adoção da boa forma física como objetivo supremo, a ser perseguido, mas nunca alcançado, por meio da autocoerção, está fadada a ser para sempre abandonada com ansiedade, a fim de se buscar em vão uma saída, mas gerando uma crescente procura de saídas ainda mais novas e não testadas. Proponho que esse produto da "privatização" do corpo e das agências de produção social do corpo é a "cena primordial" da ambivalência pós-moderna. Ela empresta à cultura pós-moderna sua energia desconhecida, uma compulsão interior por estar em movimento. É também uma causa fundamental, talvez a principal, de sua embutida tendência ao envelhecimento instantâneo: a inquietação neurótica, "rizomática", aleatória, caótica, confusa, compulsiva da cultura pós-moderna com sua asfixiante cessão de modas e manias, desejos efêmeros, esperanças passageiras e medos horrendos, devorados por temores ainda mais horrorosos. A inventividade cultural pós-moderna pode ser comparada a um lápis com uma borracha embutida na ponta: ele apaga o que escreve e, dessa maneira, não poderia parar de se mover sobre o vazio radiante do papel.

A ambivalência primordial se derrama sobre muitos moldes, assume várias formas e ganha diversos nomes. Uma das formas seminais que adquire é a ambiguidade aporética da *proteofobia* e da *fixofobia*\* – o medo de nunca atingir o pico (e nunca saber o caminho até ele) e o medo de chegar a ele (e de saber com certeza que ele foi alcançado). A meta da genuína boa forma pode iludir aquele que a busca eternamente. Mas também pode ser atingida sem que se saiba – não se pode saber, não se quer saber – qual dessas possibilidades considerar mais sinistra. No pico, não há mais para onde subir. Todos os caminhos levam encosta abaixo. Não se pode deixar de ter esperança de que a sensação definitiva possa ser alcançada. Mas alcançá-la será *o fim*, uma morte por procuração, admitindo-se que a maioria dos demônios hediondos de todos os trabalhos pelos quais se teve de passar estava destinada a sair.

A *proteofobia* e a *fixofobia* se alimentam e se apoiam mutuamente. Juntas, certificam-se de que, no caminho para a realização do "projeto corpo" – um corpo infinitamente sensível, experiencialmente sintonizado –, não haja limite para a autoflagelação; de que nenhum arroubo seja jamais reconhecido como definitivo e como algo que não possa nunca ser superado; de que não haja qualquer sensação de nada-deixar-a-ser--desejado e nenhum trecho da estrada já atravessada absolvido de maiores explorações.

## O corpo sob cerco

A ambivalência incurável e geradora de ansiedade do "projeto corpo" torna assustadora a tarefa de circunscrever e proteger os limites do corpo (tarefa que Mary Douglas demonstrou há muito

---

\* Bauman cunha os dois termos em *Postmodern Ethics*. *Proteophobia* é um neologismo a partir do nome de Proteu, figura mitológica grega: filho de dois titãs, ele tinha o poder da premonição e o usava para atrair os homens; mas, diante deles, assumia sempre outra forma, podendo aparentar a que desejasse. A expressão aqui refere-se ao "desagrado com situações em que se sente perdido, confuso, impotente" pela "presença de fenômenos alotrópicos, multiformes". Por sua vez, *fixofobia*, mais transparente ao português, indica, contrariamente, a aversão à fixidez. (N.T.)

tempo ser repleta de ambiguidades enervantes em todos os tempos e em todas as culturas), e, assim, um terreno particularmente fértil para múltiplos medos.

A maioria das sensações que o corpo do colecionador de prazeres pode experimentar necessita de estímulos vindos do mundo exterior. A condição consumista torna imperativo que o corpo se abra o máximo possível ao potencial de experiências ricas, cada vez mais ricas, contendo esses estímulos. A boa forma do corpo é medida por sua capacidade de absorvê-las. Mas a mesma troca com o mundo exterior compromete o controle do indivíduo sobre a forma física. O intenso tráfego fronteiriço, a inevitável condição de coleta de sensações, é ao mesmo tempo uma ameaça potencial para a boa forma, que, por sua vez, é a condição de capacidade do corpo de recolher as sensações. Essa capacidade pode ser diminuída se o controle de imigração não for vigilante. A admissão deve ser seletiva em qualquer momento – mas toda essa seletividade não deveria empobrecer o poço de sensações em potencial e impedir o corpo de experimentar sabe--se lá quantas delas ainda desconhecidas?

O conteúdo da lista de livros mais vendidos, como todas as modas de vida curta, muda de forma caleidoscópica de uma semana para outra. Mas dois tipos de livros têm assegurado o orgulho de um lugar em cada lista: os livros de culinária e os de dieta/emagrecimento. Não apenas livros de receitas comuns, mas coleções de receitas cada vez mais sofisticadas, exóticas, do outro mundo, exclusivas, exigentes e meticulosas: são promessas de deleites para as papilas gustativas que nunca antes experimentamos, de novos patamares de êxtase para olhos, narizes e palatos. Mas, lado a lado com esses livros de receitas, como sua inseparável sombra, vêm os livros de dieta/emagrecimento, com receitas antinonsense para autotreinamento e autoimolação, instruções de como curar o que os outros livros podem ter danificado e purgar aquilo que outros livros podem ter deixado para trás: a capacidade de passar por sensações surpreendentes, que, antes de mais nada, tornou a autoflagelação um imperativo.

A perfeição do corpo *moderno* foi visualizada à semelhança da harmonia de estilo renascentista, guiada pelo princípio da moderação e da temperança, da tranquilidade e da estabilidade. As ciências sociais, por conseguinte, definiram as necessidades humanas como o impulso para aplacar e remover tensões, e a satisfação das necessidades como o estado de não tensão. A perfeição era vista como condição na qual todos os movimentos empacam, uma vez que nenhuma melhora é mais possível. A prática pós-moderna de exercitar o corpo resultou, em oposição, numa construção de estilo gótico, composta de excessos isolados e mantidos juntos apenas pelas tensões finamente balanceadas que os mantêm separados. Selecione suas tensões de forma sábia, a fim de poder espremer ao máximo seu potencial de excitação, e prove sempre novas "experiências definitivas", permanecendo aberto a futuras, ainda mais "definitivas". O estado de ausência de tensão é um pesadelo. A questão não é como evitar tensões, e sim como compensar uma tensão com outra, a ela correspondente. É preciso se embebedar de uma forma saborosa e ficar sóbrio de maneira saborosa.

Acima de tudo isso, o indivíduo, o proprietário privativo do corpo, está no comando. A proteção das fronteiras e a administração do território no interior de seus limites são de sua responsabilidade. A enormidade da tarefa, agravada por sua ambivalência intrínseca, gesta uma mentalidade de cerco: o corpo, em particular sua boa forma, é ameaçado por todos os lados. E, no entanto, não pode se fortalecer firmemente contra essas ameaças, uma vez que o tráfego fronteiriço não apenas é inevitável, mas desejado: sua intensidade é, afinal, o propósito derradeiro de "ficar em forma". Trata-se, portanto, de um cerco que nunca será levantado – um sítio permanente, um sítio vitalício.

Dada a ambiguidade do ideal da boa forma e da ambivalência dos meios que lhe servem, mal dá para se admirar que, de tempos em tempos, e cada vez com maior frequência, a mentalidade de cerco se condense em breves, porém violentas, explosões de pânico corporal. Em todos os momentos, veneno é farejado em cada bocado de alimento, e efeitos colaterais patogênicos, em cada atividade corporal. Mas recusar a comida em si e paralisar todas as atividades corporais não são propostas viáveis, muito menos soluções conciliáveis com a vida do coletor de sensações. Pode-se apenas deixar de lado o ímpeto inflexivelmente acumulativo de desconfiança e frustração em campanhas esporádicas contra tipos específicos de alimentos ou determinadas categorias de ação corporal (anular seu impacto venenoso pela ingestão de outras substâncias ou esticar o corpo em outros tipos de movimento).

A energia investida na campanha redunda numa sensação reconfortante e temporariamente tranquilizadora de que o "inimigo às portas" foi derrotado e não deve mais ser temido. Contudo, uma vez que o ideal contraditório da boa forma não poderá nunca ser alcançado (para não falar na não factibilidade do sonho de evitar a morte, do qual "manter o corpo em forma" é o substituto – ou melhor, o disfarce – pós-moderno), nenhuma campanha sucessiva pode atingir resultados conclusivos. Um alimento específico foi anatematizado; um exercício físico em particular condenado e evitado; mas a condição continua tão cheia de contradições quanto antes, e a meta permanece tão distante quanto sempre esteve.

Assim, mantém-se a demanda por pânicos corporais novos, de preferência mais espetaculares. O único resultado duradouro de campanhas passadas é a velocidade ampliada com que giram as rodas das fábricas de veneno/antídoto e os novos feitos da engenhosidade dos fornecedores comerciais de antídotos que ainda precisam ser desmascarados como venenos disfarçados...

## Da manipulação à degustação

Cada ego conjura o outro e se conjura a si próprio nesse percurso – mas cada um tem um outro desenhado na medida de suas preo-

Catálogo de medos pós-modernos 167

cupações e desejos e, portanto, o outro do ego colecionador de prazeres é diferente do outro do ego provedor de mercadorias.

O outro do provedor de mercadorias tem toda a materialidade sólida, corpórea, da natureza, das coisas "naturais". Estende-se no espaço, tem peso, é impenetrável, não se pode fazê-lo desaparecer – é um objeto de *manipulação*. Ele ingressa no mundo do ego, de forma alternada, como matéria-prima para processamento e resistência à ação. Oferece-se aos desejos do ego e define os limites de sua vontade. É a extensão da liberdade do ego e a coerção dessa liberdade. Por conseguinte, é um objeto de absorção e assimilação, ou de luta.

O outro do coletor de sensações é constituído de uma substância de impressões rarefeita e etérea. É uma superfície rugosa ou lisa a ser afagada ou lambida – um objeto de *degustação*. Pode ser ignorado ou afastado, quando então cai fora do foco de atenção e cessa de existir, com sua existência passando a ser o interesse que desperta. Entra no mundo do ego como uma fonte antecipada de prazer, e deixa esse mundo como uma previsão não consumada ou um prazer usado. É, alternadamente, o material bruto para a experiência ou a decepção para os sentidos. Por conseguinte, é um terreno para exploração e aventura, ou um campo fora de uso e estéril, esvaziado de excitação.

Em todos os tempos, o outro é o futuro indomado e indisciplinado, o local da perpétua incerteza – e, como tal, um foco de atração e medo. O outro do fornecedor de bens atrai como uma oportunidade para a *ação*; o outro do colecionador de prazeres atrai como uma promessa de *sensações*. O medo que emana do primeiro outro é o da resistência à ação, da ameaça de se atingir a meta. O medo que o segundo outro exsuda é o da insipidez de experiência, da frustração na busca por estímulos. O primeiro outro pode se mostrar um *problema*; o segundo, um desprazer, uma falta de prazer ou um prazer mais curto que o esperado – uma *decepção*.

O mundo do provedor de bens, do produtor/soldado, tende a ser espacialmente ordenado de forma cognitiva. Sua cartografia é o jogo de relevâncias em termos de fins e meios, da correspondência entre meios e fins indicados e fins em relação a meios disponíveis. O mundo cognitivamente ordenado é o produto da perseguição de objetivos e do concomitante cálculo, mas é também, ainda que secundariamente, o campo de teste para os limites da capacidade de agir – e agir com eficácia.

O mundo do coletor de sensações, do consumidor, tende a ser espacialmente ordenado de maneira estética. Sua cartografia é o jogo de relevâncias excitantes de sensações, de avaliação de objetos em relação às sensações procuradas, da busca contra as capacidades de geração de sensações dos objetos disponíveis. O mundo esteticamente ordenado é o resultado da perseguição da experiência, da experiência inovadora, uma mais intensa que a anterior – mas é também, antes de tudo, a sedimentação do teste em curso a respeito da capacidade experiencial do corpo e do contínuo esforço para expandi-la.

O ser-no-mundo do provedor de bens, e, portanto, seu engajamento com o outro, é *externamente orientado*; é estruturado e movido pelo interesse no que pode ser feito com e para o mundo, com o outro nesse mundo. É monitorado e avaliado de acordo com a profundidade das marcas que deixa no mundo, pela mudança que produz em sua condição corporal. Já o ser-no-mundo do coletor de sensações e, por conseguinte, seu envolvimento com o outro, é *internamente orientado*; é estruturado e movido pelo interesse por aquilo que pode ser experimentado por imersão nesse mundo e atritado contra o outro. É monitorado e avaliado de acordo com a profundidade das sensações que estimula, pelas mudanças que produz em sua condição sensorial subjetiva. Para o provedor de bens, o mundo é um instrumento a ser tocado. O colecionador de prazeres é, ele próprio, o instrumento do qual flui a agradável melodia.

Nem o fornecedor de bens nem o coletor de sensações estão, pela natureza de seu ser-no-mundo, dispostos a se engajar num ordenamento espacial *moral*. Pode-se demonstrar que, para ambos, uma moralização do espaço, em princípio, é contraproducente. Nenhum dos dois tem algo a ganhar com o *ser-para* o outro – enquanto os dois tendem a perder. O outro do produtor/ soldado faz parte do trabalho a ser executado. Sua relevância – e, portanto, seu tratamento – é definida de antemão pelo fim a ser alcançado e pelos meios necessários para tanto. Atribuir a esse outro qualquer significado novo prejudicaria a resistência com que o objetivo é perseguido e a precisão com que o fim e os meios se correspondem. O outro do consumidor é o poço de sensações; e sua relevância – e, portanto, a forma com que é tratado – é definida e redefinida no decorrer do encontro pela qualidade da experiência recebida ou que se espera receber. Atribuir a esse outro qualquer significado novo diminuiria expressivamente a concentração, reduziria o estímulo e, finalmente, diluiria a própria experiência.

À primeira vista, nenhuma das duas configurações conjura muita esperança para o relacionamento moral, para o *ser-para*. Se há algo que ambos podem fazer é proclamar a irrelevância da variedade moral de integração e lutar para se emancipar de coerções morais. Uma configuração exige que a identidade do outro seja ignorada ou violada, mudada a ponto de se tornar irreconhecível ou dissolvida. A outra configuração faz do outro um balão cheio de sensações em potencial, cujas paredes só podem ser eliminadas uma vez esvaziado de conteúdo, tornado murcho e flácido. Não há muita chance para o outro em nenhum dos casos. Ou assim parece ser.

E ainda… Há uma quantidade de ambiguidades no ser-no- -mundo do coletor de sensações que não aparece tanto assim na existência direta e objetivamente orientada do fornecedor de bens. A ambiguidade apresentada na natureza dos objetivos da coleta de sensações, ou melhor, na maneira como essas atividades se encaixam com o mundo em que são levadas a cabo. Com medo de que suas esperanças de realização se frustrem, o colecionador de prazeres não pode sustentar essa aniquilação da identidade do outro, da alteridade do outro, que para o provedor de bens é a marca do negócio e se torna indiscutível.

O colecionador de prazeres pode abordar o outro como fornecedor de sensações e tratar as relações de forma assimétrica, mas isso não muda o fato de que o outro será capaz de executar a tarefa atribuída somente à medida que continue a ser um outro, e sua alteridade (aquela alteridade imprevisível, impenetrável, absoluta, com feições de futuro) seja preservada. Enquanto procura saciar sua própria sede por experiências emocionantes, o colecionador de prazeres desenvolve, quer queira, quer não, um direito adquirido em manter a alteridade do outro – e o direito do outro à sua alteridade – intacta e incólume. De fato, ele tem interesse em fomentar a autonomia do outro, incitando-a e a alimentando.

Sem dúvida sempre há uma diferença entre ter interesses, conhecê-los e atuar de acordo com eles. Pode-se não estar ciente de ter interesses e, quando isso se torna consciente, pode-se se abster de persegui-los, tendo-se ponderado os problemas que a busca pode envolver.[9] Assumir a responsabilidade pela alteridade, pela identidade, pela autonomia do outro não é uma necessidade transcendental para a vida do colecionador de prazeres. Mas sem dúvida é uma condição essencial de sucesso, uma parte indispensável, pode-se dizer, de qualquer descrição adequada da "pragmática do negócio".

Evidentemente, esta é uma base frágil e precária para a esperança de engajamento moral do consumidor pós-moderno; é hesitante e menos confiável como base do compromisso em si. Não poderia ser de outra maneira: como vimos no primeiro ensaio, há razões para se suspeitar que a moralidade pode sonhar com fundações inabaláveis apenas em detrimento de si própria. Poder-se-ia ser mal-aconselhado, porém, a descartar essa base, uma vez que ela está na crista da sua insegurança.

Quanto à esperança de engajamento moral, "degustar" o mundo parece oferecer um avanço considerável em relação ao "manipular". Quem manipula fica absorto – e muitas vezes irritado com – pela forma das coisas como elas são, uma vez que se sabe a forma (ou falta dela) que se quer que elas tenham. Quem degusta quer que as coisas tenham sabor, e um sabor original, próprio. Pode-se – apenas se pode – adquirir gosto em *ajudar* as coisas a desenvolver plenamente o sabor que elas e somente elas podem oferecer. O sabor, o charme da coisa denominada "o outro", é sua própria, irrepetível, única e autônoma alteridade. A mesma força que mantém os caçadores e coletores de sensações separados também pode levá-los a se unir; não apenas torná-los tolerantes uns com as singularidades dos outros, mas solidários, encontrando prazer precisamente na autonomia um do outro, e assumindo a responsabilidade pela unicidade de cada um.

# · 5 ·

# O estranho revisitado – e revisitando

Nem toda vida na cidade é moderna. Mas toda vida moderna é na cidade. A vida se tornar moderna significa ficar mais parecida com a vida na cidade. Ou seja:

- Ter mais de um destino para cada itinerário a escolher e necessitar refletir a respeito, navegar e controlar seus movimentos para se chegar ao destino escolhido.
- Receber sinais unidirecionais em excesso sobre necessidade de orientação e, portanto, ter de distinguir entre sensações relevantes e ruídos, e/ou ter de conferir significado ao que não tem sentido.
- Mover-se por um espaço habitado por pessoas guiadas por necessidades semelhantes e, portanto, precisar calcular os movimentos delas enquanto se faz a navegação de seu próprio itinerário.
- Considerando que os movimentos dos outros não são totalmente previsíveis e, portanto, não totalmente calculáveis, a navegação sempre contém um elemento de risco e de aventura, e estará sempre ameaçada pela escassez de uma sinalização confiável e mais rotineira.

174      Vida em fragmentos

O hiato entre o que se precisa saber para sua navegação e o que se sabe ou se pensa saber a respeito das movimentações reais e possíveis do outro é considerado o elemento de "estranheza" nesse outro. Essa lacuna os constitui como *estranhos*. A vida na cidade é levada a cabo por estranhos entre estranhos. Nas palavras de Michael Schluter e David Lee, o estranho é "todos nós fora".[1]

A lacuna é um território muito ambivalente – o local do perigo e ao mesmo tempo da liberdade. A ambivalência de perspectivas redunda numa sensação também ambivalente de aventura que excita e de confusão que corta as asas. Esse vazio seduz e repele – com sua atração e sua repugnância atreladas, alimentando-se mutuamente, casadas uma com a outra na alegria e na tristeza, até que a morte as separe.

O segredo da felicidade na metrópole é saber como reforçar a aventura trazida por aquela subdeterminação dos destinos e itinerários, e, ao mesmo tempo, saber como limitar ou tornar inócua a ameaça decorrente dessa mesma subdeterminação de outros estranhos. Os dois objetivos estão em clara contradição, uma vez que todos na cidade são estranhos e que todo constrangimento imposto sobre o status da estranheza deve limitar a ameaça que se abomina com a liberdade que se deseja.

O que o ideal de uma cidade harmônica exige é assumir um compromisso, voltado para o equilíbrio sutil entre oportunidades e perigos, que promova um "acerto" (na oportuna frase de Lars-Henrik Schmidt)[2] entre demandas conflitantes, não entre "soluções" radicais. O dilema é como sacrificar da liberdade apenas o pouco (e não mais que o) necessário para tornar suportável a angústia da incerteza, para fazer com que se possa viver com ela.

Ao longo da história moderna, porém, a maioria das fantasias e das plantas projetadas da cidade harmônica desviou-se para o confronto final entre as posições opostas que só podem permanecer vivas quando juntas, porque nenhuma delas é capaz de sobreviver ao desaparecimento da outra. Elas fazem eco às mais profundas e menos curáveis aflições dos homens e das mulheres modernos, obrigados (nas palavras de Alf Hornborg) a "oscilar entre um desejo de *communitas*, desejo de ser parte de algo maior que o limitado self, e o medo de dissolução desse self",[3] apenas para descobrir repetidamente que liberdade sem comunidade significa loucura, enquanto comunidade sem liberdade significa servidão.

## Duas estratégias de convivência com estranhos

Teoricamente, podem-se buscar "soluções radicais" para a ambivalência da vida na cidade seguindo uma de duas estratégias "racionais" (embora igualmente derrotistas). Uma delas é reduzir de forma drástica ou eliminar por completo o elemento surpresa, e portanto a imprevisibilidade na conduta dos estranhos. A outra é divisar formas e meios de tornar irrelevante esse elemento de contingência. Para dissolver no cenário de fundo os movimentos dos estranhos não é preciso aviso nem preocupação.

Ambas as estratégias visam transformar a cidade no que Lyn Lofland descreveu como "o mundo de *rotina* dos estranhos"[4] ("mundo de rotina" é um mundo de eventos repetitivos e padrões assimiláveis, um universo livre de contingências). As duas estratégias, por mais comuns que sejam, não excluíram outras também ineficazes e que, além disso, renegaram uma forte pretensão de racionalidade. As mais preeminentes dessas outras estratégias foram as recorrentes tentativas de queimar em efígie a incerteza – centrar a aversão à indeterminação numa categoria selecionada de estranhos (imigrantes, etnicamente diferentes, errantes, viajantes ou sem-teto, devotos do bizarro e, assim, subculturas visíveis); enquanto se mantém a ingrata esperança de que essa eliminação ou esse confinamento proporcionariam a solução buscada para o problema da contingência em si e instalaria o sonho da rotina.

Todas as utopias, essas precipitações cristalizadas de anseios difusos e esperanças dispersas do pensamento moderno, seguiram a primeira das duas estratégias "racionais": eram utopias de um mundo ordenado, transparente e previsível, "*user-friendly*". Eram todas utopias arquitetônicas e de "planejamento urbano".

(A própria palavra "ordem" trilhou seu caminho no pensamento moderno vinda da arquitetura, área em que foi mobilizada antes de tudo para designar um conjunto em que todas as partes se encaixam e nenhuma delas poderia ser substituída sem destruir a harmonia, além de uma situação que nenhuma mudança poderia melhorar.)

Leitores de utopias são invariavelmente atacados pela meticulosa atenção dada pelos autores ao layout das ruas e praças públicas, aos projetos das casas, às especificações de número de habitantes e seus movimentos pelos espaços públicos; e também pela proporção imensamente grande de texto dedicado a essas questões – que estamos habituados a associar ao planejamento urbanístico. Aquilo que dirigiu o olhar dos que sonhavam com a ordem para arquitetura e o manteve lá foi a crença – tácita ou explícita – de que homens e mulheres se comportam tal como solicitado pelo mundo que habitam: torne esse mundo regular, e você tornará regulares os desejos e as ações deles; elimine desse mundo tudo de acidental e não planejado, e você cortará as raízes de todos os descaminhos e comportamentos erráticos. Nesse sentido, o planejamento urbano era uma guerra declarada aos estranhos – àquela subdeterminação, àquela enigmática idiossincrasia que transforma os outros em estranhos.

Não se trata de uma guerra visando a uma conquista (uma conversão forçada da multiplicidade de estranhos em muitos conhecidos individuais, domados e domesticados), mas uma excisão e eliminação do "estranho" (isto é, de tudo que seja único, surpreendente, desconcertante em si, por meio da redução dos estranhos às categorias em que todos os membros são *o mesmo*). O desconhecido era o inimigo da uniformidade e da monotonia, e o planejamento da cidade guiado pela utopia urbana (a utopia da sociedade perfeita alcançada pelo urbanismo) estava ligado à ideia de se exterminar qualquer coisa de estranho nos estranhos, e, se necessário, os próprios estranhos.

Em *The Conscience of the Eye*, a mais perspicaz análise das ideias que guiaram o moderno planejamento urbano e as realidades dele resultantes, Richard Sennett considera a grelha ou malha (uma cidade de ruas que se cruzam em ângulos retos, composta por uma série vertical e lateral de quarteirões de formas e tamanhos idênticos) a expressão mais completa e adequada do sonho da cidade como configuração uniforme, impessoal, fria e neutra para a vida. As grelhas substituíram os "nós" e cruzamentos sem rosto, anônimos, por centros autoimpostos e impositores de significado, ditatoriais – com a esperança de impor ao caos da natureza e às contingências históricas um espaço artificial e engenhosamente concebido, homogêneo, uniforme.

A grelha pode ser entendida como uma arma a ser usada contra o caráter ambiental – a começar pelo caráter da geografia. Em cidades como Chicago, as grelhas foram colocadas sobre um terreno irregular. ... As características naturais que poderiam ser niveladas ou drenadas o foram; os obstáculos intransponíveis que a natureza colocou contra a grelha, o curso irregular de rios ou lagos, foram ignorados por esses planejadores de cidade pioneiros, como se o que não pudesse ser aproveitado para essa geometria mecânica, tirânica, não existisse. ... Esperava-se que as fazendas e aldeias que pontilhavam a Manhattan do século XIX fossem engolidas e não incorporadas à medida que a grelha traçada no papel se convertesse em construções de fato.[5]

Conforme isso acontecia, sufocar ou ignorar a descuidada excentricidade da natureza e os caprichos dos acidentes históricos provou-se uma operação nem fácil nem desprovida de problemas. Muito mais perturbador, no entanto, foi o fracasso abismal em se conquistar o que a elegância geométrica da grelha supunha. A grelha não tornou o espaço urbano uniforme, legível e seguro para o deslocamento. Ela logo se transformou em matriz para uma nova heterogeneidade, uma tela sobre a qual uma variedade de moradores urbanos ainda bordava seus próprios projetos não planejados e erráticos. E, para sua frustração e desespero, a fim de transmitir as realidades da vida da cidade, os pioneiros da sociologia urbana tiveram de desenhar no mapa de Chicago figuras complicadas, irregulares e geometricamente deselegantes, que, por sua vez, ignoravam a harmonia geométrica da grelha – decidida a ignorar a anarquia inerente à natureza e à história.

A cidade que surgiu na outra ponta do desenvolvimento moderno é qualquer coisa menos um espaço homogêneo. É antes um agregado de áreas qualitativamente distintas, de atração altamente seletiva, cada qual distinguida não só pelo tipo de habitantes permanentes, mas também pelo tipo de estranhos incidentais que talvez a visitem ou passem por ela. As linhas fronteiriças entre as áreas são por vezes claramente estabelecidas e guardadas, porém, com maior frequência, são embaçadas ou mal sinalizadas, e, na maioria dos casos, contestadas e em constante realinhamento por meio de conflitos de fronteira e incursões de reconhecimento.

Nessas circunstâncias, a "estranheza" dos estranhos se tornou uma questão de grau; ela muda quando se passa de uma área para outra, e o ritmo da mudança é diferente entre as várias categorias de estranhos. A terra natal de uma pessoa é o ambiente hostil de outra. A liberdade de circulação dentro da cidade tornou-se o principal fator de *estratificação*. A posição elevada na hierarquia social da cidade pode ser mais bem-medida pelo grau em que o confinamento apenas numa área pode ser evitado, e em que as áreas "para não se ir" podem ser ignoradas ou evitadas com segurança, de modo que todos os locais desejáveis da cidade permaneçam acessíveis.

Em outras palavras, os moradores da cidade são estratificados de acordo com o grau em que é possível se comportar como se a segunda estratégia de "vida entre estranhos" pudesse ser mobilizada com êxito; o grau em que eles podem *ignorar* a presença de estranhos e neutralizar os perigos que ela augura. A questão é que os recursos necessários para se comportar de tal forma são desigualmente distribuídos entre esses moradores, e, assim, as possibilidades de agir no espírito da segunda estratégia não são nada iguais.

Muitos habitantes da cidade contemporânea são deixados sem estratégia viável e, muito habitualmente, têm de limitar seu mapa de espaços habitáveis (e, de fato, "públicos", de acesso livre) à área "guetizada" estritamente circunscrita, capaz, na melhor das hipóteses, de tentar manter os demais moradores da cidade fora dos limites. (A gravação dos selos de propriedade e de "Entrada Proibida" sobre a área reivindicada é algo alcançado, para invocar a lista de Dick Hebdidge, por meio de "rituais, vestimentas estranhas, atitudes bizarras, desobediência a regras, o quebrar de garrafas, janelas e cabeças, o lançamento de desafios retóricos à lei".[6] As famosas "áreas para não se ir" soam diferentes, dependendo do lado pelo qual você olha para elas: para aqueles afortunados o bastante para circular do lado de fora, elas são "áreas em que não *entrar*", mas, para os de dentro, "não ir" significa "*não sair*".) Para "os demais moradores da cidade", que gozam da liberdade de alongar as áreas urbanas em expansão nas suas jornadas, a consequência da estratificação é a capacidade de eliminar os moradores de gueto do inventário de estranhos que estão sujeitos a encontrar.

A rede de autoestradas internas, vias públicas, vias de comunicação e, claro, as fortalezas à prova de roubo que são os automóveis particulares com vidro reforçado e trava antiarrombamento lhes permite contornar os espaços em que é possível encontrar esses estranhos sem entrar nesses veículos ou visitar essas pessoas. A variedade inerente de hábitats urbanos tem sido no mínimo reforçada; mas eles podem ignorar pelo menos os que consideram mais desinteressantes e ameaçadores de seus fragmentos. Muito dessa variedade permanece invisível e não precisa ser calculada quando se traçam as ações de alguém. A liberdade depende do quanto dessa variedade pode ser tratado como inexistente, ou intermitentemente mantido a uma distância segura quando embaraçoso, e explorado, quando do agradável.

Em resumo: a vida na cidade tem significados diferentes para pessoas diferentes – e assim também a figura do estranho e o conjunto de entidades a que ela se refere. Essa verdade trivial precisa ser reiterada por causa da pronunciada tendência (rompida apenas pelos pesquisadores que se concentram pesadamente em "subculturas" – étnicas, de classe, geracionais, de gênero)

180 Vida em fragmentos

de se descrever a experiência da vida urbana pós-moderna de uma única perspectiva: a da versão pós-moderna do *flânerisme*, uma versão "democratizada", ainda que comercialmente regulada – antes um passatempo confinado a uma estreita camada de playboys, hoje muito mais difundida, porém ainda uma preocupação de classe média (ou pelo menos o estilo de vida dos consumidores de pleno direito). Quando quer que a experiência seja interpretada, deve-se ter em mente que a dupla liberdade, de se mover em qualquer lugar e de ignorar seletivamente, é sua condição de base.

## O estranho visto pelo *flâneur*

Numa série de memoráveis estudos sobre a vida urbana contemporânea, em especial em *Citysex*,[7] Henning Bech explicita as características constitutivas da vida da cidade contemporânea tal como experimentada pelo andarilho. Num fragmento que Bech usa como mote para o ensaio "Living together", Charlotte Brontë relata a "elação e o prazer", "o êxtase de liberdade e prazer" que sentiu durante sua caminhada em Londres, graças ao "vagar até onde a sorte pudesse levar", e o ter-se "misturado com a vida que passava". Seguir à sorte, mas encontrando a vida em qualquer lugar a que essa sorte possa conduzir, em toda parte encontrar a vida *que passa* (que permanece ao alcance da visão por tempo suficiente para ser captada pela atenção errante, mas não tempo suficiente para que a atenção se sinta amarrada, coagida a parar, comprometida em sua liberdade de seguir a sorte; tempo suficiente para deixar a imaginação livre, mas não o bastante para desafiar o que foi imaginado com uma dura e obstinada contraverdade), é a fonte de elação e êxtase, uma experiência assemelhada ao prazer erótico, orgástico. Essa é, em resumo, a lição derivada por Bech de sua vivissecção da experiência urbana.

E é assim, não *apesar de*, mas *graças à* "alteridade universal" que governa a vida da cidade; não por alguma mágica transformação da distância em proximidade, ao cancelamento do estranhamento mútuo dos estranhos, mas o contrário: se, na experiência urbana, o prazer toma (ou, antes, toma às vezes) o melhor de seu outro concomitante, o medo – isso é, graças à preservação da estranheza dos estranhos, congelando a distância, prevenindo a proximidade –, o prazer é extraído do mútuo estranhamento; ou seja, da falta de responsabilidade e da garantia de que, aconteça o que acontecer entre os estranhos, isso não vai sobrecarregá-lo de obrigações duradouras, não vai deixar em seu rastro consequências (difíceis de determinar) que possam durar mais que o prazer do momento (enganosamente fácil de controlar).

Tentando compreender a natureza dos encontros urbanos que não cancelam, mas protegem e revitalizam o estranhamento dos estranhos, Erich Fromm usou a metáfora do instantâneo fotográfico:

> Tirar fotos torna-se um substituto do ver. Naturalmente, você tem de olhar para direcionar sua lente para o objeto desejado. ... Mas *olhar* não é *ver*. *Ver* é uma função humana, um dos maiores dons do homem. Ela exige atividade, abertura interior, interesses, paciência, concentração. Hoje, um instantâneo (a expressão agressiva tem significado) significa, essencialmente, transformar o ato de ver em um objeto.[8]

Na ideia do "instantâneo", em inglês *snapshot*, as duas partes da palavra são importantes: o que importa é que se trata de um *tiro* [*shot*] que acerta aonde eu dirigi o cano da arma; importa que o impacto recai sobre o objeto, não afetando a mim, que seguro a arma; e importa que se trata de um tiro *de estalo* [*snap*], um elo *momentâneo* entre o atirador e o alvo, com uma duração não superior à necessária para se descarregar a arma. O tipo de olhar "instantâneo", de "tiro-de-estalo", de "*snap-shot*", – o olhar sem verdadeiramente ver – é um evento *momentâneo* (portanto, não hipoteca a liberdade futura de seleção de alvo do espectador) e um *episódio* (ou seja, um evento encerrado em si próprio, desvinculado dos acontecimentos anteriores e dos episódios posteriores. Ele liberta o presente dos constrangimentos do passado e dos encargos do futuro).

A superficialidade, o achatamento emocional e temporal, a emenda do fluxo do tempo em fragmentos desconexos costumava representar o prazer do *flâneur* solitário, o espectador pioneiro, o primeiro praticante do olhar sem ver, de encontros superficiais, do filtrar as seduções do outro sem comprometer-se a dar nada em troca. Pois esse achatamento e essa superficialidade estão agora ao alcance da maioria dos (mas não a todos os!) habitantes da cidade. E aqueles que montam o cenário para passeios urbanos ou, de algum modo, atendem às ânsias e aos humores dos andarilhos, reais e aspirantes, sabem disso, e fazem o melhor que as infinitas oportunidades comerciais abertas por essa condição podem oferecer.

Uma das muitas revistas elegantes que representam (e definem as normas para) o mundo feito à medida dos andarilhos, *The Face*, submetida a uma análise minuciosa e extremamente inspirada por Dick Hebdidge,[9] pode servir de protótipo da nova realidade urbana: "O olhar prevalece sobre o ver (e o "ver" sobre o "saber"). ... A realidade é tão fina quanto o papel em que é impressa. Não há nada por baixo ou por trás da imagem, portanto, não existe uma verdade escondida a ser revelada."

> *The Face* é mais folheada que lida, é "explorada". O "leitor" tem licença para usar o que quer que tenha sido por ela apropriado, de que maneira e com qual combinação se mostrarem mais úteis e satisfatórias. (Não pode haver "promiscuidade" num mundo sem sujeitos monogâmicos/monoteístas/monádicos; não pode haver "perversão" num mundo sem normas.) Ao fazer sua exploração, o "leitor" pode ter prazer no texto sem ser obrigado ao mesmo tempo a fazer votos de matrimônio e a hipotecar uma casa.

A mensagem é tão simples quanto desqualificada e avassaladora: a "separação entre prazer/valor de uso e qualquer promessa/compromisso de 'amar, honrar e obedecer'". Em outra ocasião, apontei essa separação como o mecanismo primordial da versão pós-moderna de *adiaforização* – o despojamento das relações humanas de seu significado moral, dispensando-as da avaliação moral, tornando-as "moralmente irrelevantes".

A adiaforização é posta em movimento toda vez quando a relação envolve menos que a pessoa total; sempre que o objeto do relacionamento for um aspecto selecionado – uma faceta "pertinente", "útil" ou "interessante" do outro –, uma vez que apenas o relacionamento *completo*, entre selves espacial e temporalmente *completos*, pode ser "moral", ou seja, pode abraçar a questão da responsabilidade com o outro. Evitar que o olhar se transforme em ver – efeito que a organização da vida urbana moderna se esforça em conseguir – é, ao lado da burocracia moderna, com sua "flutuação de responsabilidades", e dos negócios modernos, com sua limitação espacial e temporal dos contatos humanos por meio do contrato e do compromisso formal, um importante mecanismo de adiaforização. A vida urbana é moralmente pobre e está, portanto, livre para ser submetida a regras incontestes de critérios diferentes dos morais – um fantasma ideal para assombrar os caçadores de sensações prazerosas em busca exclusivamente de interesse estético.

Segundo a análise de Henning Bech, a sensação estimulante de oportunidade e liberdade associada à vida na cidade advém não apenas da abundância de impressões em oferta, mas também – e talvez principalmente – da "libertação em relação a si próprio", da suspensão do self total, portanto, moralmente consciente e autolimitado. Por necessidade – perpetuamente reforçada por uma escolha abraçada com alegria –, as relações urbanas são anônimas e não comprometedoras. Elas também estão saturadas do espírito do consumismo: são introduzidas ali apenas para se dissolver depois; duram tanto quanto o prazer que trazem, e tombam assim que um prazer maior, de uma fonte diferente, começa a acenar. Encontros humanos, como a aquisição de produtos no supermercado, são agarrados e largados com facilidade, motivados e apoiados apenas por deslocarem a atenção e o desejo.

Relações flutuantes e não comprometedoras entre estranhos parecem se orientar sobretudo pela busca de prazeres *táteis*. (Pode-se supor que isso é o que sugere a Bech a natureza essencialmente sexual dos prazeres da cidade.) Olhar sem ver é uma ação que para na superfície, e as superfícies se apresentam aos sentidos como objetos potenciais de sensações táteis, acima de tudo: o olhar que-não-vê é um substituto, ou uma premonição, para o tocar sem segurar, o acariciar sem reter. A "apresentação do self" na vida urbana[*] é, em primeiro lugar, e talvez exclusivamente, a apresentação de superfícies – a visualidade de apresentação é abandonada com a expectativa da tatilidade. Os prazeres táteis potenciais é que são colocados em exposição, tendo em conta sua presença dominante e invasiva – são tornados *visualmente* salientes.

Na vida nas ruas da cidade, as pessoas são superfícies para as outras. Cada andarilho se move por uma permanente exposição de superfícies, cada qual está constantemente à mostra à medida que se move. A exposição envolve atração (que pode ser lida como um convite), mas sem qualquer promessa e compromisso. Contém, portanto, uma enorme carga de risco. As possibilidades de doce sucesso e humilhante derrota são finamente equilibradas e dificilmente separáveis em algum momento.

A via urbana é ao mesmo tempo emocionante e assustadora. Em aparência, por meio da redução do self a uma superfície, a algo que se pode controlar e arrumar à vontade, ela oferece a segurança pessoal contra intrusos. De fato, pela confusão semântica das superfícies, não se pode impedir de emanar. É preciso ficar em guarda, mas, mesmo com todos os cuidados para calcular os movimentos, cada passo dado é cheio de risco. No longo prazo, a aposta que não se pode evitar é exaustiva, e a ideia

---

[*] Optou-se aqui por traduzir a expressão *"presentation of self"*, associada a Erving Goffman, por "apresentação do self", e não "representação do eu", como figura na tradução brasileira (*A representação do eu na vida cotidiana*, Petrópolis, Vozes, 2006), por se considerar que a primeira forma está mais correta no contexto sugerido por Bauman. (N.T.)

de um refúgio – um *lar* – converte-se numa tentação cada vez mais difícil de resistir.

## O estranho *anteportas*

Em seu prestigioso estudo sobre o chauvinismo e o racismo contemporâneos,[10] Phil Cohen sugere que toda xenofobia étnica ou racista, toda postulação do estrangeiro como inimigo e, de forma inequívoca, como fronteira exterior e limite para a soberania individual ou coletiva, apresenta uma concepção idealizada de morada segura como metáfora que lhe dá sentido. A imagem da casa segura transforma o "fora de casa" num terreno repleto de perigos; e os habitantes desse lado de fora se convertem em portadores de ameaça que precisam ser contidos, afugentados e mantidos longe.

> O ambiente externo pode passar a ser visto como uniformemente indesejável e perigoso, ao passo que, por trás das cortinas de renda simbólicas, "podem-se manter padrões pessoais". O sentido de lar se encolhe para aquele espaço em que algum sentido inerente de "ordem e decência" possa ser imposto a essa pequena parte de um mundo caótico que o sujeito possa verdadeiramente possuir e controlar de maneira direta.

É o sonho do "espaço defensável", um lugar com segurança e de fronteiras guardadas com eficácia, um território semanticamente transparente e semioticamente legível, um local limpo do risco, em particular dos riscos incalculáveis – que transformam pessoas apenas "desconhecidas" (aquelas que seriam obscuros objetos do desejo nas circunstâncias normais de um passeio urbano) em inimigas diametrais. E a vida na cidade, com todas as intricadas habilidades, os esforços de tributação e a enérgica vigilância que exige, só pode tornar cada vez mais intenso o sonho de uma casa.

Pois a "casa" desse sonho deriva seu significado de oposições entre risco e controle, perigo e segurança, combate e paz, episódio e perpetuidade, fragmentação e completude. Essa morada, em outras palavras, é o remédio aspirado para as dores e angústias da vida urbana, aquela vida de estranhos entre estranhos. O problema, porém, é que o remédio pode apenas ser imaginado e postulado. Em sua forma de aspiração, ela é tão inatingível quanto são inevitáveis os traços vexatórios da vida urbana e sua ubiquidade. É o irrealismo do remédio postulado, o escancarado fosso entre a sonhada casa e cada construção de tijolo e argamassa, cada "vizinho observado", que torna a guerra territorial a única modalidade de moradia, e os atritos na fronteira, o único meio prático de tornar "reais" as fronteiras e a própria casa. O estranho está constantemente *anteportas*, mas é a presença declarada do estranho, sua conspiração para ultrapassar o limite, para arrombar e invadir, que torna a porta tangível.

O estranho *anteportas* (às portas, eis o único lugar em que esse estranho pode ser encontrado) não é aquele que vimos na seção anterior. Não é o estranho fundido no ou solidificado a partir do cenário de fundo do passeio urbano. Toda similitude, pode-se dizer, é aqui puramente acidental. O nome comum é uma fonte prolífica de confusão teórica e muitas vezes também prática. Talvez os dois estranhos devessem ganhar nomes diferentes. Na falta disso, precisam ser conceitualmente separados. O estranho *anteportas* é despojado daquela ambiguidade que faz com que a população que preenche as ruas da cidade seja a fonte de prazer constante, embora muitas vezes dispendioso.

Se o estranho intermitentemente prazeroso/arriscado é uma construção do andarilho em sua expedição em busca de sensações, o estranho *anteportas* é a construção da saudade de casa de errantes oprimidos pelas sensações enquanto não conseguem mais escapar de serem bombardeados por elas. É nos momentos de saudade de casa que o andarilho reconstrói [*a imagem d*]o estranho: de tentação a ameaça, de fonte de prazer fugaz a profecia do *ubi leones*. É-se instado a dizer que o estranho do andarilho urbano é a sedimentação da *proteofilia*, enquanto o estranho do defensor de casa é o precipitado da *proteofobia*. E o mundo incuravelmente *proteoano* das cidades contemporâneas gesta reações fílicas e fóbicas em igual medida.

Nas cidades contemporâneas, a *identidade* está sempre e irremediavelmente divorciada da *natalidade*. As superfícies em que os estranhos se transformam uns para os outros não têm nenhum "por trás" ou "por baixo" que sejam "naturais", nenhuma profundidade óbvia a que pertençam ou que lhes pertença. Para citar novamente Sennett, a narrativa da vida superficial é algo não sequencial, a experiência de diferenças não lineares. (Podemos dizer: olhares superficiais não se acumulam; ou, em outras palavras, não se pode reconstituir o self a partir de superfícies, por muitas que sejam.)

"Um homem ou uma mulher podem transformar-se, no curso de uma vida, em estrangeiros para si próprios, ao fazerem coisas ou experimentarem sentimentos que não encaixam no enquadramento familiar de identidade, as aparentes fixidades sociais de raça, classe, idade, gênero ou etnia."[11] Nenhuma identidade é fixa, cada uma tem de ser construída – e, além disso, sem qualquer garantia de que a construção será algum dia concluída, e um teto será posto sobre um edifício terminado. Não há "volta" para a natalidade – o passado não é estocado num armazém até o momento em que possa ser retirado, desempoeirado e restaurado à sua antiga beleza; ele precisa ser costurado todo de novo, a partir dos mesmíssimos índices de significado encontrados – sempre fugazmente – nas ruas da cidade. A este respeito, não há diferença de status entre para trás e para a frente, passado e futuro, "herança gloriosa" e projeto ousado. Seja a morada aspirada imaginada no passado ou conscientemente localizada no futuro, ela será sempre uma casa *postulada*, e é preciso um trabalho incessante e intensa dedicação emocional para impedir a morte da esperança que alimenta esse objetivo.

## O estranho, encarado como Jano*

A cidade é o local de prazer e perigo, de oportunidades e ameaças. Ela atrai e repele, e não pode fazer uma coisa sem fazer a outra. Gera excitação e fadiga, oferecendo de bandeja petiscos de liberdade e enemas de impotência. A promessa moderna de purificar o cristal de prazer e drenar dele as impurezas contaminantes não se concretizou, enquanto o afã por agir com base nessa promessa, forçando a vida urbana a um enquadramento ditado pela razão e proibindo tudo aquilo que o projeto não tivesse tornado obrigatório, apenas acrescentou defeitos novos, artificialmente produzidos, às antigas pragas que emergiam de forma espontânea. Parece que a ambiguidade da vida urbana chegou para ficar. Como Jonathan Friedman comentou, a invasão de ofertas culturais variadas, muitas vezes contraditórias,

> que são normalmente mantidas a distância pela identidade moderna, parece atravessar todos os aspectos da condição contemporânea. Essa invasão combina certa euforia, a euforia de um significado recentemente encontrado, e medo, o medo do outsider, de traição e violência. A invasão não é apenas geográfica, [é a] a implosão "dos outros", mas também interna, uma implosão de desejos psíquicos antes reprimidos, a emergência do outro interior.[12]

Em nenhum lugar essa invasão foi sentida de forma tão aguda e pungente quanto nos passeios urbanos (e isso inclui, em grau cada vez maior, os passeios levados a cabo diariamente pelo meio que Bech chamou de "telecidade", meio que acentuou e

---

* Jano era um deus romano dotado de duas características aqui dignas de nota: primeiro, era porteiro celestial, que distinguia quem podia e quem não podia penetrar as esferas celestes para ter com os deuses; além disso, tinha dois rostos na mesma cabeça, diametralmente opostos, que nunca se viam e representavam o passado e o futuro. Há ainda nesse título, no original, "*The stranger, Janus-faced*", um jogo de palavras: *face* significa ao mesmo tempo "enfrentar", "deparar com"; e "faceado", ter o rosto construído. Daí termos optado pela forma "encarado", que engloba os dois sentidos. (N.T.)

levou à radicalidade a inclinação "produtora de superfícies" do espaço urbano). E em nenhum lugar a mistura de alegria e medo foi experimentada mais intensamente. É aqui, na cidade, que nascem o prazer da identidade *proteoana*, não limitada, e o desejo de uma "casa", de uma "comunidade", que interligue e dê fim ao perpétuo exílio do Proteu pós-moderno. Os dois nascem como gêmeos, talvez siameses. Nas palavras de Dean MacCannell,

> o problema central da pós-modernidade será criar "comunidades" substitutas, imitadas, para fabricar ou até mesmo vender um "sentido" de comunidade. ... A complexidade de tal feito de engenharia social – isto é, a construção de um símbolo crível de comunidade em que não exista nenhuma comunidade – não deve ser subestimada, assim como não pode ser subestimado o ímpeto para realizar essa façanha.[13]

A ambiguidade experiencial da cidade pós-moderna repercute na ambivalência pós-moderna do estranho. Ele tem duas faces. Uma delas é atraente porque misteriosa ("sexy", como diria Bech), convidando, prometendo alegria vindoura, ao mesmo tempo que não exige nenhum juramento de lealdade; é a face da oportunidade infinita, prazer inédito e aventura sempre inovadora. A outra face também é misteriosa – mas é um mistério sinistro, ameaçador e intimidador claramente apresentado. Ambas as faces são simplesmente turvas, meio visíveis. É preciso esforço para se ler traços definidos no lugar em que a face deveria estar – um esforço interpretativo, de atribuição de significado. Cabe ao intérprete fixar o significado, reformular as impressões fluidas na forma de sensações de prazer ou medo. E essas sensações são então solidificadas na figura do estranho – tão contraditória e ambígua quanto as próprias sensações. A *mixofilia* e a *mixofobia* disputam uma com a outra, encerradas em uma competição que nenhuma das duas pode vencer.

# · 6 ·

# Violência pós-moderna

Praticamente todos os autores que tentaram lidar com o fenômeno da violência acharam o conceito sub ou sobredefinido, ou ambos. Eles também relatam encontrar em outros autores (se não apresentam em si mesmos) uma surpreendente relutância ou inépcia para resolver a confusão e equacionar as coisas de modo correto. Acima de tudo, encontram nos textos que leem muitas reduções e meias verdades, vários silêncios embaraçosos e outros sinais de pudor. Deve haver algo sobre a violência que faz com que ela escape de toda e qualquer rede conceitual, por mais habilmente composta que seja. E há, a saber, nossa ambivalência moderna entre poder, força e coerção.

Desde o princípio, a modernidade consistia em forçar as coisas a serem diferentes do que são. Em acumular mais energia geradora de energia e sacar de suas fontes com mais abundância e frequência, a fim de baralhar as coisas ao redor, dando mais espaço para algumas e menos para outras. Em estar sempre um passo à frente da realidade: ter sempre mais meios de ação do que exigem os fins da presente ação, ter sempre mais energia do que se apresenta como necessária. (Energia, afinal, é um puro *pouvoir*, uma capacidade de fazer coisas, o que quer que elas ainda venham a ser.)

A modernidade pode viver sem coerção à sua volta tanto quanto os peixes podem viver sem água. O perceptivo historiador franco-polonês Krzysztof Pomian chamou a Europa de "civilização de *transgressão*", marcada pelo "reduzido respeito por barreiras, obstáculos, proibições", uma civilização que pensa que "as fronteiras estão lá apenas para ser transgredidas", e que "não apenas tolera transgressões na medida em que permaneçam marginais; provoca-as."[1] Muita energia é necessária para dobrar e torcer as coisas de modo a fazê-las caber no interior da fronteira, para que adquiram a forma julgada melhor e empurrar a fronteira mais para adiante, de maneira que um território cada vez maior contenha apenas coisas dotadas da forma correta. Se não, não haveria qualquer *atividade de ordenação*, e a modernidade mal pode se dar ao luxo de viver sem isso, uma vez que os mecanismos automáticos de reprodução da vida social faliram, foram desaprovados ou desmontados.

Como observou John Law, a modernidade

> gerou um monstro: a esperança ou a expectativa de que tudo pode ser puro. E a expectativa de que se tudo fosse puro seria melhor do que é atualmente; e dissimulamos a realidade de que o que é melhor para alguns é quase certamente pior para os outros, de que o que é melhor, mais simples, mais puro, para alguns poucos, repousa precária e incertamente sobre o trabalho e, muitas vezes, a dor e o sofrimento dos outros.[2]

A ordenação torna evidente a diferença antes despercebida e cria outra onde não existia. Ela divide o conjunto de objetos no interior do campo a ser ordenado entre os que se ajustam à ordem e os que não. Estes últimos devem ser *constrangidos*, *coagidos* a mudar ou alterar seus lugares. "No caso do europeu moderno", observou Michael Winter espirituosamente, "o dedo no braço estendido aponta não para cima ou para baixo, como nos tempos medievais, mas em linha reta em direção ao horizonte".[3] E era provável, permitam-me adicionar, que o espaço entre o dedo apontado e o horizonte estivesse densamente povoado por pessoas que mal avaliavam aquele espaço para ser ocupado por suas casas e suas fazendas, e não esperavam para que os dedos de outras pessoas decretassem outra coisa.

A modernidade é por natureza uma civilização de fronteiras, que re-cria a si mesma e se renova por meio de um fornecimento constante de terras para conquistar e sempre novos convites ou pretextos à transgressão. Uma vez que a atividade de ordenação nunca leva a uma ordem única, finita, e não pode ajudar gerando lixo com limpeza, feiúra com beleza, ambivalência com clareza, áreas de confusão com áreas ordenadas, há poucas chances de que o fornecimento de desafios rejuvenescedores algum dia se esgote. Assim, a energia tem sido a mais impressionante obsessão orientadora da civilização moderna – e energia significa capacidade de agir, capacidade de fazer e refazer, mudando as coisas, forçando as coisas a se tornarem diferentes do que são ou deixarem o palco.

Por isso a consciência moderna é e deve ser bifacetada com respeito ao uso de força, coerção, violência. A modernidade legitima-se como um "processo civilizador" – como um processo em andamento para tornar gentil o grosseiro, benigno o cruel, requintado o bárbaro. Como a maioria das legitimações, no entanto, esta é mais um exemplar de publicidade que uma descrição da realidade. De qualquer forma, ela esconde tanto quanto revela. O que ela esconde é que, somente por meio da coerção que levam a cabo, as agências da modernidade mantêm fora dos limites a coerção que juraram aniquilar; e que o processo civilizador de uma pessoa é a incapacitação forçada de outra. O processo civilizador não consiste na extirpação, mas na redistribuição da violência.

"A força é um meio específico do Estado", concluiu Weber, e todos repetimos a partir dele. "No passado, as instituições mais variadas ... conheceram o uso da força física como algo bastante normal. Hoje, porém, devemos dizer que o Estado é uma comunidade humana que reivindica (com êxito) o monopólio do uso legítimo da força física dentro de determinado território."[4] Graças ao monopólio estatal, a coerção se divide em dois tipos bastante distintos, respectivamente caracterizados como legítimo e ilegítimo, necessário e gratuito, desejável e indesejável, útil e prejudicial.

Por sua aparência, as duas categorias agora separadas nada têm para distingui-las uma da outra, exceto a – sempre partidária – justificação dada para uma, mas sempre recusada para a outra. É verdade que elas já ganharam nomes diferentes: um tipo de coerção é chamado "aplicação da lei e da ordem", enquanto a desagradável palavra "violência" foi reservada apenas para o outro. Mas a distinção verbal esconde que a condenada "violência" consiste também em certa ordem a ser implementada e em certas leis a serem aplicadas – com a diferença de que elas não são a ordem e as leis que os fabricantes da distinção tinham em mente. Como observou Hélé Béji, há uma coisa que a justiça compartilha com a injustiça: "ela necessita, para ser eficaz, de toda a autoridade da força."[5]

Então, qual o real significado da distinção? O que ela transmite? Assim como a maioria das oposições que a prática da modernidade gerou, e o discurso legitimador da modernidade reforjou em categorias racionais (categorias tão confusas quanto as práticas que processam),[6] esta representa *a distinção entre a ordem concebida e todo o resto*, entre controlado e não controlado, regular e errático, previsível e imprevisível, suposto e inesperado, fundado e incerto, monótono e espontâneo. (Somos tentados a tomar emprestada a notável metáfora de Yuri Lotman, de que, por um lado, um rio poderoso varre ou devora tudo que obstrui seu fluxo, mas sua direção é estritamente determinada pelo leito e, portanto, conhecida com antecedência; por outro lado, num campo minado, explosões localmente condensadas sem dúvida ocorrerão, mas ninguém sabe quando e onde.[7])

A noção de *Irritationserfahrungen*, cunhada por Jan Philipp Reemtsma, capta muito bem o significado real de "violência", tal como interpretado no discurso moderno (e primeiro na prática moderna). Outro dos conceitos de Reemtsma é o de *choque*: "reação a eventos inesperados, sem precedentes, que revelam inadequadas as formas habituais de verdade e de processamento de informação".[8] A violência é o resíduo produtivo da fábrica de ordem, algo que não pode ser reciclado em algo útil, manipulado com as ferramentas disponíveis – e algo que não foi calculado nos custos do processo produtivo. Se produzir ordem significa atuar coercivamente sobre as coisas na direção da *regularidade*, "violência" significa coerção *irregular*, e, como tal, enfraquece aqui e agora a regularidade, aquela regularidade que é sinônimo de ordem. Essa coerção é a *violência*.[9]

Como nenhuma ordem é sempre exatamente como ela quer ser, e uma vez que a ordem de um homem é a desordem de outro – e que as percepções de ordem vivem mudando, assim como os próprios guardiões da ordem –, as fronteiras entre as categorias opostas tendem a se turvar. Porém, mais importante ainda, a distinção entre manutenção da ordem e violência é endemicamente contestada. Ela nunca é elaborada de forma conclusiva: as barreiras fronteiriças permanecem eficazes apenas enquanto houver homens fortemente armados para guardá-las.

## A fronteira à deriva

A oposição "manutenção da ordem *versus* violência" é apenas uma das muitas oposições em geral coincidentes (como aquelas entre razão e paixão, racionalidade e afetividade), sobrepostas a uma oposição moderna central entre controlado e não controlado, regular e irregular, previsível e imprevisível. A atividade de ordenação, o principal passatempo das instituições modernas, consiste principalmente na imposição de monotonia, repetitividade e determinação. O que quer que resista a essa imposição é o deserto atrás da fronteira, uma terra hostil ainda a ser conquistada ou pelo menos pacificada.

A diferença entre o espaço controlado e o não controlado é aquela entre *civilidade* e *barbárie*. Na terra da civilidade, nenhuma coerção (idealmente) chega de surpresa e de regiões inesperadas; ela pode ser racionalmente calculada, tornar-se uma "necessidade conhecida" que pode até, seguindo Hegel,[10] ser celebrada como liberdade... Na terra da barbárie, a coerção (aqui chamada violência) é difusa, dispersa, errática – e, portanto, imprevisível e incapacitante. Mas na terra da barbárie as regras de civilidade não pegam. É um território custe-o-que-custar, vale-tudo. Por serem por definição violentos, os bárbaros são objetos legítimos da violência. Civilidade para o civil, barbárie para os bárbaros.

Em seu inspirado estudo sobre a ligação íntima entre civilidade e filosofia modernas, Howard Caygill salienta que

> a gestão racional da violência no interior do Estado nacional só era possível quando a violência potencial e real era deslocada para a fronteira, quer pela exportação de elementos refratários da população, quer na importação de riquezas de pilhagem para dar suporte às instituições de bem-estar da metrópole.

Essa condição, entretanto, não é mais alcançável atualmente:

> Com os próprios limites para a expansão territorial atingindo o limite, ... a civilidade fundamentada e a violência soberana ameaçam tombar uma sobre a outra. ... [O] potencial para a violência deslocado para a periferia retorna para o centro com velocidade crescente. ...
>
> A fronteira entre civilidade e violência já não pode ser encontrada no limite de um espaço territorial soberano; agora, percorre esse espaço.[11]

Essa é, sem dúvida, uma observação determinante – mas duas qualificações são necessárias antes que ela seja aceita e antes que suas consequências sejam rastreadas.

Em primeiro lugar, em toda a história da modernidade, a fronteira entre civilidade e barbárie jamais coincidiu com as fronteiras do Estado-nação, e ainda menos com a circunferência compartilhada da "parte civilizada do mundo" como um todo. Hiroshima se livrou dos bárbaros "lá fora", mas Auschwitz e o Gulag fizeram isso com os bárbaros "de dentro". Em nenhum momento da história moderna foi permitido aos bárbaros confinar-se "à porta" – eles eram farejados, espionados e trazidos à tona por todo lugar, de uma maneira muito caprichosa e ressonante com seu próprio capricho de definição. Para os antigos, que inventaram o termo para designar todos os não gregos (e posteriormente aqueles fora do alcance do direito romano), os bárbaros despertavam medo apenas quando chegavam perigosamente perto, se colocavam *anteportas*. Eles não se tornaram objeto de ação missionária nem de guarda.

A modernidade, desde o início, *historicizou* e *internalizou* o status dos bárbaros. A barbárie não era apenas uma diferente forma de vida, mas uma forma deixada para trás, condenada à extinção – os bárbaros eram fósseis vivos ou seres que sobreviveram de alguma forma a seu tempo, e que devem desaparecer assim que possível. De modo tão seminal, os bárbaros eram vistos como uma espécie de "quinta coluna", sentados numa emboscada no interior da fortaleza do mundo civilizado, esperando pelo momento da vingança pelos golpes infligidos pelo processo civilizador.

Os bárbaros serviram como um instrumento central na "implantação do medo" (Reemtsma) moderno, a emoção que a modernidade se mostrou ardente em propagar, uma vez que acrescentou urgência e até um aparente sentido para as sempre novas transgressões que a "modernização" se determinou a realizar. E eles também serviram como instrumento de reprodução e estratificação de hegemonia cultural. Algo mais que uma pitada de barbarismo foi aspergido sobre os kits identitários oficiais dos indolentes, imprevidentes, instáveis e irresponsáveis pobres; também sobre as passionais, imprudentes e frívolas mulheres, as minorias culturais/étnicas embaraçosas e resistentes à assimilação, e qualquer outra categoria considerada barulhenta e obstinada demais para ser mantida a distância com segurança por medidas ordinárias da coerção cotidiana – fossem eles criminosos (os objetos da coerção extra da penologia), deficientes mentais (sujeitos a coerção extra da psiquiatria), ou inúmeros outros degenerados. (Segundo a vigorosa conclusão de Daniel Pick, na Europa do século XIX, a degeneração "tornou--se de fato a condição das condições, o significante definitivo da patologia"; ela foi ao mesmo tempo universalizada como destino potencial de todos e ... particularizada como a condição dos outros.")[12]

Afinal, e talvez de forma mais seminal, sempre houve um selvagem caído na armadilha dentro de cada homem civilizado. Intuiu-se e se insinuou "o bárbaro" adormecido dentro de cada homem moderno são e saudável, pronto para acordar e surgir furioso no primeiro momento de desatenção. Combater, acorrentar e manter preso o "selvagem interior" foi a frente de batalha mais amplamente atraente e de maior cobertura jornalística da civilização sempre beligerante da modernidade. Para atender a esse front, as armas mais engenhosas seguiram sendo inventadas por toda a história moderna; e, para servir nesse front, cada homem moderno foi convocado a ser soldado. E não houve intervalo nos combates.

Cada corpo moderno era uma prisão, cada homem moderno era um carcereiro a vigiar o perigoso psicopata lá dentro, e o dever dos carcereiros era manter as grades fechadas e os alarmes funcionando. A vigilância nunca pareceu suficiente, já que os malefícios do "selvagem interior" eram farejados em cada paixão, em qualquer explosão de emoção, qualquer quebra de etiqueta, qualquer demonstração de afeto. O duende maligno do bárbaro em todos nós foi a arma mais poderosa mobilizada na batalha moderna para impor a ordem projetada e uma rede de convenções de rotina sobre o incerto e turbulento mundo da vida cotidiana.

O fato de o bárbaro ser tão ubíquo colaborou muito, suplementando as grandes prisões públicas com inúmeros pequeninos FVM (faça você mesmo). Em resumo, pode-se dizer que a cividade – aquela cruzada cultural das elites modernas e luta armada do Estado moderno – estabeleceu, por assim dizer, suas próprias regras do jogo, e reservou para si o direito de decidir quem é o bárbaro. A linha fronteiriça entre os civilizados e os bárbaros nunca foi apenas uma linha, sempre "atravessou o espaço".

Em segundo lugar, também não é exatamente verdade que a "fronteira entre cidalidade e violência já não pode ser encontrada nos limites do espaço territorial soberano". As guerras ortodoxas e antiquadas "entre nós e eles" são travadas e continuarão sendo por algum tempo ainda sob a bandeira da santa cruzada da civilização contra a barbárie, da paz contra a violência. A expedição punitiva ao Golfo foi apenas o exemplo recente mais espetacular – mas tudo indica que não será o último.

Para ficar com a visão de Ulrich Beck para o mundo gerido por forças criadas pelo homem, mas impossíveis de ser controladas por ele, as rodas da indústria armamentista preparam armas cada vez mais sofisticadas e destrutivas que, como todos os meios tecnológicos que precedem seus objetivos, procuram febrilmente os campos de batalha que possam lhes dar sentido. ("Nosso tempo raciocina em termos de 'saber fazer', mesmo quando não há nada a ser feito", escreveu Karl Jaspers já em 1958.[13] E a história subsequente deu peso ainda maior à observação.)

Pois é agora o pacificado "território soberano" da civilização que continua criando e recriando os objetos para serem depois estigmatizados como violentos e, portanto, como alvos legítimos de missões de pacificação. É agora o mundo civilizado, com seus armazéns militares sobrecarregados e sua miríade de agentes de pesquisa e desenvolvimento militar, ansiosa para ter seu mais recente invento testado "em ação", que mantém o fornecimento de "barbárie de fora" constante e abundante. Além disso, há poderosos mecanismos em movimento que só poderão sobreviver se prospectarem cada vez mais engenhosos meios de violência sobre o outro lado "dos limites do espaço territorial soberano", como que a plantar sempre novos e revigorados alvos para a guerra contra a violência. Como no comentário do poeta sobre o duelo entre a tecnologia ocidental vendida e a tecnologia ocidental não vendida durante a campanha do Golfo:

Our smiling erstwhile customer
Is now the Prince of Lies.
Committing vile atrocities,
Surprise, surprise, surprise...*

A questão, então, é até que ponto a parte civilizada do mundo é capaz de exercitar sua influência "civilizadora", pacificadora, sobre a periferia "menos civilizada", ou "subcivilizada", repleta de violência, empestada por múltiplas e intermináveis guerras tribais e sempre ansiosa demais para lançar mão de massacres e do domínio do terror.

Nos tempos da "grande divisão", os países "civilizados" em ambos os lados do racha ideológico estavam em grande parte de acordo (na prática, se não na teoria) sobre o fato de que a lealdade política dos líderes locais nos países periféricos devia prevalecer sobre seu apego aos princípios do domínio civilizado. Se não por outro motivo, governantes "fortes" (impiedosos, tiranos) eram preferidos pela sua confiabilidade.

Por outro lado, com a queda do Muro de Berlim e com as motivações da "*Machtpolitik* [política de poder]" para o policiamento global, pouco resta que justifique induzir o "centro civilizado" a uma ação remediadora, muito menos uma preventiva – para além de seu desejo de conter a maré de possíveis refugiados (e, mais crucialmente, uma nova onda de candidatos à imigração a bater à porta dos países ricos; este último foi o motivo franco para intervenção na antiga Iugoslávia expressado pelo secretário de Estado americano durante um breve momento quando os Estados Unidos pareciam estar dispostos a engajar suas tropas em uma atividade de instalação da ordem).

Pode-se dizer, porém, que a pressão política e em particular a econômica que os governos dos "centros civilizados" exercem

---

* "Nosso sorridente cliente de outrora /Agora das mentiras é a realeza. /Cometendo atrocidades vis, /Surpresa, surpresa, surpresa...". (N.T.)

para patrocinar o regime democrático e o respeito pelos direitos humanos talvez seja um método menos radical e lento, mas ainda assim potente, de influência civilizadora e eliminação gradual das formas bárbaras de violência. Este seria o caso, não fosse o fato de que os porta-vozes governamentais não são as únicas "interfaces" entre as partes "civilizadas" e "menos civilizadas" do globo – e, no rastro da dissolução dos blocos de poder e do afrouxamento total do interesse governamental na política global, não é a mais primordial das interfaces.

Se na era dos blocos de poder era a competição político-militar entre os blocos hostis que saturavam a periferia com armas de aniquilação em massa (criando uma mistura explosiva quando combinadas com poderes ditatoriais locais e conflitos tribais assustadores), o mesmo efeito é obtido hoje; possivelmente num grau mais elevado do que nunca, pela concorrência predatória entre produtores e negociantes não nacionais de armas. Por vezes, ela é auxiliada e estimulada por políticos locais, ansiosos por angariar votos por "salvar empregos", mas, na maioria dos casos, é "desregulada" (na prática, se não na teoria, já que supranacional) e, portanto, liberta da melindrosa supervisão governamental e capaz de ir aonde iam os lucros. A combinação de animosidades pré-modernas (e sobretudo de inabilidade pré-moderna de conviver pacificamente com a diferença) e as mais avançadas armas e técnicas de destruição em massa modernas equilibra o possível impacto "civilizador" da pregação da democracia e da promoção dos direitos humanos.

Assim, temos de concordar que a tendência geral foi corretamente captada por Caygill: o "potencial de violência", cujo exílio definitivo foi outrora prometido, e às vezes até declarado, logo está "retornando ao centro". Mas de que forma?

## Formas e meios de separar ações e moral

Seja na forma oficialmente estigmatizada como violência, seja disfarçada como "promoção da lei e da ordem" (ou, na verdade, como o "processo civilizador"), a coerção é sempre, pelo menos do ponto de vista do coagido, *cruel*. Coagir significa ser cruel. (Como os primeiros-ministros britânicos Margaret Thatcher e John Major gostavam de repetir sempre que impunham novas dores a seus cidadãos, "se o medicamento não é amargo, não funciona".)

Não apenas os inventores e os projetistas de medidas de coerção devem ser cruéis ou insensíveis à dor das outras pessoas, mas também os inúmeros "agentes mediadores" que executam seus projetos. Caso se concorde com Emmanuel Lévinas, como eu, que "a justificação da dor do vizinho é certamente a fonte de toda a imoralidade",[14] então seria necessário aceitar também que há mais que uma ligação casual entre a capacidade de cometer atos cruéis e a insensibilidade moral.[15] Para tornar possível uma participação maciça em ações cruéis, o elo entre a culpa moral e os atos que a participação implica deve ser aparado. A organização moderna, com sua gestão científica e a coordenação das ações humanas, consegue exatamente isso.

Descrevi em detalhes a maneira como isso ocorre em *Modernidade e Holocausto* e *Modernidade e ambivalência*. O que sugeri nesses livros é que o principal instrumento dessa separação foi e continua a ser a *adiaforização*: tornar certas ações ou certos objetos de ação moralmente neutros ou irrelevantes – isentá-los da adequada categoria de fenômenos para a de avaliação moral. O efeito de adiaforização é alcançado pela exclusão de algumas categorias de pessoas da esfera dos sujeitos morais, ou pelo encobrimento da ligação entre a ação parcial e o efeito definitivo de movimentos coordenados, ou ainda pela entronização de disciplina procedural e lealdade pessoal no papel de critérios imperativos do desempenho moral.

A adiaforização foi, ao longo da era moderna e cada vez mais, a realização de uma burocracia auxiliada e instigada pela tecnologia – e, sugiro, continua sendo ainda hoje em grande e talvez

Violência pós-moderna

crescente extensão. Pelo menos dois novos desenvolvimentos adicionaram poderes aos métodos de adiaforização tipicamente modernos, mas, a esta altura, já tradicionais.

O primeiro é o efeito global de "insensibilização" diante da crueldade que possa emergir do volume sem precedentes de exposição a imagens de sofrimento humano. (Dificilmente há um dia sem dúzias de cadáveres e assassinatos trazidas à nossa vista na tela da televisão, seja nas ranhuras do tempo chamadas "noticiário", seja naquelas classificadas como séries, filmes ou programas dos gêneros drama, comédia ou policial, ou programas infantis).

Norbert Elias viu na ponta das execuções públicas o signo do progresso civilizador, mas enforcamentos públicos, além dos chamados "esportes do sangue", eram ocasiões raras, festivas, pertencentes ao que Mikhail Bakhtin descreveu como "cultura do carnaval" – as reversões espetaculares periódicas das normas cotidianas a fim de sublinhar a rotina obrigatória da cotidianidade. A cultura carnavalesca foi uma declaração enfática sobre a raridade e a excepcionalidade do tudo o que acontece durante os "intervalos" na vida normal – e, indiretamente, sobre a validade da proibição que desaprovava a mistura entre o comportamento carnavalesco com a rotina cotidiana.

Hoje vivemos um constante carnaval de crueldade. Obviamente, "constante carnaval" é uma *contradictio in adiecto*. Um carnaval permanente não é mais um carnaval – o que significa, na verdade, que as imagens de crueldade transbordaram das reservas separadas e isoladas do *mainstream* da experiência cotidiana. Um resultado é que os simples números e a monotonia das imagens podem sofrer o impacto do "esmaecimento". Para afastar a "fadiga de visualização", o cotidiano deve ser cada vez mais sangrento, chocante e, além do mais, "criativo", a fim de despertar algum sentimento que seja, e verdadeiramente chamar a atenção. O nível de violência "familiar", abaixo do qual a crueldade dos atos cruéis escapa à atenção, cresce cada vez mais.

E ainda mais importante é a maneira como as visões de violência são compostas e penetram na vida diária. Pela natureza da mídia, imagens de crueldade "inventadas", simuladas e direcionadas são muito mais intensas, emocionantes e realmente "dramáticas" que os registros ostensivamente simples "do que realmente aconteceu". A "realidade" soa pobre, "tecnicamente imperfeita", e, de fato, "menos interessante". A crueldade real parece inferior, atenuada, pálida, não digna dos padrões da "coisa de verdade", como "podem ser" a tortura física e mental incapacitadora, mutiladora, e a refinada matança se abordadas de uma maneira *high-tech* e com um design especializado. A crueldade encenada agora estabelece um novo padrão para aquilo que "simplesmente acontece com a câmera por perto". A "realidade" tende a ser avaliada de acordo com o grau de proximidade com que ela simula a criatividade dramática e a precisão de um crime ou um filme-catástrofe ou a produtividade de um videogame com seus milhares de aliens exterminados a cada minuto.

Por outro lado, a mediação eletrônica da "guerra real" pode tornar muito mais fácil a assimilação daqueles com estômago fraco. É possível esquecer com facilidade os motivos de um tiroteio ou de um bombardeio. Afinal, não é realmente um tiroteio ou bombardeio, mas um movimento do joystick e um apertar de botões.

Himmler poderia se preocupar com a sanidade mental de seu *Einsatzgruppen* encarregado da matança à queima-roupa de bolcheviques e judeus. Já o general Schwarzkopf não precisava se preocupar com a integridade de seus assassinos em massa. Eles nunca olharam suas vítimas nos olhos, contavam pontos nas telas, e não cadáveres. Seus pilotos retornavam de suas missões de bombardeio em estado de excitação e alegria: "Foi como num filme", "Exatamente como um videogame", relatavam. E seus admiradores em todo o mundo assistiram em suas telas de TV, com a respiração presa, a imagens que conheciam muito bem dos jogos eletrônicos: pontos convergentes e em cruzamento. O que eles viram foi um jogo bem-jogado.

É isso: as linhas divisórias entre as "notícias", a ficção e o jogo tornaram-se cada vez mais tênues, a realidade se transforma, nesse processo, em apenas mais uma dentre muitas imagens, e não uma imagem particularmente clara ou interessante ("divertida"). Todas as imagens disputam entre si a atenção no mesmo universo de significado, o da diversão – dentro do mundo esteticamente organizado, estruturado pela relevância da atratividade, do prazer potencial, do despertar de interesse.

Como Jean Baudrillard não cansava de repetir: este é um mundo de simulacros, no qual as imagens são mais reais que a realidade, onde tudo é uma representação, e, portanto, a diferença entre representação e o que é representado não pode mais ser estabelecida, enquanto todas aquelas imagens "palpavelmente realistas", vívidas, servem só para encobrir a ausência de uma realidade que pudesse, de maneira concebível, sustentar alguma autoridade sobre elas. As realidades se "fundem" em suas ostensivas representações, assim, a adiaforização da vida pode estar praticamente completa. Com o "não é para valer" tornando-se depressa o padrão em vez do "para valer" (e a linha divisória entre eles cada vez mais difícil de localizar), os critérios estéticos adequados para o mundo do jogo e da diversão podem muito bem substituir os agora irrelevantes critérios morais, que se sentiam em casa no mundo das interações humanas.

O segundo novo desenrolar que reforça bastante os mecanismos modernos ortodoxos de adiaforização é uma modalidade nova de distanciamento entre os autores da crueldade e suas vítimas. Pouco mais de meio século atrás, Max Frisch anotou em seu diário que "não fomos todos talhados para ser estripadores. Mas quase todos nós podemos nos tornar soldados, estar por trás de uma arma, ficar de vigia, puxar a corda".[16] Ele falava de armas e cordas. O que as substituiu acrescentou agora uma dimensão totalmente nova à sua observação.

Nas palavras de Michael J. Shapiro, com armas mais atualizadas de assassinato em massa, os "inimigos" "tornaram-se total e continuamente invisíveis para aqueles que, com base em sistemas de identificação eletrônica, devem atingi-los entre o que pode ser visto apenas como símbolos mais do que corpos discerníveis". Observação: os sistemas eletrônicos não apenas mediam a ação, tomando para si a tarefa de disparar o golpe mortal, mas também assumem a responsabilidade de "identificar" (escolher!) as vítimas. A responsabilidade, que, segundo Hannah Arendt, tende a ser flutuante em todas as burocracias, é agora "flutuante" como nunca antes. As chamadas vítimas "inocentes" (essa expressão enganosa que transmite sobretudo a mensagem de que a maioria das vítimas, ou as "normais", não são inocentes e merecem seus destinos) podem agora ser facilmente explicadas como "erros do *computador*".

> [Os] objetos da violência na Guerra do Golfo eram obscuros e remotos, tanto porque eram afastados da visão e de outros sentidos humanos quanto porque emergiam como alvos adequados por meio de uma tortuosa cadeia de significação. E, mais genericamente, eram remotos, em termos dos *significados* que adquiriram para seus agressores e para a legitimação destes e de seus esteios logísticos.[17]

Separar a ação de seu significado moral nunca foi tão fácil e tão completo.

Mas as novas armas auguram também outra ruptura: como disse um dos pilotos do Golfo ao resumir sua experiência de "combate", "podíamos estender a mão e tocar nele, mas ele não podia tocar em nós". Desse ponto de vista, a guerra, em outros tempos descrita como "combate", agora mais se parece com o que se costumava associar às execuções, expedições punitivas ou batidas policiais: os objetos da ação não devem reagir, toda ação é de mão única, toda iniciativa está apenas de um lado. Não se espera que nada seja provado no curso do combate, os papéis e os direitos estão divididos e estabelecidos antes de o primeiro tiro ser disparado. Os perpetradores podem ter certeza de que suas ações permanecerão sem punição, e seu direito de empreendê-las, incontestado.

Os generais e os divulgadores midiáticos de seus pensamentos repetiram, diante de ouvintes que acenavam em aprovação, que o mais importante princípio estratégico era "salvar vidas". A frase presumia tacitamente que há certos tipos de vidas a serem salvas – são dignas de serem salvas. E que a única maneira de salvá-las seria destruindo tantas outras, indignas, quanto possível de uma forma que se antecipe às tentativas de elas responderem na mesma moeda antes de cumprirem seus destinos.

As armas e estratégias mais atualizadas são as de massacre e matança, e não as de combate. Graças a isso, em poucas ocasiões, se é que chega a haver alguma, coloca-se em dúvida se mesmo a violência da guerra no exterior pode ser incluída na categoria doméstica de "defesa da lei e da ordem"; se a destruição é uma "destruição criativa"; se o sofrimento de poucos é um preço baixo a se pagar pela felicidade de muitos.

Em suma, pode-se dizer que os mecanismos burocráticos de adiaforização ortodoxos estão vivos e passam bem. Se algo pode ser dito, é que eles foram reforçados, graças à afluência de novas tecnologias computacionais e armamentistas. Ainda se pode argumentar que os principais mecanismos adiaforéticos na atualidade – e da mesma maneira os fatores "facilitadores" da violência –, sob condições pós-modernas, afastam-se do mundo da organização burocrática, aproximando-se do mundo da vida cotidiana.

## Adiaforização, a versão pós-moderna

Heide Gerstenberger salientou a estreita ligação entre as formas de violência da modernidade (incluindo a mais extrema delas) e as formas modernas de vida cotidiana: "O processo de destruição posto em movimento nos tempos do nacional-socialismo estava entrelaçado na forma da práxis diária do mundo moderno."[18]

Sugiro que uma ligação de tal modo estreita pode ser rastreada entre as formas relativamente novas de violência, que chegam às manchetes em nossos dias, e o fenômeno pós-moderno de que a vida cotidiana na Europa está cada vez mais saturada. Argumento em particular que, à exceção dos mecanismos de adiaforização caracteristicamente modernos, os mecanismos relativamente novos, pós-modernos, são incorporados à estrutura da vida cotidiana, redundando em modos caracteristicamente pós--modernos de agir de modo violento.

A mudança mais primordial subjacente à passagem para a fase pós-moderna da modernidade pode ser encontrada na modificação profunda na maneira como a individualidade é socialmente construída e no modo como a maior parte da população está socialmente integrada, fendida, no processo de reprodução do sistema.

Sob condições modernas, os indivíduos foram construídos sobretudo como *produtores/soldados*; ou seja, os papéis de produtor e soldado, que todos ou a maioria deveria desempenhar e para os quais foi preparada, forneciam entre si os principais padrões e critérios de avaliação para a formação dos indivíduos. A individualidade emergente era, portanto, marcada pelas seguintes características:

1. Os indivíduos eram, antes de mais nada, portadores de força cinética que podia ser transformada no trabalho criativo ou destrutivo do produtor ou do soldado, pois, como tais, deviam ser capazes de gerar tal força de maneira constante e, na medida do possível, ser imunes à fadiga.

2. Os indivíduos eram atores "disciplinados", ou seja, atores cujo comportamento em geral era regular e sobretudo passível de regulamentação; eles respondiam de forma repetitiva e previsível aos estímulos e eram capazes de conduta monótona quando sujeitos a uma pressão constante e coordenada.

3. À maneira das peças de montagem de Lego ou de Meccano, os indivíduos eram incompletos quando sozinhos e destinados a se combinarem com outras unidades para formar totalidades de alguma maneira significativas; os limites do indivíduo eram antes de tudo interfaces destinadas não tanto a circunscrever quanto a se encaixar e aderir.

4. O principal modelo de propriedade – o da harmonia entre como o indivíduo deveria ser e aquilo que ele/ela era – representava a *saúde*, a ideia intimamente relacionada à capacidade de ter desenvoltura nos três domínios anteriores. "Saúde" significava força e energia físicas, e simbolizava a capacidade de se comportar

de forma disciplinada, regular e adequada, se ajustar às atividades coordenadas de grupos maiores. Por sua vez, a fraqueza física ou a capacidade insuficiente para submeter-se e se ajustar eram vistas como sintomas de problemas de saúde e, como tal, medicadas ou articuladas como casos para tratamento psiquiátrico.

Sob condições pós-modernas, os indivíduos são constituídos sobretudo de *consumidores/jogadores*, ou seja, os papéis de consumidor e jogador, que todos ou a maioria deve exercer e para os quais é preparada, fornecem entre si os principais padrões e critérios de avaliação para a formação dos indivíduos. A individualidade emergente, portanto, é marcada pelas seguintes características:

1. Os indivíduos são antes de tudo "organismos experimentadores", buscando novas experiências (em ambos os sentido de "experiência" expressados em *Erfahrung* e *Erleben*),* e imunes ao efeito de saturação – isto é, capazes de absorver e de responder a um fluxo constante e preferencialmente crescente de estímulos.

2. Os indivíduos são atores "originadores", ou seja, caracterizados sobretudo pela mobilidade e flexibilidade de comportamento espontâneas e facilmente acionadas, e vinculados apenas em grau mínimo à aprendizagem prévia e a hábitos adquiridos.

3. Apesar de nunca totalmente balanceados, os indivíduos tendem a se equilibrar como unidades quase autossuficientes e autopropelidas. Essa "regulação interna" é mantida também no curso da sociação, da qual é simultaneamente o propósito e o motivo.

4. O modelo principal da correção é, portanto, a *boa forma*, em detrimento da saúde. "Boa forma" significa a capacidade física e espiritual do indivíduo de absorver e responder criativamente a um crescente volume de novas experiências, a capacidade de resistir a um ritmo acelerado de mudança, de "manter o

---

* Em inglês, *experience* é tanto o substantivo "experiência" quanto o verbo "experimentar", "experienciar". O sentido do primeiro, no alemão, é *Erfahrung*, que se refere ao contexto empírico e objetivo, referindo-se à dimensão de "saber"; o segundo sentido corresponde ao termo alemão *Erleben*, palavra mais próxima ao contexto pessoal, íntimo, ligado ao "vivenciar", ainda que seus significados em geral se aproximem mais do que se distingam. (N.T.)

rumo" por meio de automonitoramento e correção das deficiências de desempenho. Por sua vez, a flacidez corporal e o *ennui* (diminuta capacidade de absorção e insensibilidade a estímulos) espiritual, bem como um nível superior à média de perturbação no processo contínuo de autoequilíbrio, são sintomas do "estar fora de forma" – condição medicalizada ou articulada como caso de aconselhamento psicológico ou tratamento psiquiátrico.[19]

Pode-se demonstrar que existe um íntimo vínculo causal/funcional entre a transformação em questão e a demanda cada vez maior de desempenhos produtivos e militares dos homens. A produção e a guerra podem agora ser conduzidas de forma vantajosa enquanto estiverem acopladas a uma diminuta (e cada vez mais encolhida) fração da população. Embora de jeito nenhum marginais em termos de sobrevivência e reprodução *sistêmica*, os indivíduos "produtivamente engajados" são cada vez mais marginalizados na divisão *societal* do trabalho.

Claus Offe foi o primeiro a articular esse processo em seu conceito de "descentralização do trabalho". Essa ideia, no entanto, significa também a queda da importância de estratégias pan-ópticas e legitimadoras (de coerção sistemática e mobilização ideológica), crucial no momento em que as capacidades produtivas/militares permaneceram centrais em todos os níveis – sistêmico, societal e motivacional. Contrariamente à visão de Habermas, não há "crise de legitimação" no Estado pós-moderno – apenas as condições pós-modernas tornaram a legitimação algo redundante.

O que não pode ser feito hoje sem a participação ativa de todos ou da grande maioria da população é a "distribuição" dos produtos ("demanda de limpeza") e, portanto, a reprodução da necessidade de reabastecer, a reprodução das condições produtivas – implementadas na sociedade contemporânea pelos mecanismos do mercado. O mercado envolve homens e mulheres na qualidade de consumidores. A "formação da individualidade pós-moderna" esboçada acima tem como alvo a formação de um consumidor perfeito.

Em meu estudo "From pilgrim to tourist" (desenvolvido de modo mais aprofundado no terceiro ensaio),[20] sugeri que, se a figura do peregrino era a metáfora apropriada para o tipo de individualidade que a modernidade favoreceu e promoveu, não há um padrão que possa servir de metáfora para o indivíduo formatado sob as condições pós-modernas. Em vez disso, é necessária uma mistura de metáforas. Propus, então, que as figuras do andarilho (*flâneur*), do vagabundo, do turista e do jogador, entre elas, e apenas em conjunto, transmitem a complexidade e a aporia interior do processo identitário pós-moderno.

Por mais diferentes que sejam entre si, os quatro entrelaçados e interpenetrados modos de vida pós-moderna têm em comum o fato de que visam emendar o processo de vida numa série de episódios (idealmente) autossuficientes e autoencerrados, sem passado e sem consequências, e, como resultado, tendem a tornar as relações humanas fragmentárias e descontínuas. Eles impedem a construção de redes duradouras de obrigações e deveres recíprocos. Todos eles apresentam o outro, primariamente, como objeto de avaliação *estética*, não *moral*, como uma fonte de *sensações*, não de *responsabilidade*. Portanto, tendem a afastar uma grande área da interação humana, mesmo a mais íntima entre elas, a do julgamento moral. Pode-se dizer que eles agora fazem o trabalho que, no auge da modernidade, foi realizado pela burocracia com seu institucional "governo de ninguém". Eles são os fatores novos, pós-modernos, de adiaforização.

Seguir o impulso moral significa assumir a responsabilidade pelo outro, o que, por sua vez, conduz ao engajamento no destino do outro e ao compromisso com seu bem-estar. O desengajamento e a evitação de compromisso favorecidos pelas quatro estratégias pós-modernas têm um efeito de retrocesso na forma de supressão do impulso moral, e repúdio e desqualificação dos sentimentos morais.

Com os tradicionais tranquilizantes de emoções morais, há, assim, outros novos e melhorados, e desta vez disponíveis sem receita médica emitida por agências estatais autorizadas. Graças aos novos e elaborados adiaforéticos, a violência pode retornar aos locais de onde o "processo civilizador" prometeu expulsá-la para sempre: a vizinhança, a família, o companheirismo de casal – os locais tradicionais da proximidade moral e dos encontros face a face. Um sintoma amplamente divulgado desse retorno é a crescente dificuldade – na verdade, a confusão – em manter separada orientação paterna firme e abuso infantil; flerte e assédio, investida sexual, atentado violento ao pudor.

À medida que os quadros institucionais nos quais os compromissos assumidos foram mantidos à força, e na virtual ausência de padrões não contestados, universalmente aceitos (ou impostos), agora suspeita-se e espera-se que surja uma mistura de violência no mais íntimo dos relacionamentos humanos, em que o amor e o bem-querer mútuos supostamente reinariam supremos. Enquanto isso, o grau antes tolerado de compromisso envolvido em toda integração negociada tende a ser cada vez mais frequentemente reapresentado como uma violência indevida e insuportável, realizada contra os direitos de autoafirmação do self.

Uma consequência da passagem da sociedade de produtores/ soldados para a dos consumidores e coletores de sensações foi a gradual dissipação dos vasos capilares do sistema pan-óptico de manutenção da ordem. Casamentos, famílias, pais e mães, vizinhanças, locais de trabalho têm perdido muito de seu papel de postos da fábrica de ordem societariamente gerida. A coerção a ela aplicada, diária e inevitavelmente, perdeu sua função de veículo "da lei e da ordem", e assim pode ser contestada como violência gratuita e crueldade imperdoável. As antes não contestadas hierarquias podem ser novamente desafiadas; os padrões habituais das relações, renegociados; os antigos direitos de coagir e exigir disciplina, veementemente questionados e violentamente enfrentados – de modo que se cria uma impressão geral de que o montante total de violência está crescendo, enquanto os exercícios de poder superior antes obedecidos ou simplesmente despercebidos são reclassificados como violência ilegítima. A notória ambivalência entre "manutenção da ordem" e "violência" está sendo mais uma vez posta a nu pela nova competição de significados.

Os estoques caracteristicamente pós-modernos de violência estão "privatizados" – dispersos, difusos e sem centro. Eles também são "capilares", penetrando as células do tecido social. Sua presença ubíqua tem um efeito duplo, ambivalente, da emocionante experiência de emancipação suprema (elogiada por alguns autores como o portal para uma era "*pós-dever*"), por um lado, e incessante medo de um mundo totalmente desregulamentado e incontrolável, hobbesiano, por outro. Esse temor, por sua vez, é o poço de onde a energia de outro desenrolar pós-moderno, o do neotribalismo, é prospectada (embora, notemos, nos movimentos sociais, assim como nos carros, o tipo de combustível utilizado pelo motor não determina a direção na qual o veículo se move).

Com o Estado a ceder a função integradora para as forças intrinsecamente desregulamentadas e privatizadas do mercado, o campo é deixado para o não tão "imaginado" – como as "comunidades" *postuladas* –, que deve assumir a tarefa órfã de fornecer as garantias coletivas de identidades privatizadas. O pensamento pós-moderno está inundado de sonhos de verdades e certezas comunais e locais esperando para fazer o trabalho civilizador que as grandes verdades e certezas dos Estados-nação, posando como porta-vozes da universalidade, falharam em executar, ao fracassar em fornecer a unidade de pensamento, sentimento, vontade e ação que tornasse impensável qualquer tipo de violência, exceto a gratuita. Mas as comunidades postuladas neotribais são obrigadas a desmentir tais esperanças. O neotribalismo é uma má notícia para todos que desejam ver o discurso e a negociação substituírem facas e bombas como ferramentas de autoafirmação.

Há duas razões principais para a estreita parceria entre as postuladas comunidades neotribais e a violência.

A primeira é o contexto cultural pós-moderno de extravasamento de informações, no qual a atenção do público é o mais escasso dos recursos, e no qual o *cogito* de Descartes foi reformulado para "sou notado, logo existo" (e, para fins práticos, descarregado como "grito, logo existo"). Quanto mais alto o grito, mais

214 Vida em fragmentos

notada e, portanto, mais sólida é a existência. Com a atenção pública entediada e *blasée* por desvios cada vez mais abundantes e sinistros, apenas choques mais fortes que os de outrora mantêm uma chance de capturá-la. Há, portanto, uma tendência de aumento do poder impactante dos choques, com a ingenuidade, a malícia, a gratuidade e a insensatez das ações violentas vistas acertadamente como a melhor estratégia.

A "escalada de violência" é resultado do rápido desgaste até do mais arrepiante e enervante dos choques. Como disse Lewis Carroll, aqui é necessário correr tudo que você puder para se manter no mesmo lugar. Em nosso mundo viciado em sensações, estímulos cada vez mais fortes são necessários para manter a atenção desperta por mais tempo que um momento fugaz.

A segunda é a modalidade existencial das próprias neotribos – como as comunidades postuladas, aquelas que, ao contrário das tribos de antes, não têm instituições estabelecidas, nem qualquer "mão morta da tradição" a mantê-las em forma, para se perpetuarem e se reproduzir. As comunidades postuladas são entidades *noch-nicht-geworden* – "existem" apenas conjugadas no futuro. Em outras palavras, sua existência é apenas uma esperança de vir a ser, sem garantia e vazia de autoconfiança. Daí o nervosismo endêmico, a irritabilidade e o mau humor.

Essas comunidades, afinal, podem garantir uma presença no mundo, por mais breve que seja, apenas sob a condição de se fortalecerem e, em seguida, aproveitarem a mais intensa lealdade de seus membros potenciais. O método conhecido para alcançar esse objetivo é, mais uma vez, a violência – tanto exterior quanto interiormente orientada.

Os postulantes a membros do grupo neotribal devem ser, como disseram Ferenc Feher e Agnes Heller, convertidos em "bonecos maleáveis nas mãos dos gurus e, ao mesmo tempo, em agressivas tropas de assalto* contra o outro grupo".[21] As mais im-

---

* No original, *stormtroopers*, referente ao alemão *Stoßtruppen*, as temidas e violentíssimas "tropas relâmpago", "tropas de choque" ou "de assalto" do exército nazista. O termo em inglês foi consagrado pela cultura pop por ter sido escolhido por George Lucas – por conexão simbólica com o nazismo – para designar as tropas do Império maligno da saga *Guerra nas estrelas*. (N.T.)

pressionantes tiranias são praticadas sob a máscara do martírio. Como E.M. Cioran alertou, "os olhos inflamados pressagiam o abate", enquanto "nenhuma proteção é adequada contra as garras de um profeta".[22] Quanto mais nebulosa for uma profecia, mais inflamados os olhos e mais sangrenta a matança.

## Violência estilo faça-você-mesmo

A recoletivização da violência no serviço de autoafirmação neotribal é apenas um dos resultados da privatização pós-moderna dos problemas de identidade. O outro é a tendência a mobilizar formas de violência gradualmente "normalizadas", legalmente permitidas e culturalmente aprovadas no processo de autoafirmação individual. Este é agora cada vez mais orientado pela busca de flexibilidade e permanente abertura de opções, pelo desejo de evitar compromissos de "hipoteca do futuro", pelo ressentimento de se estar vinculado às necessidades dos outros e pela relutância em se aceitar uma inconveniência que não traz nenhum benefício visível para a satisfação de prazeres de alguém.

Mais vexatórios são os limites que podem ser evitados, os inconvenientes de que se pode escapar. Para falar a verdade, deveres ou compromissos começam a soar incômodos, tornam-se "problemas" apenas quando surgem os meios para evitá-los. Quando os meios estão disponíveis, parece tão estúpido quanto criminoso não os utilizar, e os fornecedores de ferramentas se certificam de que assim seja, e de que se estabeleça a compulsão de utilizar as ferramentas pelo mesmo motivo pelo qual sir Edmund Hillary escalou o monte Everest: porque ele estava lá.

Nós sabemos que a invenção e a produção de novos instrumentos há muito tempo ficaram independentes da lógica das tarefas a serem realizadas; que "a tecnologia se desenvolve porque se desenvolve"; que cada vez mais novos meios são criados seguindo apenas seu próprio ímpeto (o ímpeto dos laboratórios de pesquisa e dos lucros do marketing); e que, em sua versão de mercado, a racionalidade instrumental expressa-se nos meios buscando fins, mais que em fins que definem critérios para a escolha de meios.

Por ocasião da conferência internacional convocada em Bonn, em maio de 1994, para planejar uma convenção de bioética, os participantes refletiram tristemente sobre o limitado impacto que uma convenção como aquela poderia exercer na prática, uma vez que "tudo que seja tecnicamente possível é correto fazer". Além disso, um deles, Hiltrud Breyer, previu que a pesquisa sobre o "retardado" e o "retardamento" empreendida por engenheiros genéticos "reabrirá a porta dos fundos" para desqualificar novas categorias de seres humanos, como "inferiores" e "atrasadas".[23] Para as perspectivas de coerção a serviço da autoafirmação individual, essa regra geral conjura uma constante ampliação de horizontes e uma gama sempre crescente de tarefas inerentes ao princípio geral de "estar no controle" (ou seja, de *não* ser constrangido por compromissos ou obrigações em relação aos outros).

O psiquiatra alemão Klaus Dörner, com a equipe reunida em torno do centro clínico Gutersloh que ele dirige, analisou durante muitos anos as consequências da tendência antes descrita. Suas conclusões são devastadoras: o mesmo quadro de pensamento moderno em que foi formada a visão nazista da limpeza do mundo das categorias inúteis, venenosas ou patológicas de seres humanos, vem formatando nossa própria visão das tarefas vitais individuais e compartilhadas. Podemos estar agora ingressando na era de um "Holocausto contínuo e silencioso" – um Holocausto que, assim como para os perpetradores nazistas antes deles "provou-se um erro" pela derrota militar, soa como um ato de "emancipação" (*Befreiung*). Os nazistas, aponta Dörner, também eram *Bürger* que, como todas as pessoas comuns antes e depois, procuraram respostas para o que os irritava como "problemas sociais".

Quanto mais instrumentos temos para fazer funilaria com as realidades da vida, mais aspectos do ambiente social em que vivemos parecem "problemas" – problemas insuportáveis, aqueles a respeito dos quais *temos de* "fazer algo". À medida que nos movemos com velocidade crescente em direção à "sociedade de um terço", cada vez mais pessoas se tornam "problemas"; e uma vez que os meios para removê-las e se livrar dos problemas estão disponíveis, não parece haver razão alguma para que sua presença – constrangedora, ofensiva, opressiva – deva ser tolerada e suportada.

De acordo com Dörner, há amplos sintomas prodrômicos desse "novo estilo de Holocausto" – de variedade fragmentada, sub-reptícia. Um deles é a súbita explosão de interesse na *Sterbenhilfe*, e o volver perceptível da simpatia pública, com o ativo apoio da opinião especializada, em direção à aceitação da "morte por encomenda", no caso de homens e mulheres que, pela elevação dos padrões de nossa sociedade, são incapazes de viver uma vida "significativa" ou "satisfatória".

Outro é o apoio já quase universal ao aborto opcional, também representado na consciência pública (e, antes disso, na publicidade do mercado e na consultoria especializada, nessa ordem) como condição de liberdade. A posse, pela mulher, de seu próprio corpo, e a recusa de carregar o fardo das consequências de sua ação (e, com o rápido avanço da engenharia genética, também o desagrado com certos traços de um outro ser que podem exigir cuidado e, portanto, restringir a liberdade de escolha ou causar inconveniências) são consideradas razões boas o suficiente para recusar a outro ser humano o direito de viver.

O que une os dois sintomas é que eles conjuram problemas para os fracos, indolentes e indefesos, em nome de se desatar as mãos dos fortes. A liberdade, agora e como sempre, tende a ser definida em termos de direitos dos grandes e poderosos.[24] Como sempre, ela inclui o direito de decidir monologicamente o que é "pelo bem" dos interesses do outro e aqueles cujos interesses podem ser sacrificados em prol do bem comum e da razão *imparcial.*

De forma alguma isso implica que as questões são simples e que soluções éticas podem ser proclamadas em voz alta e clara.

A condição atual seria muito mais fácil do que é se apenas alguém pudesse dizer com algum grau de convicção que o mal está claramente do lado dos ímpetos de autoafirmação, e que se pode servir ao bem colocando-se um freio no que é percebido como a emancipação individual. Mas não é o caso. A dificuldade de se combater o Holocausto "silencioso", "arrastado" ou "fragmentado" repousa na ambivalência inextirpável de quase todas as questões em jogo. Os certos e os errados são com frequência quase uniformemente equilibrados. Argumentos de ambos os lados da disputa têm razões morais válidas a que apelar – e poucos, se é que algum, podem ser dispensados sem reflexão como injustificados ou confusos.

Como em todos os casos de escolhas morais, à exceção dos mais extremos, qualquer linha traçada entre o "ainda correto" e o "já incorreto" é tênue e quase com certeza será contestada. A questão é que, quanto mais "meios" reproduzidos, há cada vez mais áreas da vida que têm "problemas" clamando por soluções; em terras fronteiriças a serem conquistadas com o avanço da liberdade individual estimulada pelo impulso de autoafirmação, mais haverá áreas cinzentas, situações ambivalentes e dilemas morais sem uma solução indiscutivelmente correta. E mais haverá ocasiões para a crueldade disfarçada de cuidado e para a violência que se crê bondade.

## Uma conclusão inconclusiva

Proponho que *a forma específica de violência pós-moderna advém da privatização, da desregulamentação e da descentralização dos problemas de identidade*. A decomposição dos enquadramentos coletivo, institucional e centralizado de construção da identidade, quando por projeto ou por omissão, celebrada ou lamentada, teve o seguinte efeito: como assinalou Peter Wagner, o local a partir do qual uma intervenção em favor de interesses comuns, capazes de passar por cima de animosidades localizadas, "pode ser empreendida, [local] anteriormente detido pelo Estado, é visto como inexistente ou vazio". O que é necessário é "um processo comunicativo em torno do que esses diversos grupos sociais ... têm em comum, sob práticas sociais correntes, e descobrir se eles devem normalmente regular os impactos dessas práticas".

Essa necessidade, no entanto, busca uma ancoragem em vão, por causa do "vazio do espaço político", como chamou Hannah Arendt.[25] Esse vazio é preenchido por comunidades postulantes neotribais; se não é preenchido por elas, fica bem aberto, densamente povoado por indivíduos perdidos na confusão de ruídos conflitantes, com muitas oportunidades para a violência e poucas – talvez nenhuma – para o debate.

Teoricamente, não se pode recusar a racionalidade da concepção de Wagner. Desde o alvorecer da modernidade, a "pacificação" sempre consistiu na internalização da violência antes externa – por meio de conquista e incorporação, de reformulação do que costumava ser uma violência difusa e irregular em pressão constante de coerção regular.

"Uma instituição estatal de escala mundial", de um tipo ou outro, mas sempre armada com uma força policial e de preferência monopolizando o uso da coerção, salta à mente sempre que pensamos em maneiras de pacificar o uso da força hoje dispersa, "descoordenada". Deve-se agradecer, nessas circunstâncias, a Jeffrey Weeks, por seu salutar lembrete de que "a humanidade não é uma essência a ser realizada, e sim uma construção pragmática, uma perspectiva a ser desenvolvida pela articulação da variedade de projetos individuais, de diferenças que constituem nossa humanidade no sentido mais amplo".[26]

A "humanidade" não goza de uma vantagem em termos de status sobre as neotribos. Como elas, ela é apenas "postulada"; como elas, ela existe, mas conjugada no tempo futuro; como elas, não tem senão a afeição e a dedicação humana como tijolos e argamassa; como elas, precisa ter suas mãos cuidadosamente vigiadas – de modo que os outros em torno da mesa não sejam trapaceados, como eram tantas vezes antes, pela confusão entre os interesses ad hoc dos banqueiros e as regras universais pretendidas. Finalmente, como elas, a humanidade enfrenta a tarefa de encontrar *unidade na diversidade*. Essa tentativa é conhecida por ter sido realizada muitas vezes antes, mas ela sempre foi mais forte em sua carta de intenções que na confiabilidade de seus resultados.

Até agora, unidade ou diversidade tiveram de ceder. Não há garantia de qualquer tipo de que a história não se repita outra vez. Como antes, temos de agir sem vitória assegurada por antecedência. Este, aliás, sempre foi o caso. Mas apenas agora sabemos que o foi – e que o é.

# · 7 ·

## Moralidades tribais

### O corpo como tarefa

Dois traços intimamente relacionados marcam mais que qualquer outra coisa o espírito moderno: o desejo de *transcender*, de *tornar* as coisas diferentes do que são; e a preocupação com a *capacidade* de agir, a *capacidade* de *tornar* as coisas diferentes. O tornar as coisas diferentes – e o poder sempre age para além da tarefa que tem a cumprir – foi representado ao longo da história moderna como a libertação da humanidade, a liberdade da espécie humana – o que o Iluminismo prometeu e a modernidade se vangloriou de ter implantado.

Não se tratava tanto de a transcendência tornar as coisas melhores, porém, mais que isso, de as coisas como são não estarem boas o suficiente. A felicidade é uma fuga da insatisfação. O "anjo da história", como observou Walter Benjamin, está sempre prestes a afastar-se "com o rosto voltado para o passado".[1] Felizmente para alguém abençoado com um tanque cheio de combustível, "as coisas como elas são" podem ser modificadas: elas não possuem suficiente poder de atração; são esvaziadas de autoridade, de razões boas o bastante para serem como são, a menos que sejam moldadas de propósito, na medida da capacidade humana corrente para conformá-las. Quanto mais facilmente possamos nos afastar das coisas, menos autoridade estamos inclinados a lhes conceder. *Nossa* capacidade de afastamento é a medida da arbitrariedade *delas*, e, assim – num mundo regido pela razão –, de sua *insustentabilidade*. A necessidade de mudança e a capacidade de mudar se induzem e definem mutuamente.

"A ciência ensina às elites que fronteiras existem apenas para serem transgredidas",[2] escreveu Krzysztof Pomian. O hábito adquirido logo se converteu em compulsão, na única forma de vida aceitável. A civilização europeia pôs-se a inventar fronteiras com o único propósito de transcendê-las... Se a energia disponível é o que decide o volume da ação necessária, tudo tende a se transformar numa linha fronteiriça; a própria posse da capacidade de transcender torna a transgressão algo imperativo. A capacidade de transgredir "deslegitima" as fronteiras prestes a serem transgredidas.

Nas palavras de Patrice Rolland, o mundo deixado para trás no ato moderno de transgressão "é um genuíno estado de natureza, ou seja, aquele que legitima o poder absoluto do fundador; e, como ele, não está vinculado a qualquer norma, uma vez que parte de um vazio, de um nada político e jurídico".[3] Como observa Edward Craig, a propriedade por cuja posse os seres humanos foram creditados "no mais alto grau possível" era a "liberdade total em relação a determinantes externos de escolha".[4] Decerto as coisas prestes a serem transgredidas – sejam elas animadas ou inanimadas, humanas ou não humanas – não têm poder para definir as normas ou para traçar os limites da transgressão. Seus esforços para fazê-lo, ou sua mera e indiferente resistência, poderia apenas ser percebida como uma restrição à liberdade – o mais hediondo dos crimes e a menos suportável das condições. "A fundação não pode ser completada senão por meio ... da destruição de todos os inimigos, de maneira que a sociedade seja composta apenas de amigos da liberdade."[5]

Tendo assim dividido o mundo entre atores e seus objetos – e sua força em vontade de se mover e obstáculos ao movimento –, o espírito moderno recai no "embebedamento da abstração, no delírio da tábula rasa". Apenas os recursos disponíveis e o know-how traçam a linha entre o desejável e o possível – sem que nada reste entre eles. A verdadeira ousadia e a extensão da transcendência dependem apenas da tecnologia que se pode controlar. Por meio do uso da guilhotina, escreveu Jean-Marie Benoist, a Revolução Francesa "casou a mecanização com a morte política; ... passamos do estágio artesanal (Damien, a forca, o machado) para um estágio de manufatura, ou seja, o da decapitação industrial. As carroças levando os condenados à guilhotina prefiguraram os matadouros modernos: Dachau, Katyn, Lubianka."[6]

Se os meios para superar a resistência estão lá, que razão se pode imaginar para impedir seu esmagamento? Turgot aconselhou ao rei francês: "nada precisa impedi-lo de alterar as leis, ... desde que considere tal mudança justa, benéfica e viável".[7] "Não é evidente que, por meio de gestão, a espécie humana pode ser moldada de qualquer forma possível?" – perguntou, de passagem, como se fizesse uma pergunta retórica, outro pensador imbuído do espirito moderno.[8] Mas "medo, força e coerção compõem uma tática totalmente adequada à gestão dos brutos",[9] e os brutos, e apenas eles, são aqueles que, por medo, força e coerção, podem ser – devem ser (mas, acima de tudo, *é permitido que sejam*) – empurrados, instigados ou intimidados a assumir uma forma diferente da atual. Em última instância, "quando objetos se colocam no caminho dos agitadores e realizadores do mundo, eles são removidos" – observa Yi-Fu Tan, sagaz analista do poder como forma de gestão.[10] A remoção – o encarceramento, o banimento, a destruição – é a forma que a transcendência assume quando aplicada àqueles que se recusam (ou aos quais se recusa a dar permissão para) a participar.

No limiar da triunfante e autocelebratória execução desse princípio, Auguste Comte cunhou sua famosa justificação para o incessante crescimento do conhecimento humano: "Saber para prever, prever para poder." O sentido do conhecimento está *no que você pode fazer com ele*: quanto mais você puder fazer, melhor será o conhecimento. Note que *poder* – "poder", "ser capaz"

– não tem objeto, e, com isso, substância. Não importa *o que fazemos*, contanto que *sejamos capazes de fazê-lo*; ou, mais que isso, ser capaz de fazê-lo é toda razão de que precisamos para fazer. O que conta é a amplitude, o excesso de meios – meios livres aguardando para ser aplicados; posteriormente decide-se que objetivos a eles se pode atrelar.

A tecnologia se desenvolve porque se desenvolve, concluiu Jacques Ellul. "Não há nenhum clamor para um fim; o que há é um forçar por parte de um motor colocado na parte traseira, e que não tolera pausa na operação da máquina." Os meios *precedem* os fins. É a disponibilidade de meios que desencadeia a busca feroz de finalidades. "Quando os técnicos alcançaram certo grau de tecnicidade na comunicação por rádio, em combustíveis, metais, produtos eletrônicos, cibernética etc., tudo isso se combinou, e ficou óbvio que podíamos voar para o cosmo etc. Isso foi feito porque podia ser feito. E isso é tudo." Só então é que começaram a se lembrar da parte "para quê" da questão: "Considerando que podemos viajar à Lua, o que pode ser feito *nela* e *com ela*?" Bom, sempre podemos pedir às crianças nas escolas para montarem experimentos para que os astronautas tenham algo com que preencher o tempo cósmico.[11]

É nesse contexto que se deve analisar e avaliar o papel que a biologia – a exploração do "estado natural" dos organismos vivos – e a medicina – o lado prático, aplicado, da biologia, a estratégia e a tecnologia de mudança e transcendência desse estado natural – desempenharam na civilização moderna.

Nessa civilização, os seres humanos eram desde o início os principais alvos da transcendência. Na verdade, a ordem melhor, destinada a substituir o inútil e caótico trabalho de forças cegas e descontroladas, consistia em fazer justiça ao verdadeiro potencial humano, em permitir que os seres humanos vivessem "segundo sua natureza". Mas a verdadeira natureza dos seres humanos não era como eles, tangíveis e concretos, mas justamente como eles *não eram*, e como não poderiam ficar sem se desdobrar e se transformar; a "verdadeira natureza" era *noch nicht geworden*, incompleta, ainda à espera de ser libertada.

Os homens e as mulheres reais, empíricos, eram simplesmente brutas mutilações do que poderiam ser e do que eram convocados a ser; eram pálidos reflexos de seus verdadeiros potenciais. Para assimilar sua verdadeira essência, para se tornar o que a natureza os predestinara a ser, eles tiveram primeiro de se transformar, e essa gigantesca tarefa de transformação necessitou da orientação daqueles que sabiam como a natureza humana deveria ser e como erguer os homens e mulheres reais e de vida prática àquele elevado status decretado por sua *verdadeira natureza*.

A grande transformação necessitou, em primeiro lugar, de uma elevação espiritual: o refinamento, a cultura, a *Bildung*. A modernidade foi o tempo das cruzadas culturais, de uma guerra implacável contra o preconceito e a superstição, contra o paroquialismo e a "mão morta" da tradição; o tempo da desqualificação e do arrancar pela raiz de autoridades *particularizantes* colocadas no caminho da homogeneidade humana que se esperava alcançar quando a vida estivesse sujeita exclusivamente aos ditames da razão; o tempo de formar e treinar, cultivar, "civilizar", educar, converter. Por meio da conversão e da assimilação do diferente, a heterogeneidade presente deveria ser substituída pela *Neue Ordnung* povoada por seres uniformemente perfeitos.

E no que diz respeito a seus alvos humanos, a modernidade foi, antes de mais nada, um trabalho da *cultura*. A própria ideia de cultura indica que os homens, por si próprios, não estão aptos a fazer justiça a seu potencial. Eles devem ser ajudados, incitados por agentes e estímulos heterônomos; forçados, se necessário. Assim, para ser completada, a empreitada da cultura deve fazer uso de recursos e estratégias diversos, embora mutuamente complementares.

Escola, terapia, aprisionamento e vigilância universal eram, todos, peças indispensáveis do trabalho. As pessoas deveriam ser educadas para um mundo novo, ordenado; e algumas delas, diagnosticadas como *incapazes* de absorver os padrões de conduta que deveriam ser ditados por sua educação, eram classificadas como casos patológicos e tinham que ser curadas, se possível; outras estavam visivelmente *indispostas* a se render a esses modelos e – como desviantes ou criminosos – deviam ser reformadas por punição severa; e, finalmente, aquelas que fossem *imunes* a tratamento, e cujo castigo devia ser a separação dos "saudáveis" e "normais", tinham de ser encarceradas ou até "eliminadas".

Para falar a verdade, sempre foi fraca a fronteira entre essas duas últimas categorias (e sobretudo entre os dois métodos de "lidar com" elas – uma vez que "categorias" eram apenas projeções do método de ação intencionado). Médicos, psiquiatras e carcereiros constantemente se viram em meio a um dilema sobre quem era mais qualificado para lidar com o que era – como todos concordavam – um comportamento *anormal*; se uma anomalia em particular era um caso "médico", "mental", ou "penal", isso foi, por todo aquele período, a questão debatida com maior vigor.

## Guardando as fronteiras da civilização

Nos primeiros anos da grande transformação, a biologia representava o limite aos esforços realistas. Uma vez que um caso fosse descrito como *biologicamente* determinado, era condenado a permanecer – talvez para sempre, pelo menos por um longo tempo – além das competências reformadoras humanas. "Biologicamente determinado" significava "imune a reformas promovidas por ação de educação e persuasão"; significava ter um defeito que impediria seu portador de ser assimilado pela sociedade saudável e normal – pelo menos no estado corrente desse(a) defeituoso(a). Se o tratamento para o defeito não fosse conhecido, a única "solução" era a estrita separação desses defeituosos em relação aos saudáveis.

Para citar apenas mais uma voz característica, "os impotentes, os loucos, os criminosos e os decadentes de quaisquer formas, devem ser considerados a matéria de refugo da adaptação, os inválidos da civilização. ... É impossível aceitar a solidariedade social sem reservas numa sociedade em que certo número de membros seja improdutivo e destrutivo."[12] O argumento biológico ocupou o polo oposto ao da confiante "a educação tudo pode" de

Helvétius; e da esperança/promessa sanguínea do liberalismo de assimilar a cada um e a todos numa companhia unida de seres humanos racionais por meio do simples expediente de reeducação.

Assim, a biologia ocupou desde o início um lugar veementemente contestado, prenhe de profundas controvérsias políticas e *weltanschauliche* (ideológicas). Ansiedades nascidas da mudança rápida; incertezas trazidas pelo desenraizamento e pela fluidez da vida moderna; medos alimentados pelo viver para um futuro nunca plenamente realizado e sempre fugaz – tudo isso concentrado no território em que os especialistas e os políticos prometeram descobrir e proteger a linha divisória entre o que tem credibilidade e o que não tem, entre o confiável e o enganador, entre a segurança e os caprichos do incontrolável destino. Essa condição assegurou um status especial para a biologia e para as tecnociências a ela relacionadas: era o status de um alter ego da transformação cultural no cerne do projeto moderno, um lugar de extrema ambivalência e um ímã de emoções extremas.

Isso, contudo, era apenas uma entre as causas do "status especial da biologia". Outra era o incessante esforço moderno para *desconstruir a mortalidade*. A morte era "o escândalo da modernidade", já que estava fadada a permanecer como o epítome e o arquétipo dos limites do potencial humano, o supremo desafio para a ambição moderna de transcender a todos os limites e abrir o potencial humano a sua pretensa infinitude.[13]

A resposta moderna ao desafio foi decompor a morte, sobre a qual nada se pode fazer, numa infinidade de doenças, mutações patológicas e indisposições – que se poderia, em princípio pelo menos, corrigir ou retificar. O resultado foi a fragmentação do evento único, singular (assim como distante), da morte em uma hoste de atos de prevenção e adiamento a preencherem a totalidade da vida. A morte, por assim dizer, colonizou a vida, e *combater a morte* – a sobrevivência, a autopreservação – transformou-se no sentido do viver. O *Angst* (medo) criado pela inevitabilidade da morte se espalhou por todos os processos da vida, transformada, pelo mesmo motivo, numa sequência de ações "preventivas da morte", e vivida em estado de constante vigília contra qualquer coisa que sugerisse "anormalidade", mesmo que levemente. Essa vasta área de ansiedade moderna foi retomada e administrada pela biologia e pelas tecnociências associadas – sobretudo a medicina e a psiquiatria.

Como foi mencionado antes, Daniel Pick sugeriu que o desenvolvimento das ciências e das práticas médicas no século XIX pode ser mais bem-compreendido se colocado diante do contexto do "pânico de degeneração" daquele século. A vida moderna apresentou ameaças e preocupações novas ou antes despercebidas, numerosas e desorientadoras demais para que qualquer sensação de segurança pudesse fincar raízes. A zona de "normalidade" e de "boa saúde" soava magra e frágil, aberta por todos os lados à invasão de forças não totalmente compreendidas e parcamente controladas. Era uma situação propícia à ansiedade constante, nunca suavizada, uma situação que promoveu uma busca febril por medidas de proteção. A percepção das ameaças como algo infinito e impreciso foi um reflexo ou mesmo a própria projeção da falta de limites e da imprecisão contidas na indecisão e na incerteza. É por isso que a ideia onipresente, ainda que esquiva, de degenerescência

> nunca foi reduzida com eficácia a uma teoria ou a um axioma estabelecidos. ... Pelo contrário, tratava-se de termo cambiante, produzido, inflado, refinado e reconstituído no movimento entre as ciências humanas, as narrativas ficcionais e análises sociopolíticas...
>
> Especificamente, não houve um referencial estável ao qual a degeneração tenha sido aplicada; em vez disso, um fantástico caleidoscópio de preocupações e objetos, ... do cretinismo ao alcoolismo e à sífilis, dos camponeses à classe trabalhadora urbana, da burguesia à aristocracia, da loucura ao roubo, do individual à multidão, do anarquismo ao feminismo, do declínio populacional ao aumento da população.
>
> [Degeneração] conotava invisibilidade e ubiquidade. ... Era um processo que usurparia todos os limites da identidade discernível, ameaçando a própria derrocada da civilização e do progresso.[14]

Os dois discursos e campos práticos relacionados, embora diferentes, em que as ciências e as tecnologias biológicas foram fixadas uniram forças para dar peso às duas estratégias complementares originadas, promovidas e monitoradas por aquelas ciências e tecnologias. A primeira foi a melhoria da *saúde*. A outra foi a eliminação da *doença*.

A proteção da "normalidade", da boa saúde, tornou-se preocupação de qualquer um e se converteu em tarefa de todos. A saúde não estava "logo ali" – tinha de ser construída e reproduzida diariamente, de acordo com regras rígidas e com a colaboração do equipamento adequado. As escolhas da vida – pelo menos para o abastado, que poderia escolher – eram medicalizadas, pré-selecionadas e monitoradas pela especialização médica. Fechar, vedar as numerosas aberturas pelas quais a morte penetrava nos organismos vivos foi um dever concebido como pessoal, a ser realizado todo dia e ao longo da vida. O cumprimento do dever assumiu a forma de um regime corporal estritamente observado – composto por exercícios regulares, dieta equilibrada, ritmos de atividades estruturados em bases diárias e anuais, uma lista crescente de evitações e abnegações.

O próprio corpo se transformou em objeto para a tecnologia. O dono do corpo era, então, um administrador, um supervisor e um operador embalados em um só, e a profissão médica o supria com produtos tecnológicos cada vez mais complexos para desempenhar essas funções. Lion Tiger apelidou todo esse processo de "industrialização do corpo", oferecendo como exemplo os dados obtidos para os Estados, na época, em estudo realizado pelo Instituto Alan Gutmacher: entre os 36,5 milhões de mulheres em idade fértil, 11,6 milhões foram esterilizadas; dez milhões tomavam pílulas anticoncepcionais; 2,3 milhões utilizavam dispositivos intrauterinos; cerca de cinco milhões confiavam no uso de preservativo pelo parceiro; 1,9 milhão usava diafragmas; 1,5 milhão usava substâncias espermicidas.[15]

A liberdade de controlar o próprio corpo e manipular suas ações chegou de mãos dadas com a crescente dependência das tecnologias e do que elas podiam oferecer. O poder individual estava ligado à submissão e à orientação especializada e à necessidade de consumir produtos tecnológicos. Cada vez mais o proprietário do corpo começou a pensar e a viver como um capataz, nomeado por autoridades médicas para vigiar e supervisionar a peça de maquinaria delegada a seus cuidados. A preocupação com a saúde tornou manifesta uma ambivalente mistura entre autoconfiança e uma aguda sensação de déficit e insuficiência. Os cientistas, diz Tiger, "têm dito largamente que veem os seres humanos como peças relativamente passivas de fisiologia".[16] Por um curioso paradoxo, seres humanos que aceitaram e internalizaram essa visão de si próprios tomaram essa aceitação como o sinal de sua emancipação, como controladores ativos de seus próprios destinos.

A guerra contra a doença, ou contra essa ilusória e difusa ideia de má-saúde dona do abrangente e assustador nome de "degeneração", era um complemento indispensável para a construção e a proteção da saúde. As muitas e cada vez mais numerosas doenças que a profissão médica isolou, nomeou e classificou eram as incursões preliminares do avanço promovido pelo exército da morte. Uma vez que esse exército invencível foi subdividido em unidades menores, pode-se lutar contra as tropas inimigas unidade a unidade, à medida que elas se aproximam. Elas sempre vieram do exterior – de fora do organismo afetado, ou de fora do "estado normal" do organismo. A medicina estava determinada a descobrir e a demonstrar que cada doença tem sua causa, de modo que cada qual possa ser combatida (e, espera-se, derrotada) isolando-se e eliminando-se essa causa singular.

Contra uma ameaça tão exaustivamente representada, a estratégia correta era, claro, uma bem-conhecida e testada tática na interminável luta contra um inimigo externo: forçar a separação que mantinha esse inimigo a distância, cavando fossos, erguendo muralhas e torreões, fortificando as fronteiras com canhões e ocupando-as com guardas vigilantes. Para tal estratégia ser aplicada, era preciso identificar o inimigo, descrevê-lo em detalhes ou marcá-lo de modo facilmente reconhecível e, em seguida, segregá-lo, evitando o contato, ou melhor ainda, removê-lo para um local fora de alcance. Uma vez adotada, essa estratégia teve de conduzir, de forma gradual e muitas vezes em etapas quase imperceptíveis, à identificação e marcação dos "portadores de doenças", em especial os infectados por aqueles males incuráveis.

O outro, como diz Sander Gilman, estava "ao mesmo tempo doente e infeccioso, era prejudicado e prejudicial".[17] E, como disse Stephan L. Chorover ao final de uma longa e aprofundada investigação da lógica interna dessa estratégia, esse era o "quadro sociobiológico" em que "as justificativas para o genocídio foram em última instância construídas". Esse quadro "foi erguido em nome da ciência muito antes de o nacional-socialismo se tornar uma realidade". "O programa de extermínio nazista foi uma extensão lógica de ideias sociobiológicas e doutrinas de eugenia que nada tinham especificamente a ver com os judeus e que floresceram na Alemanha bem antes da época do Terceiro Reich" – assim como prosperaram nos Estados Unidos, na Inglaterra e em todas as partes do mundo moderno.[18]

Portadores de doenças incuráveis, deficientes, encarnações e incorporações da morte, obstáculos no caminho para a ordem racional, manchas que devem ser apagadas da face do mundo para a harmonia perfeita brilhar: são as *Unwertes Leben* – vidas sem utilidade visível para uma sociedade lutando por melhoramento e aperfeiçoamento. Eliminá-los era uma experiência redentora – um ato *construtivo*, não destrutivo, um serviço prestado à causa sagrada da saúde e da boa forma da nação.

Destruir os portadores de moléstias era como queimar a própria morte – em efígie. Era a famosa sequência lógica de Raoul Hilberg, que culminou com o Holocausto, mas que começou na definição e prosseguiu na segregação pelo isolamento e a deportação – não se tratava da mesma sequência experimentada e perseguida muitas vezes no ritual de luta contra a morte em seus muitos disfarces de bactérias, vírus, substâncias poluentes? Devem-se evitar "locais imundos" e "substâncias desagradáveis". A magia contagiante de evitar o contato físico com o perigo é a principal preocupação daquele que se ocupa da higiene. Ferra-

232 Vida em fragmentos

mentas de separação servem aos propósitos higiênicos: vassouras, escovas, raspadores, sabões, sprays de limpeza, detergentes em pó; e também arame farpado ou paredes de campos, espaços reservados e guetos (e certamente gás Zyklon) para os impuros e os poluentes. Como descobriu Robert Proctor,

> foram em grande parte os cientistas médicos que *inventaram* a higiene racial, para começo de conversa. Muitos dos principais institutos e cursos sobre *Rassenhygiene* e *Rassenkunde* foram criados nas universidades alemãs muito antes da ascensão nazista ao poder. E é justo dizer que, nos idos de 1932, a higiene racial havia se tornado uma ortodoxia científica na comunidade médica alemã.[19]

Por razões óbvias, o caso alemão tem sido amplamente divulgado e estudado com mais zelo e dedicação que os desenvolvimentos bastante paralelos em outros países europeus e lugares distantes em que esses países tenham estabelecido postos avançados, entre as raças marcadas para eliminação e, portanto, impuras e poluentes. Como alertou Daniel Pick, esse desequilíbrio nos interesses de pesquisa, politicamente prescrito, "pode ter um efeito injustificadamente confirmador, ou mesmo anestesiador, sobre nossa percepção do resto da Europa".

De fato, na França ou na Inglaterra as coisas não parecem muito diferentes. Tendo feito o melhor que pôde para restabelecer o equilíbrio, Pick chegou à conclusão de que os acontecimentos de 1939-1945 podem aparecer "como a realização, a evidência cristalizada, de tudo o que houvera de sinistro nas literaturas vitoriana e eduardiana sobre o progresso e a decadência, o crime e a patologia social".[20]

O papel em que a biologia e a tecnociência que ela gerou haviam sido lançadas no projeto global da modernidade pode conduzir ou não a um genocídio perpetrado como um passo pragmaticamente louvável, moralmente neutro e criativo no caminho do autoaperfeiçoamento social. Mas a possibilidade dessa consequência foi enraizada nesse papel, tal como definido (e estimulado a ser executado) pela mentalidade moderna e pelo padrão moderno de existência humana. Entre os traços distintivos da modernidade responsáveis por essa possibilidade estavam o ímpeto de se construir um mundo perfeito e harmonioso para os seres humanos (quer dizer, para os seres humanos aptos a ingressar no reino da harmonia) e a confiança de que isso poderia ser feito, dados o tempo, os recursos e a vontade. Foi no contexto desse sonho e dessa convicção que a biologia, em particular sua extensão biotecnológica, foi chamada a oferecer sua contribuição aos esforços societais de autotranscendência e autoaperfeiçoamento; e, nesse contexto, seu sinistro potencial veio à tona.

## Controle de fronteira privatizado

Hoje, no mundo que alguns observadores chamam de "pós-moderno" e outros de "moderno tardio", os sonhos de uma ordem racionalmente sem defeitos e esteticamente perfeita não estão mais na moda. Os poderes ansiosos e com recursos o suficiente para realizá-los não estão mais no horizonte, a confiança de que esse objetivo possa ser alcançado tem poucos defensores, e quase se evaporava a crença de que o alcançar teria consequências benéficas.

Mas isso significa que o ferrão letal foi arrancado da tecnociência biológica? Podemos agora nos refestelar em suas dádivas generosas sem temer o veneno? Estamos agora a salvo nas mãos da perícia médica, por mais firme e por vezes agressiva que soe sua influência sobre nossas vidas? Sugiro que a maneira como as tecnociências biológicas estão alocadas no contexto do mundo pós-moderno não é mais reconfortante que sua alocação no velho contexto moderno. Elas oferecem pouca razão para o conforto. Alguns dos velhos perigos se foram, ou pelo se tornaram mais distantes. Mas novas ameaças surgiram para substituí-los.

O Estado opressivo, onisciente e onipresente pode estar desaparecendo, mas a opressão em si não partilha sua sorte. As obsessões modernas apenas se dispersaram; pode-se dizer que foram "privatizadas" à medida que o lidar com as tensões que geraram foi transferido aos dispositivos do tipo faça-você-mesmo. No topo, onde residem os poderosos, o espírito moderno de transcendência praticamente evaporou, substituído pelos preocupados e revisionistas processos de gestão de crises e de tapar buracos. Em vez dele, os homens e as mulheres, como indivíduos, foram deixados com a necessidade de se construírem e reconstruírem, de remendar suas identidades transcendendo hoje o que quer que tenham conseguido reunir ontem.

O enorme jardim do tamanho do Estado foi dividido em incontáveis pequenos lotes. O que costumava ser feito de forma condensada e concentrada, por ação de leis universais instiladas graças ao fervor normativo estatal e guardadas pela polícia do Estado, agora é feito de modo descoordenado por companhias comerciais, grupos quase tribais ou pelos próprios indivíduos.

Como antes, lutamos por racionalidade, mas se trata agora de uma microrracionalidade (ou melhor, de microrracionalidades – em geral agindo com propósitos cruzados, chocando-se umas com as outras, recusando-se à fusão ou mesmo ao compromisso) que só pode "produzir irracionalidade no plano global".[21] Estamos, como antes, profundamente preocupados com a higiene – ou seja, com a alocação de "substâncias perigosas", com sua segregação e separação –, mas nossos zelosos esforços agora se voltam para direções dispersas e contraditórias, de modo que as realizações higiênicas de uns não podem deixar de ser vistas pelos outros como a produção de novos venenos e perigos.

Em nosso mundo pós-moderno, a mentalidade moderna tem sido forçada para longe das coordenadas fornecidas pelo alvo autoritariamente promovido por verdades aceitas e fundadas no plano universal. Ela é agora incerta de seus fundamentos, de sua legitimidade e de sua finalidade. Trata-se de um tipo de mentalidade que pode apenas incitar ações peculiares, grotescas, erráticas, somando-se ao já amplo poço de incertezas que originalmente pretendia submeter.

Hans Jonas, um dos maiores filósofos morais de nosso século, formula a questão da seguinte maneira:

Moralidades tribais

O mesmíssimo movimento que nos colocou na posse dos poderes agora a serem regulados por normas ... corroeu, por necessária complementaridade, as fundações das quais as normas poderiam ser derivadas. ... Agora, trememos na nudez de um niilismo em que a quase onipotência é acompanhada do quase vazio, em que a maior capacidade é acompanhada do menor conhecimento de sua serventia.[22]

Ulrich Beck manifestava a mesma situação com nitidez ainda mais dramática por sua lacônica brevidade: "Nós somos o tempo com a menor causa possível e a maior destruição possível."[23] "Nós" não é uma coletividade que as ambições do Estado moderno ortodoxo tenha se empenhado para reapresentar na forma de totalidade, mas uma coleção de indivíduos que foram abandonados, cada um a si próprio, aos cuidados de serviços especializados compráveis e livros de autoajuda habilmente produzidos. "Numa forma análoga do investimento capitalista, o indivíduo é visto como um empreendimento *sui generis*, cujo valor é cultivável pelo investimento de dinheiro e tempo",[24] em terapia especializada ou autotratamento.

Desde o começo, a modernidade representou um excesso de meios sobre os fins, com habilidades e recursos sempre correndo à frente dos objetivos, e febrilmente buscando seus próprios usos. Porém, em nossos tempos pós-modernos, os meios estavam a ponto de serem os únicos poderes que restaram no campo deixado vago pelos fins. Liberados afinal dos constrangimentos das tarefas autoritariamente estabelecidas, eles podem agora seguir sem finalidades – sujeitos apenas à energia gestada na rede de laboratórios em competição, posições especializadas, grupos de pesquisa e comerciantes de conhecimento.

A melhor imagem [escreve Cornelius Castoriadis] é a de uma guerra de trincheiras – ao estilo da Primeira Guerra Mundial – contra a Mãe Natureza. Metralhadoras são constantemente disparadas por todo o front, mas enormes batalhões são enviados para a ação onde quer que uma brecha pareça estar aberta; tira-se proveito de cada ruptura nas linhas inimigas, mas isso é feito sem qualquer estratégia global. ... Se você não sabe para aonde quer ir, como pode escolher um caminho em detrimento de outro, e por que motivo você faria isso? Quem entre os proponentes da tecnociência atual realmente sabe aonde quer ir?

E assim somos derrubados com "um martelo sem uma mão a guiá-lo, cuja massa aumenta constantemente, cujo ritmo é cada vez mais rápido".[25]

"Nós", permitam-me repetir, é a mistura frouxa de homens e mulheres orientados a cuidar de si próprios (cada um por si), a cuidar bem de seus corpos, a moldar suas próprias personalidades, oferecendo total abertura ao único "potencial verdadeiro" que sempre advém do que eles já se tornaram – e desesperadamente procurando alguém com uma autoridade inspiradora, de confiança, para lhes dizer como se portar a respeito de todos esses deveres desconcertantes, dos quais eles não podem se liberar por conta própria. Os potenciais de hoje são *globais* como nunca antes, mas sua concretização é deixada para a iniciativa *individual*; os meios cujas consequências têm a amplitude de espécies (o antraz, como observou Castoriadis, "está para a engenharia genética como a pólvora para a bomba H") devem ser utilizados de acordo com finalidades estabelecidas de forma privada.

Nada despojou os dogmas essenciais do projeto moderno de sua autoridade de séculos. Como antes, somos reféns da imagem de "domínio racional" sobre a natureza humana, a identidade e o destino; e de uma racionalidade de vida artificial, projetada, monitorada e reflexivamente melhorada.

Agora, porém, o impressionante sonho das espécies se desintegrou em pequenos pesadelos privados, e a promessa da felicidade humana no mundo totalmente racionalizado desintegrou-se na busca solitária, mas obediente, da felicidade por meio das pequenas "racionalizações" da vida individual. Como a felicidade é lenta para chegar, e considerando-se que, uma vez que ela chegue, não se pode nunca ter certeza de quanto tempo ficará, a busca nunca pode parar, precisa sempre de novos

Moralidades tribais

alvos móveis a perseguir. É a função de fornecer tais objetivos em quantidades cada vez maiores e em formas sempre novas e sedutoras que oferece hoje o cenário para as tecnociências biologicamente inspiradas.

Para citar a sagaz e provocativa análise de Jonathan Raban sobre a vida urbana contemporânea:

> Nessa busca pelo self em desaparecimento, o corpo físico se torna um símbolo central; o estômago, os intestinos e os órgãos reprodutivos são solenemente atendidos, como vasos em que o precioso self está contido.
>
> [Raban encontrou as seguintes instruções numa das bíblias best--seller da "macrobiótica": "A cozinha é o estúdio em que a vida é criada. ... Você, e mais ninguém, é o artista que desenha a pintura de sua vida".] Seus leitores "criam-se sobre bicos de gás, alimentando seus interiores imaculados de montantes harmoniosamente equilibrados de alimentos yin e yang. ... Sérios, narcisistas, aterradoramente previdentes, como todos os fanáticos eles transbordam de violência latente. Quando excluem e condenam, fazem-no com uma ressonante estridência. ... Eles são miniaturistas em seu talentoso cultivo de si mesmos.[26]

Como já se disse, podem-se encontrar dois tipos de livros em grande quantidade em cada lista americana atual de best--sellers, os livros de receitas e os de dieta. Além disso, um tipo de atividade está constantemente no topo de todas as sucessivas listas de modismos: exercício físico, seja na forma do jogging, da aeróbica, seja da ioga ou da maratona. A atenção ao corpo se transformou numa preocupação suprema e no passatempo mais cobiçado do nosso tempo. Fortunas impressionantes são feitas com a venda de alimentos saudáveis e medicamentos, equipamentos de exercício, livros de "aprenda você mesmo" sobre medicina de família e boa forma. Seguir a última moda em cuidados com o corpo e escapar ao último susto das ameaças à saúde é o principal critério de alta cultura e bom gosto, e a principal "obrigação" no incessante trabalho de autoconstrução.

238          Vida em fragmentos

A liberdade funde-se aqui com a dependência; a libertação, com a escravidão. Somos hoje todos viciados em biotecnociência. Os poucos de nós que não são correm um risco terrível de ser condenados ao ostracismo, rebaixados por nossa ignorância e estigmatizados como desviantes – se não como o equivalente pós-moderno de Typhoid Mary.*

Essa não é, contudo, a única mudança no papel social e no impacto da biologia e nas tecnociências relacionadas. Seu impacto não se deteve na colonização da vida privada: muito da política atual é um simples complemento da obsessão com o corpo – um "cuidado com o corpo por outros meios", uma espécie de tentativa de recoletivização das preocupações com a saúde privatizada. Se os indivíduos com medo das inúmeras ameaças à vida e à saúde unirem forças para uma ação comum, será a fim de afugentar ou pisotear um perigo que eles veem como ameaça a cada um deles individualmente, mas muito resistente ou poderosa para ser derrotada por esforços individuais. A ação conjunta é uma luta contra os "perigos consolidados de saúde".

Em geral, essa consolidação diz respeito a rastrear as "causas racionais" de um difuso e todo penetrante espírito chamado *Medodamorte*** até chegar a culpados exibíveis – por exemplo, até

---

* Algo como "Maria Tifoide", apelido dado à cozinheira irlandesa Mary Mallon, radicada nos Estados Unidos, e que no final do século XIX, foi qualificada como a primeira pessoa diagnosticada como portadora saudável de febre tifoide nos Estados Unidos. Chegada a Nova York em 1883, ela tivera a doença e se curou em sua terra natal, mas continuou com o potencial de contaminação. Por sua profissão, infectou mais de cinquenta pessoas, das quais pelos menos vinte morreram. Por isso, ela se tornou protagonista de uma polêmica pública: o Departamento de Saúde de Nova York determinou seu encarceramento num hospital, e lá ela permaneceu por três anos, podendo sair apenas quando se comprometeu a não trabalhar mais com alimentos. Mas voltou ao trabalho, chegou a ser internada à força mais duas vezes e morreu durante uma quarentena. A história é sempre contada como uma forma de perseguição aos imigrantes irlandeses. (N.T.)

** No original, *Deathfright*. Bauman cria um neologismo para mostrar que esses medos dissipados assumem as dimensões de um espectro, um fantasma, em suas palavras, de um "demônio extraterritorial", "pairando em algum lugar a uma altura inalcançável, seguindo o padrão do Deus vingativo [*Antigo Testamento*], nunca tocado e/ou confrontado face a face; e, assim, procurado deses-

uma empresa acusada de contribuir mais que outras para a poluição da água ou do ar, colocando o clima em desequilíbrio ou danificando a benevolente mãe natureza; ou a uma categoria de pessoas na vizinhança, que, graças a sua aparência estranha ou a seus hábitos bizarros, foi feita à medida para o buscado lugar de significado para o significante "Perigo, cuidado!" E eles podem ser estrangeiros, "corpos estranhos", exatamente como as supostas causas da morte, ou viajantes – vagabundos sem uma morada permanente, sempre em movimento, como as evasivas causas de morte que acabaram por simbolizar; acima de tudo, estrangeiros *e* vagabundos ao mesmo tempo.

Os ciganos se destacaram como foco favorecido dos medos populares de sujeira, podridão, poluição. Como os ciganos cruzam todas as fronteiras nacionais, os ressentimentos populares se mantêm fecundos além-fronteira e fortalecem a si próprios; a ubiquidade dos ciganos ressoa com a versatilidade de *Medodamorte*.

Definir, separar, banir (ou seja, expulsar ou destruir). A sequência clássica enquadra a estratégia de quase todas as políticas fomentadas pelo pânico clínico. Em torno da luta contra os "perigos consolidados de saúde" saltam movimentos políticos, altamente sensíveis e militantes, agitados e belicosos, ainda mais tensos e agitados, considerando-se a fraqueza de seus fundamentos; eles só possuem seu próprio zelo coletivo, alimentado pelo medo daquilo com que manter o curso, nada senão um dano espetacular para fazer sua impressão sobre a realidade parecer real.

Por essas razões, eles atrairiam para as fileiras dos ativistas os elementos mais voláteis, sobretudo marginais e descomprometidos da sociedade em geral – aqueles já ameaçados pela morte *social*, os mais oprimidos pelo anseio de uma identidade que lhes foi negada. Mas, por menores que sejam suas fileiras, eles

---

peradamente, espiado e rastreado a partir de suas manifestações disponíveis e fáceis de compreender." Segundo o autor, assim como no caso de Javé, o Deus hebraico, cujo nome não pode ser dito, o que constituiria uma blasfêmia, esse "medo da morte" também não poderia ser pronunciado. A enunciação dele como um nome próprio serve para desacreditá-lo e fazer justamente com que ele seja repetido. (N.T.)

agem como a vanguarda de um corpo muito maior de soldados; pois é para descarregar o fardo partilhado pelo pânico da morte, para perfurar um orifício pelo qual o vapor acumulado em todos os setores da sociedade pode ser liberado, que eles realizam seus espetáculos de rebaixamento ritual, assassinato ou humilhação dos medos incorporados nos portadores da morte.

Então há os maravilhosos meios de conformar – amassar e moldar – corpos de outras pessoas que a biotecnociência contemporânea coloca nas mãos dos indivíduos. É um pressuposto poucas vezes questionado em nossa parte do mundo que, nos ventres de suas mães, as crianças são extensões do corpo materno, e, como corpos, com todas as suas partes e acessórios, são bens privados. A mãe, acreditamos, tem o direito de decidir se quer ou não aquela extensão de seu corpo. (Tal como ela é livre para fazer dieta e se livrar das "gordurinhas" ou deixá-las serem lipoaspiradas.) Os pais também estão em seus direitos quando querem decidir que tipo de filho desejam (ou, nesse sentido, *não* desejam) trazer ao mundo – e agora as técnicas da engenharia genética lhes oferecem uma oportunidade nova, sem precedentes, para operar suas preferências.

Pelo menos teoricamente, essa nova situação cria duas possibilidades complementares. Uma delas está aberta para uma minoria que pode se dar ao luxo de "personalizar" sua prole. Em breve, eles serão capazes de selecionar a elaboração de sua escolha no longo e variado menu de genes, e os médicos irão se encarregar de garantir que as crianças sejam feitas exatamente de acordo com o pedido – num tubo de ensaio, se necessário.

A outra possibilidade está aberta para a maioria que não dispõe dos meios e recursos para beneficiar-se individualmente do jet-set que a medicina oferece. Como em outros casos, as conquistas individuais da elite serão replicadas – dissolvidas, diluídas – na impessoalidade coletiva da política de massas. (Assim como qualquer lance elitista pela imortalidade individual é refletido no espelho distorcido do jingoísmo e do patriotismo de massa calculados para garantir a imortalidade da nação.) Pode-se esperar que a tentação exerça pressão política, a fim de obrigar as instituições nacionais de saúde a purificar a futura nação de todas as poluições acidentais, e os partidos políticos a se alinhar para forçar a ação da lei sobre o que a nação demanda.

Uma vez que agora temos os meios para impedir o não planejado – igualmente aquele do tipo antes descrito como biológico, no sentido de se manter "fora dos limites" e de ser inevitável –, o que quer que seja hoje definido como deformidade corporal ou mera anormalidade pode muito bem ser criminalizado, enquanto a lista de deformações e anomalias crescer sem parar como um mapeamento de cromossomos e a ampliação do estoque de práticas de conserto disponíveis seguir a um ritmo acelerado. O que pode ser definido pode ser alterado. O que costumava ser o resultado do destino se torna uma escolha; e o que é reconhecidamente uma questão de escolha é obrigado a se tornar, mais cedo ou mais tarde, uma obrigação.

No atual mundo multicultural, deparamos pela primeira vez com a séria possibilidade de a "raça" se converter, de mito político ou construção cultural, em realidade biológica – o que ela afirmou ser o tempo todo, mas nunca foi... Pela primeira vez, temos agora os meios para "naturalizar" as diferenças culturais, algo que, no passado, como demonstrou Roland Barthes, podíamos fazer apenas no reino da mitologia.

A dissipação do quadro sociopolítico que deu à biotecnociência sua até agora desconhecida e sinistra inclinação genocida retirou certos perigos da agenda, ou pelo menos tornou sua repetição improvável nos tempos de pós-modernidade. Mas novos tempos, novos quadros sociopolíticos trazem novos perigos – ainda inexplorados, apenas intuídos. E estes, ainda mais sinistros, considerando nossa ignorância sobre sua natureza, merecem ser contados entre os principais riscos da sociedade de risco de Ulrich Beck. A questão de como impedi-los de se tornar realidade provavelmente dará forma à agenda política do futuro. E, se não a conformar, pode não haver futuro a ser conformado; ou melhor, nenhum ser humano do tipo capaz de dar-lhe forma.

## Racismo, antirracismo e progresso moral

Em *Tristes trópicos*,[27] uma das obras mais belas e reflexivas de antropologia já escritas, Claude Lévi-Strauss sugeriu que as sociedades "primitivas" lidam com seus estranhos portadores de perigo com a ajuda de uma estratégia diferente (embora não necessariamente inferior) daquela que praticamos e consideramos normal e "civilizada". A delas é a estratégia *antropofágica*: eles comem, devoram e digerem (*biologicamente* incorporam e assimilam) os estranhos que portam forças poderosas e misteriosas – talvez com a esperança de dispor dessas forças, absorvê-las, torná-las suas. A nossa, por outro lado, é a estratégia *antropoêmica* (do grego "vomitar"). Vomitamos os portadores de perigos – e para longe de onde a vida ordenada é conduzida; nós os mantemos fora dos limites da sociedade; eles vão para o exílio ou para enclaves vigiados em que eles possam ser seguramente encarcerados sem esperança de escapar.

Até aqui, Lévi-Strauss. Proponho, porém, que a estratégia que ele descreve como alternativa é endêmica a toda sociedade, inclusive a nossa, em vez de marcar a distinção entre tipos de sociedades historicamente sucessivas. As estratégias *fágica* e *êmica* são aplicadas em paralelo, em cada sociedade e em cada nível de organização social. São ambas mecanismos indispensáveis de ordenamento social do espaço, mas eficazes justamente pela sua copresença – apenas como um par. Sozinhas, cada estratégia geraria muito refugo para ser capaz de garantir um espaço social mais ou menos estável. Juntas, porém, as duas podem enfrentar os refugos uma da outra, tornando os custos e as indequações entre elas um pouco menos insuportável.

A estratégia fágica é *inclusivista*, a êmica é *exclusivista*. A primeira "assimila" os estranhos entre os vizinhos; a segunda, mistura-os com os estranhos. Juntas, elas polarizam os estranhos e tentam limpar o mais vexatório e perturbador meio de campo entre os polos da vizinhança e do estrangeirismo – entre a "casa" e "o exterior", "nós" e "eles". Para os estranhos cujas condições de vida e as escolhas definem, elas postulam um verdadeiro "ou-

-uma-coisa-ou-outra": estar conforme ou ser condenado, ser como nós ou não delongar sua visita, jogar o jogo de acordo com nossas regras ou estar preparado para ser completamente expulso do jogo. Apenas assim, com esse "ou-uma-coisa-ou-outra", as duas estratégias oferecem uma oportunidade séria de controle do espaço social. Ambas estão, portanto, incluídas na caixa de ferramentas de cada domínio societal.

## A administração de estranhos

Regras de admissão são eficazes apenas à medida que sejam complementadas por sanções de expulsão, banimento, demissão sumária, veto, jubilamento – mas essa série só pode inspirar conformidade se a esperança de admissão for mantida viva. A educação regular é complementada por "instituições corretivas" aguardando pelas falhas e pelo recalcitrante ostracismo cultural; e o denigrescer dos "costumes estrangeiros" é complementado pelo fascínio da assimilação cultural; o proselitismo nacionalista é complementado pela perspectiva de "repatriações" e de "limpeza étnica"; a igualdade legalmente proclamada na cidadania é complementada pelo controle de imigração e pelas regras de deportação.

O sentido da dominação, de controle sobre o ordenamento social do espaço, é ser capaz de alternar as estratégias fágica e êmica e de decidir quando uma ou outra deve ser posta em operação, assim como julgar qual das estratégias é "apropriada" para o caso em questão.

No mundo moderno, os estrangeiros são ubíquos e irremovíveis, uma indispensável condição de vida (para que a vida moderna seja possível, a maioria dos seres humanos em cuja companhia ela é vivida deve ser apresentada como estranhos, permitindo não mais que a "desatenção civil" de Goffman) e, ao mesmo tempo, o mais doloroso dos padecimentos congênitos dessa mesma vida. As duas estratégias não são de modo algum "soluções" para o "problema" dos estranhos – nem para a ansiedade que geram, nem para a ambivalência endêmica de seu status e de seu papel; são apenas formas de "controlar" o "problema", "resolver" as questões à medida que elas chegam. Esteja quem estiver no controle (no comando do ordenamento social do espaço), reforja o fenômeno aporético da condição de estranho na forma da dominação social: o nível e a escala da dominação refletem o nível e a escala do controle.

Proponho descrever os sentimentos confusos, ambivalentes, despertados pela presença de estranhos – os outros subdefinidos, subdeterminados, nem vizinhos nem estrangeiros, mas potencialmente (incongruentemente) os dois – como *proteofobia*. O termo refere-se à apreensão despertada pela presença de fenômenos multiformes, alotrópicos, que teimosamente omitem a atribuição e enfraquecem as familiares redes classificatórias. Essa apreensão é aparentada da ansiedade dos equívocos que – a partir de Wittgenstein – pode ser explicada como "não saber como proceder". A proteofobia refere-se, portanto, ao desagrado com situações em que alguém se sente perdido, confuso, impotente.

Essas situações são os resíduos de produção do ordenamento social do espaço: não sabemos como proceder em certas situações, porque as regras de conduta que definem para nós o significado de "saber como proceder" não dão conta delas. Portanto, separamos essas situações produtoras de ansiedade porque já foi feito algum ordenamento social do espaço e, por isso, dominamos algumas regras que disciplinam a conduta no espaço ordenado – e ainda, em alguns casos não fica claro qual dessas regras aplicar.

O encontro com estranhos é de longe o mais gritante e tormentoso (embora também o mais comum) desses casos. Do ponto de vista daqueles no comando da ordem, os estranhos são os resíduos sólidos do processo produtivo chamado "ordenamento social do espaço". Eles postulam problemas perenes de reciclagem e eliminação desses resíduos. No entanto, apenas a miopia induzida e patrocinada pela dominação apresenta essas duas atividades num nível diferente daquele dos efeitos desse ordenamento social do espaço.

A administração do espaço social não elimina a proteofobia. Nem quer fazê-lo. Ela a *usa* como seu principal recurso e, seja por desejo ou inadvertidamente, mas de forma constante, *reabastece* seus estoques. Controlar os processos de ordenamento social do espaço de hábito não significa deslocar o foco da proteofobia, selecionar os objetos aos quais os sentimentos proteofóbicos são direcionados e, em seguida, expor esses objetos à alternância das estratégias fágica e êmica.

## Progresso moral?

É preciso primeiro ser derrotado para ser acusado de imoralidade e para que a acusação cole. Os líderes da Alemanha nazista que ordenaram o extermínio foram julgados, condenados e enforcados – e seus feitos, que teriam entrado para os livros de história como a saga da ascensão humana, se a Alemanha tivesse saído vitoriosa, foram classificados como crimes contra a humanidade. O veredicto está a salvo – tanto quanto a vitória que tornou possível sua morte. Ele permanecerá até que as cartas sejam reembaralhadas, e com elas a memória histórica para se adequar a novas mãos. A menos que os vencedores sejam derrotados em seguida, sua crueldade, ou a de seus acólitos e protegidos, não estará comprometida com o julgamento. A justiça é trazida à tona pelos derrotados – mas como a história da justiça não pode ser escrita por ninguém, exceto os atuais vencedores, ela apresenta o mundo, a cada vez, como aquele em que a imoralidade e a punibilidade são sinônimas, e a justiça se faz.

A era moderna foi fundada sobre o genocídio e seguiu seu caminho com mais genocídio. De alguma forma, a vergonha dos massacres de ontem provou-se uma salvaguarda pobre contra as matanças de hoje, e as maravilhosas faculdades produtoras de sentido da razão progressiva ajudou a mantê-lo enfraquecido. Como observou Hélé Béji, "o profundo mal-estar instaurado logo depois da Guerra do Vietnã não era um remorso para vitimizar o povo, mas a incômoda contrição da derrota". Não haveria mal-estar se a vitimização não terminasse em derrota. (Como assinalou Hannah Arendt, não se ouviam muitos batimentos cardíacos no rescaldo do extermínio dos hotentotes pelos bôeres, selvagerias cometidas por Carl Peters na África do Sul alemã, ou da redução da população do Congo de vinte para oito milhões sob os auspícios do rei Leopoldo II da Bélgica).[28]

Se há um mal-estar, como depois da intervenção ignóbil no Vietnã, a lição absorvida e memorizada pelo derrotado é a necessidade de mais força, de modalidade efetiva, e não de mais consciência ética. Nos Estados Unidos, a vergonha do Vietnã impulsionou a guerra de alta tecnologia, mais que o autoexame moral. Com vigilância eletrônica e mísseis inteligentes, as pessoas podem agora ser mortas antes que tenham chance de responder; mortas a uma distância em que os matadores não veem a vítima e não têm mais que (ou, na verdade, não poderiam, se desejassem) contar os corpos.

Vitoriosos, triunfantes ou frustrados, esses matadores não retornam moralmente enobrecidos (seja qual for o tamanho da magnanimidade que demonstrem, ela se deve à redundância da crueldade, mais que a um súbito surto de sentimentos morais). Mas suas vítimas também não (pelo menos não necessariamente). As vítimas não são sempre eticamente superiores a seus algozes. O que as faz moralmente melhores, e torna crível sua reivindicação nesse sentido, é o fato de que, sendo mais fracas, tiveram menos oportunidades de ser cruéis.

Mas não há razão alguma pela qual as vítimas devessem retirar das derrotas lições diferentes daquelas obtidas por seus frustrados opressores: a saber, o que serve de salvaguardo contra a calamidade futura não é a atitude ética, mas o armamento abundante e poderoso (embora este segundo não exclua de modo algum a outra: ela, sendo uma ferramenta útil para obtê-lo; e ele, um apoio infalível para ela). Quando sua vez chegou e elas conquistaram o Laos e o Camboja, as tropas vietnamitas mostraram que haviam aprendido quase tudo com seus algozes americanos. O genocídio perpetuado pela croata *ustase* e seus auxiliares voluntários muçulmanos durante o domínio nazista

# Moralidades tribais

deixou os descendentes das vítimas sérvias ainda mais ansiosos para matar, estuprar e para promover a limpeza étnica.[29]

As memóriais do Holocausto firmaram a mão do israelense ocupante das terras árabes: deportações em massa, batidas de surpresa, tomada de reféns e campos de concentração são bem lembrados por suas boas relações custo/benefício. À medida que a história avança, a injustiça tende a ser compensada pela injustiça com papel invertido. Apenas os vencedores, contanto que sua vitória permaneça incontestada, confundem ou falseiam essa compensação como o triunfo da justiça. A moralidade superior é, muito habitualmente, a moralidade do superior.

Nenhuma vitória sobre a desumanidade parece ter tornado o mundo mais seguro para a humanidade. Triunfos morais aparentemente não se acumulam. Apesar das narrativas de progresso, o movimento não é linear – os ganhos de ontem não são reinvestidos, nem são os bônus outrora considerados irreversíveis. Sempre de uma nova maneira, com cada mudança no equilíbrio do poder, o espectro da desumanidade retorna de seu exílio. Os choques morais, por mais devastadores que possam ter parecido em seus momentos, perdem aos poucos sua marca, até serem esquecidos. A despeito de toda sua longa história, as escolhas morais parecem sempre começar do zero.

Não admira que haja fortes razões para duvidar da realidade do progresso moral, em particular do tipo de progresso moral que a modernidade reivindica promover. O progresso moral parece estar ameaçado em seu núcleo – pelos mesmíssimos costumes que o promovem. A íntima afinidade entre a superioridade moral da ordem e a superioridade material excessiva de seus guardiões torna cada ordem endemicamente precária e faz dela um convite permanente a problemas: torna os guardiões nervosos; e os guardados, invejosos. Os primeiros não hesitariam em forçar o recalcitrante à obediência, desculpando a coerção que cometem como benevolência moral ou um ato de justiça. Os outros não fugiriam da violência, para obter para si o direito de conceder ou recusar a absolvição.

## A nova desordem mundial, ou reordenamento espacial do mundo

A experiência da insegurança está em sua forma mais aguda sempre que o sedimento de socialização perde sua solidez – e, portanto, o espaço social existente perde sua transparência com seus poderes de constrangimento e permissão. A reação espontânea a tal experiência é uma ampliada intensificação dos esforços de ordenamento social do espaço. Por mais estabilidade que a coordenação/separação entre ordenamento espacial social, estética e moral tenha alcançado no passado, ela agora colapsa. Os termos do armistício e do *modus vivendi* entre as três formas de ordenamento devem ser renegociados, mais provavelmente disputados e de novo conquistados. O potencial de conflito e discórdia entre esses ordenamentos, nunca adormecido de todo, agora irrompe e vem à tona.

Não existe policiamento centralizado eficaz que possa oferecer ao espaço precário, continuamente re-produzido, a aparência de naturalidade. A fraqueza da convenção em que o espaço aparentemente firme e sólido costumava se fundamentar é deixada a nu, assim como se revelam a luta pelo poder e o perpétuo cabo de guerra como os únicos terrenos confiáveis como hábitats ordenados.

A tarefa de construir um novo espaço social significativo é empreendida individual, plural e coletivamente. Em todos os níveis, a ausência de uma agência coordenadora/policial afiada e dotada de recursos suficientes para arbitrar e impor os termos de paz (isto é, uma *ordem* e uma *lei* de compromisso que estabeleçam os padrões em relação aos quais todas as tentativas de mudança nos limites social, estético e moral podem ser expressadas como desvios ou subversões e efetivamente marginalizados) conduz à multiplicação infinita de iniciativas dispersas e básicas; acrescenta ardor e determinação a cada uma e torna qualquer solução acordada uma perspectiva remota.

Os surtos dessa insegurança não são novos em sentido algum, também não são as respostas mais típicas para eles. Ambos

# Moralidades tribais

são reconhecidos por se manifestarem ao longo da história, após as guerras, revoluções violentas, colapsos dos impérios, ou são concomitantes desvios sociais grandes ou rápidos demais para serem assimilados pelos organismos de policiamento existentes. A atual explosão de esforços de reordenamento espacial em toda a Europa (e a nunca totalmente extinta latência de tais esforços no mundo pós-colonial) pode ser explicada pelos mesmos motivos ortodoxos.

O naufrágio da *Pax Sovietica*, da *Pax Titoica*, do Muro de Berlim, e do frenesi reordenador do espaço que se seguiu são apenas os casos mais recentes de um fenômeno periódico cujo padrão mais vivo e relembrado fora fixado pela Idade das Trevas, na esteira do colapso da *Pax Romana*.

Se a ressurreição do tribalismo e do paroquialismo após a queda do policiadíssimo Império Soviético – dentro do qual a impertinente opressão colaborou com a doutrinação insidiosa para o prolongamento da vida artificial da ordem moribunda – era esperada, o ressurgimento de tendências similares nos países "completamente modernos" do Ocidente pegou de surpresa todos os observadores. E ainda, de modo paradoxal, a divisão bipartite do mundo, ampla e corretamente vista como fonte de insegurança global, aparece, em retrospecto, como uma garantia, talvez macabra, mas eficaz, de estabilidade em *ambos os lados* da barricada.

As grandes linhas do espaço global foram traçadas com um poder imune a contestações e questionamentos – uma convivência que mesmo as cabeças mais perspicazes aprovaram de forma oblíqua por meio da espantosa incapacidade para visualizar a possibilidade de mudança. Com o desaparecimento do arame farpado e das colunas de tanque que marcaram tais linhas gerais, lançaram-se possibilidades impensadas. O mapa do mundo e as cartas locais que dele extraíram sua autoridade tornaram-se líquidos novamente: não mais uma fonte cruel de reafirmação, mas um apelo às armas.

250 Vida em fragmentos

## Insegurança e crueldade

O paradoxo das identidades coletivas construídas pelo homem da era do Estado-nação – o tipo de identidade que se pode agarrar somente quando percebida como "dada", e, portanto, colocada para além do poder humano de manipulação – não desapareceu. Pelo contrário, ele tornou-se mais acentuado que em qualquer momento anterior da era moderna. Sua solução tornou-se mais difícil que nunca. Identidades podem ser seguras e "não problemáticas" apenas no interior de um espaço social seguro: o ordenamento espacial e a produção de identidade são duas facetas de um mesmo processo. Mas é justamente o grande projeto moderno de espaço unificado, administrado e controlado que hoje está sob pressão e enfrenta seu crítico desafio.

Desde então, com o alvorecer da era moderna, esta se tornou uma atividade consciente, proposital – a construção da identidade sempre conteve uma mistura de objetivos "restaurativos" e "produtivos" (a primeira categoria expressada em invocações como as da *Blut und Boden*, ou de *la terre et les morts*[*]; a segunda, na exigência de patriotismo, na denúncia da falta de entusiasmo como traição, e na exigência de vigilância contra os vira-casacas).

Hoje, entretanto, aspectos produtivos vêm claramente à tona – como as firmes fundações da identidade (o território ou a linhagem racial) foram expostas pela prática (pelo menos naquela parte do mundo próxima da condição pós-moderna) – como algo irremediavelmente fluido, ambivalente e nada confiável. Há, portanto, uma espécie de "demanda social" por esses fundamentos "objetivos" das identidades coletivas que admitam sua historicidade e

---

[*] *Blut und Boden*, do alemão, "sangue e terra". A *Blut und Boden* foi uma ideologia criada no século XIX, que serviu de base para o nacionalismo racial nazista. Centrava-se, como diz o nome, na descendência e na origem territorial. "La terre et les morts", do francês, "a terra e os mortos", expressão cunhada pelo escritor francês Maurice Barrès (1862-1923), partidário do antissemitismo. Sua visão era, como *Blut und Boden*, baseado na origem territorial e na linhagem (aqui representada pelos mortos, e não pelo sangue). (N.T.)

suas origens artificiais; não obstante, pode-se atribuir uma autoridade supraindividual e um valor que os portadores da identidade podem desconsiderar apenas por sua própria conta e risco.

Preocupações com a identidade (ou seja, o espaço social incontroverso), completadas pela xenofobia que elas gestam em volumes inversamente proporcionais à autoconfiança de seus portadores, procurarão ancoragem no território classificado como "cultura", de fato, praticamente feita sob medida para atender à demanda intrinsecamente contraditória. O fenômeno descrito por Simmel como a "tragédia da cultura" (a contradição entre a modalidade de cultura como um produto do espírito humano, e a opressiva, maciça, "objetividade" da cultura criada, como vivida pelos indivíduos não mais capazes de assimilá-la) tornou-se, uma centena de anos depois, a última gota de esperança para os catadores de identidades sólidas no mundo pós-moderno da contingência e da migração em massa.

O núcleo do ordenamento social do espaço e o da construção da identidade, ambos litigiosos, é agora uma comunidade imaginada, inventada, mascarada como *Gemeinschaft* herdada ao estilo de Tönnies,[*] porém, na verdade, muito mais próxima das comunidades estéticas de Kant, trazida à existência e nela mantida sobretudo, talvez exclusivamente, pela intensidade da dedicação de seus membros. Os traços pertencentes ao espaço estético tendem a submergir e colonizar o espaço social e derivar para o papel de principais ferramentas de ordenamento social do espaço.

A comunidade produzida com instrumentos como esses jamais cessa de ser produzida; ela "existe" apenas no processo de produção. Não é sequer "imaginada", mas *postulada*. Sua localização está no futuro, e é trazida de lá para o presente à força, embora de forma sempre efêmera, por meio da potência combinada de atos individuais de fidelidade. Graças à incerteza nela embuti-

---

[*] O termo alemão significa, basicamente, "comunidade". O sociólogo alemão Ferdinand Tönnies fala de uma passagem da *Gemeinschaft à Gesellschaft*, a primeira referindo-se a comunidades pequenas, grupamentos sociais com características rurais, em contato permanente e próximo; a segunda representando a sociedade moderna, industrializada e impessoal. (N.T.)

da, essa comunidade está sob condição de constante ansiedade, e demonstra uma tendência sinistra, mas fracamente mascarada, à agressividade e à intolerância. Trata-se de uma comunidade que só tem como fundamento com o qual se identificar as decisões individuais; uma comunidade que precisa, a fim de conclamar a lealdade, imprimir-se na mente dos tomadores de decisão como *superior* a; e dotada de precedência em uma comunidade que deve ser construída ano a ano, dia a dia, hora a hora, tendo o combustível líquido das emoções populares como seu único fluido vital.

A comunidade, portanto, que é obrigada a permanecer endemicamente precária e, dessa maneira, belicosa, intolerante, neurótica sobre questões de segurança, paranoica em relação à hostilidade e às más-intenções de seu ambiente. Essas novas comunidades são as *neotribos* de Michel Maffesoli, ainda mais hipocondríacas e irascíveis por serem privadas daquilo de que as tribos antigas derivavam sua segurança: os poderes efetivos para "objetivar" sua ascendência e seus clamores monopolistas de devoção e obediência.

Essas "neotribos" conduzem em princípio uma vida episódica, por vezes efêmera. Elas nascem num momento de condensação instantânea – mas então encaram diariamente o risco de evaporação, com a energia da autodedicação que lhes emprestou por certo tempo a aparência de solidez. Por mais breve que seja sua ascendência, ela não seria de forma alguma possível não fosse a brevidade do compromisso reconhecido e concedido, para não dizer endossado, com antecedência. A produção deve ser narrada como uma restauração ou uma restituição; construir novos terrenos deve ser pensado como o mapeamento dos continentes já existentes.

A contrafactualidade da autoimagem é a primeira condição de sucesso, mesmo os sucessos frágeis e fugazes. Assim, os conceitos elaborados a partir do discurso cultural vêm a calhar: conceitos como formas de vida, tradição, comunidade. A rejeição de estranhos pode não se expressar em termos raciais, porém, não se pode permitir que seja arbitrária, com receio de que devesse abandonar toda esperança de sucesso. Ela se verbaliza, portanto, em termos da incompatibilidade ou imiscibilidade de *culturas*, ou da autodefesa de uma forma de vida legada pela tradição. Uma compreensão compartilhada só pode trazer o horror dos sedimentos de ambivalência na consciência, como valor da coesão e do consenso comunitários. Argumentos que desejam ser tão firmes e sólidos como aqueles outrora ancorados nas imagens do solo e do sangue têm agora de se vestir na retórica da cultura produzida humanamente e seus valores.

Assim, de maneira paradoxal, as ideologias que hoje acompanham a estratégia de construção de identidade comunitária e as políticas associadas de *exclusão* mobilizam o tipo de linguagem tradicionalmente apropriado pelo discurso cultural *inclusivo*. A própria cultura, mais que uma coleção hereditária de genes, é representada por essas ideologias como imutável, como uma entidade singular que *deve ser* preservada intacta, uma realidade que *não pode* ser significativamente modificada por qualquer método de proveniência cultural.

Culturas, como somos informados, precedem, conformam e definem (cada um a sua maneira própria e *singular*) a mesmíssima razão que antes se esperava servir como a principal arma da homogeneidade cultural. Bem como as castas ou os estamentos do passado, as culturas podem se comunicar melhor no âmbito da divisão funcional do trabalho, mas elas nunca podem se misturar, não devem se misturar, com receio de que a preciosa identidade de cada seja comprometida e desgastada. Numa grotesca inversão da história da cultura, agora não são mais o *pluralismo* e o separatismo cultural, mas o *proselitismo* cultural e o ímpeto para a unificação das culturas que se concebem como "não naturais" – como uma anormalidade a ser combatida e desafiada.

Não admira que os pregadores contemporâneos de ideologias exclusivistas rejeitem com desdém o rótulo de racistas. De fato, eles não necessitam mobilizar os argumentos da determinação genética das diferenças humanas nem os fundamentos biológicos da sua continuidade hereditária. Assim como seus adversários não costumam avançar na narrativa contrária, a da coabitação e da tolerância mútua, quando insistem que o rótulo de racistas se encaixa. A verdadeira complexidade da empreitada dos adversários advém do fato de que o discurso cultural, outrora domínio da estratégia liberal, assimilacionista, *inclusivista*, foi "colonizado" pela ideologia *exclusivista*, de modo que o uso do tradicional vocabulário "culturalista" não garante mais a subversão da estratégia exclusivista.

A raiz da presente debilidade da chamada causa "antirracista" tão pungentemente sentida em toda a Europa reside na profunda transformação do próprio discurso cultural. No âmbito desse discurso, tornou-se muito difícil fazer avançar sem contradições (e sem o risco de acusações criminais) um argumento contrário à permanência da diferenciação humana e da prática de separação por categorias. Essa dificuldade incitou muitos autores – preocupados com a aparente incapacidade do argumento "multiculturalista" em contestar, para não dizer impedir, o avanço do tribalismo belicoso – a dobrar seus esforços para a renovação do "inacabado projeto moderno" como único baluarte ainda capaz, talvez, de conter a maré.

Alguns, como Paul Yonnet,[30] vão longe a ponto de sugerir que as forças antirracistas, pregadoras como são da tolerância mútua e da coexistência pacífica de diferentes culturas e tribos, são as culpadas pela crescente militância da tendência exclusivista – apenas uma resposta "natural" ao regime "não natural" de incerteza perpétua que os pregadores da tolerância pretendiam instalar. Com toda sua confessa artificialidade – assim sugere Yonnet –, o projeto original de inspiração iluminista para uma ordem homogênea, com sua promoção de valores universais, de uma atitude descompromissada em relação à diferença e de cruzadas culturais implacáveis, tem maior chance (talvez a única chance que já tenha havido e poderia haver) de substituir o extermínio mútuo pela coexistência pacífica.

O "outro", como vimos, é um subproduto do ordenamento social do espaço, uma sobra de ordenamento espacial que garan-

Moralidades tribais  255

te a usabilidade e a confiabilidade do enclave habitável recortado, devidamente ordenado no espaço, o *ubi leones* dos antigos mapas, indicando as fronteiras exteriores do hábitat humano. A *alteridade* do outro e a segurança do espaço social (também, por conseguinte, a segurança da própria identidade) estão intimamente relacionadas e dão suporte uma à outra. A verdade, porém, é que nenhuma das duas tem um "fundamento" objetivo, real ou racional. E, como diz Cornelius Castoriadis, como o único fundamento de ambas

> é a crença nelas e, mais especificamente, sua pretensão de tornar o mundo e a vida coerentes (razoáveis), ele se encontra em perigo mortal, tão logo seja produzida uma prova de que existam outras formas de tornar a vida e o mundo coerentes e sensatos. ...
>
> A existência do outro como tal pode *me* colocar em perigo? ... Pode, sob uma condição: a de que, nos recessos mais profundos da fortaleza egocêntrica de alguém, uma voz repita suave, mas incansável: "Nossas paredes são feitas de plástico; nossa acrópole, de papel machê."[31]

A voz pode ser suave, mas é preciso uma montanha de gritos para sufocá-la, sobretudo porque a voz interior é apenas um eco de vozes ruidosas – cada uma vendendo uma receita diferente para um mundo com sentido e segurança. Uma vez que gritar é a única coisa que se pode fazer para promover uma causa, cada voz é a voz da razão, cada receita é racional: é sempre uma racionalidade contra a outra, e a argumentação fundamentada pouco ajudará. Cada receita tem bons motivos para ser admitida, e, assim, no final do dia, só o tom da voz e o tamanho do coro oferecem uma garantia justificada. Grito, logo existo – é a versão neotribal do *cogito*.

As tribos pós-modernas são trazidas à sua efêmera existência pela sociabilidade explosiva. A ação comum não segue interesses partilhados, cria-os. Ou melhor, comungar da ação é o que está disponível para a partilha. A ação comum substitui a força ausente da socialização legalizada. Ela pode contar apenas com sua potência e por conta própria deve cumprir a difícil tarefa de estruturação – o que significa afirmar ao mesmo tempo sua identidade própria e a estranheza dos estranhos. O que costumava vir à tona em ocasiões carnavalescas, ser uma ruptura momentânea na continuidade, uma festiva suspensão da descrença, torna-se o modo de vida.

A pós-modernidade tem duas faces: a "dissolução do obrigatório no opcional"[32] tem dois efeitos aparentemente opostos, ainda que intimamente relacionados. Por um lado, a fúria sectária da autoafirmação neotribal, o ressurgimento da violência como principal instrumento de construção de ordem, a busca febril de verdades domésticas para preencher o vazio da ágora deserta. Por outro lado, a recusa dos retóricos da ágora de ontem em discriminar, julgar, escolher entre as opções: cada escolha avança, contanto que seja uma escolha, e cada ordem é boa, desde que seja uma entre muitas e não exclua outras ordens. A tolerância dos retóricos alimenta a intolerância das tribos. E a intolerância das tribos extrai sua confiança da tolerância dos retóricos.

Há, claro, boas razões para a atual reticência desses mesmos retóricos, outrora ansiosos demais para discriminar e legislar. O sonho moderno da razão impositora da lei sobre a felicidade tem gerado frutos amargos. Os maiores crimes *contra* a humanidade (e *da* humanidade) têm sido perpetrados em nome do primado da razão, da melhor ordem ou da maior felicidade. Devastação entorpecedora demonstrou-se a questão do casamento entre a certeza filosófica e a arrogante autoconfiança dos que mandam. O romance da modernidade com a razão universal e a perfeição provou-se um assunto oneroso, mas também abortivo, uma vez que a grande fábrica de ordem veio a produzir mais desordem, enquanto a guerra santa contra a ambivalência gerou ainda mais ambivalência.

Há razões para ser cauteloso em relação às promessas modernas e às ferramentas determinadas a torná-las realidade. Há razões para ser prudente e cuidadoso em relação à certeza filosófica; e há motivos para se considerar essa cautela prudente e realista, uma vez que aquele que foi nomeado cônjuge da certeza

Moralidades tribais 257

universal – os poderes ostentando ambições universalizantes e os recursos para lhes dar apoio – está longe da vista.

Mas as reticências em si são custosas. Assim como o romance moderno com a transparência e com a *Eindeutigkeit* (inequivocidade) gerou a opacidade e a ambivalência, a tolerância pós-moderna gerou a intolerância. A moderna estatização do espaço social gerou opressão maciça e condensada. A privatização pós-moderna do ordenamento social do espaço gera uma opressão dispersa e de pequena escala, mas múltipla e onipresente. A coerção não é mais monopólio do Estado, mas isso não é necessariamente boa notícia, uma vez que não significa menos coerção. A grande certeza se dissipou, mas, nesse processo, dividiu-se em uma infinidade de pequenas certezas, agarrou-se ainda mais ferozmente à sua insignificância.

Pergunta-se que tipo de serviço é oferecido ao mundo acometido de incerteza pelos (para citar a vigorosa caracterização de Castoriadis) "escoteiros intelectuais das últimas décadas, que pregam tanto os direitos do homem quanto a ideia de que há uma diferença tão radical entre as culturas que se proíbe emitir qualquer juízo de valor sobre as outras"[33] – apesar de muitas dessas culturas, tendo ávida e alegremente abraçado armas e filmadoras de vídeo ocidentais, demonstrarem surpreendente reserva quando se trata do empréstimo de invenções ocidentais, como *habeas corpus* ou cidadania.

Não há saída fácil desse dilema. Temos aprendido pelo caminho mais duro que, embora os valores universais ofereçam um remédio razoável contra a impertinência opressiva dos remansos paroquiais, e a autonomia comunal forneça um tônico emocionalmente gratificante contra a insensibilidade nada amistosa dos universalistas, cada remédio, quando tomado de forma regular, se transforma em veneno. De fato, enquanto a escolha for apenas entre as duas medicações, as chances da saúde devem ser escassas e remotas.

Pode-se dizer, porém, que ambas as terapias corretivas tendem a se tornar patogênicas. E pela mesma razão. As duas aceitam e toleram seus objetos – sejam eles "portadores dos direitos do homem" ou "fiéis filhos do povo" – em qualquer qualidade, exceto uma: a dos selves morais. A autonomia do self moral é uma qualidade que nenhuma das duas admitiria de bom grado, uma vez que ambas a encaram como um obstáculo para qualquer certeza, incluindo o tipo de certeza que estão empenhados em garantir ou proteger. Se um ou outro fizer as coisas à sua própria maneira, o resultado seria muito semelhante: a desqualificação e, em seguida, a gradual extinção dos impulsos morais e da responsabilidade moral. É precisamente esse efeito que debilita e incapacita de antemão as únicas forças que teriam uma chance de paralisar o tratamento no ponto em que ele se torna assassino. Uma vez expropriados ou escusados da responsabilidade moral, os sujeitos não sabem mais (como disse Bertrand Russell) quando começar a gritar.

No que diz respeito às perspectivas de salvaguardar as vidas humanas contra a crueldade (algo que tanto o projeto moderno quanto sua rejeição pós-moderna prometeram, embora cada um tenha farejado as raízes da crueldade sob uma árvore diferente), não importa muito quem está no controle do ordenamento social do espaço, e os mapas de quem são proclamados obrigatórios. Também não importa se é o ordenamento social ou o estético que estrutura o hábitat humano. Se alguma coisa importa, é a redenção da qualidade moral e, na verdade, a remoralização do espaço humano. Para a possível objeção "Esta proposição não é realista", a resposta apropriada é: "Seria *melhor* que fosse."

## Um século de campos?

Por consenso geral, o século XVII figura nos livros de história sob o nome de Idade da Razão. Sua sucessora imediata, previsivelmente, é descrita como Idade do "Discurso da Razão": o Iluminismo. Muitas vezes se ouve o século XIX ser chamado de Era das Revoluções, uma sugestão da palavra que se torna carne. Na última década do século XX e na atmosfera de *fin-de-siècle*, a tentação de se traçar uma linha divisória e calcular um saldo era crescente e esmagadora. (É por isso que Jean Baudrillard, brincando, mas apenas um pouco, aconselhou-nos a ignorar aquela última década, fadada a ser desperdiçada na escrita de obituários, e ir direto ao século XXI.)

Mas como aquele que se tornou o século da maior parte da vida de quase todos nós entrará para a história? Seria sob o nome de "Idade dos Campos", da carne que se torna câncer?

Isso, naturalmente, não cabe a nós decidir – as próximas gerações não serão vinculadas a nossas opiniões, assim como nos sentimos livres para anular os pontos de vista que os antepassados tinham sobre si mesmos. Por teus frutos os conhecereis, e não sabemos, e nem podemos saber, como virão a ser lidos os legados permanentes de nossas provações e tribulações; e de que maneira nossos filhos e os filhos de nossos filhos separarão o original do estranho, o durável do episódico, o memorável do esquecível, nesse trecho da história preenchido (pelo menos em parte) e produzido por nossas biografias. Dificilmente podemos prever, muito menos nos antecipar a, seu veredicto. Afinal, os contemporâneos da Inquisição, da caça às bruxas, das sangrentas rebeliões camponesas e do pavor da vadiagem podiam ser desculpados por não terem a mais vaga ideia de que muito depois de suas mortes seu tempo pudesse ser chamado de Idade da Razão.

Ainda assim, dificilmente podemos evitar manter nosso próprio raciocínio. Não podemos negligenciar nossa necessidade humana, demasiado humana, de refletir, de "fazer sentido", de perceber a forma no disforme, profetizar ordem no caos, adivinhar um método no que soaria como pura insanidade. Mesmo conscientes de que todas as sentenças estão condenadas a só valer até segunda ordem, de que nosso presente é o passado do futuro e que o futuro está fadado a remodelar e reorganizar o passado muitas vezes, mesmo assim não podemos deixar de fazer nossas próprias contas e produzir nossas próprias sentenças.

Quando fizemos isso na última década do século XX, as sombras lançadas por Auschwitz e pelo Gulag soam de longe as maiores e talvez as mais dominantes em qualquer imagem que possamos pintar. Muitas coisas aconteceram naquele século, e todas aquelas verdadeiramente importantes e consequentes tendem a acontecer sem aviso ou notícia audível. Nada do que aconteceu nesse século foi mais inesperado que Auschwitz e o Gulag, e nada poderia ser mais desconcertante, chocante e traumático para as pessoas treinadas, como todos fomos, a ver seu passado como a inexorável e emocionante progressão das idades da Razão, do Iluminismo e das Revoluções emancipatórias e libertadoras.

Não é apenas o nome do século XX que está em jogo. Afinal, como enxergaremos a evolução que nos levou até ali, quando estaremos lá e saberemos o que é "lá", e do que é capaz? Posterior a essa progressão, como seu ponto culminante e legítimo resultado, esse século – se é para ser registrado como a "Idade dos Campos" – deve ser também, e não pode deixar de ser, a *Idade da Reavaliação*: reavaliação do passado, de sua tendência inerente e seu oculto potencial, do significado dos últimos séculos de nossa história comum, da "modernidade" que essa história gerou e deixou em seu rastro.

O que aprendemos naquele século é que a modernidade não consiste apenas em produzir mais e viajar mais rápido, ficar cada vez mais rico e se mover mais livremente. *Consiste – tem consistido – também no morticínio rápido e eficiente, no genocídio cientificamente concebido e administrado.*

À medida que a história humana prossegue, a crueldade e o assassinato em massa já não são mais novidade, e a modernidade pode ser absolvida por não ter tido muito sucesso, no curto espaço de tempo de apenas 300 anos, em erradicar ódios e agressões com raízes milenares e em dominar as paixões precipitadas por milhões de anos de evolução das espécies. Alguns de nós se consolam assim: nós, os modernos e civilizados, não fizemos o *suficiente*, mas o que fizemos foi *o certo*; não progredimos o suficiente, mas nos deslocamos o tempo todo na direção correta. Aquilo de que precisamos é mais do mesmo, porém feito com maior vigor e determinação. Não há nada de errado com a nossa civilização; sua única falha – temporária – é que o farejar do animal no humano, do bárbaro no homem civilizado, o que ele prometeu fazer e fez o melhor para conseguir levou mais tempo que o esperado. Esse é um pensamento agradável, reconfortante. Se, além disso, fosse crível...

Mas o problema é que ele não é nada crível. Mesmo uma enorme explosão de maus instintos, sempre um evento vacilante e breve, não sustentaria a *instituição* de longo prazo dos campos e toda a vasta rede de atividades coordenadas necessária a seu funcionamento. Três dias após a *Kristallnacht* (Noite dos Cristais), a mais espetacular das explosões de violência de rua promovidas pelo regime nazista na Alemanha, Hermann Göring reuniu cem dos mais preeminentes membros da elite alemã para proclamar: "Meus senhores, estou cansado dessas manifestações! O problema, em suma, é inequivocamente econômico."

Explosões esporádicas de ódios espontâneos ou artificiais não seriam suficientes; apenas uma razão instrumental completamente moderna, fria e não emocional, tornando a condução da operação algo *independente* dos sentimentos e dos ideais de seus operadores, poderia obter sucesso. Os campos não eram apenas a velha crueldade do homem a escapar do calabouço no qual fora confinada, ou a retornar do exílio, onde deveria ficar até o fim dos tempos. Eles são uma invenção moderna, uma invenção possível apenas graças às realizações de que a modernidade orgulha-se mais que qualquer outra coisa – graças, então, à racionalidade, à tecnologia, à ciência, suas filhas favoritas e favorecidas. São uma invenção que deriva sua necessidade, sua utilidade e sua funcionalidade das ambições declaradas da sociedade moderna, uma sociedade que se vê tendo essas ambições como a principal marca de sua superioridade.

Proponho que a mais desconcertante e aterradora lição do tipo específico de genocídio do século XX é: não é possível supor ou antecipar (e muito menos prever com algum grau de confiança) o colapso maciço da humanidade com a medição da intensidade de vestígios malignos de caráter individual, a proporção de indivíduos com disposições sociopatas ou a frequência de crenças heterofóbicas. Mesmo o mais escrupuloso exame da civilidade cotidiana da conduta humana pode ajudar pouco.

A mais prestigiosa e respeitável imprensa do mundo civilizado, a reconhecida voz da opinião ilustrada, apresentava-se plena de elogios e admiração quando reportava a vida diária na Alemanha sob o regime nazista: *The Times*, *The New York Times* e *Le Figaro*, de modo semelhante, foram liricamente entusiásticos quando escreveram isto: as ruas brilham de limpeza, lei e ordem – sem conflitos, sem manifestações de massa, sem marchas de protesto, nenhum ato terrorista, apenas pessoas pacíficas, hospitaleiras, bem-alimentadas e sorridentes.

Um famoso sociólogo americano "provou cientificamente", sem qualquer possibilidade de dúvida, e para vasta aclamação pública, que, sob o regime soviético, a juventude era mais socialmente disposta e se comportava melhor que no Ocidente, mais bem-protegida que estava contra a notória patologia que assombrava a adolescência ocidental; portanto, menos propensa a vícios e à delinquência. Mas era esse povo cumpridor da lei, pacífico, eram esses trabalhadores disciplinados, esses maridos e pais de família exemplares que estavam prestes a cometer, ou permitir que se cometesse, em conjunto um crime sem igual na história humana. E eram esses jovens disciplinados e bem-comportados que estavam prestes a ficar de guarda nas torres de vigilância do arquipélago Gulag.

Proponho que aquele que se pergunte como os campos foram possíveis não fuce as estatísticas de sádicos ostensivos ou ocultos, psicopatas e pervertidos, mas procure em outra parte: deve buscar na socialmente inventada geringonça moderna, a engenhoca curiosa e aterradora que permite a separação entre ação e ética, entre o que as pessoas fazem e o que as pessoas sentem ou no que acreditam, entre a natureza das ações coletivas e os motivos dos atores individuais.

## Modernizar a crueldade

Essas condições – sem as quais não haveria genocídio e nem campos, condições que transformaram o impensável em realidade – são realizações de nossa civilização moderna, em particular de três elementos que sustentam, ao mesmo tempo, sua glória e sua desgraça: *a capacidade de agir a distância, a neutralização dos constrangimentos morais da ação*, e sua "atitude de jardinagem" – *a busca de uma ordem artificial, racionalmente concebida*.

É banal dizer que se pode matar hoje sem nunca olhar a vítima no rosto. Depois que afundar uma faca num corpo, estrangular ou atirar a curta distância foram substituídos por pontos que se deslocam numa tela de computador – como se faz nos divertidos consoles de videogame ou na tela de um Nintendo portátil –, o assassino não precisa mais ser impiedoso. Ele não tem a *oportunidade* de sentir piedade. Este, entretanto, é o aspecto mais óbvio e trivial, ainda que o mais dramático, de "uma ação a distância".

As menos trágicas e espetaculares manifestações de nossas novas e modernas habilidades de ação a distância são ainda mais consequentes – tanto mais por não serem tão evidentes. Elas consistem em criar o que pode ser caracterizado como uma distância *social e psicológica*, e não meramente *física e óptica*, entre os agentes e os alvos de suas ações. Essa distância social/psicológica é produzida e reproduzida diária e ubiquamente, e em escala maciça, pela gestão moderna da ação, com seus três aspectos diferentes, apesar de complementares.

Primeiro, numa organização moderna, cada ação pessoalmente realizada é uma ação mediada, e cada ator é lançado no que Stanley Milgram chamou de "estado agêntico": quase nenhum ator tem a chance de desenvolver a atitude de "autoria" em relação ao resultado final da operação, já que cada um deles é apenas o executor de um comando e produtor de outro. Não é um autor, mas um tradutor das intenções de alguém. Entre a ideia que provoca o funcionamento e seu efeito final há uma longa cadeia de artistas, e nenhum deles pode ser apontado como um elo suficiente, decisivo, entre a concepção e seu produto.

Em segundo lugar, há a divisão, em termos horizontais, funcionais, da tarefa global: cada ator tem apenas um trabalho específico a realizar, limitado a si mesmo, e cada qual produz um objeto sem destino prescrito, sem nenhuma informação sobre seus usos futuros; nenhuma contribuição parece "determinar" o resultado final da operação, e a maioria só retém uma tênue ligação lógica com o efeito final – uma ligação que os participantes podem, em sã consciência, afirmar ser visível apenas em retrospecto.

E, em terceiro lugar, os "alvos" da operação, as pessoas que por desígnio ou negligência são afetadas por ela, quase nunca aparecem para os atores como "seres totalmente humanos", objetos de responsabilidade moral e eles próprios sujeitos éticos. Como Michael Schluter e David Lee observaram irônica mas apropriadamente, "a fim de ser enxergado nos níveis mais altos, você tem de ser quebrado em pedaços, e a maior parte de você tem que ser jogada longe". Novamente, a respeito da tendência à *Gleichschaltung* (uniformização) que de maneira inevitável segue essa fragmentação: "a instituição da megacomunidade lida mais prontamente com as capacidades pelas quais as pessoas são todas iguais do que com aquelas que marcam cada um como indivíduo único."[34] Como resultado, a maioria dos atores, nas organizações, não lida com seres humanos, mas com facetas, características, traços estatisticamente representados, enquanto só pessoas totalmente humanas podem ser portadoras de significado moral.

O impacto global de todos esses aspectos da organização moderna é o que chamei (tomando emprestado um termo do vocabulário da Igreja medieval) de *adiaforização* moral da ação: para todos os efeitos, a significância moral do efeito definitivo e combinado das ações individuais está excluída dos critérios pelos quais as ações individuais são avaliadas; e, assim, essas ações são percebidas e vividas como algo *moralmente neutro* (exatamente, mas com o mesmo efeito, essa significância moral é deslocada do impacto da ação sobre seus alvos estabelecidos para motivos

Moralidades tribais

como a lealdade à organização, a solidariedade entre colegas, o bem-estar dos subordinados, ou a disciplina de procedimento). A fragmentação dos objetos da ação é replicada pela fragmentação dos atores. A divisão vertical e horizontal da operação global em tarefas parciais torna cada ator o *intérprete de um papel*. À diferença da "pessoa", esse intérprete é o substituível e *intercambiável* detentor de uma posição na complexa rede de tarefas – sempre há certa impessoalidade, uma distância, uma relação de menos-que-uma-autoria, entre o intérprete e o papel desempenhado. Em nenhum dos papéis o intérprete é uma pessoa completa, uma vez que cada performance envolve só uma seleção das habilidades e características de personalidade do ator, e em princípio não deveria envolver as outras partes nem se espalhar e afetar o resto da personalidade do ator.

Isso também torna a interpretação eticamente adiafórica: apenas as pessoas *totais*, apenas pessoas *únicas* (no sentido de serem insubstituíveis, no sentido de que a ação não seria consumada sem elas) podem ser sujeitos morais, portadores de responsabilidade moral – a organização moderna, entretanto, deriva sua força da incomum capacidade de divisão e fragmentação; enquanto, por outro lado, proporcionar oportunidades para que os fragmentos se juntem de novo nunca foi o forte da organização moderna. A organização moderna é o *governo de ninguém*. É, podemos dizer, um dispositivo de *flutuação de responsabilidade* – sobretudo da responsabilidade moral.

Graças a todas essas invenções, muitas vezes discutidas sob o nome de "administração científica", a ação moderna foi libertada das limitações impostas pelos sentimentos éticos. *A maneira moderna de fazer as coisas não exige a mobilização de sentimentos e crenças.* Pelo contrário, o silêncio e o arrefecimento dos sentimentos são seu pré-requisito e a condição primordial de sua surpreendente eficácia. Impulsos e constrangimentos morais não foram tão apagados quanto neutralizados e *tornados irrelevantes*. Homens e mulheres têm tido a oportunidade de cometer atos desumanos sem se sentir eles próprios menos humanos. Foi somente quando (para novamente citar Hannah Arendt) "a velha bestialidade espontânea deu lugar a uma destruição absolutamente fria e sistemática de corpos humanos" que "o alemão médio – que os nazistas, apesar de anos da mais furiosa propaganda, não poderiam induzir a matar um judeu por conta própria (nem quando deixaram claro que esse assassinato ficaria impune)" – serviu "à máquina de destruição sem oposição".[35] *A modernidade não tornou as pessoas mais cruéis; ela apenas inventou uma maneira pela qual crueldades poderiam ser praticadas por pessoas não cruéis.* Sob o signo da modernidade, o mal não precisa mais de pessoas más. As pessoas racionais, homens e mulheres bem-afixados na rede impessoal, adiaforizada, da organização moderna, podem fazê-lo perfeitamente.

De forma diferente de tantos outros atos de crueldade em massa que marcam a história humana, os campos eram uma crueldade *com um propósito*. Um meio para um fim. Cynthia Ozick escreveu que o Holocausto judeu era um gesto de artista, a remover um borrão de uma imagem perfeita. Esse borrão acabou por corresponder a certas pessoas que não se encaixavam no modelo de um universo de perfeição. Sua destruição era uma destruição *criativa*, assim como a destruição de plantas daninhas é um ato criativo em busca de um belo jardim planejado. No caso de Hitler, o projeto era uma sociedade limpa das raças. No de Lênin, o projeto era uma sociedade limpa das classes. Em ambos os casos, estava em jogo um universo esteticamente satisfatório, transparente, homogêneo, livre de incertezas desesperadoras, de ambivalência, de contingência – e, portanto, livre das cargas de menor valor, do atrasado, do não ensinável e do intocável. Mas esse era precisamente o tipo de universo sonhado e prometido pelos filósofos do Iluminismo, a ser perseguido pelos déspotas que eles buscavam esclarecer. Um reino da razão, o exercício final no poder humano sobre a natureza, a tela final do infinito potencial humano.

Como Götz Aly e Susanne Heim demonstraram em seu cuidadosíssimo e penetrante estudo, o assassinato dos judeus europeus pode ser entendido apenas como parte integrante de um esforço global para criar uma nova Europa, mais bem-estruturada e organizada que antes, visão que necessitava de um deslocamento maciço de população que sempre morava onde não deve e onde era *unerwunscht* (indesejável) porque não tinha utilidade. Os autores apontam enfaticamente que esse foi um esforço *modernizante*, uma vez que sua finalidade era "destruir a diversidade pré-moderna e introduzir a 'nova ordem'" – tarefa que exigia, em igual medida, *Umsiedlung* (reassentamento), *Homogenisierung* (homogeneização) e *Mobilisierung* (mobilização). É fácil, embora imperdoável, esquecer que a famosa mesa IV-B-4 ocupada por Eichmann foi criada em dezembro de 1939 para lidar com o "reassentamento" não apenas de judeus, mas também de poloneses, franceses, luxemburgueses, sérvios, croatas e eslovenos.

O sonho do espírito moderno é de uma sociedade perfeita, purificada das fraquezas humanas existentes – e o principal desses pontos fracos é constituído justamente pelos fracos seres humanos. Os homens não encaixam quando avaliados pelo padrão do potencial humano tal como revelado e articulado pela razão e seus porta-vozes. (A destruição em massa de judeus e ciganos seguiu a estratégia concebida cientificamente, elaborada pela "especialistocracia", como a descrevem Aly e Heim, incluindo antes de mais nada as elites da ciência, e foi testada primeiro nos doentes mentais e outros "desajustados" na mal-afamada campanha do *Gnadentodt* [morte misericordiosa].) A *ambição* era tornar esse sonho real por meio do esforço contínuo, determinado e radical de "resolução de problemas", da remoção, um a um, de todos os obstáculos no caminho para sonho – o que incluía os homens e mulheres que causavam problemas, que *são* o problema.

O pensamento moderno trata o hábitat humano como um jardim, cuja forma ideal deve ser determinada por um projeto de esquemas cuidadosos e meticulosamente seguidos, implementado por incentivo ao cultivo de arbustos e flores previstos no plano, envenenando-se ou se arrancando o resto, o indesejável e não planejado, as ervas daninhas. A Europa Oriental, dizem Aly e Heim, parecia, aos construtores da "Nova Ordem", uma "grande área devastada, à espera de ser limpa para gerar um novo local para construções".

Os casos mais extremos e bem-documentados de "engenharia social" na história moderna (aqueles presididos por Hitler e Stálin), não obstante todas as atrocidades que os acompanhavam, não foram explosões de barbárie pré-moderna ainda não totalmente extinta pela nova ordem constitucional e civilizada, nem o preço pago por utopias alheias ao espírito da modernidade; nem foram ainda, ao contrário das opiniões muitas vezes expressas, mais um capítulo da longa e não concluída história da "heterofobia" – aquele ressentimento espontâneo e irracional de tudo que é estranho, alheio, desconhecido e, assim, assustador. Pelo contrário, eles são filhos legítimos do espírito moderno; daquela ânsia de auxiliar e acelerar o progresso da humanidade rumo à perfeição que foi a marca mais importante da Era Moderna; a visão otimista de que o progresso científico e industrial remove todas as restrições em relação às possíveis aplicações de planejamento, educação e reforma social na vida cotidiana; dessa confiança de que todos os problemas sociais podem ser resolvidos e o mundo afinal pode ser refeito à medida da razão humana.

Os promotores nazistas e comunistas de uma sociedade ordenada, livre de acidentes e de desvios, se consideravam os descendentes e cavaleiros da ciência moderna e os verdadeiros soldados do progresso; suas visões de tirar o fôlego extraíam legitimidade (e, nunca esqueçamos, um grau embaraçosamente elevado de simpatia intelectual entre os mais preeminentes membros das "classes esclarecidas" da Europa) de pontos de vista e crenças já firmemente arraigados na opinião pública ao longo do século e meio de história pós-Iluminismo, cheio de propaganda cientificista e apresentação visual da potência maravilhosa da tecnologia moderna. Para citar Aly e Heim, "em sua abstração, esses modelos de pensamento se mantinham em oposição estridente à vida na caserna". Eles precisavam de "teorias escrupulosamente elaboradas, que exigiam que classes, minorias e populações inteiras fossem deslocadas e dizimadas".[36]

Nem a visão nazista nem a comunista se abalaram com as audaciosas autoconfiança e arrogância da modernidade. Elas simplesmente se ofereceram para fazer melhor e de forma mais cruel (e mais rápida no resultado) o que outros poderes modernos sonharam, talvez até tentaram, mas não conseguiram ou não tiveram coragem de realizar:

> Não se deve esquecer que o racismo fascista ofereceu o modelo para uma nova ordem na sociedade, um novo alinhamento interno. Sua base era a eliminação racista de todos os elementos que se desviassem da norma: juventude intratável, "vadios", "antissociais", prostitutas, homossexuais, deficientes, pessoas incompetentes ou falhas no trabalho. A eugenia nazista – ou seja, a classificação e seleção de pessoas com base num suposto "valor" genético – não se limitou apenas à esterilização e à eutanásia para os "sem valor" e ao incentivo da fertilidade para os "valorosos". Ela estabeleceu critérios de avaliação, categorias de classificação e normas de eficiência aplicáveis à população como um todo.[37]

Na verdade, deve-se não apenas concordar com essa observação de Detlev Peukert, mas também com sua conclusão: o nacional-socialismo apenas "empurrou a crença utópica nas abrangentes soluções 'científicas' definitivas para problemas sociais até seu derradeiro extremo lógico". A determinação e a liberdade de seguir "todo o caminho" e chegar ao ponto limite era de Hitler ou Stálin, mas a lógica foi construída, legitimada e fornecida pelo espírito e pela prática da modernidade.

Os crimes mais atrozes e revoltantes de nosso século foram cometidos em nome do domínio humano sobre a natureza, assim como sobre a natureza *humana*; sobre as necessidades, os desejos, os sonhos humanos. Quando à tarefa de domínio ganha incontestável prioridade sobre todas as outras considerações, os próprios seres humanos se tornam supérfluos – e os Estados totalitários que deram a essa tarefa tal prioridade se esforçaram justamente para *tornar* os seres humanos supérfluos.

Nesse contexto, os campos – sem sentido em qualquer outro aspecto – possuíam sua própria *racionalidade* sinistra. Eles eram as ferramentas dessa empreitada, os meios sadios para um fim generoso, destinado a desempenhar três tarefas vitais. Eram laboratórios em que volumes novos e inéditos de dominação e controle foram explorados e testados. Eram escolas em que foi treinada a disposição sem precedentes para cometer crueldades em seres humanos antes tidos como normais. Eram espadas seguradas sobre as cabeças daqueles que permaneceram do outro lado da cerca de arame farpado, ensinando-os que sua dissensão não seria tolerada e seu consentimento não seria pedido, e que muito pouco depende de sua escolha entre protesto e aclamação.

Os campos foram destilações de uma essência diluída em outros lugares, condensações da dominação totalitária e de seu corolário, a superfluidade do homem, numa pura forma difícil ou impossível de se atingir em outros locais. Os campos eram modelos e plantas para que a sociedade totalitária, esse sonho moderno de ordem, dominação e controle totais, seguisse ferozmente, limpa dos últimos vestígios daquela liberdade humana rebelde e imprevisível, da espontaneidade e da imprevisibilidade que a retinham. Os campos eram, enfim, áreas de teste para as sociedades serem administradas como campos de concentração.

Ryszard Kapuscinski – o mais infatigável e observador dos correspondentes de guerra a reportar os campos de batalha contemporâneos da opressão e da liberdade – descreveu assim, em seu livro de 1993, *Imperium*, sua experiência de entrar na União Soviética pela ferrovia transiberiana:

> Arame farpado, arame farpado – é isso o que primeiro se vê...
>
> À primeira vista, essas barreiras farpadas, vorazes, parecem absurdas e surreais: quem tentaria atravessá-las, se o deserto nevado se estende tão longe quanto a vista pode alcançar, nenhuma estrada, ninguém, neve de dois metros de espessura; não se pode dar um passo – e ainda assim esse arame quer lhe dizer algo, passa-nos uma mensagem. Ele diz: note, você está atravessando a fronteira para um outro mundo. A partir daqui, você não tem mais escapatória. Este é um mundo de seriedade, comando e obediência mortais. Aprenda a escutar, aprenda a humildade, aprenda a ocupar o mínimo de espaço possível. E, acima de tudo, faça o que é para você fazer. O melhor é manter a calma. Melhor ainda, não faça perguntas.

Esse arame farpado em particular sobre o qual Kapuscinski escreve estava já desmantelado em meados dos anos 1990 – assim como o Estado totalitário que o construiu. Mas ele ainda falava, continuava a mandar uma mensagem a todos que queiram ouvir. A mensagem é: não há sociedade organizada sem medo e humilhação, não há o domínio do homem sobre o mundo sem atropelo da dignidade e o extermínio da liberdade humana, não há luta contra a turbulenta contingência da condição humana que, afinal, não torne o homem supérfluo.

Nos campos, não se punha à prova somente a durabilidade do homem. Era também a viabilidade do grande projeto moderno da ordem humana definitiva, que o teste mostrou ser, inevitavelmente, uma ordem *desumana*. Nos campos, esse projeto encontrou sua *reductio ad absurdum*, mas também seu *experimentum crucis*.

Para falar a verdade, o mundo transparente, ordenado e controlado, limpo de surpresas e imprevistos, era apenas um dos sonhos modernos. Outro era o sonho de liberdade humana – não a liberdade da espécie, que permite zombar da natureza com seus condicionantes e dos seres humanos individuais com seus desejos, mas a liberdade de homens e mulheres como eles são e desejam ser, e seriam, se tivessem a oportunidade.

Aquilo de que muitos *suspeitaram* todo o tempo, mas a maioria de nós hoje *sabe*, é que não há maneira de se concretizar esses dois juntos. Hoje não há muitos entusiastas por aí, impressionados com o sonho de uma ordem planejada, administrada pelo Estado. Parece que fomos reconciliados com a incurável desordem do mundo; ou estamos muito ocupados com as sedutoras iscas da sociedade de consumo, portanto, não temos tempo para ponderar sobre seus perigos; ou não teríamos coragem ou vigor para combatê-la, quer estivéssemos dispostos ou fôssemos capazes de prestar atenção nela.

Isso não significa necessariamente que a era dos campos e do genocídio tenha chegado ao ocaso. Em 1975, o exército indonésio ocupou o território vizinho de Timor Leste. Desde então, "um terço da população foi executado. Aldeias inteiras foram massacradas pelas tropas liberadas para estuprar, torturar e mutilar indiscriminadamente".* Qual foi a resposta do mundo ocidental civilizado? A *nossa* resposta?

> Os Estados Unidos toleraram a invasão, solicitando apenas que ela devia esperar até depois da visita oficial do presidente Ford; a Austrália assinou acordos comerciais com o regime de Jacarta para explorar os campos petrolíferos de Timor Leste; e a Grã-Bretanha supriu a ditadura militar da Indonésia com grandes quantidades de armas, incluindo aviões, necessários para bombardear populações civis. Questionado sobre a política britânica, o ex-ministro da Defesa, Alan Clark, respondeu: "Eu não esquento muito minha cabeça com o que um grupo de estrangeiros está fazendo ao outro."

Isso pode ser lido no *The Guardian* de 22 de fevereiro de 1994, vinte anos após o genocídio da população de Timor Leste ter começado. Não sabemos se as tropas que torturaram, mutilaram e mataram fizeram isso pelo ódio profundo que sentiam pelas pessoas dominadas, ou apenas porque é nisso em que consiste o comando dos comandantes e o mandato dos comandados. Mas sabemos que o ministro do país que vendeu às tropas os aviões para fazer o trabalho de extermínio não sentiu emoção

---

* A situação do Timor Leste mudou profundamente desde a publicação original deste livro. Antiga colônia lusitana, o país decretou sua independência da metrópole em 1975, mesmo ano em que seria invadido (imediatamente após a declaração de independência) pela Indonésia. Ao longo de duas décadas, vários massacres e polêmicas diplomáticas (além de fatos como o Prêmio Nobel da paz dado em 1996 aos líderes independentistas Carlos Ximenes Belo e José Ramos Horta) colocaram o Timor no centro dos debates internacionais, até que, em 1999, a ONU promoveu uma série de negociações entre Portugal e Indonésia que resultou num referendo nacional, no qual 80% da população optou pela independência total do país. Em meio a conflitos internos que arrasaram o país e a ação de milicianos pró-Indonésia, a independência só se consolidaria em 2002, com a eleição para a presidência de Xanana Gusmão, antigo líder da Frente Revolucionária de Timor Leste Independente, que estivera preso durante anos (chegou a ser chamado de "o Mandela timorense"). Hoje, governado por Ramos Horta, o Timor Leste tenta se recuperar, sendo um dos países mais pobres do mundo. (N.T.)

Moralidades tribais

de qualquer espécie, exceto, talvez, a satisfação de um negócio bem-sucedido.

Como o ministro em questão pertence a um partido que os eleitores britânicos elegeram três vezes desde que os aviões foram entregues e usados, podemos supor que os votantes, como o ministro em quem votaram, não esquentaram muito a cabeça com o que um grupo de estrangeiros fazia ao outro. Também podemos apostar com segurança que os timorenses foram exterminados porque o mundo que os governantes da Indonésia queriam construir não tinha espaço para eles, e só poderia ser criado se esses timorenses fossem destruídos. Podemos dizer que o extermínio dos timorenses era – para os governantes da Indonésia – um ato de criação.

"Entre 1960 e 1979", diz Helen Fein em seu abrangente estudo sobre o genocídio contemporâneo, "provavelmente houve pelo menos uma dúzia de genocídios e massacres genocidas – os casos incluem os curdos no Iraque, os não muçulmanos sulistas do Sudão,* os tutsi em Ruanda, os hutus no Burundi, chineses na Indonésia, hindus e outros bengalis no Paquistão Oriental, achés no Paraguai, muitos povos em Uganda."[38]

Alguns de nós ouviram falar destes casos, alguns nunca ouviram nada. Poucos fizeram qualquer coisa para impedi-los ou para levar ao tribunal aqueles que os praticaram. Mas aquilo de que todos nós podemos ter certeza, se dedicarmos nosso pen-

---

* Maior país da África, o Sudão tem sido cenário de conflitos entre as regiões norte (islâmico) e sul (dividido entre cristão e religiões animistas) desde a independência do país em relação ao Império Britânico e ao Egito, em 1956. Os choques resultaram em 2,5 milhões de mortos em 46 anos de disputas e em consequência da seca. Os conflitos étnicos no Sudão atual são de outra ordem. Com a vitória do Norte nas chamadas primeira (1956-73) e segunda (1983) guerras civis sudanesas, tribos da região de Darfur, no oeste do país, passaram a disputar o acesso à água, e uma série de atos governamentais dá suporte a milícias que têm desalojado, torturado, mutilado, estuprado e executado populações inteiras, resultando em cerca de 400 mil mortos. Por isso, Darfur foi chamada, em 2004, de "a maior crise humanitária do começo do século XXI" pelo então secretário de Estado americano Colin Powell, e, em 2006, de "genocídio imperdoável", pelo então secretário-geral da ONU, Kofi Annan. (N.T.)

samento a isso, é que a maioria de nossos governos, por nossa causa – para manter abertas nossas fábricas e salvar *nossos empregos* –, forneceu armas, balas e gás venenoso para permitir que os assassinos fizessem *seu trabalho*.

Em todo genocídio as vítimas são mortas não pelo que tenham feito, mas por aquilo que são. Mais precisamente, pelo que eles, sendo o que são, podem ainda se tornar; ou por aquilo que, sendo o que são, não se podem tornar. Nada do que as vítimas escolhidas podem ou não fazer afetaria a sentença de morte – e isso inclui a escolha entre a submissão ou a militância, a rendição ou a resistência. Quem é a vítima e o que as vítimas são é uma questão para os seus algozes decidirem. Numa definição sucinta de Chalk e Jonassohn, o "genocídio é uma forma de assassinato em massa unilateral, em que um Estado ou outra autoridade tem a intenção de dizimar um grupo, com esse grupo e a filiação a ele definidas pelos próprios genocidas."[39]

Antes de os perpetradores do genocídio adquirirem o poder sobre a vida de suas vítimas, eles devem ter adquirido o poder sobre sua *definição*. É esse poder primeiro, essencial, que torna irrelevante a priori tudo que as vítimas definidas como indignas da vida possam fazer ou deixar de fazer. Um genocídio começa com a *classificação* e se consuma como uma *matança categorial*. Ao contrário dos inimigos na guerra, as vítimas de genocídio não têm selves; assim, são o tipo de sujeito que não pode ser julgado por seus feitos. Eles não são selves sequer no sentido de serem portadores de culpa ou pecado. Seu único e suficiente crime é terem sido classificados numa categoria definida como criminal ou irremediavelmente doente. Na consideração final, são culpados de serem acusados.

Esse caráter robustamente monológico do genocídio, essa resoluta precedência a todos os diálogos, essa pré-fabricada assimetria nas relações, essa unilateralidade da autoria e da atuação, é – proponho – a característica constitutiva mais decisiva de todos os genocídios. O genocídio sobretudo não pode ser concebido, muito menos aprovado, se de alguma forma se impede que a estrutura de relacionamento seja monológica.

No entanto, os Estados, mesmo em nossa parte relativamente pequena, pós-moderna, do mundo, onde Estados paralisaram bruscamente suas visões totalitárias passadas e abandonaram ou foram forçados a abandonar as esperanças de recorrer uma vez mais a uma postura monológica, onde os esforços de dar ordens e de manter ordens e da coerção que se passa com eles – uma vez condensados e monopolizados pelo Estado soberano e seus agentes nomeados – são agora cada vez mais desregulamentadas, privatizadas, dispersas, reduzidas na escala; e "soluções totalitárias", nos advertiu Hannah Arendt, "podem muito bem sobreviver à queda dos regimes totalitários sob a forma de fortes tentações que surgirão sempre que parecer impossível aliviar a desgraça política, social e econômica de uma forma digna do homem".

Há muita desgraça por aí, e muito mais está por vir num mundo cada vez mais superpovoado e poluído, sem recursos e sem demanda de mãos e mentes de homens e mulheres como produtores. Pelo menos cada décimo dos adultos em toda a parte rica do mundo (como dizem alguns observadores, cada terço; donde já viveríamos numa "sociedade de dois terços"; e, levando-se em conta o padrão atual de mudanças, chegará a ser uma "sociedade de um terço" por volta da segunda década do século XXI) é supérfluo – nem portador de trabalho potencialmente útil, nem cliente em potencial dos shoppings.

Se o Estado-nação clássico costumava polarizar a sociedade entre membros de pleno direito da comunidade política/nacional e os estrangeiros privados dos direitos de cidadão, o mercado que assume a tarefa de integração polariza a sociedade entre os consumidores de pleno direito, dóceis a seus poderes de sedução, e os consumidores falhos, ou não consumidores, incapazes de cair na isca e, portanto, do ponto de vista do mercado, totalmente inúteis e redundantes. Falando de forma rude, os vira-latas de ontem eram os não produtores; os de hoje, os não consumidores.

A "subclasse" que substituiu o "exército industrial de reserva", os desempregados e os pobres de ontem, não é marginalizada por sua posição deficiente entre os produtores, mas por seu exílio da categoria de consumidores. Incapazes de responder a estímulos do mercado da maneira que esses estímulos deveriam provocar, essas pessoas não podem ser mantidas a distância com os métodos utilizados pelas forças de mercado. Para elas, os antiquados e já testados métodos do policiamento coercitivo e criminalização são aplicados pelo Estado em sua qualidade contínua de guardião "da lei e da ordem".

Seria tolo e irresponsável, nessas circunstâncias, rebaixar as tentações de "soluções totalitárias", sempre fortes quando certos seres humanos são declarados redundantes ou forçados a uma condição supérflua – mas muito provavelmente as soluções de estilo totalitário hoje se escondem sob outros nomes, mais palatáveis. Seria ingênuo supor que a regra democrática da maioria fornece, por si só, garantias suficientes de que a tentação desse tipo de solução será rejeitada.

Em tempos nos quais a ampla maioria de homens e mulheres dos países ricos se combina pela sedução, pelas operações de relações públicas e publicidade, e não por normas cumpridas por coerção, vigilância e pedagogia, a repressão dos marginais que escapam à rede de fascínio ou são incapazes de a ela galgar torna-se complemento inevitável dessa sedução – ou seja, na condição de forma testada de lidar com aqueles com quem não se pode lidar por meio da sedução, e como um inflexível lembrete para todos aqueles frustrados pelos caprichos do jogo de consumo, segundo o qual o preço a ser pago por não se pagar o preço da angústia de uma vida de mercado é a entrega da liberdade pessoal.

Num estudo que ganhou o significativo subtítulo de "Rumo aos Gulags, estilo ocidental?",[40] o criminologista norueguês Nils Christie demonstrou de forma convincente "a capacidade da sociedade industrial moderna para institucionalizar grandes segmentos da população", manifestada, entre outras formas, no constante aumento da população das prisões. Nos Estados Unidos, em 1986, 26% dos homens negros que abandonaram a escola estavam na prisão, números que têm aumentado desde então e crescem ainda mais depressa. As prisões das sociedades liberais-democráticas não são os campos de Estados totalitários.

Mas a tendência para criminalizar tudo o que é definido como "distúrbios sociais" ou "patologia social", com a concomitante separação, o encarceramento, a incapacitação política e social e descredenciamento dos portadores da patologia verdadeira ou suposta, é em grande medida uma "solução totalitária sem um Estado totalitário". O estilo de "resolução de problemas" que promove tem mais a ver do que gostaríamos de admitir com "inclinações totalitárias" ou com as tentações totalitárias aparentemente endêmicas na modernidade.

Mas me permitam repetir que seria prematuro escrever o obituário dos campos "clássicos", aqueles no estilo Hitler e Stálin. Eles foram invenção moderna, mesmo quando utilizados a serviço de movimentos antimodernos. Os campos, com o armamento eletronicamente orientado, os carrões de motores potentes (e alto consumo de combustível) e as câmeras de vídeo estão provavelmente entre os modernos apetrechos mais ferozmente exigidos e avidamente agarrados pelas sociedades expostas às pressões da modernização. Mesmo as que estão em pé de guerra contra outras invenções modernas, como o *habeas corpus*, a liberdade de expressão, o governo parlamentar, e que ridicularizam as liberdades individuais e a tolerância à alteridade como sintomas de ateísmo e degeneração.

Não obstante toda nossa sabedoria retrospectiva pós-moderna, vivemos e seguiremos a viver por algum tempo num mundo essencialmente moderno e modernizador, cujas qualidades impressionantes e por vezes sinistras talvez tenham se tornado mais visíveis e mais bem-compreendidas, mas não desapareceram por isso. Os campos fazem parte desse mundo moderno. E ainda está aberta a questão de saber se eles não são sua parte mais integral e irremovível.

Cabe portanto ao século XX ser marcado pelos historiadores como a "Idade dos Campos"? O tempo dirá qual a consequência mais duradoura de Auschwitz e do Gulag. Será a tentação de recorrer à sua experiência sempre que for impossível aliviar o sofrimento humano acumulado, ou sempre que a imagem de um futuro feliz seja tão tentadora que a desconsideração com aqueles que vivem no presente pareça um preço razoável a se pagar? Ou, pelo contrário, será o papel desempenhado por essa experiência em nossa desalienação diante do lado obscuro do progresso moderno, em nossa descoberta do mal congênito do espírito moderno, em nossa nova disponibilidade para refletir sobre os custos humanos da melhoria social?

Se a primeira hipótese prevalecer, então decerto a Idade dos Campos será o verdadeiro e legítimo herdeiro das idades da Razão, do Iluminismo e das Revoluções. Se a segunda possibilidade assumir a ponta, o século XX ainda poderá entrar para a história como a Era do Despertar. Não podemos ter certeza de que a escolha seja nossa. Mas não podemos dizer que não sabíamos que havia uma escolha.

## O antissemitismo reavaliado

No mundo neotribal, novas falhas tectônicas surgem a cada hora, falhas há muito corrigidas voltam a emergir, e antigas, mas persistentes, são redesenhadas e rearmadas. Em todos os casos, o contexto neotribal investe as divisões e as batalhas de novos significados – quanto mais fácil para ignorar, mais firme o aperto da tradição interpretativa entranhado na memória histórica. O novo contexto não apenas confere uma tonalidade específica aos fenômenos novos e originais que gera como também re-avalia os antigos estoques conceituais e, portanto, a chance de rever os outrora confiáveis modelos ortodoxos.

O fenômeno descrito com o nome por vezes demasiado genérico – e por vezes insuficientemente genérico – de "antissemitismo" é um caso em questão (não o único, mas particularmente visível). É em relação a esse fenômeno, e às muitas narrativas em torno dele, que se pode ver claramente como a memória histórica irrefletida pode ser um guia enganoso para a compreensão adequada do mundo em que vivemos.

A memória histórica precisa ser revista e reavaliada muitas vezes, a fim de que não possa impedir, em vez de autorizar, tal entendimento. Tentarei aqui, timidamente, fazer essa reavaliação. Para esse propósito, articularei e discutirei brevemente as três proposições seguintes:

1. A área delimitada e separada pela noção de "antissemitismo" (cujos critérios de corte serão a *hostilidade* aos judeus e a hostilidade *aos judeus*) é estreita demais para dar conta da totalidade do fenômeno que a noção pretende açambarcar. Ela deixa de lado um punhado de realidades sociopsicológicas sem as quais a compreensão deve permanecer inconclusa, quando não falha. Proponho que se explique em primeiro lugar – o que deve estar no centro do esforço explicativo – o fenômeno do *alossemitismo*, do qual o *anti*ssemitismo (com o *filo*ssemitismo, por assim dizer) é um ramo ou uma variedade.

"Alossemitismo" é um termo cunhado pelo historiador e crítico literário polonês Artur Sandauer.[41] *Allus* é a palavra latina para alteridade, e alossemitismo refere-se à prática de fixação dos judeus à parte, como povo radicalmente diferente de todos os outros, necessitando de conceitos diferentes para descrevê-los e compreendê-los, bem como um tratamento especial em todas ou na maioria das interações sociais – uma vez que os conceitos e os tratamentos habitualmente mobilizados diante de ou lidando com outras pessoas ou povos simplesmente não o fariam. O "alossemitismo" é essencialmente não comprometedor, assim como a prática acima. Ele não determina de forma inequívoca quer o ódio quer o amor aos judeus, mas contém as sementes de ambos, e garante que qualquer um deles que apareça seja intenso e extremo.

O descompromisso original (ou seja, o fato de que o alossemitismo esteja, e talvez tenha de estar já presente para que o anti ou filossemitismo sejam concebíveis) torna o alossemitismo uma atitude radicalmente *ambivalente*. Há, portanto, uma espécie de ressonância (em termos semióticos, um isomorfismo) entre a ambivalência emocional e intelectual do alossemitismo e a ambivalência endêmica do outro, do estranho, e, consequentemente, do judeu como (pelo menos dentro da *oikoumene* europeia) uma incorporação mais radical, o epítome, deste último.

2. O hábito comum de considerar a animosidade contra os judeus um caso de heterofobia – o ressentimento em relação ao diferente – também é constrangedor e diluidor, e, assim, frustra, em vez de ajudar na compreensão. Proponho que o fenômeno genérico de ressentimento aos judeus é uma parte da *proteofobia*, não da heterofobia. Trata-se da apreensão e da vexação relacionadas não a algo ou alguém inquietante pela alteridade e pela não familiaridade, mas por algo ou alguém que não se encaixa na estrutura do mundo ordenado, não se enquadra facilmente em nenhuma das categorias estabelecidas; portanto, emite sinais contraditórios quanto às condutas adequadas, e é comportamentalmente confuso; é algo ou alguém que, como resultado de todas essas fraquezas, borra as linhas de fronteira que se devem manter estanques e mina a natureza reafirmadamente monótona, repetitiva e previsível do mundo da vida.

Se todas as atividades de ordenamento espacial, organização e estruturação visam a tornar algumas sequências de eventos mais prováveis, e reduzir a probabilidade de outras, de modo que as atividades de antecipação e escolha se tornem um pouco menos arriscadas, então a presença obstinada de coisas ou pessoas resistentes a tal manipulação revela o limite dessas intenções ou esperanças organizadoras, e também a fragilidade desses esforços de organização; o "inapropriado" torna-se uma fissura na ordem mundial pela qual o caos invencível em última instância é, relutante e depressivamente, avistado.

Novamente, há certa correspondência, certa afinidade entre a subdeterminação endêmica, a subdefinição do fenômeno *proteoano* (pode-se dizer que elas são, por definição, indefiníveis, já que explodem as próprias categorias destinadas ao serviço da definição), a vagueza e a difusão da ansiedade proteofóbica, e a indefinição categorial dos judeus; estes, por uma parte importante da história da Europa tenderam a ficar montados sobre todas as divisões usuais e a eliminar todos os critérios normalmente utilizados para representá-los.

3. O terceiro obstáculo para a compreensão da judeofobia é a tendência generalizada a considerar o antissemitismo um

Moralidades tribais 281

objeto cortado de um só bloco, como um acompanhamento quase atemporal da história, ele próprio enraizado num preconceito virtualmente extraterritorial e extemporâneo. Em outra oportunidade, argumentei que exilar o destino judaico num ramo especializado da história e eliminá-lo da narrativa histórica geral (em particular da narrativa da civilização moderna) diminui o potencial interpretativo dessa história. Mas é preciso salientar que a cobrança é válida nos dois sentidos; ou seja, cortar fora o estudo do antissemitismo do fluxo da história universal e confiná-lo à exploração da história interna dos judeus e suas relações com seus vizinhos imediatos (apresentados na narrativa exclusivamente no papel de vizinhos dos judeus, considerados do ponto de vista do que fizeram ou não com os judeus) empobrece, talvez até impeça, a compreensão da judeofobia.

É verdade, a história de animosidade e perseguição em nossa órbita civilizacional tem agora dois milênios de extensão – e a própria persistência do "problema judaico", dos judeus "serem um problema", sugere a continuidade e a duradoura presença de determinados aspectos geradores constantes. A longevidade de fenômenos históricos sempre tende a incentivar explicações não históricas. Mas já a origem absolutamente moderna do próprio termo "antissemitismo", que reapresenta o objeto de hostilidade como "judeidade", e não como "judaísmo", deve nos alertar para o fato de que usar o mesmo nome para designar fenômenos separados por séculos oculta tanto quanto revela.

Como todas as outras histórias, a história dos judeus é um jogo sutil de continuidades e numerosas descontinuidades; e como todas as outras histórias "especiais", ela é em cada etapa parte e parcela do modelo hoje vigente de sociedade. Proponho que os fatores geradores de atitudes aparentemente semelhantes e as práticas de ressentimento mudaram e continuam a mudar, seguindo as transformações sociais e culturais da sociedade em geral; e que, portanto, elas devem ser analisadas separadamente para cada uma das sucessivas formações socioculturais.

Irei examinar aqui as formas e as causas distintas dos alos-semitismos pré-moderno, moderno e pós-moderno como casos de proteofobia.

## Os judeus são diferentes dos outros

Em 1816, quando, por toda a Europa Ocidental, os muros visíveis e invisíveis dos guetos judeus estavam em ruínas e os hebreus raspavam suas barbas e contratavam alfaiates gentios, Friedrich Rühs notou que, o que quer que eles fizessem, os judeus possuíam seu próprio e inimitável *Volkseigentümlichkeit* (algo como "identidade nacional"), de tal maneira que "eles devem estar orgulhosos de suas distinções, e mesmo de usar uma fita especial para se distinguir – como um sinal de honra."[42]

Rühs era um detrator ou um amante dos judeus? Sua admiração da distinção judaica era genuína, ou apenas uma inteligente máscara? Não temos como ter certeza – e eu diria que não importa muito. O que importa é que Rühs não podia suportar o pensamento de os judeus se fundirem discretamente no meio da multidão como eles estavam prestes a fazer naqueles primeiros anos de emancipação, de modo que tanto a imagem de detrator quanto a de amante dos judeus já não os informa sobre o próximo. Rühs sentia que os hebreus eram diferentes e que essa diferença importava, e que isso importava tanto que todo mundo em todos os lugares deveria ser avisado: lá vem ele, o portador da diferença, esteja em estado de alerta, as maneiras habituais de pensar e agir não darão conta, uma atitude e um tratamento especiais estão na ordem do dia.

A fita especial decerto poderia ser um emblema de distinção, como a Legião de Honra. Mas também poderia ser um sinal de estigma e de vergonha, como o chapéu pontudo que aquele povo era obrigado a ostentar quando ainda estava confinado ao gueto. O importante é que deveria haver um sinal visível, e visível a distância. Os judeus não eram como as outras pessoas, e essas outras pessoas deveriam saber que eles eram judeus.

Um século e meio depois, Witold Gombrowicz, grande escritor polonês imigrante, anotou em seu diário:

> Ouvir dessas pessoas que a nação judaica é como as outras nações soa como ouvir que Michelangelo não é diferente dos outros homens. ... Infelizmente, aqueles que receberam o direito à superioridade não têm direito à igualdade. ... O gênio judeu é óbvio em sua estrutura – que está em ser amarrado, como todos os gênios individuais, à doença, à queda, à humilhação. É-se um gênio porque se é um doente. Superior, porque humilhado. Criativo, porque anormal. ... A história dos judeus é uma provocação secreta, como as biografias de grandes homens – a provocar o destino, convocando todas as catástrofes que podem ajudar a cumprir a missão de nação escolhida. ... Vocês não se livrarão desse horror imaginando a si mesmos como "comuns" e se alimentando na idílica papa do humanitarismo.[43]

O perceptivo olho não judaico – embora não seja perceptivo o bastante – rastreou a enervante singularidade judaica de modo retrospectivo até sua ambivalência. O que faltou foi olhar ainda mais através dessa ambivalência, até suas raízes, profundamente enterrada no estereótipo gentio do único grupo no meio deles com quem eles não puderam chegar a um acordo, nem fazer suas cabeças a respeito disso. Foi outro olho, o do filósofo franco-romeno E.M. Cioran, que viu o que Gombrowicz não conseguiu ver:

> Ser um homem é um drama; ser um judeu é outro. Consequentemente, o judeu tem o privilégio de experimentar nossa condição *duas vezes mais*. Ele representa a existência alienada *par excellence*, ou, para utilizar uma expressão segundo a qual os teólogos descrevem a Deus, o *integralmente outro*. ... Emancipado da tirania do comprometimento local, da estupidez do *enracinement*, sem atrelamentos, acósmico, ele é o homem que nunca será *daqui*, o homem de outro lugar, o estranho *enquanto tal*, que não pode de forma inequívoca falar em nome dos nativos, de *todos*. ...

O êxodo é o seu lugar; sua segurança, seu *chez soi*. Melhor e pior que nós, ele incorpora os extremos a que aspiramos sem atingi-los: ele é *nós* quando estamos para além de nós mesmos.[44]

Cioran conclui com uma citação: "As nações sentem em relação aos judeus a mesma animosidade que a farinha deve sentir em relação ao fermento que a impede de descansar." É verdade, para toda farinha que sonhe com o descanso. Menos verdadeiro para a farinha que sonhe ser um pãozinho ou bolinho. Tudo depende do que a farinha se torna depois. Mas seja o fermento amado ou odiado, ele é sempre "um problema" pela mesma razão: por sua inquietação, por prognosticar o fim da tranquilidade, por demonstrar a não finalidade do que ali está. É isso que faz a ambivalência, esse inimigo jurado da lei da contradição e da lei do terceiro excluído, os pilares de toda ordem.

O judeu é a ambivalência encarnada. E a ambivalência é ambivalência sobretudo porque não pode ser encarnada sem sentimentos ambivalentes: é ao mesmo tempo atraente e nauseante, lembra aquilo que se gostaria de ser, mas se tem medo de ser, agita diante dos olhos aquilo que se preferiria não ver – que as contas liquidadas ainda estão em aberto, e as possibilidades perdidas ainda estão vivas. É uma compreensão sobre a verdade do ser que todo alvoroço ordenador tenta duramente, embora em vão, excluir.

Como os judeus se tornaram a ambivalência encarnada? Havia, desde o início, desde os tempos da antiguidade, um traço incongruente – de certa forma absurdo – no modo judaico de existência que deve ter feito os vizinhos pararem e se perguntar: uma nação numericamente pequena, insignificante como potência militar, um dos muitos pequeninos peões que os antigos impérios trocaram de mãos em seus movimentos de rápida ascensão e queda – e ainda assim uma nação imbuída de um senso de grandeza, de ser a escolhida, de ser o núcleo duro do mundo e da história; tão convencida de sua centralidade que olhou para o resto do universo, natural e humano, como um poço de recursos de Deus baseado em Sua relação especial com Seu povo escolhido, para recompensá-lo pela piedade ou para punir seus crimes. Como sugeriu David Biale, se os judeus sobreviveram a todas as provas e atribulações do antigo Oriente Médio, foi acima de tudo graças a essa ambiguidade:

> Se possuísse real poder na escala dos impérios antigos, provavelmente teria ido pelo mesmo caminho dos assírios e babilônios. Mas se os judeus não tivessem desenvolvido um mito de sua centralidade, eles provavelmente teriam desaparecido como outras nações pequenas. ... A relativa falta de poder combinada com um mito de empoderamento talvez tenha sido uma das chaves para a sobrevivência judaica na antiguidade.[45]

Talvez os judeus tenham emergido da era antiga, como judeus, graças a essa ambiguidade arraigada no próprio modo de ser judeu. Mas com certeza eles foram admitidos no mundo pós-antigo, dominado pelos cristãos, pela qualidade dessa ambivalência que servia àquele mundo como um *alter ego*, marcando as fronteiras espaciais e temporais da civilização cristã.

No curso de sua autodefinição e do traçado de suas fronteiras, o cristianismo marcou os judeus, acima de tudo, como uma excentricidade – a estranha, incompreensível e arrepiante incongruência que se rebelou contra a ordem divina do Universo. Muitas variedades de incoerência lógica – na verdade, todas as contradições não resolvidas e varridas para baixo do tapete na organizada casa da Igreja Cristã – convergiram na imagem do judeu laboriosamente construída pelo pensamento e pela prática cristãos no processo de sua autoafirmação.

Havia na imagem dos judeus mutuamente excludentes, embora já carregados com a mais impressionante ambivalência, motivos de infanticídio e parricídio: os judeus eram os venerados ancestrais do cristianismo que, no entanto, se recusaram a recuar e morrer quando o cristianismo nasceu e assumiu o controle; e, tendo permanecido além de seu tempo e sobrevivido à sua missão divina, continuaram a assombrar o mundo como fósseis vivos; os judeus deram Jesus à luz apenas para recusá-lo, denegri-lo e deserdá-lo.

Eles foram culpados de borrar a mais vital fronteira que separa os crentes dos descrentes, a verdadeira fé do paganismo: os judeus *não eram pagãos* – havia um sentido em que eles não eram mais pagãos que os próprios cristãos – e ainda assim eram a um só tempo mais pagãos que os pagãos "comuns" (eles rejeitaram a Cristo *conscientemente*). Os outros não cristãos eram ignorantes à espera de ser esclarecidos, para receber a Boa Nova e serem convertido em cristãos – já os judeus, eram *infiéis* que desde o princípio encararam a verdade face a face e ainda assim se recusaram a admiti-la e a abraçá-la. Os pagãos normais abriram caminho para o futuro do cristianismo; os judeus desafiaram seu passado e tornaram nebuloso seu presente. Pode-se dizer que os judeus serviram de quarto de despejo onde toda a ambivalência espremida do Universo podia ser jogada fora, de modo que a identidade do mundo cristão pudesse ser sólida e ficar em paz consigo mesma.

Sugiro que o alossemitismo endêmico à civilização ocidental é de forma decisiva um legado da cristandade. A luta da Igreja Católica contra a inassimilável – mas indispensável, justamente por sua impossibilidade de assimilação – modalidade dos judeus legou à posteridade dois fatores cruciais para o surgimento e a autoperpetuação do alossemitismo. O primeiro fator foi representar os judeus como a *corporificação da ambivalência*, ou seja, da desordem. Uma vez expressados nesses moldes, os judeus poderiam servir como depósito para todas as novas variedades de ambivalência que os tempos posteriores viriam a produzir.

O segundo fator foi o judeu *abstrato*, o judeu como conceito situado num discurso apartado do conhecimento prático do judeu "empírico", e portanto localizado a uma distância segura da experiência e imune a quaisquer informações que possam ser fornecidas por essa experiência, quaisquer emoções que possam ser despertadas por interações diárias. O fosso intransponível entre "o judeu enquanto tal" e "o vizinho judeu" já estava firmemente estabelecido quando, na aurora da era moderna, os judeus se transformaram nos vizinhos da casa ao lado.

## Os judeus representam a impossibilidade de ordem

A ambivalência é aquilo que se jura, define e posiciona para eliminar toda atividade de ordenação. A ambivalência é a *causa* de todas as preocupações ordenadoras: as atividades da vida precisam de clareza sobre a situação e segurança sobre as escolhas e suas consequências, e é precisamente a ausência dessa clareza e dessa certeza que resulta em ambivalência, desencadeando um esforço para introduzir ordem, isto é, para limpar a bagunça: confinar cada objeto e cada situação a uma categoria própria e apenas a essa categoria – e de modo a tornar transparente o obscuro, e simples o confuso.

Mas a ambivalência é também o *efeito* do alvoroço organizador. A produção da ordem possui seu lixo tóxico, uma vã tentativa de impor classes discretas sobre o tempo/espaço não discreto. De forma inevitável, portanto, toda classificação deve ter suas sobras que atravessam a sacrossanta divisão entre as classes; nenhum arquivamento é arrumado e completo o suficiente para que não haja referências cruzadas e sem um grosso arquivo rotulado "diversos", que ridiculariza a seriedade de se arquivar; nenhum projeto do jardim, por mais astuto que seja, pode evitar uma reformulação das plantas como ervas daninhas. Dificilmente se encontra um casal tão à prova de divórcio quanto o formado por ordem e ambivalência. A ambivalência é um inimigo sem o qual a ordem não pode viver.

Os párias de qualquer sociedade, como o grande etnógrafo norueguês Fredrik Barth resume em seus estudos,[46] são aqueles que "quebram o tabu", aqueles que quebram o que não pode ser quebrado para o grupo em geral manter sua identidade. A *destruição* desses párias, seja física ou simbólica, é um ato criativo, e sua extinção (abreviação de extinção, expulsão; abreviação de expulsão, confinamento; abreviação de confinamento, estigmatização) é a construção de uma ordem.

Havia uma grande quantidade de quebra de tabus na aurora da modernidade; e tem havido sempre desde então. Walter Benjamin disse certa vez que a modernidade nasceu sob o signo do suicídio. Deve ter havido uma tendência suicida incorporada ao impulso moderno de derreter todos os sólidos e profanar tudo de sagrado, considerando que as batalhas modernas são travadas em nome de uma ordem nova e melhorada. Tudo começou com o pecado original de romper as castas atributivas em que o pertencimento precedia a vida e nas quais todos nasceram em seu devido lugar para viver entre outros nascidos em seus devidos lugares. Agora, entre os parapeitos rompidos e as muralhas destruídas, todos estavam livres, mas a liberdade significava a busca de uma casa que ainda não estava lá: uma vida inteira de saudades de casa. Os novos tempos eram emocionantes, mas assustadores. Não era divertido estar trancado num abrigo. Não era divertido não ter um abrigo em que se pudesse se trancar.

A modernidade precoce e clássica foi o tempo de *les classes dangereuses*, *mobile vulgus*, com pânicos de ruas e distritos perigosos; o tempo de revolta contra o *parvenu* (arrivista) e contra o *pariah* disfarçado de *parvenu*, o tempo de medo da multidão. O estranho anônimo na rua foi uma invenção da modernidade e também sua mais terrível maldição. Como Jonathan Raban afirma com vigor, "em áreas rurais, a maioria das vítimas de crimes violentos conhece seus agressores. ... Nas cidades, o assassino e o ladrão brotam da escuridão anônima; seus rostos, irreconhecíveis, suas motivações, obscuras". Mesmo que você tenha sido poupado do destino de vítima, "deve agir segundo dicas e fantasias" "que resistam a todas as suas tentativas de desvendar seu significado. ... Tanta coisa acontece, ... tão pouco é conhecido e fixo".[47]

O grande temor da vida moderna é a subdeterminação, a falta de clareza, a incerteza – em outras palavras, a ambivalência. É difícil lutar contra a ambivalência, é quase impossível ganhar a guerra. Enfrentam-se unidades de guerrilha evasivas e escorregadias, e não uma linha de frente ao longo da qual se poderiam mobilizar suas próprias forças, e não concentrações de um inimigo que se poderia bombardear para fora da existência. Assim se tenta reforjar a ansiedade difusa na forma de um medo concreto; não se pode fazer muito a respeito da ansiedade, mas se pode fazer algo – pode-se *achar* que alguém fez alguma coisa – a respeito das causas do medo. Desse modo, a tentação é "desambivalentizar" a ambivalência, condensando-a ou concentrando-a num objeto óbvio e tangível, e em seguida queimar a ambivalência nessa efígie.

Como vimos antes, os judeus adentraram os tempos modernos já escalados para encarnar a ambivalência. O que aconteceu no interior do mundo moderno só corroborou a sabedoria recebida. No mundo do que é móvel, os judeus eram a coisa mais móvel de todas. No mundo do rompimento de limites, foram eles que quebraram mais fronteiras. No mundo da fusão de sólidos, eles tornaram tudo, incluindo a si próprios, um plasma amorfo em que qualquer forma poderia ter nascido apenas para ser dissolvida novamente. Como os moradores do gueto epônimo, os judeus eram lembranças ambulantes das memórias ainda frescas e vivas da estável e transparente sociedade de castas. Entre os primeiros a ser liberados de leis especiais e estatutos, eles eram alarmes ambulantes, alertando para a chegada do novo e estranho mundo do vale-tudo.

Não apenas eles representam a ambivalência endêmica da nova *outridade* universal, mas, em sua condição, eles reúnem o que não pode ser logicamente conciliado: o status de *pariah*, aquela criatura da sociedade de castas, e o status do *parvenu*, aquela invenção da liberdade de movimentos moderna. Eles corporificavam a incongruência, a artificialidade, a impostura e a fragilidade da ordem social e dos limites mais diligentemente traçados.

Como descobriu Shulamit Volkov, "o antimodernismo tendeu a florescer onde um padrão moderno de estratificação social não desbancou de modo ordenado o tradicional, mas tendeu a coexistir com ele".[48] Mas os judeus eram os mais visíveis e ubíquos portadores da coexistência proibida. Nas palavras de Jacob Katz, o resultado da emancipação judaica foi o bem-sucedido assalto dos párias sobre as profissões de alto prestígio e a lavagem do dinheiro judeu do estigma de classe baixa e desprezível que carregavam.[49] Os judeus eram os baixos se deslocando para cima, e assim instilaram no alto o medo de descer; eles sintetizaram o mundo não apenas *virado*, mas mantendo-se a *virar* de ponta-cabeça – o mundo em que nada fica parado, no qual nada há com que se possa contar.

Isso é o que Éduard Dumont, o grande legislador do antissemitismo moderno, astutamente recolheu em sua longa lista de pecados hebraicos: "Em que registros paroquiais antigos você encontrará os nomes desses recém-chegados, que ainda um século atrás não tinham sequer o direito de morar na terra da qual agora nos enxotam?"[50] Mais poeticamente, mas não menos no alvo, Ezra Pound comparou os judeus a "lama", "pântano", "sopa de ervilha" e "fungo".

O ódio aos judeus modernos foi um caso de *proteo*-fobia; havia muitos estranhos ao redor, o mundo se arrepiava diante deles ("Poucas vezes no Ocidente o estranho é outra pessoa que entra; ele é, antes, cada um de nós a sair"),[51] e o homem e a mulher modernos estão agora bem-treinados na complexa arte de viver uma vida de estranho entre os estranhos. A judeofobia significa converter os judeus numa efígie não apenas da *outridade*, mas daquela ambivalência com que a presença ubíqua dos estranhos subdefinidos e, portanto, não confiáveis (provavelmente ardilosos), mancha o mundo, que de outra forma seria transparente. Os judeus deviam suportar o peso da notória *Haßliebe*, a mistura de atração e repulsão, de admiração e medo, (ou, nos termos técnicos cunhados por Miller e Dollard, de *adiência* e *abiência*) com que as pessoas tendem a reagir a fenômenos que se sentam no muro ou atravessam fronteiras muito bem-guardadas. Esses fenômenos ameaçam, mas também têm alguns poderes impressionantes, formidáveis, invejáveis. Fazer algo sobre os judeus não seria apenas um esforço para tornar o mundo agradavelmente uniforme de novo, mas um esforço para combater a contingência do mundo, a opacidade, a incontrolabilidade. Em outras palavras, um esforço para combater a ambivalência.

## Tempos que mudam, lugares em mudança

Enquadramentos podem ser construídos de forma sólida o suficiente para sobreviver à mudança em formações sociais e nas culturas, mas são a formação social e a cultura que a cada vez pintam a imagem no interior do quadro. Mesmo se o alossemitismo puder ser considerado um ingrediente durável, talvez permanente, da civilização ocidental/cristã, as sucessivas formações sociais e culturais decidiram a cada vez, e a cada vez de novo, seu significado e suas consequências.

No mundo pré-moderno, os judeus eram um estado entre os estados, uma casta entre as castas. Como outras castas, eles eram mais ou menos impedidos (e excluídos) de *conúbio, comensalidade* e *comércio* com outras castas; como outras castas, eram relativamente independentes, autônomos e autoperpetuadores. O que coloca os judeus à parte de outras castas como eles é sua já formada aura de ambivalência.

Um aspecto dessa ambivalência, decorrente do papel atribuído aos judeus no contínuo processo de autoafirmação do domínio da Igreja, eu já debati. (Mas me permitam repetir que o discurso cristão produziu a ambivalência do judeu *abstrato*, como noção, como um gênero mítico que lançou sua sombra sobre os hebreus "empíricos", mas que não podia ser reduzido àquilo que essa versão "empírica" foi ou fez.)

No entanto, havia também outro aspecto, mais mundano, da ambivalência judaica, intimamente relacionado com o papel de casta que lhe foi atribuído na sociedade pré-moderna: em toda a Europa, lançou-se mão dos judeus como *mediadores* entre as altas e as baixas esferas, a serviço dos príncipes ou senhores de feudo. Para o topo, eles eram serventes – um prisma pelo qual as classes mais baixas eram enxergadas; para a base, eram opressores poderosos – um prisma pelo qual as classes dominantes e exploradoras eram captadas.

Como Anna Zuk descobriu em seu original estudo sobre a Polônia pré-moderna, "a nobreza e a aristocracia aplicaram aos judeus as emoções reservadas para as classes mais baixas, tratando-os com desrespeito, superioridade, confiantes de sua vantagem sobre eles". As classes mais baixas, por outro lado, "demonstraram uma tendência a incluir os judeus na mesma categoria subjetiva das classes privilegiadas, baseando-se na evidência da prestação de serviços de alguns judeus para essas classes".[52]

Essa copresença de duas difrações mutuamente incompatíveis da mesma categoria mediadora, prismática, era uma mistura explosiva; graças a um intercâmbio cultural apenas rudimentar entre o topo e a base da sociedade, era mantida como uma bomba de ação retardada que deveria explodir com toda sua força devastadora apenas mais tarde, durante a grande guerra moderna contra a ambivalência.

As relações entre estados/estamentos ou castas da sociedade pré-moderna nem sempre eram doces e amigáveis. Também não eram muito suaves as atitudes tomadas em relação aos judeus por aqueles com os quais (pelas funções atribuídas por sua casta) eles interagiram. Não é de admirar, como salientou Jacob Katz: "O judeu cujo trabalho o levava para fora do gueto e para o meio dos gentios durante o dia ou a semana se sentia como se fosse sair de seu ambiente natural e entrar num mundo estranho. Somente ao voltar para casa à noite, ou pelo menos para o sabá, ele encontrava satisfação para além do objetivo de ganhar a vida."[53]

Com tudo isso, os judeus, não obstante sua alocação social singular, talvez fossem percebidos pela mentalidade pré-moderna como embaraços e desagrados, mas mesmo assim parte indispensável da Cadeia Divina dos Seres – necessária e significativamente uma parte da Criação como qualquer outra coisa no mundo. De acordo com o estudo pioneiro de Alina Cala sobre as imagens populares conferidas a esse povo, sua casta "podia ser distinguida por traços vistos como ambivalentes e percebida como ameaça, mas sua existência era tida como necessária", pois, para a mentalidade pré-moderna, "o mundo e a vida existem graças a certa harmonia de conflitos cósmicos".[54]

Podemos dizer que a mentalidade pré-moderna manteve uma visão verdadeiramente "gótica" sobre a forma como o mundo era construído e funcionava, e o desaparecimento de todas as tensões que mantêm este mundo coeso, se de alguma maneira imaginável, seria vista como o fim do próprio mundo. Conforme Norman Cohn resumiu suas próprias conclusões: "Os pogroms, como surtos espontâneos de fúria popular, são um mito, e não há nenhum caso de fato estabelecido em que os habitantes de uma cidade ou vila simplesmente se lançaram sobre seus vizinhos judeus e os massacraram."[55] Os homens pré-modernos cometiam atos de violência quando as coisas não estavam da maneira que eram *ontem*, e não porque não estavam como poderiam – deveriam – ser *amanhã*. No período em que as coisas estavam piorando, a fúria popular acumulada muitas vezes foi canalizada contra os judeus – mas isso por trabalho de operadores habilidosos, raramente ou nunca por iniciativa do *populus*.

Tudo isso mudou com o advento da era moderna. Agora, tratava-se do viver-para-um-projeto, rasgando o presente imperfeito em nome de um futuro de perfeição – e não, como sabemos, a partir de Barrington Moore Jr., a defesa da injustiça de ontem tomada como norma de justiça. Agora, a Cadeia Divina dos Seres necessitava de reparos urgentes, uma vez que muitas de suas entradas não tinham utilidade visível ou não estavam polidas o suficiente para ingressar no mundo da perfeição. A era moderna, como sugeri em *Postmodern Ethics*, é a "era da jardinagem", o momento em que a sociedade é tratada como um jardim que necessita de um projeto e um cultivo; e, como sabe qualquer jardineiro, uma parte indispensável do cultivar é a capina, a proteção das plantas que estão de acordo com o esquema contra a voracidade e o impacto venenoso das que não estão. Quando a *sociedade* é transformada em jardim, a ideia de *unwertes Leben** fica

---

* Do alemão, "vida indigna", ou "vida inútil", expressão usada pelos nazistas para designar os dispensáveis na nova ordem ariana. (N.T.)

determinada a ocupar, em qualquer projeto de uma sociedade melhor, um lugar tão central quanto a necessidade de combater as ervas daninhas e parasitas é primordial em todo bom manual de jardinagem.

Os judeus, já herdados pela modernidade em sua capacidade de encarnar a ambivalência, estavam predestinados ao papel da erva daninha epônima – na verdade, como denominação genérica e protótipo de toda "daninheza social". A prática moderna destaca-se de outras por sua preocupação obsessiva com a ordem, e toda ordem consiste em divisões puras e categorias claras, representando toda a ambivalência, automaticamente, como o capim mais primordial e mais opressivo. Produzir a ordem era um sinônimo para a luta contra a ambiguidade. Tornar a Europa moderna foi um sinônimo do alossemitismo voltado para o polo antissemita.

Como sugeri em *Modernidade e Holocausto*, não havia porta fechada no caminho da modernidade em que os judeus não tivessem colocado seu dedo. A ordem que a Europa moderna estava prestes a construir seria aquela do Estado-nação, que envolvia poderes políticos travando cruzadas culturais contra minorias étnicas, costumes regionais e dialetos locais, de modo que o mito da mesmidade* nacional pôde ser tornado a fórmula de legitimação dos poderes políticos. Dentro dessa Europa de nações, Estados e Estados-nação, os judeus eram quase a única categoria que não se encaixava, tendo nos ciganos sua única companhia. Os hebreus não eram uma minoria étnica em qualquer um dos Estados-nação, mas espalhados por todo o lugar. Nem eram os residentes locais membros de uma nação vizinha. Eles eram o epítome da incongruência: formavam uma nação não nacional.

---

\* No original, *self-sameness*. Um sentido possível, e relativamente consagrado, é a sinonímia entre *identity* e *sameness*. Mas preferimos traduzir como *mesmidade*, para deixar claro um direcionamento mais processual (algo que se mantém o mesmo), mais condizente com o sentido original do autor, do que como essencialista (algo que seria o mesmo, como muitas vezes pode ser interpretado o conceito de identidade). Mas fique o leitor alertado de que o sentido contido aqui é o tipicamente encontrado em expressões como "identidade nacional" (N.T.)

E com isso lançavam uma sombra sobre o princípio fundamental da ordem moderna europeia: a nacionalidade é a essência do destino humano. Hannah Arendt visitou exilados judeus da Alemanha em sua primeira reunião do lado francês da fronteira. O presidente do conselho disse: "Temos sido alemães exemplares; não há razão para que não possamos ser franceses exemplares." Hannah anotou: "Ninguém riu."

As sacrossantas fronteiras entre as nações não foram as únicas em que os judeus se acomodaram incomodamente de um lado e do outro. Em 1882, Leo Pinsker observou: "Para os vivos, o judeu é um homem morto; para os nativos, é um estrangeiro e um andarilho; para os pobres e explorados, um milionário; para patriotas, um homem sem país; para todas as classes, um rival odiado."[56] E, ao contrário do que ocorria nos tempos pré-modernos, as imagens geradas em lugares socialmente remotos se encontram e se comunicam; no caso dos judeus, as imagens mutuamente inconsistentes e conjuntamente incongruentes se misturaram sem se fundir nas mais fantásticas e logicamente desafiadoras combinações, como o epítome da incoerência. A resultante imagem compósita do judeu fez pouco caso de todas as diferenças de classes sociais, políticas e culturais fundamentais para orientação da vida e, de fato, para a ideia de o mundo ser essencialmente um lugar ordenado.

Em resumo, o antissemitismo moderno era uma produção constante da agitação moderna por ordenação. Assim, os judeus compuseram o mais óbvio local disponível para as ansiedades díspares atreladas à classe e à nação; eram a fivela mais conveniente com que se prender tais ansiedades, mantê-las juntas e atreladas à mobilização ideológica cujo estopim era o Estado e a efígie mais óbvia sobre a qual queimá-las. O Holocausto foi apenas a expressão mais extrema, gratuita e desenfreada – de fato, a mais literal – dessas tendências de se queimar a ambivalência e a incerteza em efígie; uma expressão atingida por um Estado inclinado à ordem total de uma sociedade feita sob medida (note como apenas a morte de Stálin impediu que os judeus fossem exterminados ao estilo de Hitler em outro Estado com inclinação para a ordem totalitária); um extremo que muitos gostariam de alcançar, mas nem todos ousaram e menos ainda tiveram a oportunidade.

Nesses nossos tempos pós-modernos, a obsessão organizadora é ainda a marca do pensamento e da ação. O que agora está ausente são os modelos globais de ordem, a vontade de buscar tais modelos, em detrimento das instituições presentes e poderosas – sobretudo os Estados-nação – capazes de e dispostas a servir como veículos dessa busca e, com essa finalidade, a condensar e atar os diversos impulsos de organização. A coerção concentrada do Estado moderno é mais uma vez parcelada na forma de violências descentralizadas, difusas e localizadas, agora mobilizadas principalmente como instrumento coletivo de autoafirmação e construção de identidade.

As grandes identidades que os Estados-nação modernos dolorosamente construíram estão desmoronando, não obstante as tentativas irresolutas e condenadas ao fracasso de revivê-las por meio de surtos de controle estatal anti-imigração. (Apesar de impulsionado por cálculos partidários dos lucros políticos, uma afobação de controle como essa está fadada a permanecer vazia e ineficaz, inábeis que essas avaliações são para compensar as esmagadoras pressões contrárias de uma economia cada vez mais globalizada e da integração supraestatal que vem em sua esteira.)

A construção de identidade e, mais que isso, sua conservação tornaram-se, nessas circunstâncias, uma tarefa do tipo faça-você-mesmo, sem óbvias áreas de trabalho e gerentes de fábrica. Pode-se dizer que a produção de identidade, assim como qualquer outra indústria, foi desregulamentada e privatizada, com o Estado cada vez mais frequentemente a declarar que aquele não é seu negócio nem sua responsabilidade, depois de deixá-la à mercê da suposta sabedoria das forças de mercado.

Sem claras garantias e ancoragens institucionais, a preocupação com a identidade está repleta de ansiedade que resulta em agressão. Identidades coletivas só podem nascer – e sobreviver, ainda que brevemente – por meio de atos de autoafirmação. E quanto mais barulhentos, mais atraentes e chocantes, melhor.

Como nenhum ato é poderoso o suficiente para resolver a questão das incertezas futuras, a busca da identidade é um processo intensamente emocional, pontuado por explosões de frenesi coletivo. Quase todas as identidades são constituídas de atos de separação própria enfática, possivelmente violenta, atos que sempre envolvem apontar e agredir um outro selecionado e concreto. Os judeus vêm a calhar aqui, há muito estabelecidos que são na cultura europeia como os outros eponímicos contra os quais as identidades de grupo se articulam.

Muito mais vezes do que se imagina, eles não são nem o mais conveniente nem o mais óbvio alvo das ações de autoafirmação; outros grupos, mais visíveis e próximos, servem melhor a esse propósito. A pós-modernidade torna remotas as perspectivas de antissemitismo como política de Estado. Mas também reduz a atitude antissemita enraizada e feita em casa à condição de *um entre muitos* campos de batalha em que identidades coletivas aspirantes sofrem seu batismo de fogo.

Sob condições pós-modernas, nas quais a política é cada vez mais atada a conflitos de identidade, e menos a contradições ortodoxas em torno de nacionalidade, classe ou status, o alossemitismo é passível de perder a posição privilegiada que ocupava nos tempos pré-modernos e em toda a história moderna. Ao contrário do que ocorre na modernidade, com suas ambições de homogeinização, as diferenças não são mais vistas como incômodos temporários fadados a ser resolvidos amanhã; a variedade e a pluralidade das formas de vida vieram para ficar, e a essência humana parece agora consistir na capacidade universalmente compartilhada de se estabelecer e de proteger o que Paul Ricœur chamou *l'ipséité* – a identidade distinta de outras identidades.

O agrado pós-moderno com a *mixofilia* é sempre fustigado pela tendência oposta de *mixofobia*. Seria inútil tentar prever qual das duas correntes opostas acabará por prevalecer; elas provavelmente seriam obrigadas a conviver, desconfortavelmente, por muito tempo no futuro.

A pressão para a separação social – impondo o pluralismo militante sobre a pluralidade cultural e conduzindo a versões atualizadas do culto ao *Volksgeist* ("espírito do povo"), como ritos de purificação, escaramuças de fronteira rituais, e um montante cada vez maior de imaginativos atos de violência simbólica – é susceptível de persistir, talvez até reunindo forças. Em seu estudo pioneiro e esclarecedor sobre a intolerância contemporânea,[57] Phil Cohen sugere que as raízes da tendência exclusivista, sendo extemporâneas, estão em grande parte imunes a configurações sociais e culturais mutantes: elas se enterram profundamente na ânsia universal e eterna de uma "casa" – o conforto da domesticidade, do aconchego, do estar *chez soi*; e as fórmulas ideológicas racistas ou chauvinistas são, em regra, transmutações metafóricas "da rima entre lar e pomar".

Isso pode ser verdade ou não. Mas, seja qual for o caso, o futuro da judeufobia, como o futuro de todas as outras respostas hetero/proteofóbicas à ambivalência, está ligado à luta corrente entre tolerância e intolerância gerada em iguais medidas pelo colapso pós-moderno das certezas e das formas modernas de regulação opressiva. Como tentei raciocinar em *Modernidade e ambivalência*, a tolerância representa uma oportunidade de resistir ao adversário intolerante apenas se consegue elevar-se ao plano da solidariedade.

Mas essa é outra história, uma história que teremos que viver primeiro para narrar depois.

# · 8 ·

# Moralidade e política*

## Os intelectuais no mundo pós-moderno

A palavra "intelectuais" apareceu pela primeira vez na linguagem do debate público na França, após a publicação da carta aberta de Émile Zola a Félix Faure, o presidente da República (em *L'Aurore Litteraire* de 13 de janeiro de 1898), protestando, em nome dos valores superiores da verdade e da justiça, contra o processo fraudulento do caso Dreyfus.

Nas semanas seguintes à publicação da carta de Zola, o jornal passou a divulgar, por dezenas de edições, *protestations* assinadas por centenas de nomes ilustres e conhecidos publicamente. Eram, acima de tudo, nomes de preeminentes professores universitários de diversas áreas, cada um seguido pelos títulos acadêmicos e distinções honoríficas. Mas, entre esses professores, houve também uma porção generosa de artistas, arquitetos, advogados, cirurgiões, escritores, músicos. Pois já na edição de 23 de janeiro, o editor do jornal, Georges Clemenceau, pôde anunciar que uma nova e poderosa força política havia nascido, e que a mobilização em torno de uma ideia política era seu ato

---

\* Este ensaio é uma versão editada e ampliada da *Peace Lecture*, apresentada à Universidade de Manchester em 10 de março de 1994.

de nascimento. Ele deu a essa nova força o nome de "os intelectuais": "Isso não é um sinal, todos esses intelectuais provenientes de todos os pontos do horizonte, a se unirem em torno de uma ideia?"

Clemenceau se referia a especialistas de alta classe, cada qual luminar de sua respectiva profissão, que pensaram ser seu direito e dever reunir-se em defesa de importantes valores, uma vez que acharam que não estavam suficientemente protegidos, ou se encontravam mesmo ameaçados, pelas ações de autoridades do Estado. Ao darem esse passo, os signatários das cartas deram expressão a dois pressupostos tácitos.

O primeiro desses atributos era que, apesar de todas as diferenças de especialidade e função profissional, há um importante atributo compartilhado por professores, artistas, advogados, escritores ou músicos de destaque: graças a seu excepcional conhecimento não disponível às pessoas comuns, conhecimento que adquiriram e demonstraram em suas respectivas práticas profissionais, todos estão particularmente próximos nos valores fundamentais que sustentam e determinam a qualidade da sociedade como um todo: eles são, por assim dizer, os guardiões da verdade e da objetividade, condição que eleva seus olhares acima do plano dos interesses restritos de grupo e dos preconceitos partidários.

Por serem praticantes privilegiados de suas especialidades, dotados de excepcional confiança e estima públicas por sua excelência especializada, eles também são peritos nos valores culturais em geral, que transcendem qualquer especialização individual e qualquer função social. Portanto, eles têm o *direito* de utilizar a enorme deferência pública que lhes é atribuída pelas suas realizações profissionais para dar suporte à sua posição nos assuntos públicos de interesse e preocupação gerais: têm o direito de falar com autoridade sobre questões não diretamente implicadas em suas credenciais de especialistas. Eles são o que Régis Debray chamou de *haute intelligentsia* – "uma coletividade de pessoas, socialmente fundada ao tornar públicas suas opiniões individuais sobre assuntos públicos, independentemente dos procedimentos cívicos regulares aos quais os cidadãos comuns

Moralidade e política

estão confinados".[1] Juntos, eles detêm um poder que, embora provenha de fontes diferentes, pode ser posto ao lado (e, se necessário contra) dos políticos eleitos.

Em segundo lugar, assumir uma posição em assuntos de ordem pública, sobretudo em matérias de significado ético, torna-se um *dever* dessas pessoas, sempre que os políticos, gestores profissionais da arena pública, falhem em seus cuidados. Como grupo, os intelectuais têm uma particular *responsabilidade* de acompanhamento e controle da ação dos designados guardiões dos valores públicos, e uma *obrigação* de intervir se acharem que as ações estão abaixo do padrão. Ao fazê-lo, eles transcendem seus próprios interesses de grupo ou de trabalho; eles são, pelo menos em seu próprio entendimento, uma categoria "não egoísta" no seio da sociedade – e, por isso mesmo, são uma categoria não partidária, objetiva em suas opiniões e dotada de permissão para falar em nome da sociedade como um todo. Na aguda formulação de Lucien Herr, os intelectuais são as únicas pessoas "que sabem como colocar a lei e o ideal de justiça acima de seus interesses pessoais, os instintos naturais e o egoísmo de grupo".[2]

Em outras palavras, à medida que essa história particular passa, os "intelectuais" são aqueles que possuem (ou pretendem possuir) a capacidade e o *dever* de agir como a "consciência coletiva" do país, e, portanto, de transcender tanto as divisões especializadas em suas próprias fileiras quanto as divisões transversais ligadas ao interesse no interior da nação cujos valores supremos eles protegem e promovem. Eles são definidos pelo que fazem *para além e acima* de suas funções profissionais. Ser um intelectual significa desempenhar um papel peculiar na vida da sociedade *como um todo*. É essa performance que torna alguém intelectual, não apenas o fato de oferecer serviços especializados, por mais requintados e complexos, não apenas o fato de ser membro de uma "classe do conhecimento", tendo obtido as credenciais formais no processo de educação ou de pertencimento a um grupo profissional específico (esta última é uma condição necessária mas não suficiente para a adesão à categoria de intelectuais).

Uma vez cunhado por Clemenceau, o conceito de intelectual funcionou, ao longo do século XX, mais como um postulado, um projeto, uma chamada à mobilização, do que como uma definição empírica, "objetiva", de uma determinada categoria da população. Apesar de ter assumido uma forma descritiva, seu verdadeiro significado foi um convite aberto a ser respondido por uma escolha pessoal de engajamento: é um *apelo* para determinados grupos de prestígio da sociedade admitir suas responsabilidades globais especiais – e para assumi-las e exercê-las a serviço da sociedade como um todo. Ao mesmo tempo, tratava-se de um dispositivo de legitimação, justificando a intervenção política, uma vez que ela tenha se realizado. A partir do manifesto altamente influente de Jules Benda, em 1927, esse entendimento de uma responsabilidade especial e uma missão política e social dos intelectuais dominaria – ainda que em objeções verbalizadas contra ele – a consciência das classes instruídas.

Desde o princípio, portanto, a ideia de intelectual era um conceito militante, mobilizador, com seu gume de luta voltado contra duas tendências adversárias: a crescente fragmentação da classe acadêmica, causada pela especialização ocupacional, e a declinante importância política das profissões eruditas (e do "público" em geral) num momento em que a política se tornava ela própria uma ocupação independente, de tempo integral, confinada a seus próprios profissionais de dedicação exclusiva. Embora aparentemente mirasse o futuro, o conceito carregava um sabor nostálgico; era um convite para reafirmar e restabelecer a unidade e a elevada autoridade pública que os homens de conhecimento outrora (verdadeira ou supostamente) desfrutavam, mas então assumida numa condição corroída e próxima da perda definitiva.

## As origens modernas dos intelectuais

De acordo com Robert Muchembled, o "processo civilizador", o principal fator cultural na emergência da modernidade, consistiu acima de tudo numa "dessincronização cultural" entre as elites e as massas. Mais precisamente, a partir do século XVI, a Europa Ocidental foi palco de uma separação cultural das elites por si próprias: isso por meio de um ímpeto agudo de autoconsciência, que congelou o resto da sociedade numa "massa", definida em termos de sua ignorância, irracionalidade, "vulgaridade", brutalidade, a humanidade debilitada, a insuficiente emancipação da natureza animal e sua condição de prisioneira das garras das paixões que exigia domesticação ou amansamento.[3]

Embora o nascimento e a riqueza tenham dividido profundamente a sociedade europeia durante séculos, foi apenas no limiar dos tempos modernos que dominantes e dominados se tornaram *culturalmente* apartados, e o dominante definiu sua própria maneira de vida como "cultivada" (requintada, polida, civilizada), assim, adequada ou superior. Eles então governavam em nome da promoção de valores superiores, salvaguardando-os da contaminação e da degradação, ou distribuindo-os entre as parcelas inferiores (rudes, brutas, incivilizadas) da população, assim fundindo o papel do supervisor ao do professor.

Essa autodefinição reforjou a atual *dominação* – política, econômica e social – num projeto de *hegemonia cultural*. Isso, por sua vez, constituiu a *massa* dominada (e era uma massa à medida que a característica compartilhada de "falta de refinamento", à espera de ser "aculturada", passou por cima de e apagou o que quer que pudesse diferençar a população dominada) como o objeto em perspectiva de uma prolongada cruzada civilizatória ou de uma estreita vigilância, monitoramento e controle.

Qualquer que fosse a estratégia escolhida, a humanidade das "massas" foi concebida como algo incompleto em alguns aspectos importantes, e as massas, por sua vez, como incapazes de completá-los por seus próprios esforços. Assim, a autossegregação da elite dividiu a sociedade em três, e não em dois grupos sociais: a própria *elite*, servindo como um modelo autonomeado de *l'honnête homme*, *l'homme civilisé* ou *l'homme de lumières*; as *massas* ("o outro" da elite) cruas, incivilizadas e não esclarecidas; e uma terceira categoria, os missionários, *instrutores* ou professores destinados a refinar, civilizar e esclarecer as massas. (Esta terceira categoria surgiu, depois de algum tempo, para complementar a dos guardiões da ordem nomeados para desarmar, policiar e neutralizar as "não refinadas" e imprevisíveis "classes perigosas".)

A profissão docente foi destinada a se tornar o principal veículo da nova ordem, uma ordem diferente de qualquer outra conhecida no passado. A ordem moderna foi única no sentido de que, desde o início, ela era consciente de si mesma como produção humana, como uma forma artificial a ser moldada na matéria básica, maleável, ainda grosseira, da sociedade. Era uma ordem autorreflexiva e automonitorada, que via a natureza cega e sem sentido como sua única alternativa, e a si mesma como a única – embora para sempre precária – proteção contra o caos. Essa ordem era insegura de si, consciente de que qualquer lapso de vigilância poderia restaurar a anarquia natural. Refinar a potencial "besta humana", colocando as paixões humanas em xeque e cultivando as faculdades racionais no lugar delas, foi o principal remédio contra o caos e a *bellum omnium contra omnes*.*

Foi esse último preceito que abriu um espaço social funcionalmente significativo para os produtores e distribuidores de ideias. De sua parte, estes últimos fizeram o melhor para garantir que a esse preceito fosse atribuído o papel estratégico mais fundamental nos processos de construção e prestação de serviços à ordem. A cultura como uma teoria da *ordem* social e como prática social de *cultivação* foi um produto daquele reforço mútuo. A *teoria* partia do princípio de que homens e mulheres por si sós eram incapazes de conviver pacificamente e despreparados para enfrentar as complexas e restritivas exigências da vida social; de que eles não superariam esses obstáculos sem ajuda qualificada, e que deveriam ser assistidos por "pessoas de conhecimento". Elas deveriam ser educadas de maneira que abraçassem as ideias e as habilidades que as pessoas de mais conhecimento garantiam ser as corretas e adequadas.

---

* "A guerra de todos contra todos", nome dado por Thomas Hobbes, no *Leviatã*, ao estado pré-social. (N.T.)

Moralidade e política 305

A *prática*, por outro lado, deveria estabelecer o domínio dos *homens de ideias*, elevar a doutrinação à posição de mecanismo decisivo na produção e manutenção da ordem social. Uma vez que a teoria fosse aceita e posta em prática, poder-se-ia repetir Ernest Gellner: "Na base da ordem social moderna está de pé não o carrasco, mas o professor. Não é a guilhotina, mas o (apropriadamente nomeado) *doctorat d'état* o principal instrumento e símbolo do poder do Estado. O monopólio legítimo da educação é então mais importante e mais central que o monopólio legítimo da violência."[4]

Assim, o palco estava montado para uma mutuamente gratificante cooperação entre os "professores" e seu empregador, o Estado. Eles precisavam um do outro, de vez que o poder sem conhecimento era por definição acéfalo; e o conhecimento sem poder, desdentado. Os governantes e os professores viam o mundo a partir da mesma visão privilegiada, gerencial: como a extensão informe e virgem a ser cultivada e conformada. Eles se percebem nos mesmos termos: como conformadores, projetistas, arquitetos, legisladores, jardineiros. Cada qual era incompleto sem o outro; apenas em conjunto poderiam ver-se como porta-vozes e representantes da sociedade como um todo, portadores/práticos dos valores supremos e do destino da sociedade. Havia pouco espaço para a fricção. E se não havia atrito, seria de se esperar que os dois lados tivessem poucas chances de se pôr de lado e "objetivar" a si mesmo como entidade separada.

Sob tais circunstâncias, e enquanto elas duraram, os executores das tarefas intelectuais não se colocariam à parte da fábrica de ordem social. Eles não se colocariam fora como *"intelectuais", distintos de, para não dizer antagônicos a, governantes dotados do direito e do dever de comandar a vida e o progresso da sociedade.* Nem alegariam ser um grupo coeso, ungido de uma missão conjunta, e sobrecarregado com partilhadas queixas relacionadas ao grupo. Não ocorreria a eles declarar o que Valéry estava prestes a dizer cerca de um século mais tarde: "O ferrão da vida intelectual é a convicção da falha, do caráter abortivo, da insuficiência das vidas intelectuais passadas."[5] Para dizer isso, eles deviam primeiro ter se tornado *críticos* dos atuais gestores da ordem social de quem se sentiam apartados. Deviam ter concebido a si próprios como os únicos responsáveis pela promoção de valores que os gestores da sociedade não puderam ou não poderiam instilar ou proteger. Poderiam constituir-se como intelectuais (grupo separado, com qualidades, credenciais, responsabilidades e tarefas próprias) apenas na atividade da *crítica* (atividade percebida e classificada como crítica porque voltada contra a ordem *oficialmente sancionada*, ou contra a administração oficial da ordem *existente* – não apenas a ordem a que as autoridades oficiais da sociedade são elas próprias contrárias, querendo desmontá-la e a substituir).

## A "intelligentsia" da periferia civilizacional

As condições de desavença e antagonismo entre os governantes e as classes instruídas, e, portanto, as condições para a autoafirmação dos intelectuais como os portadores da crítica sociocultural, surgiram pela primeira vez na periferia da parcela modernizada do mundo. Para os países periféricos, que ainda não tinham entrado no caminho de profundas transformações sociais, mas já estavam cientes de seus efeitos pela invejável experiência do núcleo "moderno" do mundo contemporâneo, a modernidade não foi um resultado não planejado da mudança social: ela foi concebida *antes* de se tornar uma realidade, e, portanto, só poderia ser pensada como um *projeto* abraçado deliberada e conscientemente, uma meta perseguida.

Sendo "periféricos", esses países foram representados pelo centro como "não civilizados", "relativamente atrasados", "em desenvolvimento tardio". Uma vez que essa classificação, sustentada pela autoridade de Estados indubitavelmente "avançados" e "superiores" (considerando que eram política e militarmente dominantes), foi admitida pelas sociedades "mais fracas", periféricas, suas condições próprias, antes ainda vistas como normais (ou demasiado normais e familiares para serem "vistas"), de repente se redefiniram como aberrantes, retardadas, "nas garras da tradição obsoleta" ou, em outras palavras, vergonhosa, desprezível, humilhante e insuportável. A realidade, ou a suposta realidade (sempre numa apresentação embelezada e sanada) dos "centros" desenvolvidos se tornou a utopia da periferia "subdesenvolvida".

A desvantagem recém-concebida desencadeou o processo que os antropólogos chamam de "difusão de estímulo", um processo em que a *ideia* de uma forma social "superior" viaja por conta própria, desacompanhada das condições socioeconômicas que lhe deram origem, tendo assim adquirido o status de *urgência milenar* – de um sonho a ser forjado em realidade pelo esforço humano consciente.

Se, no caso de países "líderes", onde se originou o estímulo, o caráter artificial do novo modelo poderia às vezes passar despercebido (como de fato aconteceu no início) ou ser teorizado em retrospectiva como resultado de um processo aproximado ao da natureza, nenhum espaço foi deixado para a ambiguidade no que diz respeito aos países "liderados". Lá, o processo não só poderia ser concebido de uma forma descaradamente *cultural*: como produto de uma imposição da lei radical e revolucionária, mas cuidadosamente projetada, de uma atividade humana vigorosa e determinada, de um "rompimento" de antigas formas e "construção" de novas – tudo isso levando, e dependendo de, à construção do "novo homem" apto a sustentar a e a viver na "nova ordem".

O ato de abraçar padrões estrangeiros pelos quais a partir de então as condições locais devem ser medidas e avaliadas (somente para ser condenadas como consequência) faz daqueles que os abraçaram críticos de sua própria sociedade. Eles se posicionaram, pelo menos em pensamento, do lado de fora da realidade nativa, e essa distância mental condensou tanto a "realidade" quanto sua própria condição em entidades "objetivas" drasticamente opostas, em guerra uma com a outra. Nessa oposição, a realidade nativa foi constituída como um objeto de transformação profunda e deliberada, e/ou como um obstáculo a essa transformação que precisa ser quebrado, se a mudança desejada estiver prestes a acontecer; sua própria condição, por outro lado, foi constituída como a do portador da transformação – um agente civilizador, um agricultor, um legislador. A realidade era deficiente, imperfeita, destituída de autoridade, uma simples matéria-prima na qual a ação futura deverá ainda imprimir um molde.

Historicamente, o estímulo viajante originado no centro do processo civilizador/ modernizador da Europa Ocidental atingiu em primeiro lugar a Europa Oriental – geograficamente mais próxima ao berço da modernidade. Não é de admirar que tenha sido nessa parte do mundo que o conceito e a prática da *intelligentsia* foram cunhados e testados (a própria palavra entrou no vocabulário internacional na forma russa) – estabelecendo um padrão a ser mais tarde ensaiado em incontáveis áreas mais ou menos distantes do globo afetadas pelo zelo missionário de uma civilização confiante de sua universalidade.

Em aparência, o termo era apenas uma questão técnica: denotava uma fina camada de pessoas com credenciais educacionais, pessoas que mobilizam competências mentais, e não físicas, em seus trabalhos. Mas o verdadeiro significado do novo conceito (um significado em grande medida determinante da prática consequente) pode ser mais bem-captado a partir da *oposição* semântica em que a ideia surgiu desde sua concepção – uma oposição entre a "intelligentsia" e "o povo". A "intelligentsia" era, por assim dizer, o agente definidor na oposição; e a imagem de "povo" foi interpretada como o outro da intelligentsia. "O povo" era barro inerte ao zelo criativo da intelligentsia; ele se opõe a ela como o indolente ao energético, o supersticioso ao educado, o obscurecido ao esclarecido, o ignorante ao conhecedor. Em resumo, o atrasado contra o progressivo. O povo representava uma massa ainda sem forma, pronta para receber qualquer forma que a ação bem-informada, habilidosa, da intelectualidade possa lhe conferir, e ele nunca seria confiável para alcançar essa forma se faltassem à intelligentsia zelo e resolução.

Arnold J. Toynbee[6] sugeriu que a intelligentsia, como uma "classe de oficiais de ligação", e pela mesma razão, "uma classe de transformadores", "nasceu para ser infeliz". Ela foi obrigada a ser vista em seu próprio país como "bastarda e híbrida", "odiada e desprezada por seu próprio povo", enquanto "nenhuma honra" lhe foi prestada "no país cujo usos, costumes e truques" ela dominou e ao qual era "dedicada, de todo o coração". Destino tão triste era inevitável, uma vez que a intelligentsia habitava a terra de ninguém em sua própria sociedade, da qual tinha decidido se afastar, a "sociedade de padrões" da qual havia escolhido atuar como um afiado porta-voz, mas que nunca admitiria aceitá-la como um parceiro em iguais condições.

A intelligentsia das sociedades periféricas se viu num dilema virtual: vista com desconfiança, muitas vezes ridicularizada pelo "povo" que tinha escolhido tornar feliz, enquanto, na melhor das hipóteses, era tolerada com condescendência pela elite cuja autoridade ajudou a criar e acreditou inquestionável, ela poderia muito bem acabar rogando uma praga a ambas as suas casas. Sua posição crítica foi, por assim dizer, sobredeterminada, assim como sua aguda consciência de sua própria singularidade e solidão. Acima de tudo, seus membros sentiam-se a classe *transformadora*, a classe a arcar com a responsabilidade de refazer a sociedade na forma de algo diferente de como ela era até então, transformando o curso de sua história, forçando-a "para o caminho certo".

## Afastamento e engajamento

Foi essa consciência periférica da "missão de transformar", com a pungente experiência de solidão e alienação, que serviu de modelo a partir do qual a discussão do século XX sobre o posicionamento social, a identidade e o papel dos intelectuais se modelou e desenvolveu. E provavelmente nenhum outro autor influenciou o curso dessa discussão mais que Karl Mannheim, que associou o "desenraizamento social" da classe do conhecimento, o seu aparente afastamento de todas as classes estabelecidas, com o seu potencial singular de se posicionar em julgamento de todas as parcelas da sociedade, incluindo a classe política dos governantes.

De acordo com o comentário de Maurice Natanson sobre a *freischwebende Intelligenz* (inteligência flutuante) de Mannheim, "o intelectual se torna um desmascarador, um penetrador de mentiras e ideologias, um relativizador e desvalorizador do pensamento imanente, um desintegrador de *Weltanschauungen*" porque não é "obrigado por qualquer compromisso formal", "pode mover-se levemente por formulações tradicionais de causalidade, controle e previsão sociais."[7] O único discernimento e a única perspicácia dos intelectuais não atrelados, o que lhes ofereceu a clareza, a veracidade e a autoridade de julgamento que as classes mais "estabelecidas" jamais poderiam possuir, é, de acordo com Mannheim, a liberdade com que os membros da classe de conhecimento podem se mover entre as camadas da sociedade: "É claramente impossível obter uma visão abrangente sobre os problemas se o observador ou pensador se limita a um determinado lugar na sociedade." "A formação de uma decisão só é verdadeiramente possível em condições de liberdade baseada na possibilidade de escolha, que continua a existir mesmo após a decisão ter sido tomada."[8]

O fato de que os intelectuais não pertençam a qualquer uma das classes encerradas num conflito de interesses mútuos, de que são rejeitados por todas essas classes enquanto se recusam a se comprometer totalmente com qualquer uma delas, é a garantia de imparcialidade e portanto de verdade, no julgamento intelectual. Uma sociedade que deseja uma política verdadeiramente "científica", que pretende legislar sobre seus assuntos de acordo com conhecimento confiável e exigências da razão, deveria admitir isso e, portanto, confiar a tarefa de tomada de decisão a seus intelectuais.

As formulações de Mannheim eram, em essência, uma manifestação de vontade de poder feita em nome da classe estudiosa. Ou pelo menos uma manifestação de vontade de assumir os postos de fiscais e conselheiros oficiais dos detentores do poder, além dos cargos de "assessores públicos" para garantir a racionalidade das decisões dos poderosos. Essa intenção foi expressa numa linguagem tipicamente do século XX, invocando a autoridade aceita das "ciências exatas" para defender a tese da sabedoria política dos homens de conhecimento. Em sua substância, no entanto, a proposta de Mannheim reafirmou o entendimento da classe intelectual de seu próprio potencial e sua missão que remonta pelo menos à imagem proposta por Francis Bacon de uma "Casa de Salomão" como o local a partir do qual as leis da sociedade são enunciadas – imagem totalmente articulada na filosofia do Iluminismo.

De acordo com essa autocompreensão, nenhuma outra classe na sociedade, pelas suas limitações inatas, está realmente em posição de decidir o que é certo e bom para a sociedade como um todo. Apresentando a seus leitores ingleses a visão iluminista da tarefa que os portadores intelectuais de conteúdo cultural são chamados a desempenhar, Matthew Arnold denunciou todas as outras classes como incapazes de promover a "doçura e a leveza" que a cultura pode oferecer: a aristocracia, porque é uma classe de "bárbaros" (preocupados exclusivamente com o requinte externo e a etiqueta); a burguesia, porque é uma classe de "filisteus" (fingindo possuir uma compreensão que não tem); as classes trabalhadoras, porque são um mero "populacho" (impulsionadas por instintos e desejos, rejeitadoras de todas as normas).

Apenas os poucos indivíduos que atuam por escolha própria, que se desprendem do hábitat das classes em que nasceram para se dedicar plenamente à promoção da cultura, podem garantir o triunfo final da harmonia onde reinam o egoísmo próprio a esses extratos e os conflitos entre essas várias classes. Eles devem estar prontos para lutar contra a preguiça e a inércia que tornam todas as classes relutantes ou incapazes de aceitar e implantar os valores que promovem: "A cultura não tenta incansavelmente produzir aquilo de que cada pessoa em estado bruto possa gostar e a regra pela qual ela molda a si mesma, e sim atraí-la para cada vez mais perto de uma noção do que é realmente bonito, gracioso e apropriado, e a fazer a pessoa bruta gostar disso."[9]

A manifestação de interesse por assumir a suprema competência em assuntos relacionados com a atividade de impor a lei no que diz respeito à melhor organização da sociedade e selecionar os conteúdos da educação universal coloca os intelectuais em competição com a classe política, ao tornar ambivalente sua relação com as "massas". Esta última é, por assim dizer, a *raison d'être* dos intelectuais e da elevada posição social que eles reivindicam. Nas palavras de Pierre Bourdieu,

> na mitologia dos artistas e intelectuais – que, em termos de suas estratégias de oposição e dupla negação, voltam a encontrar por vezes os gostos e as opiniões "populares" –, o "povo" muito habitualmente desempenha um papel que não é assim tão diferente daquele atribuído ao camponês pelas ideologias conservadoras da aristocracia em declínio.[10]

O "povo" era o aliado natural dos intelectuais em sua competição com os detentores do poder, a quem os intelectuais acusam de negligenciar seus deveres com seus tutelados. Por outro lado, no entanto, muitas vezes os intelectuais acham o "povo" lento ou totalmente relutante para aceitar suas decisões em questões de conveniência e bom gosto – uma atitude que os intelectuais estão prontos a lamentar e mesmo condenar, a ponto de sua própria postura vis-à-vis o "povo" tornar-se uma mistura de medo e menosprezo.

*Os intelectuais e as massas*, de John Carey, pertence a uma lista não muito longa de estudos da conturbada história do romance entre os autonomeados pastores espirituais e seu pretendido rebanho. O livro de Carey foi recebido pela crítica com veneno e malícia raramente encontrados mesmo nas esferas da crítica acadêmica, menos notórias por seus modos civilizados; e não é de admirar, uma vez que as provas acumuladas por Carey trouxeram à tona alguns dos sentimentos de culpa mais veementemente negados e escondidos (por serem os mais dolorosos) a assombrar a profissão intelectual.

Essas evidências mostram que a posição de desprezo de Nietzsche em relação "à grande maioria dos homens" que "não têm direito à existência, mas são uma desgraça para os homens superiores", de modo que a gestação de uma raça superior exigiria a "aniquilação de milhões de falhas", longe de ser um caso isolado e uma grotesca fala da boca para fora de um homem conhecido por ser levado por sua eloquência em mais de uma ocasião, calou fundo em muitos homens letrados e foi replicada de modo amplo: "Sonhar com o extermínio ou a esterilização da massa, ou negar que as massas eram formadas por pessoas reais, representou ... um refúgio imaginário para os intelectuais do começo do século XX."[11] A aversão mais virulenta floresce entre as ruínas de um amor não correspondido.

Intelectuais poucas vezes se acham capazes de superar a inércia ou a resistência do "povo" sem o uso dos meios de coerção e persuasão administrados pela classe política. Essa é outra poderosa fonte de ambivalência que marca o turbulento relacionamento entre intelectuais e massas. Como diz Theodor Adorno:

> A cultura sofre danos quando é planejada e administrada; quando é deixado por si próprio, no entanto, tudo que é cultural ameaça perder não apenas suas possibilidades de efetividade, mas também sua própria existência. ... O espírito, em sua forma autônoma, não está menos alienado das necessidades manipuladas e agora firmemente satisfeitas dos consumidores do que da administração.[12]

Daí a muitas vezes notada ambiguidade demonstrada por intelectuais em relação à forma que a orientação do "povo" deve assumir. Poderes fortes a perseguir a visão de uma "sociedade ideal" contra a vontade de uma população ainda muito "imatura" para apreciar suas virtudes atraíram o entusiasmo intelectual tão habitualmente quanto as demandas de autonomia democrática e a liberdade de escolha dos cidadãos diante da interferência do Estado. Nem os regimes totalitários nem os democráticos precisam se queixar da escassez de intelectuais dispostos a apoiar e promover sua causa.

De acordo com o estudo de Harold Perkin sobre a vida profissional inglesa, a transformação da elite educada em especialistas/profissionais teve um efeito profundo em sua atitude em relação a seus "objetos humanos", então percebidos como receptores passivos de suas habilidades: a atitude atual é de arrogância e desdém.

Não parece haver qualquer intenção visível de se "conversar" com o público leigo, agora tratado apenas como uma coleção de "objetos" "sobre os quais atuar". Apenas os "colegas" ou outros especialistas/profissionais são vistos como potenciais parceiros de conversação – mas as relações entre os porta-vozes de diversas áreas do conhecimento (e diversas configurações institucionais) expressam-se, antes de mais nada, na competição por recursos públicos e no ciúme profissional. Daí, "nenhum profissional poder abrir a boca sem ser desprezado por outro"; o descrédito de outros especialistas é visto como a forma mais segura de elevar o próprio prestígio; a crítica dos colegas em geral é cheia de malícia e inveja, e as perspectivas de união das profissões para assumir coletivamente a responsabilidade dos "intelectuais" são escassas e remotas.[13]

A opinião geral expressada nas análises contemporâneas é pessimista sobre as perspectivas de ressuscitar a preeminência pública dos intelectuais como a "consciência coletiva da sociedade", remanescente do pré e do imediato pós-guerra. O tempo da glória e da influência política dos intelectuais como um grupo conjuntamente responsável pela cultura e os padrões éticos das nações, como portador coletivo dos valores humanos universais, é visto como um passado de improvável retorno.

## O deslocamento social dos intelectuais

Os Estados modernos na Europa eram *Estados-nações*, com as fronteiras ostensivamente "naturais" das nações a substituir os pré-modernos "direitos hereditários" das dinastias reinantes. A pretensão de representar as unidades nacionais supostamente antigas e naquele momento já completamente formadas mascarou o intenso esforço de construção nacional, a essência da luta do Estado por autoridade no início da era moderna.

O século XIX foi a época das amplas cruzadas culturais destinadas a tornar realidade a unidade nacional assumida, mas inexistente. Diversas línguas faladas pelas populações que habi-

Moralidade e política

tavam os territórios nacionais foram declaradas "dialetos locais" que precisavam ser substituídos pela versão unificada, "padrão", do idioma nacional, por ação de um esforço educativo e pela imposição da linguagem "correta" em ocasiões e lugares públicos. Diversas memórias de grupo comunitariamente sustentadas foram suprimidas e suplantadas por um curriculum histórico unificado, destinado à preservação do "patrimônio nacional comum". Tradições, costumes, festas, rituais comunais foram redefinidos como resíduos de ignorância e preconceito, substituídos por um calendário uniformizado de festividades nacionais e por uma lista oficial de "costumes nacionais"; ou arrancados da administração comunal e em seguida adaptados e dotados de significados nacionais novos e globais.

Acima de tudo, a construção da nação exigia um esforço prolongado e condensado para desenvolver e adquirir uma visão supralocal, supraclasse e supraétnica da "consciência nacional", coincidindo em escopo com o domínio real ou pretendido do Estado-nação. Nesse processo, as demandas concorrentes de outras nações postulantes, disputando para se apropriar e assimilar as mesmas histórias, línguas e culturas locais, deviam ser combatidas e derrotadas. Tudo isso colocou a elite educada, reapresentada como os "líderes espirituais da nação" ou como "os guardiões do patrimônio nacional", no cerne do processo de "acumulação primitiva de autoridade" no Estado moderno.

Essa centralidade deixou de ser evidente, no entanto, quando a autoridade dos Estados-nações passou a estar firmemente estabelecida, e a reprodução "da lei e ordem" rotineiramente garantida por outros meios de mobilização ideológica. Com a crescente afluência e ascensão da sociedade de consumidores sobre a de produtores, a integração social passou a ser reproduzida sobretudo por ação do impacto sedutor do mercado e de suas mercadorias, enquanto, ao mesmo tempo, a intensidade do engajamento político da cidadania por parte do Estado diminuiu.

A uniformidade cultural aos poucos perdeu sua importância política, e o Estado perdeu muito de seu interesse original na escolha cultural e na promoção de uma determinada entidade cultural. A dominação política estava assegurada mesmo sem o apoio da hegemonia cultural. Isso levou à gradual redução (principalmente a autoamputação) da supervisão política sobre o reino da cultura. Mesmo em países nos quais, como a França, as agências estaduais permanecem ativas em subsidiar e promover a criatividade cultural e a divulgação da produção cultural, o mecenato artístico do Estado cuidadosamente evita tomar uma posição partidária e de favorecimento de algumas alternativas culturais em detrimento de outras: "A palavra 'cultura' implica agora um agregado enorme de 'culturas', cada uma delas igual a todas as outras. ... O Estado cultural, aspirante a ser nacional, também quer ser plural e ainda camaleônico, seguindo mudanças na moda e nas gerações."[14]

A neutralidade cultural do Estado representou a emancipação da elite intelectual produtora de cultura da interferência ressentida, muitas vezes impertinente, dos políticos. Esperava-se elevar ainda mais o prestígio e a influência públicos dos intelectuais, colocando-os firmemente no controle isolado da cultura, que eles sempre reivindicaram como seu domínio próprio e natural. Isso, porém, não aconteceu – ou não foi considerado como algo realizado, na avaliação dos próprios intelectuais; pelo menos por duas razões.

Em primeiro lugar, a separação entre o Estado e a cultura, e o abandono das políticas culturais estatais, privou a atividade cultural da importância política de que ela gozava, e portanto privou-a também de relevância pública. A criação, a escolha e o consumo de cultura foram privatizados, ficando então relegados à esfera privada. O prazer da liberdade de criação sem precedentes, adquirida graças ao reconhecimento oficial da neutralidade política da cultura, foi azedado pela sensação de que as escolhas artísticas ou literárias pouco importam, se tanto, para qualquer um que não sejam os próprios artistas e escritores: a liberdade da cultura veio com a suspeita de uma irrelevância atroz.

Segundo, o posto de controle da cultura, deixado vago na sequência da retirada do Estado, não passou a ser ocupado pelos intelectuais. Ele foi, em vez disso, captado pelas forças do mercado. Se a garra do controle político foi radicalmente relaxada, o punho do critério mercadológico da rentabilidade não se mostrou menos – e talvez seja ainda mais – coercitivo do que costumava ser o domínio político. Também estava gritantemente fora de sintonia com a ideologia tradicional da intelectualidade.

Com os antigos administradores da cultura – a elite política do Estado-nação –, os intelectuais compartilhavam a crença numa "hierarquia objetiva" de valores culturais, a convicção de que algumas opções culturais são melhores que outras, e a determinação para ajudar as "melhores" escolhas, a serem feitas enquanto se afastam os perigos das preferências inferiores. Pois nem essa crença nem aquela determinação podem ser encontradas no *mercado* cultural, que suplantou as *políticas* culturais do Estado. Na verdade, o favoritismo cultural de qualquer tipo vai na contramão da filosofia e das práticas do mercado. O mercado não reconhece nenhuma hierarquia cultural, exceto a da comerciabilidade. As listas de best-sellers são as únicas ordens reconhecidas de preferência cultural – e, aliás, os únicos critérios de excelência.

As escolhas do mercado não são necessariamente as que os intelectuais teriam feito de acordo com seus próprios padrões rígidos e sofisticados; e isso, por si só, seria motivo para o alarme, mas um insulto foi adicionado ao prejuízo pela negação do mercado – na prática, se não em teoria –, o de que *qualquer* padrão definido e já efetivado, além da estimativa de provável potencial de comercialização, é tão concebível quanto adequado. Com essa atitude dos novos gestores da distribuição cultural, o próprio fundamento da importância social dos intelectuais foi solapado.

Sob as novas condições, "o desejo filosófico de ser capaz de decidir definitivamente entre a arte e a não arte não pode ser satisfeito"; mas os intelectuais não querem "simplesmente classificar as coisas em categorias úteis, ... e sim separar o merecedor do indigno, e fazer isso em definitivo".[15] Pois foi esse direito que passou agora a ser negado – e mesmo que não explicitamente negado, tornou-se ineficaz na prática.

O advento da dominação do mercado sobre a cultura tem, assim, sido amplamente percebido pelo meio intelectual como uma expropriação. E a condenação pura e simples da cultura comercializada, conforme expressado na teoria da "cultura de massa", dominante nas ciências sociais a partir da década de 1950 e por três décadas, foi a resposta intelectual inicial. Nessa teoria, as forças mercadológicas e os comerciantes de bens culturais com fins lucrativos eram acusados de causar a uniformização cultural, a "homogeneização" de produtos culturais distintos, e, ao fazê-lo, de promover um novo tipo de cultura "fácil",* insípida e sem rosto, sobretudo em detrimento da qualidade, da "alta cultura" e da criatividade cultural em geral.

Essa homogeneização, cuja perspectiva deixou os intelectuais tão alarmados cerca de sessenta anos atrás, não ocorreu. Pelo contrário, o mercado cultural parece prosperar na diversidade cultural e pela rápida sucessão de modas culturais. A cena cultural como conjunto de forças de mercado é mais uma reminiscência, um redemoinho de produtos e padrões variados, muitas vezes opostos entre si, que uma uniformidade neutralizante e padronizadora. Foi essa ausência de padrões privilegiados, e não a maçante monotonia "fácil", que se provou o mais sério desafio ao papel dos intelectuais ortodoxos e sua autoridade inquestionável no que diz respeito a questões de gosto e escolha cultural e ética. A escolha foi *privatizada*, convertida em atributo da liberdade individual e de construção da identidade.

A promoção de qualquer padrão cultural particular como essencialmente "melhor que", ou de alguma maneira "superior a", outras opções disponíveis ou concebíveis, tem sido amplamente castigada e desdenhosamente rejeitada como um ato de opressão.

---

* No original, *middlebrow culture*. Essa expressão surgiu na crítica literária britânica dos anos 1920 para designar uma literatura (embora fosse extensiva a outras artes) apelativamente acessível. O termo tornou-se um adjetivo para as pessoas que buscam afirmação cultural não merecida e para a produção cultural "fácil", motivo pelo qual preferimos traduzir dessa forma. (N.T.)

Numa reviravolta inesperada, praticamente invertendo as respostas originais dos intelectuais, o mercado tem sido promovido ao posto de principal esteio da liberdade. A fundação moderna do poder coletivo dos intelectuais foi corroída: restou pouquíssima demanda pelas competências de que eles se orgulharam por toda a história moderna – a de *legisladores* éticos e culturais, de projetistas e guardiões dos padrões culturais adequados.

A substituição de uma cadeia de escolhas do consumidor por "projetos de vida" unificados teve mais um impacto negativo sobre a função tradicional do intelectual. Na sequência da privatização e da fragmentação da construção da identidade, a frustração que se segue ao fracasso dos esforços e ao desinteresse resultante tende a ser "privatizada". Elas tornam-se difusas e não se somam, são não cumulativas, tornam-se resistentes a todas as tentativas de condensá-las em "causa pública" unificada, e, ainda mais, de reuni-las em torno de uma visão social alternativa. Pessoas que tentam chegar a desempenhar o papel tradicional de intelectual são divididas entre incontáveis partidos, causas, seitas religiosas etc. a quem oferecem seus serviços ou orientação. Reclamações diversas e dispersas, monotemáticas, não apresentam "denominador comum": nenhum conflito singular pode ser responsabilizado como causa de toda a panóplia de queixas e postulados.

Programas políticos que visam ao apoio da maioria só podem ser compostos por "coligações arco-íris", improváveis de sobreviver à questão que por um instante as reuniu. E, o mais importante, queixas provocadas pelo mercado, quando processadas pelos canais das vidas privatizadas, resultam em ainda maior demanda por serviços de mercado, reforçando assim, em vez de prejudicar, o controle do mercado sobre as esferas social e cultural. Outro pilar da importância social do intelectual, seus papéis como porta-vozes das causas comuns, teóricos da "boa sociedade" e projetistas dos arranjos sociais alternativos, tudo isso tem sido simplesmente desmantelado.

O mercado, além disso, promove uma cultura de "máximo impacto e obsolescência instantânea."[16] Ele não pode prosperar sem uma sempre acelerada sucessão de modas e estados de espírito do público (como um crítico francês observou causticamente, se fosse dado a Émile Zola acesso à televisão, ele, na melhor das hipóteses, ganharia tempo suficiente para gritar "J'accuse");* a atenção do público, bombardeado com ofertas contraditórias, tornou-se o principal marco do jogo do mercado, a mais cobiçada e mais escassa das mercadorias. O desvio de atenção substitui o senso de processo histórico pelo de uma coleção de episódios desconexos e inconsequentes; isso achata o tempo histórico num "presente perpétuo" (a experiência que tem se refletido, perversamente, em declarações como a do "fim da história").

No vigoroso resumo de George Steiner, estamos num "cassino cósmico". Apenas os jogos retóricos são jogados; por vezes ocorre de eles serem profundos, mas para serem jogados aos olhos do público, com pelo menos uma aparência de impacto, eles devem ser sempre divertidos – ter "um valor de entretenimento" – de modo que possam captar a atenção do público, ainda que apenas por um breve momento. "Alguém só existe na medida em que os outros falem dele – elogiem-no, citem-no, critiquem, difamem, ridicularizem etc."[17]

A fama foi substituída pela *celebridade*: não a recompensa por uma realização, o pagamento de uma dívida pública pelo serviço individual à causa pública, mas apenas o artefato de "forçar a chegada de alguém" com todos os meios disponíveis diante da atenção do público, brandindo o entretenimento ou o valor de choque da mensagem e/ou da apresentação da mensagem como crédito. Se os intelectuais se incluem na minoria escolhida que pode reivindicar direito especial à *fama*, eles não têm direito privilegiado à *notoriedade*. Pelo contrário, as carreiras intelectuais tradicionais, a principal causa de sua fama no passado, não são aptas a serem conduzidas sob o olhar do público e não são calculadas para o aplauso imediato.

---

* "Eu acuso", justamente o título do artigo que Zola publicou no jornal literário *L'Aurore*, em protesto contra a condução do caso Dreyfus, citado no início deste ensaio. (N.T.)

Quando a notoriedade, mais que a fama, é a medida da importância pública, os intelectuais se veem concorrendo com atletas, estrelas pop, ganhadores de loteria, além de terroristas e assassinos em série. Nessa competição, eles não têm muita esperança de ganhar, porém, para competir, devem jogar o jogo da notoriedade de acordo com suas regras, isto é, adaptar sua própria atividade ao princípio de "máximo impacto e obsolescência instantânea". A justiça ou a verdade das ideias intelectuais é cada vez mais irrelevante para a atribuição da atenção pública. O que conta é sua repercussão, o montante de tempo e espaço de cobertura midiática dedicado a eles – e isso depende em primeiro lugar de seu potencial de venda/valoração.

É bem possível que a glória histórica dos intelectuais estivesse vinculada a outros fatores da era moderna, agora em grande parte extintos – as grandes utopias da sociedade perfeita, dos projetos de engenharia social global, da busca de padrões universais de verdade, justiça e beleza, e dos poderes institucionais com ambições ecumênicas, dispostos e capazes de atuar sobre eles. A elevada posição hierárquica dos intelectuais como agentes e árbitros do progresso histórico, como guardiões da consciência coletiva da sociedade que se autodesenvolve, não poderia sobreviver à crença no progresso e à privatização dos ideais de autoaperfeiçoamento. (Essa é, para alguns autores, a razão pela qual os intelectuais nunca desfrutaram de um prestígio social de estilo europeu na atmosfera do "sonho americano", que representava a melhoria sobretudo como uma realização privada, e não social.)

Os intelectuais têm pouco a oferecer à vida privada da "maioria satisfeita" dos países ricos, a menos que eles se fundam à "cena cultural" comercializada, oferecendo suas ideias como mais uma mercadoria no superlotado hipermercado de kits de identidade para montar. Eles certamente perderam seu papel como *legisladores* culturais, esperando, na melhor das hipóteses, tornar indispensável sua nova função como *intérpretes* culturais – tradutores no contínuo intercâmbio entre diversos estilos culturais autônomos, mas equivalentes. O colapso da alternativa comunista à sociedade de mercado consumidor representou mais um golpe à posição dos intelectuais como árbitros da escolha real e tangível entre arranjos sociais alternativos. Não há mais "alternativas genuínas" – isto é, na linguagem política, alternativas apoiadas pelo poder, armadas até os dentes – entre as quais decidir.

## Rumo a uma recomposição?

Não se pode resumir melhor o que foi dito aqui do que as palavras de Georges Balandier (*Le Monde*, 22 out 1993):

> Os grandes debates públicos perderam o vigor, as instituições tradicionais (sobretudo a universidade) perderam poder em favor dos organismos de radiodifusão de notícias e da mídia, e aquelas "cidades dos intelectuais", as editoras e a imprensa, se abriram a múltiplas influências competitivas. ...
>
> As paixões se enfraqueceram à medida que as certezas foram perdidas, o pluralismo de ideias surge acompanhado do "compromisso com o mercado", a "lógica do espetacular" tem a melhor mão do jogo, mas [*e aí vem a surpresa! Z.B.*] a configuração intelectual se recompõe, e o declínio pode ser revertido.

Mas como é possível essa "recomposição"? Terá ela alguma oportunidade de sucesso quando, por consenso geral, está fora de questão um retorno ao velho – e nostalgicamente lembrado – papel de legisladores "naturais" (vistos como naturais e entronizados como tais) dos costumes públicos?[18] Esse retorno está realmente fora de questão, levando-se em conta a divisão interna – profissional, bem como política – nas próprias classes eruditas; levando-se em conta o zelo por demais evidente de muitos intelectuais do mundo retribalizado em trocar o sol universal pelo brilho singelo da lâmpada doméstica, a fim de servir de iluministas para pequenos déspotas locais;[19] levando-se em conta, enfim, a evidente ausência de poderes mundanos que pudessem ser absorvidos e estar interessados em absorver a mensagem de

Moralidade e política    323

universalidade que constituiu o ruído peculiar da função de imposição das lei dos intelectuais de antigamente.

Mas então, como? Jean-François Lyotard parecia ter acumulado um estoque completo da situação atual e apareceu com a resposta (veja "La ligne de résistance", na mesma edição de *Le Monde*): em nossa era pós-legitimação, o que quer que façamos não pode contar para o conforto da verdade supra-humana que nos libertaria da responsabilidade de fazer o que fazemos e nos convencer e a todos mais que temos o direito de fazê-lo e que o que fazemos é certo. Na era pós-legitimação, podemos apenas "avançar sem autoridade".

> A escrita é uma débil tentativa de responder a uma demanda; um esforço, necessariamente imperfeito, para cumprir com a obrigação que não provém de um outro (não se sabe o que o outro demanda, nem se ele demanda alguma coisa), mas que reside secretamente no interior de quem se propõe a escrever, e ali reside de uma maneira não prescritiva. ...
>
> O "escritor" escreve para saber o que o outro demanda – supondo que ele demande algo – ou para saber por que ele nada demanda. ... Essa demanda, que pode muito bem expressar-se em silêncio, [*serve*] para tornar audível, em palavras, algo que não foi dito, algo que ele não soube como dizer.

Escrever é um dever, sugere Lyotard, não um direito – direito de primogenitura, direito por consagração, ou direito usurpado – dos intelectuais. O dever de expressar o que de outra forma permaneceria silenciado; e lá, nas 24 horas por dia de barulheira e comoção das rodovias eletrônicas, entre realidades condicionais, passadas e virtuais que gritam uns mais alto que os outros na luta vã para documentar sua própria realidade e torná-la mais real que outras, a maioria das vozes permanece em silêncio, sem sequer esperança de serem ouvidas. O dever de torná-las audíveis, porém, é um dever sem autoridade, e sem sequer a esperança de que algum dia, em algum lugar, seu inabalável fundamento seja encontrado ou construído, para retrospectivamente liberar os doadores da responsabilidade (ou seria da culpa?) pelo que fizeram. A suposição desse dever representa um mover-se no escuro, correndo riscos, assumindo a *responsabilidade* pela audibilidade do paralisado.

Em seu estudo sobre a "reinvenção do partidarismo" na América dos anos 1950, após longos anos de ausência (ou exílio) intelectual da cena pública, Andrew Jamison e Ron Eyerman pesquisaram a vida e a obra de quinze pensadores cuja importância apenas anos mais tarde seria plenamente reconhecida. O que unia esses pensadores, ainda que amplamente diferentes nas crenças e no estilo, era, na opinião dos autores, uma compreensão comum de seu papel social:

> Tornar o partidarismo algo pessoal e potencialmente significativo de novo é o que une as pessoas discutidas neste livro. O que os torna especiais e dignos de nota é que conscientemente procuraram preservar sua autonomia e liberdade de expressão, mesmo quando assumem posições políticas ou falam sobre as questões de seu dia a dia. Eles se recusaram a aceitar a principal tendência de sua época. Mas seu partidarismo era de um novo tipo. Seu comprometimento não era com nenhuma ideia ou ideologia, ou mesmo um partido político ou programa partidário. ...
>
> Essas testemunhas radicais eram mais partidárias do processo crítico, considerando sua tarefa, na verdade a principal tarefa dos intelectuais, não para formular verdades, mas para ajudar os outros a partilhar a construção coletiva da verdade. Sua ambição era catalisar a compreensão dialógica no público em geral. ... Seu compromisso era discutir em público, abrir e manter abertos espaços para o que tem sido chamado de "discurso crítico".[20]

"Esses espaços pareciam estar ameaçados na sociedade de massa dos anos 1950", concluem os autores, "e sua preservação exigia que se lutasse por eles." Espaços para o discurso crítico, podemos acrescentar, estão agora mais uma vez ameaçados, e as ameaças são mais profundas que nunca. Elas emanam de um tempo/espaço em que a informação não informa mais e a fissura por orientação gera mais desorientação, enquanto o choque entre os esforços para se obter clareza e as promessas de obtê-la resultará em mais *mistificação* (no sentido etimológico que *mist-ificar* assume em inglês: *mist*, névoa, cobrir com névoa, enevoar). No tumulto ensurdecedor dos espaços públicos, o diálogo nasce morto ou se vai séculos antes de amadurecer. Tornar o diálogo possível é um serviço público que nenhuma alta tecnologia e nenhum dos inúmeros ramos de especialização refinada parecem oferecer.

A proposição de Lyotard não traz segurança estratégica nem garantia de sucesso, nem qualquer garantia de apoio na história para aqueles que desejem segui-la. Ela exige coragem e talvez sacrifício, sem a promessa de qualquer recompensa que não seja o sentimento de que o dever tenha sido cumprido. Não é, portanto, uma proposição pragmaticamente feliz, não é uma proposição em particular tentadora, nem é provável que seja recebida de braços abertos como a solução longamente sonhada para o dilema intelectualista. Mas, ao que parece, trata-se do único programa viável, sensato e (qualquer que seja seu valor prático) *realista* que os intelectuais da era pós-moderna são suscetíveis de ter pelos tempos vindouros.

Quer dizer, isso se a "recomposição" proposta por Balandier não estiver para se tornar mais um sonho que nasce morto, um falso começo.

## Europa de nações, Europa de tribos*

Cerca de 65 anos atrás – depois de mais de um século gasto em contestar e impugnar fronteiras interessados, um século que culminou com a mais sangrenta guerra na memória humana, uma guerra de três décadas –, a unidade da Europa, mesmo a unidade

---

* Alguns comentários aqui incluídos devem ser contextualizados, tendo em vista as inúmeras transformações ocorridas na Europa desde a época em que Bauman o publicou, em 1995. (N.E.)

civilizacional, para não mencionar econômica ou política, deve ter parecido uma perspectiva remota, se não uma completa fantasia. No último meio século até o fim do século XX, porém, essa unidade provou-se (ou pelo menos parecia ter se provado) muito fácil de alcançar, estimulada e sustentada por aquilo que era comumente visto como o maior perigo a visitar o continente desde a invasão islâmica. A Europa afirmou-se como uma entidade consciente de si, em resposta à ameaça de assalto total ou de absorção fragmentada pela expansão do império comunista.

Esse perigo tornou as fronteiras da Europa mais fáceis de traçar. Ela tinha sido marcada de forma inconfundível por milhares de quilômetros de extensão de arame farpado, apoiados por dúzias de unidades de lançamento nuclear e colunas de milhares de tanques. Graças àquele arame e àqueles tanques, as fronteiras também eram reais, e os políticos que negociaram os princípios de convivência pacífica e amigável dos diversos moradores do "lar comum europeu" poderiam com toda a honestidade tomar sua forma como algo inquestionável.

Fica-se tentado a dizer que a criação (ou, mais que isso, a recriação) pós-guerra da Europa provou-se, talvez, a mais seminal e até agora a mais duradoura consequência do episódio comunista totalitário. Depois de muitas falsas partidas anteriores, dessa vez a nova identidade europeia reemergiu, quase como se seguisse um manual, como um *derivado da fronteira*. Antes de ter adquirido qualquer substância *positiva* unificada – econômica, política, social ou cultural –, a Europa já havia sido "integrada" *negativamente* pela necessidade percebida em conjunto de conter o inimigo comum do outro lado da fronteira. Pode-se dizer, aliás, que toda a substância positiva que acabou por ser construída foi um resultado do ímpeto de traçar e defender fronteiras.

E, ainda assim, como quer que a identidade europeia tenha sido articulada e teorizada por seus profetas, aspirantes a gestores ou poetas de corte, ela devia a maior parte de sua solidez e da segurança de que gozaria ao longo dos anos pós-guerra à ameaça política e militar à qual a coordenação europeia-ocidental de recursos econômicos, políticos e militares era meramente uma

Moralidade e política 327

resposta. À medida que aquela ameaça se foi, a identidade europeia passou a enfrentar um duplo risco. Primeiro, ela não tem um inimigo evidente, poderoso e obstinado contra o qual todos os seus membros sentem o dever de se defender, passando por cima de suas tradicionais divisões e animosidades. Em segundo lugar, ela enfrenta a perspectiva de se diluir (e, assim, perder algo de sua dificilmente adquirida coesão) por se esticar para além do alcance da rede econômica/política que, até então, foi dolorosamente construída. Além disso, pode não ser tão claro por que a construção inacabada da rede deveria prosseguir tirando do caminho as lealdades tribais/nacionais até então denegridas e depreciadas.

Quanto ao primeiro desafio, é possível, embora de maneira alguma uma certeza, que o inimigo contra o qual foi formada a identidade europeia tenha permanecido inimigo por tempo suficiente para cumprir seu papel de "parteiro"; que as instituições pan-europeias alimentadas por aqueles conflitos impulsionaram a integração das economias e das legislaturas nacionais a um ponto sem retorno; e que, mais importante ainda, essa integração tenha adquirido sua dinâmica própria e pôde prosseguir apenas sob o impacto de sua lógica institucional interna – burocrática ou financeira –, não mais dependendo da percepção compartilhada de um inimigo comum ou, mais genericamente, da força de mobilização ou do consentimento populares.

Mesmo nesse caso, no entanto, pode ser que novos progressos da unificação econômica e política não sejam seguidos de um reforço paralelo no senso de identidade europeia; que a integração *sistêmica* e a *social* separarão seus caminhos. Com a falta de urgência outrora oferecida pela ameaça comum, o senso de identidade europeia pode não ser um fator forte o suficiente para sobreviver ao "pensar duas vezes" e se contrapor à tendência de "retroceder" – a redução de antigas lealdades localizadas e o nascimento de novas identidades e fidelidades particularistas.

O segundo desafio, a incorporação de novas áreas ao domínio da "grande Europa", tornando nebulosos os até agora conhecidos contornos do "lar europeu", pôde impulsionar e acelerar ainda mais essa tendência. A simpatia de rápido desvanecimento e precário senso de unidade entre os *Wessis* e os *Ossis* no interior da Alemanha reunificada,* e o medo e o alarmismo com que praticamente todos os países da Comunidade Europeia (União Europeia) tentam reagir à perspectiva de uma maciça imigração do Leste Europeu após a queda do Muro de Berlim, podem muito bem servir como indicações para a forma das coisas que estão por vir.

Não sabemos mais com clareza onde a Europa termina, nem quão longe gostaríamos (ou permitiríamos) que ela chegasse. A emergente ambivalência da ideia de "Europa" vem à tona, por exemplo, no confuso alerta de Jürgen Habermas: "A *Europa* deve fazer um grande esforço para melhorar depressa as condições nas áreas mais pobres das *Europas* Central e Oriental, ou se verá inundada por imigrantes e solicitadores de asilo" (*grifos meus*).[21]

Assim como na história de assimilação cultural que acompanhou os esforços de construção da nação moderna (que tentei apresentar em outro livro),[22] uma vez que as almas dos alvos declarados da missão proselitista tenham sido conquistadas, e os antigos infiéis tenham sido convertidos para se tornar os pregadores mais dedicados de um credo ostensivamente universal, a perspectiva de vitória tende a fazer com que os futuros vitoriosos parem e se recolham. Eles estão agora assustados com seu próprio sucesso, com a ameaça de serem inundados e submergidos por seus novos e autodeclarados irmãos na fé, que clamam por igualdade de tratamento e por uma parte igual nas maravilhas que a vida pode oferecer.

Ao longo da última metade do século XX, o europeísmo foi esfregado na cara dos vizinhos europeus menos felizes, do outro lado da Cortina de Ferro, como sinônimo de boa vida, da qual eles foram privados em razão mesmo dessa cortina. Em outras

---

* *Wessi* e *Ossi*, do alemão, são abreviaturas de *Westerner* e *Easterner*, respectivamente "ocidental" e "oriental", nomes informais dados, na Alemanha pré-reunificação, aos habitantes de cada um dos dois lados do muro. Ainda persistem para designar os antigos moradores do lado oriental e ocidental, mas hoje sem muita força. (N.T.)

Moralidade e política

palavras, apresentou-se como um privilégio, mas de um tipo tentador, sedutor, graças ao convite permanente nele inscrito para se unir, com a promessa de uma universalidade feliz no amanhã. Mas nenhum privilégio consegue sobreviver à sua universalização. Quando os proclamados obstáculos à universalidade são afinal removidos, chega a hora da verdade.

O Muro de Berlim ofereceu uma barreira eficaz à máquina de disseminação de privilégio chamada "Europa". Ele parecia garantir que o blefe nunca seria desafiado. A queda do Muro só pôde submeter a ideia de uma Europa singular, unificada, a seu teste mais severo. Agora, e de forma paradoxal, era a periferia geográfica, e até pouco tempo o "lado de fora político", o local de onde se ouviam as defesas mais ávidas e dedicadas da ideia que o centro alegava reivindicar – e ele continua a ser visto como defensor. É em lugares tão espiritualmente distantes, de Varsóvia a Tirana e Baku, que se ouvem líderes de todos os matizes do espectro político desfazendo-se em elogios às belezas de uma Europa unificada e se declarando europeus nascidos e criados.[23]

O antigo centro, por outro lado, recusa o inesperado sucesso de sua mensagem missionária e da mensagem que seus admiradores distantes ou vizinhos leram em suas realizações práticas, que eles admiraram e estão desejosos de emular. Mas eles são, de fato, todos europeus? A Bulgária é parte da Europa? Os turcos são europeus como os outros? Quantos temperos diferentes a sopa chamada Europa pode receber sem se tornar intragável? Com tantos estranhos no interior das fronteiras, de que vale todo o sonho de uma identidade europeia? Imagine uma dúzia ou mais de tipos de grego querendo falar em nome da Europa...

De modo paradoxal (ou talvez não tão paradoxalmente, enfim), são os elementos do centro que hoje se sentem menos entusiasmados com a identidade europeia, e os mais mornos a respeito da aceleração do ritmo de integração (como os eurocéticos tóri britânicos) que mais avidamente promovem a abertura dos portões da Europa e a ideia de mantê-los abertos. Quanto mais povos bizarros disputando em torno da mesa da comunidade, menos, esperam eles, restará do espírito comunitário.

À medida que isso aconteça, não serão necessariamente as velhas divisões e lealdades do Estado-nação que se beneficiarão das tensões correntes da integração europeia. No contexto de um continente em integração econômica e legislativa, os antigos Estados estão mal-equipados para gerir políticas econômicas e sociais no interior das fronteiras estatais; aqueles cujas elites políticas e econômicas estão cada vez mais orientadas para as redes supranacionais logo são desvalorizados como foco de identidade espiritual: é o mesmo papel que os Estados-nação costumavam desempenhar obtendo essas vantagens no momento em que combinaram soberania legal, autossuficiência militar, controle da política econômica e hegemonia cultural.

Durante a maior parte do período moderno da história europeia, os Estados-nação fizeram o melhor para condensar as forças plurais, difusas e centrífugas da etnia como nacionalismos unitários e, então, tornar o fervor nacionalista um sinônimo de dever cívico. Como observou Carlo Schmid: "Temos entre nós, na Europa, duas ideias desenvolvidas: de um lado, o reino, de outro, o Estado; ... de um lado *Pax et justitia*, de outro, *Pax et disciplina*".[24] A questão é que, no entanto, o Estado-nação, como nenhuma outra unidade antes ou depois, conseguiu garantir um casamento duradouro entre o *Reich* e o *Staat*, nacionalidade e cidadania, entre a nação *étnica* e a *política*, agora novamente à beira do divórcio. Hoje, uma das consequências da contínua erosão da soberania do Estado-nação é que as forças da etnia estão mais uma vez à solta, indomadas e desancoradas, flutuantes e descontroladas. Desatrelada do ônus da gestão econômica e social em que havia sido atada na era dos Estados-nação, vagando livremente no ar rarefeito das emoções, a etnicidade é no mínimo uma força mais poderosa hoje do que jamais foi em toda a história europeia passada.

Houve um tempo, também, em que o Estado-nação poderia, para o melhor ou para o pior, suprir a sociedade que governava com orientação ética e um sentido de unidade e propósito; um tempo em que poderia subscrever um pacto social de uma forma ou outra, segundo o qual – como os grandes profetas da modernidade nunca se cansaram de insistir – os cidadãos decidiram sacri-

Moralidade e política

ficar uma parte de sua liberdade e de seus interesses particulares em troca de viver numa sociedade digna, justa e civilizada. Esses tempos acabaram, a longa e tortuosa ascensão da pólis democrática moderna chegou a um impasse, ou pelo menos foi interrompida – e não está claro o que a parte mais antiga e mais rica da Europa pode oferecer a seus filhos recém-declarados, e em que moeda eles liquidarão por si próprios a dívida ética autoimposta. Para citar as preocupadas reflexões de Gregory Clark:

> No passado, quando o nosso instintivo senso de contrato social operava, nós, no Ocidente, podíamos confiar que nossos políticos se comportassem com alguma integridade e que nossos cidadãos se relacionassem entre si com honestidade e responsabilidade. Podíamos deixar nossas portas destrancadas e nossas crianças podiam andar pelas ruas sãs e salvas.
>
> Agora, à medida que tudo isso desaparece, estamos tentando ensinar outras pessoas sobre como se organizar, usando um modelo que já não tem validade nem para nós.[25]

No passado – ainda que pouco mais de meio século atrás –, apenas algumas poucas entre a infinita multiplicidade de distinções étnicas poderiam ser seriamente consideradas focos potenciais para a condensação e separação de nações politicamente soberanas. Dadas as funções múltiplas, mas fortemente ligadas, do Estado-nação, a fim de embalar tal possibilidade, as nações aspirantes tiveram de passar em testes de viabilidade econômica, social e militar. Num momento em que os Estados-nação veem ser rapidamente derrubadas algumas de suas funções tradicionais, esses testes não são mais exigidos. Podemos repetir Eric Hobsbawm e dizer que hoje "não há como negar que identidades 'étnicas' que não tinham nenhuma importância política ou mesmo existencial ... podem conquistar, da noite para o dia, uma influência genuína como insígnias de identidade grupal".[26] Qualquer grupo, por pequeno e insignificante que seja, pode em princípio concorrer à soberania, completada com o direito a reivindicações válidas a agências supraestatais, e quase qualquer grupo pode obtê-la, conquanto manifeste seu interesse alto o suficiente, e presumindo que nenhum grupo soberano estabelecido ou mais poderoso esteja pronto para – e/ou seja capaz de – sufocar sua voz. Se a "soberania na Europa" é hoje um clamor que se ouve de uma ponta a outra do continente, isso se deve ao fato de que, uma vez que a soberania econômica, a social e grande parte da política, bem como a preocupação de defesa militar, são em todos os lugares cedidas ao supraestado, a instituições pan-europeias, o que resta da soberania tradicional dos Estados--nação (e, ainda mais importante, de suas obrigações contratuais e extracontratuais com seus cidadãos) parece ser algo sedutoramente fácil de dominar e apoiar: é um prêmio sem penalidade a ele atrelada, um direito sem deveres, um tomar sem ter de dar, um prazer sem responsabilidade.

Isso coloca a Comunidade Europeia – criada e até agora mantida como um agregado de Estados soberanos selecionados – sob uma tensão ainda maior. A Comunidade Europeia foi formada pelos governos dos Estados enraizados na tradição do Estado-nação de uma *homogeneidade* obrigada ou induzida, ou, na descrição de Jürgen Kocka, da prática de "Redução e eliminação das diferenças, redução da heterogeneidade, homogeneização de uma parte das diferenças regionais".[27]

As nações supostamente indivisíveis nasceram desse processo de *homogeneização*, o que significou uma série de cruzadas culturais, a supressão de línguas e tradições locais, a instituição de currículos unificados promovendo um "patrimônio" comum unificado. Os Estados-membros da Europa têm ciúmes de suas integridades nacionais duramente conquistadas – mais supostas que reais, sempre abertas a contestação. Eles esperam que a Comunidade respeite e proteja essa integridade. E mantêm, em princípio, seu interesse de longa data na defesa do mito da nação una e unificada; em geral, relutam em admitir a identidade distinta de qualquer de suas subpopulações.

Porém, quanto maior for a parcela de soberania do Estado-nação cedida às agências pan-europeias, menor é a chance de as identidades baseadas no Estado-nação serem defendidas com sucesso. Províncias e regiões por quaisquer razões insatisfeitas com o lugar que lhes é atribuído pelos Estados-nação de que são parte não veem mais qualquer boa razão para se submeter humildemente ao monopólio estatal da soberania. Elas percebem na entidade pan-europeia uma espécie de Tribunal de Recursos, um destino para as reclamações que as unidades políticas menores e próximas de casa se recusam a ouvir, e, portanto, uma oportunidade de corrigir o desqualificador desequilíbrio de forças.

Tomando emprestado o vocabulário estabelecido das reivindicações de soberania, eles descobriram ou inventaram a "etnicidade" que querem ver defendida pela Comunidade Europeia contra os vizinhos valentões. São eles, por conseguinte, que – assim como os novos Estados-nação batendo à porta da Comunidade a pedir para entrar – tendem a ser os mais entusiásticos e dedicados viciados no "ideal europeu". Não se deve ficar surpreso ao descobrir que bascos, catalães, escoceses, croatas, e certamente lombardos podem sentir dores de inveja quando Mary Robinson, presidente irlandesa, declarou: "Desde que entramos na Comunidade Europeia, em 1973, paramos de nos definir quase exclusivamente em relação à Grã-Bretanha. ... Isso nos deu um sentido mais amplo, mais moderno e mais justo de nossa identidade".[28]

Depois de muitos anos, o comentário cáustico de Otto von Bismarck soa como se fosse dito hoje: "Ouço a palavra 'Europa' pingar dos lábios daqueles que demandam algo que não podem ou não estão prontos a tomar por si próprios." E devemos admitir a profética sabedoria contida na observação de Michael Walzer de que,

> se os Estados sempre se tornam enormes vizinhanças, é provável que as vizinhanças se tornem pequenos Estados. Seus membros se organizarão para defender sua política e cultura locais contra os estranhos. Historicamente, os bairros se tornaram comunidades fechadas ou paroquiais ... quando estava o Estado aberto.[29]

Alguns observadores, sobretudo Eric Hobsbawm, consideram a espantosa proliferação de "Estados-nação" nos períodos mais recentes da história mundial, um sinal não tanto do *triunfo* do "princípio nacional", mas – pelo contrário – do progressivo colapso do Estado-nação como princípio carreador de identidades soberanas. Por toda a "modernidade clássica", até o cataclisma provocado pela Primeira Guerra Mundial, a soberania multidimensional (abrangendo sobretudo a grande tríade da autonomia e da autodeterminação militares, econômicas e culturais) estava inextricavelmente entrelaçada à ideia nacionalista. Pode-se supor que foi essa ligação o que fez a instituição do Estado-nação algo tão tentador e tão eficaz como alvo e ponto de referência das identidades coletivas. A "viabilidade" era vista então como atributo indispensável do Estado-nação – portanto, um território muito pequeno ou muito fraco para suprir a si próprio não estava verdadeiramente no páreo; apenas entidades de médio a grande porte poderiam considerar-se, e eram consideradas pelos outros, "merecedoras" do status de Estado-nação.

Hoje esse critério parece ter sido abolido. E, assim, testemunhamos uma aparentemente interminável fissiparidade de nacionalismos, com cada vez mais novas diferenças regionais, linguísticas, de crença etc. assumidas cada vez mais por novas elites postulantes como identidades distintivas poderosas o suficiente para justificar a formação independente de um Estado ou quase Estado. Para citar a espirituosa declaração de Eric Hobsbawm:

> Qualquer pontinho no Pacífico pode vislumbrar sua independência e uma boa hora para seu presidente, se acontecer de possuir uma localização para uma base naval pela qual os Estados mais poderosos competirão, uma dádiva de sorte da natureza, como manganês, ou simplesmente praias e meninas bonitas o suficiente para se tornar um paraíso turístico. ...
>
> A maioria dos membros da ONU logo consistirá em equivalentes (republicanos) de Saxe-Coburgo-Gota e Schwarzburg-Sondershausen do fim do século XX. ...

# Moralidade e política

Se as Seychelles podem ter um voto na ONU tão bom quanto o do Japão, ... então certamente só o céu é o limite para a ilha de Man ou para as ilhas do Canal.[30]

A proliferação de unidades reivindicando um estatuto semelhante ao que foi conquistado historicamente pelos modernos Estados-nação *não* atestam o fato de que as entidades menores e mais fracas podem agora afirmar ou ambicionar sua viabilidade; comprova apenas o fato de que demonstrar viabilidade deixou de ser uma exigência para a formação do Estado-nação. De modo mais significativo, sugere – de forma paradoxal – a *perda* da "viabilidade", no sentido antigo, por parte dos organismos estatais de médio a grande porte para reivindicar o desfrute da tríade clássica da soberania da era da "alta modernidade". O edifício superlotado das Nações Unidas não augura o triunfo supremo do princípio nacionalista, e sim o fim próximo da era em que o sistema social costumava ser identificado com o Estado-nação, territorialmente e em termos de população (embora, é preciso repetir, isso não necessariamente represente o fim da era do nacionalismo).

A forma como a economia mundial opera hoje (e há hoje uma economia mundial real) e as elites econômicas extraterritoriais que a operam favorecem organismos estatais que *não podem* impor as condições em que a economia opera, muito menos impor restrições sobre a forma como aqueles que dirigem a economia gostariam que ela fosse operada. A economia é transnacional. Em relação a quase qualquer Estado, grande ou pequeno, boa parte dos recursos econômicos cruciais para a vida cotidiana de sua população são "estrangeiros" – ou, dada a remoção de todas as restrições sobre as transferências de capital, podem se tornar estrangeiros da noite para o dia, caso os governantes locais ingenuamente se considerem no direito de se intrometer.

O divórcio entre a *autarquia* política (real ou imaginária) e *autarcia* econômica não poderia ser mais completo, e parece irreversível. Paul Valéry escreveu que "as raças e as nações só podem ser abordadas por soldados, apóstolos e mercadores". Embora os três permaneçam ativos em graus diferentes, são os comerciantes que hoje têm uma atuação como nunca antes. Eis por que as mais ínfimas populações podem ser vistas esperançosamente por aspirantes a construtores de nações como potenciais fornecedoras do contingente usual de ministérios, embaixadas e educadores profissionais. ("A reconstrução fundamental da nação", como Fichte profeticamente observou, "é oferecida como tarefa para as classes educadas."[31])

De forma paradoxal, na atual era da *economia* cosmopolita, a fragmentação da soberania *política* torna-se importante fator facilitador da livre circulação de capitais e mercadorias. Quanto mais fragmentadas são as unidades soberanas, mais fraco e de âmbito mais restrito é seu controle sobre seus respectivos territórios, e mais livre ainda é o fluxo global de capital e outros bens. O capital mundial não está mais interessado em Estados grandes, poderosos, bem-armados. A *globalização* da economia e da informação e a *fragmentação* – na verdade, uma "reparoquianização" de partes – da *soberania* política, ao contrário do que indicam as aparências, não são tendências opostas, mutuamente em conflito e incongruentes entre si; são, antes, fatores da reorganização, hoje em curso, de vários aspectos da integração sistêmica. Entre eles, os Estados policiam a ordem das condições em localidades que progressivamente se tornam pouco mais que as estações de trânsito na viagem de volta ao mundo feita por bens e dinheiro e administrada por executivos multinacionais (ou, mais corretamente, não nacionais, transnacionais).

Qualquer coisa que tenha restado da gestão econômica nas políticas do Estado se reduz a oferecer condições atrativas em termos de rentabilidade: redução de taxações, baixos salários, trabalhadores assustados ou pacificados, dóceis, crédito fácil, elevados subsídios e taxas de juro baixas, além – por último, mas não menos importante – de passatempos prazerosos para todos os gestores em suas viagens, com todas as despesas pagas; condições que, espera-se, devem ser tentadoras o suficiente para o capital, em sua condição de turista, a fim de que ele reserve uma escala em determinada localidade e por lá permaneça um pouco mais que pelo tempo necessário para reabastecer a aeronave.

Moralidade e política   337

A disputa pela soberania torna-se cada vez mais a competição por um melhor negócio na distribuição mundial de capital. Isso se aplica aos dois tipos de clamor por soberania ora observados. De um lado, os provenientes de localidades prósperas, como a Lombardia (Itália), a Catalunha (Espanha) ou Flandres (Bélgica), relutantes em compartilhar suas bênçãos e vantagens com parcelas pobres das populações, que, como o Estado inexplicavelmente insiste, devem ser tratadas como irmãos e irmãs, como "uma nação". (As Repúblicas Tcheca e da Eslovênia devem causar insônia aos líderes da "Liga do Norte", ao mostrar o que pode ser atingido da noite para o dia apenas se os irmãos mais pobres, com seus intermináveis pedidos de ajuda forem cortados, com os problemas que causam, de uma só penada. A República Tcheca, por exemplo, podia se vangloriar de seu milagre econômico: 6% de crescimento esperado em 1994, 3% de desemprego, cerca de sete mil dólares de PIB per capita, tudo isso porque se livrou de seus pobres, de partes anacrônicas de sua indústria e de uma agricultura faminta por crédito, por meio da graciosamente concedida "independência" da Eslováquia – 7,6% de queda no PIB, 14% de desempregados, PIB per capita de menos de cinco mil dólares, e em queda, no mesmo período.)

Do outro lado, há as demandas de soberania representadas por localidades carentes como a Escócia, opondo-se a o que eles veem como uma parte muito pequena das riquezas garantida pelo Estado como um todo. Em ambos os casos, a queixa é, a princípio, econômica. Ela é acompanhada por um esforço frenético para reunir os sentimentos de privação antes espalhados e condensá-los na imagem de um destino e uma causa comuns. Isso, por um processo de construção de identidade coletiva, a ser utilizado como capital cultural efetivo na luta pela "devolução do poder do Estado". A esperança é que uma identidade cultural comum traduza a privação sofrida individualmente numa luta coletiva por reparação.

Diferenças culturais significativas nunca são "objetivamente dadas" nem podem ser "objetivamente apagadas" ou estabilizadas.

Conteúdos culturais só produzem uma totalidade na forma de um conjunto de sinais a partir do qual certo volume (a princípio infinito) de seleções e combinações pode ser e é feito. Porém, mais importante, eles servem de matéria-prima a partir da qual as identidades autoconstruídas são montadas; as diferenças culturais verdadeiramente significativas (aquelas visíveis, notadas, que servem como pontos de orientação ou etiquetas para a integração do grupo, e que são defendidas conjuntamente) são *produtos* desses processos de montagem identitária. (Como observou Ernest Gellner, "para cada nacionalismo efetivo, há inúmeros fracos ou dormentes. Aqueles que não dão certo são 'objetivamente' tão legítimos quanto os que conseguem se efetivar".[32])

É a presença ou ausência desses processos, e sua força relativa, que (sempre competitivamente) elevam alguns dialetos ao status de línguas e reduzem algumas línguas ao plano de dialetos; que reorganizam o passado lembrado ou inventado na forma de tradições isoladas ou compartilhadas; que, em geral, incitam compulsões de imitação *vis-à-vis* alguns signos culturais e impõem uma ampla proibição a outros. De fato, como observou Eric Hobsbawm, quanto mais defunto e ineficaz o passado, mais ele é "liberado" para usos puramente simbólicos e mobilizadores.[33]

As necessidades de identidade tendem hoje a ser cada vez mais agudas (e mais separadoras que no passado) no despertar da cada vez mais evidente falência dos Estados-nação em seu antigo papel de produtores e fornecedores de identidade. A função de construção de identidade na qual os Estados-nação constituídos costumavam ser especialistas pode buscar outro portador, e o fará ainda mais zelosamente em relação à "suavidade" das alternativas disponíveis.

Além disso, as ferramentas e os recursos que os velhos Estados estabelecidos da Europa mobilizavam inescrupulosamente para promover o princípio do "um Estado, uma nação" não estão mais disponíveis para as novas, menores e mais fracas unidades políticas que ingressam num mundo completamente diferente, em que se joga o jogo da soberania por regras diferentes. O pluralismo cultural como condição permanente da humanidade, em vez de um incômodo temporário e sinal de atraso, é o nome de um jogo no qual os jogadores mais importantes não têm uma vocação missionária nem se sentem ameaçados pela variedade de gostos culturais e de modismos.

Essa nova versão dos tão modernos "direitos humanos" (antes traduzidos como o direito de ser "simplesmente humanos", para tomar parte na tão universal "essência humana", mas hoje é interpretada, acima de tudo, como o direito de permanecer diferentes) coloca um ponto final na esperança de que se possam encerrar as cruzadas culturais e outros atos de opressão, outrora tidos como normais e bons, mas hoje de pronto denunciados como criminosos.

Para tornar as coisas ainda menos promissoras para os novos "Estados soberanos": com o crescente número de unidades soberanas por todos os lados, tem lugar uma virtual certeza de que uma minoria no interior de uma unidade pode clamar pela assistência de outra unidade que pertença a seu próprio "Estado soberano". A maioria das minorias são maiorias em outros lugares.

A maior parte das "populações estrangeiras" nos Estados não são mais compostas por sem-teto ou sem-cidadania, de modo que não são politicamente impotentes. (Lembremos como os ataques contra os turcos "locais" na Alemanha se converteram da noite para o dia em conflito internacional com o Estado turco.) Não se pode realmente fingir que eles são simplesmente ovelhas perdidas do rebanho nativo e obrigá-los a se juntar novamente ao grupo. Muito menos se pode atropelar seu direito à diferença, ou lhes recusar direitos políticos baseando-se nessa diferença, sem recair na ira de algum vizinho encrenqueiro; e/ ou se oferecer para sanções de organismos internacionais que não permitiriam que os novatos fizessem o que os estabelecidos fizeram num passado distante o suficiente para ter sido esquecido. Com a assimilação e a conversão forçada não mais viáveis ou possíveis, mas com "os direitos humanos" ainda identificados com a ficção da soberania do Estado-nação, "limpeza étnica" passa a ser o nome do jogo para os novos Estados que pretendem se tornar novas nações, tal como os seus exemplos mais antigos.

340 Vida em fragmentos

Ao expressarmos nosso sentimento de culpa a respeito dos massacres étnicos nos territórios não mais sufocados pelas cortinas de ferro da *Pax Sovietica* e da *Pax Titoica*, lembremos que tanto os (agora extintos) impérios que negligenciavam a soberania nacional quanto os novos autoproclamados "Estado-nação" lutando pelo seu lugar operam no que C.A. MacCartney, já em 1934, chamou de "cinturão de populações mistas". Sob comando do Tratado de Versalhes, cada Estado naquele cinturão "olhava para si próprio como um Estado nacional. Mas os fatos estavam contra eles. ... Nenhum daqueles Estados era de fato uninacional, assim como não havia, por sua vez, uma nação cujos integrantes todos vivessem num único Estado" – ponto de partida ideal, nas palavras de Hannah Arendt, para a "transformação do Estado, de instrumento da lei, em instrumento da nação",[34] o que significa, muitas vezes, tornar-se um instrumento de opressão nacional, de guerra e genocídio.

Como as políticas de assimilação forçada não eram mais uma perspectiva viável, as ideologias que hoje acompanham as estratégias do novo tribalismo e das políticas associadas de *exclusão* mobilizam, de forma paradoxal, o tipo de linguagem que fora tradicionalmente apropriada pelo discurso cultural *inclusivista*. É a própria cultura, e não uma coleção de genes hereditários, o que é representado por essas ideologias como imutável, ou seja, como uma entidade singular que *deveria ser* preservada e uma realidade que *não pode* ser significativamente modificada por método algum de proveniência cultural similar. As culturas, como nos foi dito, precedem, conformam e definem (cada uma à sua maneira própria e única) o mesmíssimo motivo que antes se esperava servir como a principal arma de unificação cultural.

De modo muito semelhante às castas ou aos estamentos do passado, as culturas podem na melhor das hipóteses se comunicar e cooperar no quadro da divisão funcional do trabalho, mas elas nunca se misturam, nem devem se misturar, sob pena de comprometer e desgastar a preciosa identidade de cada uma. Não são o *pluralismo* cultural e o separatismo, mas o *proselitismo* cultural e o ímpeto de unificação cultural que são agora concebidos como "não naturais", como uma anomalia a qual se deve resistir ativamente.

Não admira que os pregadores contemporâneos da ideologia exclusivista rejeitem com desdém o rótulo de racistas, pois eles não necessitam nem lançam mão do argumento da determinação genética das diferenças humanas e das bases biológicas de sua continuidade hereditária. Assim, seus adversários não avançam muito no caso da coabitação e da tolerância mútua, no qual eles insistem que se encaixa o rótulo de racista. A verdadeira complexidade de sua missão vem do fato de que o discurso cultural, que um dia foi domínio da estratégia liberal, assimilacionista, *inclusivista*, foi "colonizado" pela ideologia exclusivista. Desse modo, a utilização do tradicional vocabulário "culturalista" não garante mais a subversão da estratégia exclusivista.

Como advertiu Julia Kristeva, pela primeira vez na história estamos condenados a conviver com nossas diferenças "sem qualquer totalidade superior que abrace e transcenda nossas particularidades".[35] Nunca estivemos nessa situação antes; logo, não sabemos como agir e o que esperar.

A dificuldade em afastar a ascensão do regionalismo e da etnia militantes provém em parte da ambivalência inerente à própria visão europeia. Nas palavras de Henri Brugmans:

> Sem dúvida o europeu sabe que a revolta regional de hoje pode eventualmente degenerar num nacionalismo de dimensões reduzidas. Mas sabe também que essa revolta se dirige atualmente contra o estatismo nacional, que permanece o inimigo número um da Europa. ... Uma política ... é um prisão muito mais nefasta à medida que suas justificativas práticas desaparecem.[36]

As outras raízes do presente enfraquecimento da chamada causa "antirracista" tão agudamente sentida por toda a Europa residem na profunda transformação do próprio discurso cultural. No interior do enquadramento desse discurso, tornou-se extremamente difícil (como se diz, "politicamente incorreto") fazer avançar sem contradição (e sem arriscar uma acusação de prática criminosa) um argumento contra a permanência da diferenciação humana e a prática da separação categorial; um argumento contra a confusão entre os sentidos étnico e político da nação; e, assim, comprometer a igualdade e a universalidade políticas em nome do egoísmo étnico.

## Um epílogo: ameaças e oportunidades, antigas e novas

> Podemos agora fazer o que queremos, e a única questão é: o que queremos? No final de nosso progresso, estamos onde estavam Adão e Eva: tudo com que somos confrontados agora é a questão moral.
>
> MAX FRISCH[37]

O grande teólogo e filósofo moral dinamarquês Knud E. Logstrup ponderou: "É característico da vida humana que confiemos mutuamente uns nos outros. ... Apenas por alguma circunstância especial chegamos a desconfiar previamente de um estranho. ... No início, acreditamos na palavra do outro; no início, confiamos uns nos outros."[38]

Não tanto assim para outro grande filósofo religioso, o refugiado russo e professor da Sorbonne Leon Shestov: "*Homo homini lupus* (o homem é o lobo do homem) é uma das máximas mais firmes da moral eterna. Em cada um de nossos vizinhos tememos um lobo. ... Somos tão pobres, tão fracos, tão facilmente arruinados e destruídos! Como podemos evitar a preocupação! ... Enxergamos perigo, nada mais que perigo."[39]

Certamente, Logstrup e Shestov não podem estar ambos certos. Ou podem? É verdade, eles se contradizem. Mas não captamos todos nós sinais contraditórios do que nós mesmos vivemos? Às vezes confiamos, às vezes tememos. Muitas vezes não temos certeza se podemos confiar e nos desarmar ou farejar o perigo e ficar de guarda – e, então, nos vemos confusos, já não sabemos o que fazer. De qual deles tem havido mais em nossas vidas, confiança ou medo? A resposta parece depender do tipo de vida que temos vivido.

Logstrup nasceu e morreu numa Copenhague tranquila, serena, pacífica, em que os integrantes da casa real andavam de bicicleta nas ruas com seus súditos e, quando terminavam o passeio, deixavam os veículos na calçada, sabendo que, na ausência de ladrões, estariam lá quando precisassem deles novamente. Shestov, por sua vez, foi perseguido, o regime czarista recusou-lhe um posto universitário por *ter nascido* sob a fé errada; depois, novamente perseguido e dessa vez exilado pela revolução anticzarista por *professar* uma fé errada; então, bebeu até se fartar no amargo cálice do exílio em país estrangeiro... Os dois sábios relataram duas experiências radicalmente diferentes. Suas generalizações contradizem um ao outro, mas o mesmo ocorre com as vidas a partir das quais elas foram generalizadas.

E isso parece se aplicar a todos nós. Generalizamos a partir do que vemos. Sempre que dizemos "as pessoas são o que são", o que fazemos é falar das pessoas que encontramos; pessoas conformadas, movidas e guiadas pelo mundo em que ocorre de elas e nós habitarmos juntos. Se dizemos uma vez que as pessoas são confiáveis, e outra que são lobos a serem temidos, e se ambas as afirmações soam verdadeiras, ou pelo menos parcialmente verdadeiras, então parece que o que as pessoas são – ou, melhor, o que parecem ser – depende, no todo ou em parte, do tipo de mundo em que eles e nós vivemos. Além disso, se o que pensamos sobre o outro reflete o que somos, também é verdade que aquilo que somos é por sua vez um reflexo daquilo que acreditamos ser. A imagem que temos uns dos outros e de todos nós juntos tem a incrível capacidade de se corroborar. Pessoas tratadas como lobos em geral tendem a se comportar de forma lupina; pessoas tratadas com confiança tendem em geral a se tornar confiáveis. O que pensamos uns dos outros faz diferença.

Nunca sabemos ao certo se "as pessoas em si" são boas ou más (embora talvez possamos seguir a debater, como se a verdade pudesse ser conhecida). Mas importa se acreditamos que elas sejam "basicamente" boas ou más, desejosas de serem *morais* ou revelando *imoralidade*, e, por conseguinte, como as tratamos. O que importa ainda mais é se as pessoas são confiáveis em sua *capacidade de fazer julgamentos morais* e, por isso, consideradas como *sujeitos morais* – isto é, pessoas capazes de *assumir a responsabilidade moral*, e não apenas a legal, por seus atos.

## A história até agora...

Em 1651, na aurora do que mais tarde viria a ser conhecido como era moderna, Thomas Hobbes lançou um veredicto que deveria guiar o pensamento e a ação dos legisladores, educadores e pregadores morais modernos:

> Os homens não sentem nenhum prazer (ao contrário, sentem um grande desgosto) reunindo-se quando não há poder que se imponha a eles. ... E na presença de todos os sinais de desprezo ou de subestimação, [eles] naturalmente se esforçam, na medida em que a tal se atrevem (o que, entre os que não têm um poder comum capaz de os submeter a todos, vai suficientemente longe para os levar a destruírem-se uns aos outros), por arrancar dos seus contendores a atribuição de maior valor, causando-lhes dano. ...
>
> Com isso, torna-se manifesto que, durante o tempo em que os homens vivem sem um poder comum capaz de mantê-los a todos em respeito, eles se encontram naquela condição a que se chama guerra; e uma guerra que é de todos os homens contra todos os homens.

A mensagem era simples: se você deseja que os homens sejam morais, deve forçá-los a isso. Somente sob a ameaça de dor os homens cessarão de infringir dor uns aos outros. Para deixarem de ter medo uns dos outros, os homens precisam temer um poder superior a todos eles.

O corolário era outra instrução: não se pode construir a partir de impulsos, tendências e predisposições das pessoas. Suas paixões

Moralidade e política — 345

(quer dizer, todas as paixões, exceto aquela de uma vida melhor, a que se presta à lógica e à razão) precisam antes ser erradicadas ou sufocadas. Em vez de seguir suas *sensações*, as pessoas devem ser ensinadas e forçadas, se necessário, a *calcular*. Num mundo moral, só a voz da razão deve ser ouvida. E um mundo em que só a voz da razão é ouvida é um mundo moral.

Assim originou-se a grande divisão que se tornaria a marca registrada da vida moderna: aquela entre razão e emoção, assumida, então, como a substância e o fundamento de todas as escolhas de vida e morte, entre ordem e caos, vida civilizada e guerra de todos contra todos. Em particular, essa divisão separou o regular, previsível e controlável do contingente, instável, imprevisível e fora de controle. Para cada problema existe, por definição, uma e apenas uma solução verdadeira, ditada pela razão, mas uma variedade quase infinita de soluções erradas. Onde a razão não reina, "qualquer coisa pode acontecer" e, portanto, toda situação está irremediavelmente fora de controle.

O mundo moral só pode ser, portanto, *regular e ordenado*. (Um mundo "ordenado" é aquele no qual as probabilidades de eventos não são aleatórias; alguns eventos são consideravelmente mais prováveis que outros, enquanto alguns têm chance quase nula de acontecer.) Pessoas *morais* não podem ser atacadas por impulsos irregulares; elas só podem ser guiadas, de forma coerente e sistemática, por leis, regras, normas, princípios que especifiquem claramente o que, numa determinada situação, se deve fazer e aquilo de que se deve abrir mão.

A moralidade, como o resto da vida social, deve ser fundada na *lei*, deve haver um *código de ética* por trás da moralidade, um código que consista em prescrições e proibições. Ensinar ou coagir as pessoas a serem morais significa fazê-las obedecer a esse código. Por esse raciocínio, "tornar-se moral" é equivalente a aprender, memorizar e seguir as *regras*.

A modernidade fez aparecerem duas grandes instituições voltadas para atingir esse objetivo, ou seja, para garantir a prevalência da moralidade por meio da obediência a regras. Uma delas foi a burocracia; a outra, os negócios. As duas diferem em muitos aspectos e muitas vezes estão em conflito, mas concordam em uma coisa completamente essencial: ambas estão empenhadas na erradicação das emoções ou pelo menos em mantê-las fora dos limites. Uma vez que são inimigas do afeto, têm sido saudadas desde o início como encarnações da racionalidade e como instrumentos de racionalização. Elas se dedicaram a alcançar um mesmo efeito, mas cada qual à sua própria maneira.

A burocracia tem sido descrita por seus teóricos, a começar por Max Weber, como a maneira tipicamente moderna (e avançada) de fazer as coisas; em particular, quando uma tarefa complexa exige a divisão de competências e de trabalho de muitas pessoas, com cada qual fazendo uma parte da tarefa, e não necessariamente conscientes de que consiste a tarefa; todos os esforços devem ser articulados e coordenados para que se alcance o objetivo geral.

A maneira especificamente burocrática de executar essas empreitadas baseia-se numa cadeia de comando rigorosa e também numa rigorosa definição das funções atribuídas a cada elo. A tarefa global, visível na íntegra apenas a partir do topo, é dividida e subdividida à medida que o comando desce para os níveis inferiores da hierarquia; e, uma vez que o nível inferior de atuação direta é atingido, os participantes são confrontados com escolhas bastante simples e previsíveis.

Esse modelo ideal só pode funcionar adequadamente desde que todas as pessoas envolvidas nos trabalhos da organização sigam os comandos que recebem e sejam guiadas apenas por eles. (Suas ações são, como se costuma dizer, "guiadas por regras".) Isso significa que as pessoas não seriam desviadas por suas crenças, convicções pessoais ou por emoções – simpatia ou antipatia – em relação a seus companheiros de trabalho, aos clientes individuais ou aos objetos da ação. Toda ação deve ser totalmente *impessoal*; de fato, ela em nada deve ser orientada para as *pessoas*, e sim para as *regras* que especificam o processo.

Esse tipo de ação dirigida por uma razão codificada de regras é descrito como *racionalidade formal (ou procedural)*. O que conta é seguir o procedimento ao pé da letra. Mais que qualquer outra coisa, é condenada e punida a manipulação dos procedimentos para atender a preferências individuais ou afetos. Não é de admirar. Mesmo o plano mais detalhadamente operado de ações complementares não contaria muito se as emoções pessoais tivessem caminho livre. Na verdade, esses "afetos" que colegas de uma organização são obrigados a encerrar em seus armários antes de bater o cartão de ponto representam escolhas erráticas, desregradas, e portanto impossíveis de prever e muito menos de controlar. As emoções chegam de lugar nenhum e sem aviso prévio; quando vêm, é praticamente impossível combatê-las. Não se pode adquirir emoções por encomenda, não se pode mandá-las embora. Razão, cálculo, memorizar o conteúdo dos estatutos, mesmo o mais cuidadoso projeto, nada disso ajudará nesse caso.

Não apenas os sentimentos rebeldes, "centrífugos", não são bem-vindos. Para ser eficaz, uma organização não precisa do afeto de seus membros, nem de sua aprovação dos objetivos a que suposta ou verdadeiramente servem e da tarefa que executam. Fossem as disponibilidades dos membros para cumprir seus deveres aferradas a seu entusiasmo pelos fins declarados de sua atividade conjunta, seu desempenho dependeria de como eles enxergam a lealdade da organização em relação aos fins que ela supostamente promove; por assim dizer, eles vigiariam as mãos daqueles que dão as ordens, mediriam cada uma delas em comparação a seus propósitos manifestos e seus efeitos reais, e, no final, poderiam discordar do que veem como as intenções verdadeiras de seus superiores e até desobedecer às ordens. Dessa maneira, o consentimento em relação aos objetivos da organização para a qual se trabalha não é necessário, muito menos bem-vindo; torná-lo uma exigência se provaria prejudicial.

Para operar de forma eficaz, as organizações precisam (e, assim, promovem) apenas de dois tipos de afeto: uma lealdade à corporação do tipo "não seja inconveniente" e uma disposição para cumprir um dever (qualquer que seja o trabalho que se é ordenado a executar, dar a ordem para realizá-lo seria "legítimo" quando vindo de uma fonte correta e pelos canais corretos); e a lealdade aos outros membros, um sentimento de "estamos todos no mesmo barco", uma atitude de "não posso deixá-los na mão". Essas são as duas únicas emoções de que a "racionalidade formal" necessita – e, a fim de assegurá-las, todas as outras emoções devem ser atenuadas ou afugentadas.

As mais preeminentes entre as emoções exiladas são os sentimentos morais: a resistente e indisciplinada "voz da consciência", que pode impelir alguém a ajudar o sofredor e se abster de causar sofrimentos. A consciência pode informar esse alguém de que a ação que lhe foi ordenada praticar é errada, embora formalmente correta. Ou que um tipo bastante diferente de ação é o correto, mesmo que do ponto de vista dos procedimentos obrigatórios seja "irregular". E se essa voz for forte, e as outras vozes que a poderiam abafar são fracas, o destino da ação corporativa estará à mercê dos sentimentos morais dos agentes individuais. Mas as organizações se defendem contra essa possibilidade de duas maneiras.

A primeira é um fenômeno que pode ser descrito como *flutuação de responsabilidade*. Considerando que o membro da organização siga suas regras fielmente e faça o que seus devidos superiores lhe disseram para fazer, não é ele quem assume a responsabilidade por qualquer efeito que sua ação possa produzir sobre seus objetos. Quem assume, então? A questão é atordoante, uma vez que todos os outros membros da organização também seguem procedimentos e ordens. Parece, diz Hannah Arendt,[40] que a organização é governada por *ninguém* – ou seja, é movida apenas pela lógica impessoal de princípios autopropulsores.

Esse não é, contudo, o único problema, considerando que apontar a responsabilidade é ainda mais difícil por conta da minuciosa divisão de trabalho. Cada membro, ao contribuir para o efeito final, pratica, na maioria das vezes, ações por si só bastante inócuas, e não causaria – não poderia causar – os efeitos em questão, sem as ações complementares de muitas outras pessoas.

Numa organização de larga escala, a maioria dos membros nem sequer vê os (ou nem sequer ouve falar dos) resultados finais, remotos e sempre oblíquos que ajudaram a alcançar. Assim, eles podem se sentir pessoas morais e decentes (que são principalmente quando amistosos com seus mais próximos e mais caros) enquanto ajudam a cometer as mais terríveis atrocidades.

A segunda é a tendência à *adiaforização* – declarar que a maioria das coisas que se espera que os membros das organizações façam quando em serviço são isentas de avaliação moral; que são, por assim dizer, eticamente indiferentes, nem boas nem más, apenas corretas ou incorretas. Isso não significa contestar as atitudes morais comumente adotadas – mas sim declarar, sem rodeios, que as categorias "bom" e "mau" não estão nem em um extremo nem em outro quando se trata de aplicar obrigações organizacionais. As únicas normas pelas quais tais deveres podem ser avaliados são os da *correção procedural*; se eles passam bem por essa inspeção, não há outro teste a que eles pudessem ser submetidos.

Quando a palavra "ética" aparece no vocabulário da burocracia, é em conexão com a "ética profissional", considerada violada quando um membro mostra deslealdade com a organização (por vazamento de informações sigilosas, usando seu cargo para fins não previstos pelas regras, ou por permitir que interesses externos interfiram com a disciplina) ou deslealdade com os colegas (acusações desse tipo são mais vezes levantadas por membros que acreditam ter sido vítimas de injustiça, se sentiram ofendidos ou prejudicados; a linguagem da ética, menos exata que as regras codificadas, é revertida para quaisquer competências definidas que estejam abertas a interpretações múltiplas e em disputa).

De mais a mais, a organização moderna é uma engenhoca concebida para tornar as ações humanas imunes ao que os atores acreditam e sentem privadamente. Aqui, a disciplina é a única responsabilidade que paralisa todas as outras responsabilidades, ao passo que o código de ética, ao expressar os deveres com a organização, antecipa-se às questões morais que poderiam ser direcionadas ao comportamento dos membros. Em outras palavras, a organização moderna é uma maneira de fazer as coisas livre de constrangimentos morais. Por isso, atos cruéis de uma espécie da qual os membros individuais, ao agirem isoladamente, muito certamente recuariam horrorizados, podem ser a princípio praticados por organizações modernas.

Mesmo que isso não aconteça, no entanto, pelo menos um efeito pernicioso é quase inevitável: as pessoas incluídas na esfera da ação burocrática deixam de ser sujeitos morais responsáveis, são privadas de sua autonomia moral e são treinadas para não exercitar (ou confiar em) seus julgamentos morais. Elas são lançadas no que o psicólogo americano Stanley Milgram chamou de "estado agêntico" – no qual cessam, pelo menos temporariamente, de ser responsáveis por suas ações e pelas consequências de suas ações – e tapam seus ouvidos com força para não ouvir a voz da consciência.

Pois se a racionalidade *formal* é o princípio construtivo da organização, a racionalidade *instrumental* é o que faz a coisa andar. Nela estão os fins e os meios; aqui estão os recursos, e os efeitos que se pode obter se forem aplicados de maneira sábia. Os meios devem ser utilizados para o melhor efeito possível. Não há maior crime no mundo dos negócios que a "subutilização" dos recursos, deixando em pousio e à ação da ferrugem alguns ativos que poderiam "funcionar" e "trazer resultados". A única questão que se pode perguntar sobre os usos alternativos dos meios disponíveis é o quanto eles podem trazer.

Outras questões – e as morais são as mais destacadas entre elas – dispõem de pouco tempo para serem ponderadas antes de uma decisão, pois são dispensadas em razão de "não fazer sentido em termos de negócios", o único sentido que os negócios podem reconhecer. (Dúvidas podem ser levantadas quanto à veracidade dessa afirmação. Afinal, não ouvimos falar de "fundos de investimento éticos" ou de "produtos verdes"? Não lemos sobre empresas que carregam a tocha do progresso, trazendo a tecnologia do futuro para as pessoas de hoje, ou, melhor que isso, para as preocupadas em tornar nossa vida melhor? Lemos. Mas, mesmo nesses casos, usar a linguagem própria da moralidade é "bom

Moralidade e política 351

negócio" e ajuda a liberar o uso de recursos do constrangimento político. Por vezes, como no caso dos produtos "ecologicamente corretos", o argumento moral revela-se um excelente argumento de venda.)

Não há como negar que os negócios, assim como a burocracia, são ávidos por enunciar e proteger seu tipo especial de moralidade, por vezes chamada "ética dos negócios". O valor fundamental dessa ética é a honestidade, que, como mostram as letras miúdas, está mais preocupada em manter promessas e obedecer às obrigações contratuais. Sem esse tipo de honestidade, os negócios não conseguem sobreviver. Ao insistir que todos os lados do contrato devem ser obrigatoriamente orientados pelo princípio da "honestidade", parceiros de negócios se defendem do perigo da trapaça, dos enganos. Ainda mais importante, porém, eles criam para si um ambiente relativamente ordenado, previsível, sem o qual a tomada de decisões instrumentalmente racional seria inconcebível. E ainda, como acontece com qualquer código de ética, a "ética dos negócios" consiste em declarar eticamente imperativos certos tipos de conduta, em tornar outros tipos de ação, por determinação ou omissão, eticamente neutros; ou mesmo por não torná-los questões morais de qualquer natureza. O código explicita o quão longe a honestidade deve chegar e quando se pode dizer que alguém foi "honesto o bastante". Tudo o que ultrapasse esse limite não é de interesse para a ética dos negócios. Um empresário tem o direito de considerar-se perfeitamente dentro dos limites morais e não se preocupar com isso.

Os tempos modernos deram início à separação entre os negócios e a família. Na verdade, sem essa separação, a lógica instrumental dos negócios estaria para sempre contaminada e limitada pelas obrigações morais. Dentro de casa, os bens são dados às pessoas *por conta de quem* elas são – filhos, irmãos, pais –, e não *para* atingir os ganhos que quem dá espera alcançar.

Para fazer "sentido em termos de negócios", por outro lado, os recursos devem ser atribuídos "à proposta mais vantajosa" – não àqueles que mais precisam deles, mas para aqueles que estão mais preparados para dar mais em troca. Não importam quem é o autor da melhor proposta, quais são suas credenciais e crenças (exceto, claro, qual a sua solvência, sob pena de os recursos não serem os mais bem-utilizados possível). Nos negócios, não existem amigos e vizinhos (embora o "bom senso comercial" incite as pessoas a fingir que existem). Ajuda se o parceiro numa transação for um completo estranho e permanecer como tal, pois só assim a racionalidade instrumental pode adquirir a ascendência incontestável de que necessita. Saber muito sobre esse parceiro pode – quem sabe? – gerar um relacionamento pessoal e emocional que inevitavelmente confundirá e obscurecerá o julgamento.

Mas a lógica dos negócios que governa os libertos mercados contemporâneos gesta também o esquecimento e a indiferença a qualquer coisa que não seja relevante para a tarefa instrumental a ser realizada, tudo o que se estenda para além do espaço e do tempo imediatos da ação. Na análise pungente e sensível de Geoff Mulgan,

> todos os mercados oferecem incentivos muito fortes para se fugir das responsabilidades, transferir os custos para a comunidade e desvalorizar o futuro e o que é deixado para as gerações futuras. Os direitos de propriedade estimulam o cuidado dentro de limites estritos, mas apenas sob o preço do descuido em relação ao resto da sociedade. Além disso, o poder de persuasão moral do mercado é corroído quando quase qualquer ação pode ser justificada como uma resposta à "disciplina de mercado" e quando quase todos os fornecedores de um produto ou serviço considerado amoral podem reivindicar que a culpa recaia sobre as demandas do público em geral.

É a devastação moral, não o progresso moral, a consequência da espera para que os mercados "desregulamentados" "façam aflorar o melhor das pessoas". Nas palavras de Mulgan, "o egoísmo e a ganância, além da corrupção no governo e nas empresas, passaram a ser as marcas distintivas da era neoconservadora".

Como *esprit de corps* da burocracia corporativa, o espírito dos negócios milita contra os sentimentos, e os sentimentos morais são os mais atingidos. Os interesses comerciais não podem ser facilmente conciliáveis com o senso de responsabilidade em relação à prosperidade e ao bem-estar daqueles que podem se ver afetados pela busca de melhores resultados por parte dos negócios. Na linguagem dos negócios, a racionalização significa com frequência afastar pessoas que antes costumavam obter seu sustento trabalhando nas tarefas dos negócios. Elas são agora "redundantes", porque uma forma mais eficaz de utilização dos recursos foi encontrada – e seus antigos serviços não contam muito: cada transação comercial, para ser verdadeiramente racional, deve começar do zero, esquecendo méritos passados e dívidas de gratidão.

A racionalidade empresarial evita a responsabilidade por suas próprias consequências, e esse é mais um golpe mortal para a influência de considerações morais. Os horrores dos centros decadentes, das ruas perigosas, das comunidades outrora prósperas, agora moribundas e tornadas órfãs pelos empreendimentos que costumavam mantê-las vivas, e que agora – pelas mais sólidas e mais racionais das razões – mudaram-se em busca de pastos mais verdejantes, não são vítimas de exploração, mas resultados do abandono e da indiferença moral.

A burocracia estrangula ou criminaliza os impulsos morais; os negócios apenas os tiram do caminho. Horrorizado com as tendências totalitárias enraizadas em cada burocracia, Orwell fez soar o alarme contra a perspectiva de "uma bota pisando o rosto humano para sempre". Uma boa metáfora para a variedade de negócios que aborta a moralidade talvez fosse a de "antolhos a impedir o rosto humano de ser visto".

As consequências a curto prazo para as pessoas expostas a uma ou outra das duas estratégias podem ser totalmente diferentes, mas os resultados a longo prazo são bastante semelhantes: manter as questões morais fora da agenda, minando a autonomia moral do sujeito ativo, comprometendo o princípio de responsabilidade moral pelos efeitos de uma ação, por mais distantes e indiretos que sejam. Nem as organizações nem as empresas modernas promovem a moralidade. Pelo contrário, elas tornam difícil e ingrata a vida da pessoa que insiste em ser moral.

Refletindo sobre a incapacidade dos autores não apenas de admitir, porém, mais que isso, de compreender sua responsabilidade pelos crimes do Holocausto (essas pessoas, afinal, estavam apenas seguindo ordens... Tinha uma tarefa a ser cumprida, um trabalho a ser feito... Não podiam deixar seus companheiros na mão...), Hannah Arendt, uma das mais agudas questionadoras das conquistas e das negligências éticas da era moderna, clamou que "os seres humanos fossem capazes de distinguir o certo do errado, mesmo que tudo que eles tivessem para guiá-los fosse seu próprio julgamento, o que, aliás, está completamente em desacordo com o que eles devem considerar como a opinião unânime de todos ao seu redor."[41]

E por mais nebuloso que esse clamor possa parecer no mundo dominado pela burocracia e pelos negócios, Arendt enxergou nele a última esperança de moralidade, e com toda a probabilidade a única estratégia realista (ainda que tenuemente) para fazer a moral voltar à terra da qual foi exilada. No esforço para atender a esse clamor, "não há regras a respeitar... assim como não existem regras para o sem precedentes". Em outras palavras, ninguém mais além da própria pessoa moral deve assumir a responsabilidade por sua própria responsabilidade moral.

## ... E o início de uma nova história

A história até agora não foi apenas sobre tempos idos. Os espíritos burocráticos das grandes corporações e da "ética dos negócios" permanecem marcas muito salientes de nosso tempo, e os obituários para os perigos morais que eles pressagiam certamente são grosseiramente prematuros. No entanto, eles não são mais

Moralidade e política

as únicas fontes dos processos gêmeos da "adiaforização moral" e da "flutuação de responsabilidade" – ambos os quais ainda estão fortalecidos, apesar de assumirem novas formas. Há uns poucos elementos novos na nova condição humana, e que muito provavelmente carregam profundas consequências morais.

Esses novos elementos decorrem da tendência global para desmantelar, desregulamentar, dissipar os enquadramentos outrora sólidos e relativamente duradouros em que as preocupações vitais e os esforços da maioria dos indivíduos estavam inscritos (já analisados no terceiro ensaio). Repitamos: os empregos, anteriormente vistos como "para toda a vida", são agora amiúde apenas temporários e podem desaparecer quase sem aviso prévio, com as fábricas ou escritórios de agências bancárias que os ofereceram. Mesmo as competências necessárias para os trabalhos envelhecem depressa, transformando-se, da noite para o dia, de recursos em passivos.

Ser prudente e previdente, pensar no futuro, torna-se cada vez mais difícil, uma vez que há pouco sentido em acumular competências naquilo que o amanhã pode não demandar, ou economizar um dinheiro que amanhã pode perder muito de seu poder de compra. No momento em que homens e mulheres jovens ingressam no jogo da vida, ninguém pode dizer como as regras do jogo serão com o passar do tempo. Aquilo de que todo mundo pode ter certeza é que elas mudarão muitas vezes antes de o jogo terminar.

O mundo, em outras palavras, parece menos sólido do que costumava ser (ou de como acreditávamos que ele fosse). Ele perdeu suas aparentes unidade e continuidade – segundo as quais vários aspectos da vida poderiam ser atados em um todo dotado de significado; e em que o que acontece hoje poderia ser rastreado até as raízes do passado e avançar em direção às consequências futuras.

O que a maioria de nós aprendeu de nossa experiência é que, hoje, nenhuma forma no mundo a nossa volta, por mais sólida que possa parecer, é imune à mudança. E aprendemos também que as coisas chamam a atenção sem aviso prévio para logo em seguida desaparecer ou cair no esquecimento sem deixar vestígios; que aquilo que é motivo de toda a raiva hoje torna-se amanhã alvo de chacota; que aquilo que hoje é elogiado e insistentemente recomendado é tratado amanhã com desdém – quer dizer, se ainda for lembrado; que, no geral, o tempo está dividido em episódios, cada qual com início e fim, mas sem pré-história nem futuro; que há pouca ou nenhuma conexão lógica entre os episódios, com sua própria sucessão a soar suspeita, como se fosse mera coincidência, contingência, acaso; e, por fim, que esses episódios podem provir do nada, passam e se vão sem deixar qualquer consequência duradoura. Em outras palavras, o mundo em que vivemos (e ajudamos a construir por meio de nossas empreitadas de vida) parece ser marcado por *fragmentação, descontinuidade* e *inconsequência.*

Num mundo como este é sábio e prudente não fazer planos de longo prazo ou investir num futuro distante (nunca se pode adivinhar o que representarão no amanhã a atratividade das metas hoje sedutoras ou o valor dos recursos atuais). Também não é demonstração de prudência ficar amarrado com muita firmeza a qualquer lugar em especial, a grupo de pessoas, de causas ou até de imagem de si mesmo, sob pena de se ver não apenas não ancorado e à deriva, mas totalmente sem âncora; além de tudo, também não é nada lúcido deixar-se guiar nas escolhas de hoje não pelo desejo de *controlar* o futuro, mas pela relutância em *hipotecá-lo*. Em outras palavras, "ser previdente" significa agora, muito frequentemente, *evitar o compromisso*. Significa ser livre para se mover quando a oportunidade bater à porta, ser livre para ir embora quando ela parar de bater.

A cultura de hoje reitera o que cada um de nós aprende, com alegria ou tristeza, a partir de nossa própria experiência. Ela apresenta o mundo como uma coleção de fragmentos e episódios, cada imagem afugenta e substitui a anterior, apenas para ser ela própria substituída no momento seguinte. Celebridades surgem diariamente e diariamente desaparecem, deixando muito poucas pegadas no caminho da memória. Problemas que demandam atenção brotam o tempo todo e escapam assim que nascem – com a preocupação popular a que deram origem. A atenção tornou-se o mais escasso de recursos.

Nas palavras de George Steiner, nossa cultura se transformou numa espécie de "cassino cósmico", em que tudo é calculado "para impacto máximo e obsolescência instantânea": impacto máximo, uma vez que a imaginação, constantemente em choque, tornou-se *blasé* e é cada vez mais necessário incitá-la com choques mais fortes, mais esmagador que o precedente; e obsolescência instantânea, considerando que a atenção tem uma capacidade limitada, e que é preciso criar espaço para absorver novas celebridades, novas modas, novas manias, ou novos "problemas".

Marshall McLuhan é lembrado por cunhar a frase "O meio é a mensagem" – que significa que, independentemente do conteúdo da mensagem, as qualidades do meio que a transmite são em si uma mensagem (embora escondida e oculta) e, em regra, é mais essencial que o conteúdo da comunicação estabelecida. Pode-se dizer que, se o meio que era a mensagem dos tempos modernos era o papel fotográfico, seu equivalente para os novos tempos é o vídeo. Antes da fotografia digital, a fotografia, por causa do papel fotográfico, podia ser feita uma vez só – não havia segunda chance. Mas, uma vez usado, ele mantinha os traços nele impressos por um longo tempo – em termos práticos, "para sempre".

Pense no álbum de família, cheio de retratos amarelecidos de bisavós e tataravós, de mães, tias e tios incontáveis, todos com legendas a lhes associar nomes, *todos contando e com os quais se deve lidar*, todos adicionando suas pedras ao castelo da acumulada tradição familiar, da qual nenhuma parte pode ser tirada ou erradicada, em que tudo é para o melhor ou para o pior – para sempre... E pense agora no suporte físico do vídeo, feito de tal maneira a ser apagado e reutilizado, reaproveitado novamente: para gravar o que quer que possa parecer interessante ou divertido no momento, mas para mantê-lo apenas enquanto dure o interesse – afinal, ele está destinado a minguar.

Se o papel fotográfico revelava a mensagem de que atos e coisas importantes, que tendem a durar e a ter consequências, a se atrelar e afetar uns aos outros, o vídeo exala a mensagem de que todas as coisas existem por si sós, contam apenas até segunda ordem, que cada episódio começa do zero, e, sejam quais forem suas consequências, podem ainda ser apagados sem deixar vestígio, e a fita (ou o HD) volta a ser virgem.

Para usar outra metáfora para a diferença entre as duas mensagens de *Zeitgeist* ("espírito de época"), pode-se dizer que, se o lema dos tempos modernos foi a *criação*, o lema dos nossos tempos é a *reciclagem*. Ou ainda: se o material de construção favorito da modernidade eram o aço e o concreto, o de hoje é o plástico biodegradável.

Quais são as consequências disso para a moralidade? Obviamente são enormes. Adotar uma atitude moral significa assumir a responsabilidade com o outro; significa agir segundo o pressuposto de que o bem-estar dos outros é algo precioso clamando por meus esforços para preservá-lo e reforçá-lo; que o que faço ou não faço os afeta; que, se eu não tiver feito isso, isso simplesmente não será feito; e que mesmo que outros façam ou possam fazê-lo, isso não cancela minha responsabilidade de fazê-lo eu mesmo.

Como formulou o maior filósofo moral do século XX, Emmanuel Lévinas, a moralidade significa *ser-para* (e não apenas estar ao lado ou mesmo estar-com) o outro. Esse ser-para é incondicional (ou seja, se for para *ser moral*, e não apenas *contratual*), não depende do que o outro é ou não, o quanto ele/ela mereça meus cuidados ou se ele/ela paga na mesma moeda. Não se pode conceber um argumento que pudesse justificar a renúncia da responsabilidade moral – colocando-a em animação suspensa, emprestando-a ou a penhorando. E não se pode imaginar um motivo pelo qual se pudesse dizer, com qualquer grau de legitimidade moral, "eu fiz minha parte, aqui acaba minha responsabilidade".

Se a moralidade consiste nisso, ela decerto não combina muito bem com uma vida descontínua, fragmentada, episódica e que evita consequências. Nosso tempo é aquele que Anthony Giddens perspicazmente descreveu como "relacionamento puro", em que "se entra pela própria relação, pelo que pode ser derivado de cada pessoa", e que, assim, "pode ser terminado, mais ou menos à vontade, por qualquer um dos parceiros, em qualquer momento particular"; do que ele chamou de "amor confluente", que "entra em choque com as categorias 'para sempre' e 'único' da ideia do amor romântico", de modo que o romance "não pode mais ser equiparado à permanência"; e da "sexualidade plástica", que é o prazer sexual "separado de sua antiquíssima integração com a reprodução, com os laços de parentesco e com as gerações".[42]

Podemos ver que manter as opções em aberto, ficar livre para se mover, é o princípio orientador de todos três. "Preciso de mais espaço" é a desculpa curta, mas comum, usada por todos aqueles que se afastam, e que significa "não desejo que os outros se intrometam, incluindo os outros que eu desejava e, assim, permitia que me invadissem; quero me preocupar apenas comigo, com aquilo que seja bom e desejável para mim." Quem buscar mais espaço deve tomar cuidado para não comprometer a si mesmo, em particular para não permitir que o compromisso dure mais que o prazer que dele pode ser derivado. Devem-se limpar os atos de possíveis consequências e, se elas vierem, então – e com antecedência – recusar toda responsabilidade por eles.

A vida do homem moderno era muitas vezes comparada a uma peregrinação pelo tempo. O itinerário de um peregrino é desenhado previamente pelo destino que ele quer alcançar (o que, no caso da vida do homem moderno, é a imagem ideal de sua vocação, de sua identidade), e tudo que ele faz é calculado para levá-lo mais perto desse objetivo. O peregrino é coerente na escolha de cada passo sucessivo, consciente de que cada um faz diferença, que sua sequência não pode ser revertida.

Os homens e mulheres atuais dificilmente poderiam tratar sua vida como uma peregrinação, mesmo que quisessem. Só se pode planejar a vida como uma viagem para um destino num mundo em que se pode ter, com sensatez, a esperança de que os mapas permanecerão os mesmos, pouco mudarão ao longo de uma vida – e esse não é mais o caso.

Em vez disso, a vida de homens e mulheres de nosso tempo parece mais a de turistas pelo tempo: eles não podem decidir e não decidirão com antecedência que lugares visitarão e que sequência de estações será seguida. Aquilo de que eles sabem sem dúvida é que se manterão em movimento, nunca tendo certeza de se o lugar a que chegaram é o seu destino final; é improvável que qualquer um com essa consciência finque raízes profundas em um dos lugares e desenvolva, além disso, uma forte ligação com a população local. O que ele/ela é susceptível de fazer é tratar cada local como uma estada temporária, significativa apenas graças às satisfações que dele derivem; mas ele/ela deve estar pronto(a) para mudar novamente, sempre que a satisfação diminuir, ou quando pastos mais verdes acenem em outras paragens.

Em outras palavras, a estratégia do "preciso de espaço" milita contra um posicionamento moral. Ela renega a significância moral até da mais íntima ação inter-humana. Como consequência, ela isenta de avaliação moral elementos fundamentais das inter-relações humanas. Ela *adiaforiza* as partes da existência humana que os mecanismos adiaforéticos da burocracia e dos negócios não podem (ou não precisam, ou não desejam) alcançar.

Como no caso de formas mais antigas de neutralizar as avaliações morais e de flutuação de responsabilidade, essa não é uma situação que possa ser corrigida por pregadores morais (não por pregadores agindo isoladamente, pelo menos). Suas raízes estão fincadas profundamente no contexto de vida de homens e mulheres contemporâneos; ela representa, pode-se dizer, uma espécie de "adaptação racional" às novas condições em que a vida é vivida. Essas condições favorecem algumas estratégias, ao mesmo tempo que tornam outras terrivelmente difíceis de seguir.

As probabilidades contrárias a assumir um posicionamento moral e se manter fiel a ele para o melhor e para o pior são formidáveis – todas as pressões sociais geradas minam os laços emocionais entre as pessoas, favorecendo os agentes de livre flutuação. Nada menos do que uma mudança nas chances recuperará para a moralidade as áreas agora "emancipadas dos constrangimentos morais". Seria melhor que todos com preocupações éticas se dessem conta de onde estão de fato as raízes dos problemas e do que está verdadeiramente envolvido na tarefa de aprimoramento moral.

## As oportunidades de integração moral

Michael Schluter e David Lee, os observadores astutos da situação moral dos homens e mulheres contemporâneos, fizeram cáusticos comentários sobre a maneira segundo a qual tendemos a viver hoje:

> Vestimos a privacidade como um traje pressurizado. Se tivermos chance, ocuparemos o assento ao lado do nosso num café com capas e guarda-chuvas, olharemos incessantemente para cartazes sobre sarampo numa sala de espera de médico. ... Qualquer coisa, menos mostrar-se convidativo ao encontro; tudo, menos se envolver. ...
> [A] própria casa tornou-se mesquinha e má, com as famílias maiores divididas em unidades nucleares e monoparentais, em que os desejos e os interesses do indivíduo prevalecem caracteristicamente sobre os do grupo. Incapazes de deixar de pisar uns nos outros, na megacomunidade, temos fincado o pé em nossas casas isoladas e fechado as portas; e fincado o pé em nossas salas isoladas e de novo fechado a porta. A casa torna-se um centro de lazer polivalente, no qual os membros da família podem viver, por assim dizer, separadamente lado a lado. Não apenas a indústria dos combustíveis, mas a vida em geral, tem sido privatizada.[43]

Separadamente, lado a lado. Privatizada. Compartilhar espaços, mas não pensamentos ou sentimentos – e com a aguda consciência de que também é provável que não se compartilhe o mesmo destino. Não é necessário que essa consciência gere ressentimento ou ódio, mas ela sem dúvida propaga o distanciamento e a indiferença. "Não quero me envolver" é o que muitas vezes dizemos para silenciar as emoções rudimentares e cortar pela raiz os brotos de tão íntimas e profundas relações humanas do tipo "na riqueza e na pobreza, até que a morte nos separe".

Travas, ferrolhos e alarmes contra roubo cada vez mais engenhosos são o sonho de consumo do momento e um dos poucos setores em crescimento – não apenas por seus usos práticos reais ou supostos, mas também por seu valor simbólico: interiormente, eles marcam a fronteira do ermitério onde não seremos perturbados, enquanto externamente comunicam nossa decisão: "Pelo que me toca, lá fora poderia ser um terreno baldio."

O filme francês *A crise* é a história de alguns dias na vida de um advogado próspero e confiante que acorda e descobre que sua esposa o deixou e seu chefe o demitiu, com sete outros colegas prósperos e confiantes, num choque de "racionalização". O herói está devastado; ele visita um a um todos os amigos para compartilhar o sofrimento e buscar conforto. Cada amigo que passa o recebe com seus próprios problemas similares: casamento rompido, evaporação do que parecia ser o emprego mais seguro do mundo, uma vida coerente caindo aos pedaços... O protagonista devagar chega a perceber que ninguém dá ouvidos à sua história, cada qual preocupado com seu próprio caso. Em algumas cenas, a conversa consiste em duas ou três pessoas que repetem falas quase idênticas, e as falas em cada caso relatam uma experiência estranhamente similar às outras, embora as experiências sejam aparentemente impossíveis de partilhar. Os diálogos são uma coleção de monólogos, as pessoas falam umas para as outras, não umas com as outras; trata-se de uma coordenação mecânica, não uma partilha, o sofrimento provém da mesma causa, mas não se soma numa causa comum contra aquela causa comum.

Já analisamos algumas das razões desse profundo distanciamento e da indiferença. Nem todas, porém. A "privatização da vida em geral" tem longos tentáculos e vai muito longe. A vida privatizada, como qualquer outra, nunca é uma incessante felicidade. Ela tem sua medida de sofrimento, mal-estar, infortúnio. Numa vida privatizada, no entanto, o infortúnio é tão privado quanto o resto. Os infortúnios individuais privatizados não se somam, e cada um aponta numa direção diferente, se abre para remédios diversos.

Em nossa sociedade privatizada, as reclamações parecem apontar em direções muito divergentes e até se confrontar umas com as outras; elas raramente se acumulam e se condensam numa causa comum. Num mundo em mudança, à deriva, que possível benefício pode um indivíduo obter da união de forças com outros também em destroços?

Norbert Elias fez ponderações sobre as lições que se podem extrair da famosa história de Edgar Allan Poe sobre três marinheiros capturados num redemoinho. Na história, dois dos marinheiros morrem – não tanto sugados pelo mar revolto, mas empurrados por sua própria paralisia, oriunda do desespero e do medo. O terceiro, depois de lançar um olhar alerta em volta, percebe que os objetos tendem a flutuar em vez de serem arrastados para o turbilhão, rapidamente salta num barril e sobrevive. Bom para ele. Mas, desde os tempos de Diógenes, os barris são notórios símbolos do absoluto afastamento do mundo, a suprema retirada individual (dentro de um barril, não há espaço para outro). Norbert Elias lançou seu comentário como um consolo: olhe, mesmo no olho da tempestade, a razão apontará uma saída. Mas note que a mensagem que a razão sussurra nessa tempestade em particular é: cada um de vocês procure um barril para se esconder.

Os últimos anos têm sido marcados pelo lento mas implacável desmantelamento ou fragilização das agências que costumavam institucionalizar a *comunalidade* do destino; e pela substituição por instituições que expressam e promovem a *diversidade* desse destino. O efeito desse processo, pretendido ou não intencional, é a reformulação da comunidade (e da ação comunitária em geral), que deixa o papel de garantia de segurança pessoal que ela costumava representar e passa a significar o fardo e a perdição do indivíduo; uma carga extra para se suportar, acrescentando pouco à felicidade pessoal de alguém, mas alguma coisa de que não se pode facilmente se livrar, embora se pudesse gostar disso.

Cada vez mais nos confrontamos com a comunidade, as necessidades e causas comuns, apenas na qualidade de contribuintes; mas isso não é mais uma questão de nossa responsabilidade partilhada por – e de um seguro coletivo contra – contratempos e infelicidades de todos, mas uma questão de quanto custará prover aqueles que não podem prover a si mesmos. As reivindicações *deles* atestam o fato de que são *parasitas*, mas – maravilha das maravilhas – o *meu* (compreensível...) desejo de contribuir menos para a vaquinha, muito enfaticamente, não. É natural que o contribuinte queira pagar menos impostos. (Assim como um burro de carga quer que a carga diminua.) O resultado é que a qualidade dos serviços prestados coletivamente desliza encosta abaixo. E, então, todos os que podem pagar o preço de um barril compram um e saltam nele.

Se podemos, pagamos individualmente para estar fora das escolas subequipadas, desgastadas; dos hospitais superlotados, mal-supridos; das miseráveis pensões estatais para a velhice – assim como já pagamos para nos vermos fora, com consequências que a maioria de nós tardiamente lamenta, dos transportes públicos que encolhem e definham cada vez mais. Quanto mais fizermos isso, mais razões temos para fazê-lo, à medida que as escolas se tornam mais fracas, as filas de hospital mais longas, e as provisões para a velhice ainda mais miseráveis; e menos razões vemos para fazer sacrifícios pelo bem daqueles que não conseguem seguir nosso exemplo. Se Maria Antonieta fosse milagrosamente transportada para nosso mundo, ela provavelmente diria: "Eles reclamam que o barco comum está enferrujado e não tem mais condições de navegar? Por que não compram barris?"

Há um ponto em algum lugar abaixo da ladeira, talvez agora ultrapassado, em que as pessoas já não são capazes de conceber qualquer benefício que poderiam extrair de unir as forças, qualquer melhora a que se poderia chegar por se administrar uma parte do dinheiro em conjunto, e não individualmente. (Já por muitos anos, a carga fiscal, embora não demonstre sinais de diminuir, tem sido constantemente transferida da tributação do rendimento à tributação do consumo, tendência bastante aplaudida e bem-vinda – uma vez que muitas pessoas parecem apreciar o breve interlúdio de "liberdade" entre descontar um cheque e assinar outro.)

Quanto mais fracas e menos confiáveis são as garantias de segurança individual comunitariamente oferecidas, menos se justificam e mais onerosas parecem as demandas comunais por esforço e sacrifício comuns. Agora, dá-se muitas vezes um tipo de situação que poderíamos chamar de "o seu valor por meu dinheiro em troca". À medida que o número de pessoas que dão dinheiro ultrapasse o número de pessoas privadas de valor, o destino dos "parasitas" está selado. Suas reivindicações e queixas têm todas as chances de ser excluídas da agenda por votação – livremente, democraticamente, pela maioria dos beneficiários de nosso direito universal ao voto.

A negligência em relação aos menos afortunados não é, porém, o único resultado. Ela só se manifesta, como o faz, com o desbotamento geral e o fenecimento do espírito de comunidade. Se a política (as coisas que são discutidas e decididas na ágora, onde todos os interessados poderão se reunir e falar) diz respeito às coisas de interesse e de importância *comuns*, quem precisa de política quando os interesses e significados seguem direções apartadas? O interesse pela política sempre teve seus altos e baixos, mas agora parece que conhecemos uma cepa totalmente nova do vírus da apatia eleitoral.

O desencantamento atual parece atingir níveis mais profundos que as antigas frustrações com promessas não cumpridas ou programas não pertinentes. Esse desencanto atinge a política como tal. Ele mostra que a maioria dos eleitores não vê mais por que deveria se incomodar. Neste mundo privatizado, tão pouco parece depender do que "eles" dizem ou fazem lá fora, em suas performances cada vez mais novelescas em Westminster ou nas salas de fumar por trás das espessas e impenetráveis paredes do mítico Whitehall. Quase todas as coisas dotadas de importância pública foram afinal privatizadas, desregulamentadas e tiveram seu controle político podado. As letras miúdas nos projetos de lei de privatização expressaram o fim da política como costumávamos conhecer, o tipo de política que precisava envolver e engajar os cidadãos.

Num dos mais perspicazes estudos sobre situação da democracia contemporânea, organizado por John Dunn, Quentin

Skinner aponta que a "ligação traçada pelos ideólogos das cidades-república entre a liberdade e a participação" é hoje uma lição em grande parte esquecida, substituída pela insinuação de que "nossas liberdades civis não são mais bem-garantidas por nos envolvermos na política, mas, em vez disso, pela montagem, em torno de nós, de um cordão de direitos além do qual nossos governantes não podem passar", como se as duas tarefas pudessem ser atendidas e executadas em separado.[44]

Ouvimos falar muito sobre as múltiplas "cartas do cidadão",* aparentemente destinadas a reconhecer e despertar o cidadão adormecido em cada um de nós. O notável sobre esses estatutos, no entanto, é que eles não interpretam esse "cidadão adormecido" como uma pessoa ansiosa para assumir responsabilidades por questões mais amplas que suas necessidades e desejos pessoais, mas como um consumidor dos serviços prestados por agências que eles/elas têm pouco direito e nenhum interesse em examinar, muito menos fiscalizar. Esses estatutos promovem uma imagem de cidadão a definir seus direitos, primária e prioritariamente, talvez mesmo exclusivamente, como o direito que o cliente tem de ser satisfeito. Isso inclui o direito de reclamar e ser compensado. Mas não inclui, explicitamente, o direito de olhar para o funcionamento interno das agências de que se queixa e cuja compensação se espera – muito menos o direito de dizer-lhes o que fazer e de acordo com que princípios.

Instala-se uma espécie de círculo vicioso, no qual uma vida cada vez mais privatizada alimenta uma falta de interesse na política, enquanto essa política, liberta de constrangimentos graças a esse desinteresse, ocupa-se de aprofundar aquela privatização, criando assim mais indiferença. Ou talvez esse seja um caso de nó górdio tão apertado que não se pode mais dizer onde o cor-

---

* A *Citizen's Charter* foi um conjunto de medidas adotado em 1991 pelo governo do primeiro-ministro britânico John Major visando a tornar os serviços públicos mais transparentes e de fácil uso para os cidadãos, além de criar maior envolvimento destes nas ações do Estado. Alguns países europeus adotaram iniciativas semelhantes a partir de então. (N.T.)

Moralidade e política

dame de determinações começa e onde termina. São, portanto, escassas as chances de que as responsabilidades morais erodidas no nível basal sejam ressuscitadas por uma visão moral promovida pelas também erodidas instituições da comunidade nacional. As probabilidades contrárias são enormes.

## A nova comunidade?

As queixas ou esperanças hoje dirigidas ao governo do país são poucas, se é que há alguma – e, de todo modo, sem muitas expectativas reais de serem postas em prática. O governo não é mais visto (como observou Neal Ascherson) como algo que existe para "proteger o fraco contra o forte, para dar emprego e corrigir os desequilíbrios regionais, para ativar as bombas que fariam jorrar novas indústrias e cidadãos mais instruídos".[45]

Como tudo mais, as queixas e as esperanças foram privatizadas e desregulamentadas. Na Grã-Bretanha, a tendência foi exacerbada pela contínua devastação das chamadas instituições "de médio alcance" – agências de governo locais e corporativas. Assim, tanto poder foi retirado das prefeituras e outras casas governamentais locais, tão pouco depende do que eles fazem, tão pouco agressivos ficaram os sindicatos depois de terem sido impedidos de executar suas funções tradicionais de forjar a solidariedade, que uma pessoa razoável que procure uma defesa, um reparo ou uma melhoria mais firmes prefere buscar em outra parte.

De mais a mais, o novo espírito é cético sobre os possíveis usos e benefícios de agir em conjunto, unindo forças, dando as mãos, e renunciou à ideia de que, seja o que for que se queira conseguir, é melhor contar com a própria astúcia e a própria engenhosidade como recursos principais. Agora também estão em grande medida privatizadas e desregulamentadas as visões utópicas de uma vida melhor. Lady Thatcher pode ter cometido um grave erro *factual* quando disse que não existe essa coisa que chamam de "sociedade", mas ela certamente não permitiu erros quanto aos *objetivos* perseguidos por seus esforços legislativos. Aquilo que a proposição mal-afamada relatava eram as intenções do falante, e os anos subsequentes foram um longo caminho no sentido de fazer aquele verbo se fazer carne.

Mas não agimos por solidariedade, pelo menos de vez em quando? Vez por outra ouvimos falar de pessoas que se reúnem para promover ou defender uma causa que parecem considerar compartilhada por todas elas. Sem esse "sentimento de partilha" não haveria reuniões públicas, marchas, coletas de assinaturas. É verdade. Mas, mesmo assim, muito mais vezes essas ações comuns não vivem tempo suficiente para impulsionar instituições solidárias e merecer uma lealdade estável de seus participantes – tanto quanto os participantes desfrutam da experiência há muito esquecida de ajudar uns aos outros e fazer sacrifícios pelo outro enquanto as ações comuns durem e a "causa comum" continue a ser comum.

Como outros eventos, essas causas coletivas chamam a atenção apenas por um breve momento e desaparecem para dar lugar a outras preocupações. Elas em geral fazem surgir ações "monotemáticas", reunidas em torno de uma demanda de indivíduos das mais variadas convicções, muitas vezes verdadeiros estranhos companheiros, que têm pouco em comum além de responder a um mesmo apelo específico.

Muito raramente, esses "temas únicos" manifestam ou reforçam o sentimentos de responsabilidade moral com o bem comum. Mais amiúde eles mobilizam sentimentos *contra*, e não sentimentos *para*: contra fechar uma escola ou uma mina aqui em vez de em outros lugares; contra um desvio ou uma ligação ferroviária; contra um acampamento de ciganos ou um comboio de imigrantes; contra um depósito de resíduos tóxicos. O que eles gostariam de realizar não é tanto fazer o mundo partilhado mais agradável e habitável, e sim redistribuir seus traços menos atraentes, jogar suas partes mais incômodas e desagradáveis no quintal dos vizinhos. Eles dividem mais do que unem. De forma oblíqua, promovem a ideia de que pessoas diferentes têm diferentes garantias morais, e que os direitos de uns implicam o direito de negar os direitos de outros.

Moralidade e política     369

A existência privatizada tem suas muitas alegrias: liberdade de escolha, oportunidade de experimentar vários estilos de vida, chance de fazer a si mesmo à medida de sua autoimagem. Mas tem também suas dores. Entre as mais importantes estão a solidão e uma incurável incerteza em relação às escolhas já feitas e às que ainda serão. Não é fácil construir uma identidade própria contando apenas com suas próprias suposições e palpites, mas há pouca reafirmação de uma identidade feita por si própria se ela não foi reconhecida e confirmada por um poder mais forte e mais duradouro que seu construtor solitário.

A identidade precisar ser *vista* como tal. A linha divisória entre a identidade socialmente aceita e a apenas individualmente imaginada é a relação entre autoafirmação e loucura. É por isso que todos nós sentimos sempre uma esmagadora "necessidade de pertencimento", a necessidade de identificar não apenas a nós mesmos como seres humanos individuais, mas como membros de uma entidade maior. Espera-se que essa identificação pela adesão proporcione uma base sólida sobre a qual erigir as identidades pessoais, pequenas e fracas. E como algumas das antigas e outrora sólidas entidades que subscreviam e endossavam as identidades individuais estão em ruínas, enquanto outras perdem depressa seu poder de realização, cria-se uma demanda por novas, capazes de pronunciar sentenças obrigatórias e dotadas de autoridade.

Ouvimos repetidamente – nas sábias opiniões de muitos cientistas sociais e dos renascidos entusiastas da "integração pré-reflexiva" que antes atribuíam ao passado pré-moderno e pré-civilizado – que a "comunidade" é o candidato mais provável para preencher essa lacuna. A modernidade passou a maior parte de seu tempo e gastou muito de sua energia na luta contra a comunidade – o agrupamento maior que a vida em que as pessoas nascem, apenas para nelas serem mantidas para o resto da vida pela mão morta da tradição, reforçada pela vigilância e a chantagem coletivas. Desde o Iluminismo, tem se visto como uma afirmação de senso comum que a emancipação humana, a liberação do verdadeiro potencial humano, exigia que os limites das comunidades fossem quebrados, e os indivíduos libertos das circunstâncias de seu nascimento. Parece que completamos agora esse processo.

A ideia da comunidade foi recuperada da câmara frigorífica em que fora confinada por uma modernidade inclinada à humanidade sem limites, e restaurada para uma glória, real ou imaginária, do passado. É na comunidade que muitas esperanças privadas por instituições falidas ou desacreditadas agora centram suas atenções. O que outrora era rejeitado como constrangimento, agora é aclamado como a "qualidade capacitante". O que antes era visto como um obstáculo no caminho para a plena humanidade é agora elogiado como sua condição necessária. A humanidade, somos informados, assume várias formas e feitios, e, graças às comunidades, às tradições e às culturas, as formas de vida por elas legadas estão aqui para fazer com que este seja o caso.

O pensamento social sempre esteve disposto a repetir as histórias contadas ou apenas imaginadas pelos detentores do poder (ou, melhor, a converter o insípido alvoroço dos detentores do poder em histórias e contos morais interessantes); e para disfarçar a crônica das ambições desses poderosos e das (muitas vezes obscuras) transações que delas advém como descrições da realidade social, de suas leis ou de suas "tendências históricas".

Nos tempos das cruzadas culturais modernas lançadas contra a autogestão regional, local ou étnica, obituários autoelogiosos de comunidades preenchiam as obras de ciências sociais. Mas os poderes ansiosos para apresentar sua própria particularidade como universalidade humana hoje são escassos, e naturalmente não há muito sentido em narrar seus sonhos, agora desbotados. Os novos poderes que tomaram seu lugar não falam a língua da universalidade. Muito pelo contrário, apelam para o que *distingue* uma coletividade humana de outra. Mais preocupados com a defesa do que com um ataque, estão prontos a admitir que a pluralidade de formas humanas chegou para ficar: ela não é mais uma falha lamentável, ainda que temporária, e sim uma carac-

Moralidade e política

terística permanente da existência humana. E o pensamento social, pronta e gentilmente, mudou seu tom.

A discussão sobre a supremacia de uma suposta comunidade "natural" na vida do indivíduo segue da seguinte maneira: cada um de nós nasce numa certa tradição e numa certa linguagem, que decidem o que há para ser pensado antes de começarmos a pensar por nós mesmos: o que devemos ver antes de começarmos a olhar; o que devemos dizer antes de aprendermos a nos expressar; o que devemos considerar importante antes de começarmos a ponderar as coisas umas em relação às outras; como devemos nos comportar antes de começarmos a refletir sobre as escolhas.

Assim, a fim de saber o que somos para compreender a nós mesmos, temos de penetrar e conscientemente abraçar essa tradição; e, para sermos nós mesmos, de manter nossa identidade intacta e impermeável, temos de apoiar essa tradição com todo o nosso coração. Na verdade, nós lhe devemos nossa total lealdade, e devemos oferecer a suas demandas uma inquestionável prioridade sempre que ressoem chamados à lealdade nessa sociedade de lealdades múltiplas.

O argumento, por assim dizer, inverte a verdadeira ordem das coisas. Tradições não "existem" por si sós e independentemente do que pensamos e fazemos. Elas são todo dia reinventadas por nossa dedicação, nossa memória seletiva e nosso olhar seletivo, nosso agir "como se" ela definisse nossa conduta. As comunidades supostamente "primordiais" são *postuladas*; e o significado de elas serem "reais" é que muitas pessoas, em uníssono, sigam esse postulado. O chamado para dar à "comunidade de pertencimento" nossa lealdade primordial e indivisível, a exigência de nos considerarmos em primeiro lugar membros da comunidade, e de considerar todo o resto depois, é a maneira de tornar uma comunidade "realidade", de dividir a sociedade em geral em pequenos enclaves que olham uns para os outros com desconfiança e mantêm distância entre si.

Como essas comunidades, à diferença das nações modernas – bem enraizadas nas instituições coercitivas e educativas do Estado-nação –, não têm muitas pernas em que se sustentar, exceto pela cópia e a replicação de nossas lealdades individuais, elas exigem, a fim de existir, uma intensa, embora rara, dedicação emocional e declarações de fé estridentes, altas, ruidosas, espetaculares; e pressentem nas extremidades mais irresolutas, mornas e indecisas o mais mortal dos perigos.

Daí outra contradição entre a "narrativa da comunidade" e o verdadeiro estado de coisas que ela narra. O canto das sereias da comunidade diz respeito ao calor da união, da compreensão e do amor mútuos, um alívio para a vida fria, dura e solitária da concorrência e da incerteza contínuas! A comunidade se anuncia como um lar acolhedor, à prova de arrombamento, no meio da cidade hostil e perigosa. Ela se desenha profusamente, aberta ou indiretamente, sobre a imagem contemporânea de uma aguda divisão entre a propriedade fortificada e eletronicamente protegida e a rua lotada de estranhos portadores de armas brancas: é a área devastada em segurança sob a "vigilância dos vizinhos".

A comunidade seduz seus prosélitos com a promessa de libertação do medo e da tranquilidade do *chez soi*. Mas, outra vez, a realidade é amiúde o oposto. Dada a fragilidade endêmica de suas fundações, a comunidade só pode arcar com a dedicação completa e militante à causa; seus autointitulados guardiões estão dia e noite à espreita, em busca de traidores, reais ou imaginários, vira-casacas ou mesmo apenas os não totalmente convertidos, hesitantes e indecisos. A independência é desaprovada; a dissidência, caçada; a deslealdade, perseguida. A pressão para manter o rebanho no aprisco é implacável; o desejado conforto do pertencimento é oferecido como preço pela falta de liberdade.

O efeito global de tudo isso é outro caso de tendência agora familiar à expropriação da responsabilidade moral do indivíduo. Cabe agora à comunidade, ou melhor, aos autoproclamados guardas de sua pureza, traçar os limites das obrigações morais, separando o bem do mal, e, para o melhor ou para o pior, ditar a definição da conduta moral. A preocupação primordial de sua ação de imposição das leis morais é manter inequívoca a divisão entre "nós" e "eles"; não é tanto a promoção de normas morais quanto a instalação de normas *duplas* (como dizem os franceses, *deux poids, deux mesures*) – uma para "nós", outra reservada ao tratamento "deles".

É verdade, ao contrário do despersonalizado mundo dos indivíduos privatizados, a postulação da comunidade não promove a indiferença moral nem a sofre de maneira leve. Mas ela também não cultiva selves *morais*. Em vez disso, substitui os tormentos da responsabilidade moral pela certeza da disciplina e da submissão. Os selves disciplinados, como vimos repetidas vezes, não apresentam qualquer garantia de serem morais; enquanto os selves submissos podem facilmente ser mobilizados – e são – a serviço de uma desumanidade cruel e insensata das infindáveis (e desesperançosas) formas intercomunais de guerras de desgaste, escaramuças de fronteira e da implacável repressão dos dissidentes.

## Entre a esperança e o desespero

Percorremos um longo caminho em nossa busca de fontes de esperança moral, mas até agora temos as mãos vazias. Nosso único ganho é saber onde essas fontes não são encontradas. A burocracia e os negócios nunca foram famosos santuários da ética nem escolas de moralidade. Mas pouco se pode esperar também de entidades destinadas a compensar o mal que fizeram à espinha dorsal moral dos selves humanos.

De volta para a família? Os processos de privatização e desregulamentação atingiram profundamente o coração da vida familiar: mesmo transformar os pais em policiais não remunerados, como querem os defensores de se multar os pais pelo mau comportamento de seus filhos, dificilmente deteria a maré. De volta para o aprisco da comunidade? Nesse caso, as responsabilidades morais estão mais propensas a ser colocadas numa câmara criogênica do que a se reanimarem.

Mais de dois séculos depois da promessa do Iluminismo de atuar legislativamente por uma sociedade ética e humana, somos deixados, cada um de nós, com nossas próprias consciências individuais e nosso próprio sentimento de responsabilidade como únicos recursos com os quais lutar para tornar a vida mais moral do que é. E ainda encontramos esse recurso esgotado e espremido por uma enorme aliança profana de forças.

Essa é uma questão inquietante não apenas para filósofos e pregadores morais. Por mais preocupados que eles possam estar, há todas as razões para essa preocupação ser amplamente compartilhada. O dilema que enfrentamos agora foi expressado de modo pungente pelo grande filósofo moral germano-americano Hans Jonas:

> O mesmíssimo movimento que nos deixou de posse dos poderes que devem agora ser regulados por normas, ... por necessária complementaridade, provocou a erosão das fundações das quais as normas poderiam ser derivadas. ... Agora nos arrepiamos na nudez de um niilismo em que a quase onipotência é emparelhada com o quase vazio, em que a maior capacidade é emparelhada com o cada vez menos saber para quê.[46]

De fato, os riscos são enormes. Um dos livros mais influentes publicados na década de 1980 foi *Sociedade de risco*, de Ulrich Beck. Sua mensagem, hoje amplamente aprovada, é que nossa sociedade se torna cada vez mais produtora, monitoradora e administradora do risco. Não nos movemos tanto "em frente", limpamos a bagunça e buscamos uma saída para a confusão perpetrada por nossas próprias ações de ontem. Os riscos são o nosso próprio produto, apesar de inesperado e, muitas vezes, impossível de prever ou calcular. Por isso, o que quer que façamos, nos concentramos na tarefa que temos nas mãos (essa capacidade de enfatizar minuciosamente é, na verdade, o segredo de nossos surpreendentes sucessos na ciência e na tecnologia); no mesmo passo, as mudanças que introduzimos no equilíbrio da natureza e da sociedade para executar essa tarefa reverberam de forma ampla; seus efeitos distantes revidam como novos perigos, novos problemas e, por conta disso, novas tarefas.

Moralidade e política

O que torna essa situação já deprimente algo quase catastrófico, porém, é que a escala das mudanças que inadvertidamente provocamos é tão vasta que a linha além da qual os riscos se tornam totalmente incontroláveis e os danos, irreparáveis, pode ser cruzada a qualquer momento. Começamos a calcular os perigos das alterações climáticas causadas pela poluição, ou do esgotamento do solo e da água causados por fertilizantes e inseticidas cada vez mais específicos. Começamos a calcular, mas sem qualquer grande efeito até agora, os riscos à saúde decorrentes da tendência de se "racionalizar" a indústria de alimentos, tornando-a mais "rentável".

Mas começamos a contar, seriamente, os perigos envolvidos na liberação na natureza de vírus artificialmente criados (cada um deles, para falar a verdade, com seus usos específicos, invariavelmente elogiáveis) ou de uma engenharia genética cada vez mais ramificada da espécie humana, que visa, em última análise, a oferecer alfaiatarias de encomenda de proles humanas?

Além disso, muitas vezes conhecemos os riscos muito bem, mas há pouco que possamos fazer com nosso conhecimento, uma vez que as forças que nos empurram mais profundamente para territórios cada vez mais arriscados são esmagadoras. Todos nós, em momentos de reflexão, lamentamos ao pensar, por exemplo, na implacável saturação desse conflituoso mundo de armas cada vez mais refinadas e cada vez menos resistíveis, ou no aumento, a cada ano, de centenas de milhares de novos veículos à praga de estradas congestionadas e num tráfego urbano quase em estado de paralisia. Portanto, há pouca base de consolo no fato de que as mesmas habilidades que nos tornam poderosos o suficiente para produzir impressionantes riscos também nos fazem sábios o bastante para refletir sobre eles – e muito menos para fazer algo que limite os danos. A capacidade de refletir não se traduz facilmente em capacidade de agir.

Mesmo quando o *pensamento* é muito perspicaz e criterioso, a *vontade* pode se mostrar falha; mesmo que haja vontade, os *braços* podem ser curtos. Apresentamos nossas melhorias (ou nossos remédios para curar as feridas deixadas pelas falhas melhorias de outrora) localmente; mas seus efeitos podem atingir os cantos e recantos do globo de cuja presença só estamos obscurecidamente conscientes, se tanto. Agimos aqui e agora para lidar com as perturbações que sentimos hoje – e agimos sem nos dar tempo suficiente para pensar, muito menos para testar, os efeitos de longo prazo de nossas ações.

Mas seremos capazes de atravessar a outra ponte quando chegarmos a ela? E que tipo de ponte será? Pense nos maravilhosos medicamentos novos que, um depois do outro, explodem em nossos sonhos de felicidade, graças à engenhosidade de estudiosos e empreendedores. Seus chamados "efeitos colaterais" são testados – por vezes por períodos muito mais curtos, por vezes por períodos mais longos.

A pílula anticoncepcional já foi usada por milhões de mulheres durante cinquenta anos, então, podemos dizer que conhecemos os riscos vindos à tona durante esse período. Mas sabemos realmente como o mundo será, digamos, daqui a cem anos, depois de muitas mais gerações de mulheres que tomaram a pílula? Haveria uma forma de saber? Conhecemos os efeitos ao longo de diversas gerações da inseminação artificial e da concepção *in vitro*?

Essas são questões sérias, o tipo de problema com que nunca tivemos de lidar antes. Parece que agora exigimos uma forma nova de ética. Uma ética feita à medida da enorme distância de espaço e tempo em que podemos agir e em que agimos, mesmo quando nem sabemos nem pretendemos. O "dever primeiro" dessa ética, para citar Jonas mais uma vez, é "visualizar os efeitos de longo alcance da empresa tecnológica". Tal ética deve ser orientada, diz ele ainda, pela "heurística do medo" e pelo "princípio da incerteza": mesmo que os argumentos dos pessimistas e otimistas estejam equilibrados entre si, "a profecia da perdição recebe maior atenção que a profecia da felicidade". E Jonas resume a questão com uma versão atualizada (embora, como ele próprio logo admite, longe de ser logicamente evidente) do imperativo categórico de Kant: "Age de modo que os efeitos de sua ação sejam compatíveis com a permanência da vida humana genuína." Em caso de dúvida – Jonas infere – *não faça*. Não amplie nem multiplique o risco mais que o inevitável. Erre, se o fizer, para o lado da cautela.[47]

Moralidade e política

A forma ética de autolimitação que Jonas acredita precisarmos desesperadamente é um desafio e tanto. Seguir a "heurística do medo" significaria nada menos que resistir, suportar e desafiar as pressões exercidas por quase todos os outros aspectos do viver contemporâneo: a concorrência no mercado, a corrente e não declarada guerra de redistribuição entre unidades e grupos territoriais e não territoriais, as tendências autopropulsoras e autoaprimoradoras da tecnociência, nossa compreensão do processo da vida e da vida coletiva como uma sucessão de "problemas" a serem "resolvidos", e nossa dependência profundamente enraizada em soluções cada vez mais especializadas e intensivas de técnica para os problemas.

Por trás de todos aqueles "outros aspectos" estão instituições poderosas, bem-entrincheiradas, que emprestam a seu impacto um poder quase elementar de "forças naturais". Por trás do novo imperativo ético, por outro lado, está apenas um difuso sentimento de que não podemos continuar assim por muito mais tempo, sem cortejar perigos de proporções formidáveis, talvez sem precedentes. Esse sentimento deve ainda encontrar o porto institucional em que ancorar. Está longe de estar claro onde estão as forças prováveis de inscrever os princípios *jonasianos* em suas flâmulas – para não falar de forças poderosas o suficiente para torná-los vitoriosos.

## Uma nova ética em busca de uma nova política

Hannah Arendt, uma das observadoras mais perspicazes e uma das juízas mais críticas de nossa atual condição humana, escreveu de forma profusa e convincente sobre o "vazio do espaço político". O que ela quis dizer é que em nossos tempos não há mais locais óbvios no corpo político a partir dos quais possam ser feitas intervenções eficazes e significativas para o modo como nossa vida coletiva é vivida. Intervenções parciais, segmentadas, orientadas segundo a tarefa, limitadas no tempo;

sim, disso não carecemos. Porém, muitas vezes elas não resultam em qualquer totalidade significativa; são, como tudo mais, fragmentadas e descontínuas; muitas vezes colidem umas com as outras – e ninguém pode, com nenhum grau de segurança, reivindicar conhecer com antecedência os possíveis resultados de tais confrontos.

Essas intervenções humanas, da maneira como são realizadas, esgotam-se nos meandros do opaco e impermeável sistema social, apenas para depois resultar numa forma que lembra mais as catástrofes naturais que as ações humanas deliberadas. Por outro lado, parece ser óbvio que, pela natureza das escolhas que agora enfrentamos, as iniciativas privatizadas e as intervenções desregulamentadas simplesmente não funcionam; elas são no mínimo parte do problema, nunca a solução. É imperativo algum tipo de ação coordenada e concertada. O nome dessa ação é política. A promoção de uma ética nova e extremamente necessária para uma nova era é algo que só pode ser abordado como questão e tarefa *políticas.*[48]

A política, porém, tem muitas faces. Não obstante os esforços dos cientistas políticos, a política continua a ser o que costuma se chamar "um conceito intensamente discutido". Segundo a opinião mais difundida, com a cumplicidade de práticas governamentais cotidianas, a política consiste em fazer e desfazer leis e estatutos, enquanto os eleitores assistem aos efeitos e reelegem os legisladores se os efeitos forem de seu agrado, ou entram na concorrência se não forem.

Desse ponto de vista, os eleitores (e os membros leigos do corpo entram em cena *apenas* como eleitores) comportam-se como os sensíveis consumidores. Para todos os efeitos, eles são os "consumidores de serviços políticos". Se é nisso que a política consiste, a nova ética (ou qualquer outra ética nesse sentido) só pode ser politicamente promovida por meio da concepção de novas regras legais – definindo determinados comportamentos como crime, penalizando outros tipos de comportamento de forma mais se-

Moralidade e política

vera que antes, ou incentivando outros tipos de comportamento por meio de recompensas mais sedutoras.

A ação de imposição da lei pode ou não evocar comportamentos de um tipo desejável. É improvável que se consiga algum dia a promoção da responsabilidade moral (como algo distinto da obediência legal), o único solo em que a ética buscada pode fincar suas raízes. Mais importante e ainda menos provável é a perspectiva de um esforço legislativo que siga imperativos éticos de longo prazo, em vez de ser empurrado como um plâncton por cálculos e ganhos eleitorais imediatos e de curta duração.

Há certa ressonância, certa simbiose, entre a forma como nosso país é governado e a forma como nossas vidas são vividas. Ambos – a ação do governo e a atividade de viver – são cortados em fatias muitas vezes tão finas quanto papel; ambos são coleções ou sucessões de eventos, cada uma das próximas ocorrências vem em geral sem aviso prévio e sem motivo evidente; em ambos os casos, tudo o que acontece ocorre ao acaso e dura simplesmente até segunda ordem; eventos sucessivos surgem como do nada e logo caem no esquecimento, para dar lugar a outros acontecimentos; nenhum deles parece deixar muito rastro atrás de si.

Podemos dizer que as atividades de governo, como a maioria de nossas atividades de vida, tendem hoje a ser *fragmentadas*, *episódicas* e *inconsequentes*. A política foi dividida numa coleção de acontecimentos, um sem relação com os outros, surgindo à atenção pública sobretudo para apagar dela os acontecimentos de ontem. Os triunfos de hoje significam isolar a bagunça deixada pelos atos comemorados ontem. Toma-se uma coisa de cada vez e proíbe-se todo pensamento sobre o que vem pela frente.

Escândalos e futilidades que invadem a atenção do público apresentam uma salutar qualidade de apagar os escândalos do passado e as futilidades da memória. (O caso *Iraquegate* nos ajuda a esquecer o roubo a pensionistas do Estado; o imposto sobre o consumo de combustível passa uma demão de tinta sobre a horrorosa mancha das filas cada vez maiores das salas de cirurgia; um leilão televisivo da liderança partidária desvia os olhos das novas alíquotas de imposto; os detalhes picantes da vida privada de algum político afugentam a atenção do público de tudo que possa fazer alguma diferença.) Os compromissos são todos até segunda ordem; e os direitos eternos são tão mortais quanto se tornou mortal a própria eternidade.

Um governo que pratica e promove a política assim entendida gosta de seus cidadãos como eles são, com seus olhos inconstantes e a atenção à deriva, assim como com seus discursos laudatórios de tempos em tempos sobre suas gloriosas heranças e os antigos valores da família. Cidadãos que vivem suas vidas como coleções de episódios inconsequentes e olvidáveis fariam muito bem, obrigado, a um governo cuja política é uma série de fragmentos inconsequentes (seria melhor se fossem esquecidos). Uma vida episódica combina bem com essa política e com a visão de mundo que dela emana.

Assim como os australianos com suas *fourexes*,[*] esse governo não desistiria desses cidadãos por nada, e fará todo possível para que eles permaneçam do jeito que são, ou melhor, da forma como são pressionados, empurrados, intimidados (com a bênção, a conivência e a dedicada colaboração do governo) a se tornar.

Assim, trata-se de um governo que tudo desregula, de modo que nada pode ser sentido como duradouro e confiável, previsível, fidedigno, algo com que se pode contar; um governo que remove os lugares em que as decisões são tomadas para outros onde as pessoas por elas afetadas não possam vê-las como decisões, mas apenas como "destino cego"; um governo que quer que o jogo das forças do mercado defina o padrão de vida, de vida vivida como um jogo; que promove o preceito do "jogue bem a sua mão" como norma suprema de decência; que redefine o cidadão, na teoria e na prática, como um cliente satisfeito de uma sociedade feita à imagem de um shopping center; que suga a confiança de seus cidadãos no mundo e uns nos outros.

---

[*] *Fourexes* ("quatro xis") é uma quase centenária marca de cerveja australiana. Na verdade, a marca é apresentada no rótulo literalmente, como XXXX. (N.T.)

Mas trata-se também de um governo que mantém em alta o modo de vida dos andarilhos dos shoppings como paradigma da humanidade feliz e de vida boa; e que, por essa norma, desqualifica um número crescente de súditos seus – inválidos, desempregados, desqualificados, racialmente discriminados, mães solteiras – como ineptos, imperfeitos e incapazes de melhorar por serem consumidores falhos, incapazes de sustentar passeios frequentes ao shopping. É um governo que, em nome da vida episódica de quem "pode pagar", traça uma linha cada vez mais espessa e cava um fosso cada vez mais profundo entre aqueles que podem e os que não podem. É um governo que divide a sociedade que governa entre cidadãos definidos como consumidores satisfeitos e consumidores falhos definidos como cidadãos falhos. Finalmente, é um governo que usa a condição angustiante destes últimos para empurrar os primeiros à satisfação por ação do medo, e os caminhos brilhantes dos primeiros para seduzir os últimos numa obediência autodepreciativa. E ainda...

A vida vivida como malabarismo de episódios não é uma felicidade indistinta. Longe disso. Dizem-nos repetidas vezes que é preciso tornar a vida dos pobres cada vez mais horrível a fim de "criar empregos" – isto é, empobrecer o desempregado para forçar seu retorno ao emprego. Na melhor das hipóteses, essa é uma meia verdade. A outra metade dela é que cabe tornar os consumidores falhos cada vez mais miseráveis a fim de manter os consumidores corretos satisfeitos com sua vida de consumismo. Porque a crença na felicidade endêmica a essa vida é tudo menos "trivialmente verdadeira", tal como a ideia de que quanto mais você consome, mais feliz você é.

E o que dizer da incerteza, da insegurança, da solidão? O que dizer de o futuro ser um local de medo, em vez de esperança? O que dizer de nunca se acumular algo com segurança, sem certeza de nada, de nunca ser capaz de dizer com confiança "Cheguei", "Fiz meu trabalho bem", "Tenho vivido uma vida decente"? O que dizer de enxergar na vizinhança apenas uma selva, a ser vigiada com cautela e medo, e ver no estranho apenas uma besta de que se esconder, e das prisões privatizadas que são as casas à prova de arrombamento?[49]

É realmente tão agradável passar a vida demonstrando superioridade entre pessoas que praticam a demonstração de superioridade? Essa vida foi de fato escolhida por escolha? Ao resumir, em seu livro *O Dédalo: para finalizar o século XX*, os ensinamentos e as perspectivas da vida contemporânea, Georges Balandier declarou o que deveria ser (mas não é) óbvio: "Esse individualismo vem mais por omissão que por escolha."[50]

A vida não tem de ser assim. O espaço que coabitamos pode ser – consensualmente – bem-estruturado; nesse espaço, em que muitas das coisas vitais para a vida de cada um de nós (transportes, escolas, cirurgias, meios de comunicação) são *compartilhadas*, podemos nos ver uns aos outros como condições, mais que como obstáculos, para nosso bem-estar coletivo e individual. Assim como a vida fragmentada e descontínua promove a diminuição de impulsos morais, uma vida compartilhada de relações contínuas e multifacetadas revigoraria as responsabilidades morais e despertaria o desejo de assumir a tarefa de gerir assuntos – agora verdadeiramente – comuns.

Assim como a vida em episódios e a política reduzida à gestão de crises incitava nossa saída da esfera política, a partilha de responsabilidades percorreria um longo caminho para ajudar os cidadãos a recuperar as vozes que perderam ou deixaram de tentar tornar audíveis. Como disse Steven Connor, "é apenas na absoluta colocação do 'nós' em situação de risco que percebemos as possibilidades de nossa humanidade".

## Podemos fazê-lo? Será que faremos?

A humanidade contemporânea fala em muitas vozes, e agora sabemos que ela o fará por muito tempo. A questão central de nossa era é como reforjar essa polifonia na forma de uma harmonia e impedir que ela degenere em cacofonia. Harmonia não é uniformidade; é sempre um jogo de uma série de diferentes temas, cada um mantendo sua identidade distinta e sustentando a melodia resultante por meio de, e graças a, tal identidade.

Hannah Arendt pensou que a capacidade de interação é a qualidade-chave da pólis – onde podemos nos encontrar uns com outros como *iguais*, embora reconhecendo nossa diversidade, com o cuidado com a preservação dessa diversidade como objetivo central desses encontros. Como isso pode ser alcançado? (Como *nós* podemos alcançá-lo?) *Com as identidades separadas freando a exclusividade*, com a recusa de coabitar com outras identidades. Isso, por sua vez, exige o abandono da tendência de suprimir outras identidades em nome da autoafirmação da própria, aceitando, ao contrário, que é precisamente o cuidar de outras identidades que mantêm a diversidade na qual a própria singularidade pode prosperar.

Em sua influente *Teoria da justiça*, John Rawls apresentou o modelo de "consenso sobreposto", especificando as hipóteses em que a harmonia entre a diversidade e a unidade pode ser atingida. Eis como Richard J. Mouw e Sander Griffioen resumem as proposições dele:

> A alegação central aqui é que enquanto as pessoas chegam ao domínio público vindas de pontos de partida metafísicos/religiosos/morais muito diferentes, uma vez que elas cheguem, podem concordar em operar com as mesmas ideias intuitivas sobre o que funciona em um acordo justo. Elas podem chegar a um consenso sobre questões como o estado de direito, a liberdade de consciência, a liberdade de pensamento, a igualdade de oportunidades, uma divisão equitativa dos meios materiais entre todos os cidadãos.[51]

"Eles *podem*..." A pergunta é: eles o fariam? Eles o farão? Os cidadãos que costumavam se reunir nos espaços públicos da pólis grega conseguiam em geral fazê-lo muito bem. Mas eles se encontravam lá com a intenção explícita de discutir assuntos públicos, pelos quais eles, e apenas eles, eram responsáveis: em nenhum outro lugar as coisas seriam feitas se eles não as fizessem... Qualquer que fosse o consenso "sobreposto", ele era sua realização comum, não um presente que recebiam – eles chegavam inúmeras vezes ao consenso à medida que se encontravam, conversavam e discutiam. Na apropriada frase de Jeffrey Weeks, "a humanidade não é uma essência a ser realizada, mas uma construção pragmática, uma perspectiva a ser desenvolvida por meio da articulação dos diversos projetos individuais, das diferenças, que constituem nossa humanidade em seu sentido mais amplo".

Albert Hirschman sugere que as pessoas podem influenciar os assuntos que lhes digam respeito de duas maneiras: por meio da *voz* ou por meio da *saída* (não por acaso Hirschman tomou como modelo as ações realizadas por pessoas em sua qualidade de *consumidores!*): "voz" corresponde a exigir mudanças no tipo de coisa feita e na forma como ela é feita; "saída" é virar as costas para a coisa que não satisfaz e se mover completamente para outro lugar, a fim de buscar satisfação. A diferença entre "voz" e "saída" é, para se colocar de maneira simples, a diferença entre compromisso e desprendimento, responsabilidade e indiferença, ação política e apatia. Podemos dizer que, se a condição em que estamos precisa que as pessoas tornem audível sua voz, nossas instituições políticas e a ideia de "cidadania" que promovem favorecem a saída.

Na verdade, é nisso que consiste a concepção de cidadão como cliente satisfeito. Deixe as decisões para os conhecedores, e eles cuidarão de seu bem-estar. Assim como a si mesmo, cuide das coisas próximas de sua casa: preserve os *valores familiares*. Mas vimos que é a retirada para entre as paredes de uma unidade familiar (seguida por mais uma retirada, para o interior dos escudos individuais) – perdendo de vista aquelas conexões intricadas, mas íntimas, entre a vida de família (ou mesmo a vida individual) e a vida em espaços públicos, entre o privado e o público, entre biografia e história, esquecendo-se o quanto esses últimos determinam os primeiros – o que constitui o mais grave dano corporal a que as atuais privatização e desregulamentação das preocupações humanas submeteram e seguirão a submeter as chances de renovação moral. Observado de perto, o suposto medicamento suspeitamente se parece com a doença.

É muito fácil expor as esperanças das outras pessoas como não firmes e fundamentadas; e suas soluções, como não realistas o suficiente. Muito mais difícil é propor garantias de esperança e de uma solução própria, que seria imune a acusações similares. Isso não por causa da falta de imaginação ou de boa vontade, mas porque a presente condição humana é em si atravessada por ambivalência, e qualquer diagnóstico parece apontar em duas direções opostas ao mesmo tempo – para desenrolares cuja compatibilidade está longe de ser evidente. Em poucas palavras: a possibilidade de se contrapor às pressões atuais por um limpar as vidas privada e pública de motivações éticas e de avaliações morais depende ao mesmo tempo de mais autonomia para os selves morais *individuais* e de uma partilha mais vigorosa das responsabilidades coletivas. Nos termos do ortodoxo dilema "Estado *versus* indivíduo", essa é claramente uma contradição – e promovê-la assemelha-se ao esforço de tirar leite das pedras.

Se qualquer conclusão surgiu de nosso debate até agora, é que essa *contradição é ilusória*, e que a ampla aceitação acrítica da ilusão é produto de tendências que precisam ser corrigidas e do pensamento ortodoxo que as imitou.

Vimos que falharam todos os substitutos artificiais, concebidos e testados para os impulsos morais espontâneos e para a responsabilidade individual com o outro; ou pior, eles acabaram por desarmar as garantias éticas contra o perigo de a sede humana de controle e supremacia degenerar em crueldade e opressão desumanas. Podemos agora repetir com convicção ainda maior as palavras de Max Frisch: ao final de nossa longa marcha moderna na direção a uma sociedade racionalmente guiada, retornamos, no que diz respeito aos termos de nossa convivência, a nossos antigos recursos do senso moral e do sentimento de companheirismo, guiando-nos nas escolhas morais cotidianas.[52]

Para essa orientação, não temos códigos e regras indubitáveis e universalmente acordados. As escolhas são realmente escolhas, o que significa que cada uma é, em certa medida, arbitrária; e que a incerteza quanto à sua propriedade é passível de se manter por muito tempo depois que as escolhas foram feitas. Entendemos agora que a incerteza não é um incômodo temporário, que pode ser afugentado pelo aprendizado de regras ou pela rendição a pareceres de especialistas, ou apenas fazendo o que outros fazem, e sim uma condição permanente da vida. Podemos dizer mais: ela é o próprio solo em que o self moral se enraíza e cresce.

A vida moral é uma vida de contínua incerteza. Ser uma pessoa moral exige muita força e elasticidade para suportar as pressões e as tentações de se retirar das responsabilidades conjuntas. A responsabilidade moral é incondicional e por princípio *infinita*; portanto, podem-se reconhecer as pessoas morais por sua nunca dissipada insatisfação com seu desempenho moral, a atroz suspeita de que elas, por sua própria avaliação, não são morais *o bastante*.

Por outro lado, uma sociedade que engaja seus membros – como fez a pólis, na difícil, mas imperativa, tarefa de cuidar uns dos outros e na gestão dos assuntos comuns, de modo que a vida em comum pode observar padrões de justiça e prudência – não exige súditos disciplinados nem consumidores de serviços sociais prestados em busca de satisfação; exige tenazes e por vezes obstinados, mas sempre *cidadãos*, e responsáveis. Ser responsável não significa seguir as regras; aliás, muitas vezes pode demandar ignorar as regras ou agir de uma maneira que as regras não sancionem. Apenas essa responsabilidade faz do cidadão uma base sobre a qual pode ser construída de forma concebível uma comunidade humana engenhosa e cuidadosa o suficiente para lidar com os desafios atuais.

De forma concebível... e não mais do que isso, uma vez que não se pode garantir que tal comunidade realmente será construída, e já que não há métodos infalíveis para se certificar do que ela será. Na verdade, a única certeza são os incansáveis esforços dos próprios construtores. O que pode ajudar nessa tarefa é a consciência da íntima conexão (e não contradição!) entre cidadãos autônomos, moralmente autossustentados e independentes (por isso muitas vezes rebeldes, incômodos e desagradáveis); e uma comunidade política plenamente desenvolvida, reflexiva e autorrestaurativa. Eles só podem se manifestar juntos; um não é pensável sem o outro.

# · Notas ·

### Introdução *(p.9-19)*

**1.** Oxford, Blakwell, 1993.

**2.** Steven Connor, "The necessity of value", in Judith Squires (org.), *Principled Positions: Postmodernism and the Rediscovery of Value*, Londres, Lawrence & Wishart, 1993, p.39-40.

**3.** Kate Soper, "Postmodernism, subjectivity and the question of value", in Squires, op.cit., p.28-9.

**4.** Gillian Rose, *Judaism and Modernity: Philosophical Essays*, Oxford, Blackwell, 1993, p.6.

**5.** Christopher Lasch, *The True and Only Heaven: Progress and its Critics*, Nova York, W.W. Norton, 1991, p.30, 31 e 34.

### 1. Uma moralidade sem uma ética *(p.21-66)*

**1.** Cornelius Castoriadis, "Institution of society and religion", *Thesis Eleven*, v.31, 1993, p.1-17. Para os achados de Elzbieta Tarkowska, consultar "Chaos kulturowy, albo potrzebie antropologii raz jeszcze", in Aldona Jawlowska, Marian Kempny e Elzbieta Tarkowska (orgs.), *Kulturowy wymiarprzemian spotecznych*, Varsóvia, IFiS Pan, 1993, p.34-5.

**2.** Friedrich Nietzsche, *Human All-too-human: A Book for Free Spirits*, parte 2, Edinburgo, T.W. Foulis, 1991, p.286-7 (trad. bras., *Humano, demasiado humano: Um livro para espíritos livres*, parte 2, São Paulo, Companhia das Letras, 2008).

**3.** Descrevi esses expedientes em *Mortality, Immortality, and Other Life Strategies*, Cambridge, Polity Press, 1992.

**4.** Arthur Schopenhauer, *The World as Will and Representation*, Nova York, Dover, 1966, p.579, 637 (trad. bras., *O mundo como vontade e representação*, São Paulo, Unesp, 2005). Hegel serviu a Schopenhauer como o epítome de todas as tentativas de desmentir a suprema vaidade – sem fundamento – do ser;

o autor da tentativa mais elaborada, estabelecedora de padrões, de fazer subir a razão ao trono deixado vago por Deus foi rejeitado por Schopenhauer como "um charlatão vulgar, fútil, repugnante, repulsivo, ignorante, que, com descaramento inigualável, compilou um sistema louco de falta de sentido" (*Parerga and Paralipomena*, v.1, Oxford, Clarendon Press, 1974, p.96).

**5.** E.M. Cioran, *The Temptation to Exist*, Londres, Quartet Books, 1987, p.35. Naquela época, diz Cioran, "mesmo as dúvidas dela [da Europa] eram apenas convicções *disfarçadas*" (p.55). O que é muito diferente da época presente: "O historiador antigo que observou sobre Roma que a cidade não poderia mais suportar nem seus vícios nem seus remédios não só definiu sua própria época como antecipou a nossa" (p.63).

**6.** Castoriadis, op.cit. Castoriadis saúda o advento da autonomia como a oportunidade da humanidade. O que ela veio a substituir, afinal, a gritante desumanidade de todas as suposições de heteronomia: "a verdadeira revelação é a única de que nos beneficiamos; nossa sociedade é a única sociedade verdadeira ou é a sociedade por excelência; as outras não existem de fato, são inferiores, estão no limbo, vivem na expectativa de existirem – de evangelização" (ibid.).

**7.** Max Horkheimer, *Critique of Instrummental Reason*, Nova York, Sebury Press, 1974, p.82-3.

**8.** Jean-François Lyotard, *Le postmoderne expliqué aux enfants: Correspondance 1982-1985*, Paris, Galilée, 1988, p.36, 47. Em contrapartida, diz Lyotard, "a pós-modernidade é o fim do povo soberano das histórias" (p.39).

**9.** Cioran, E. M., op.cit., p.48-9. Se "uma definição é sempre a pedra angular de um templo", "o deus em cujo nome já não se mata está na verdade morto". (Cioran, *A Short History of Decay*, Londres, Quartet Books, 1990, p.18, 172). Quando uma civilização para de fazer definições, de erigir templos, de matar em nome de um deus, e reverter batalhas defensivas, quando "a vida torna-se sua única obsessão", e não um meio de realizar os valores que a civilização tinha se comprometido a servir, entrou-se na era do declínio (p.111). Acontece quando o senso de fatalidade surge; nada pode ser feito para melhorar o mundo como um todo, "nem mais cruzadas coletivas, nem mais cidadãos, e sim cidadãos fracos e desiludidos", que "agora entregam-se a um frenesi de pequenas causas" (*The Temptation to Exist*, p.49). A fruta não pode se tornar mais suculenta; não há certeza de se o caldo estará fluindo amanhã; deixe todo mundo fazer seu melhor para espremer a fruta até a última gota. Esse senso de fatalidade, complementado com consequências do tipo "cada um por si", lança-se sobre civilizações às quais, pode-se dizer, a história não mais "pertence".

**10.** David E. Klemm, "Two ways of avoiding tragedy", in David Jasper, (org.), *Postmodernism: Literature and the Future of Theology*, Nova York, St. Martin's Press, p.19.

**11.** Castoriadis, *Philosophy, Politics, Autonomy: Essays in Political Philosophy*, Oxford University Press, 1991, p.196-7.

**12.** Klemm, op.cit., p.18-9.

**13.** Cioran, *A Short History of Decay*, p.18, 4, 74.

**14.** Ver Joe Bailey, *Pessimism*, Londres, Routledge, 1988, p.73, 75, 76.

**15.** Castoriadis, "A retreat from autonomy: postmodernism as generalized conformity", *Thesis Eleven*, n.31, 1992. Na visão de Castoriadis, contanto que as atitudes alternativas não se mostrem, "seria absurdo tentar decidir se vivemos um longo parêntese ou testemunhamos o começo do fim da história ocidental

Notas 391

como uma história ligada ao projeto de autonomia e também determinada por ele". Essa indecisão intelectual, no entanto, é justamente o que mais torna um comentador condenado por Castoriadis tão reticente em relação a um compromisso. Pode-se comentar que impor a lei pela realidade sem a realidade se esticar na direção do que é objeto dessa ação de imposição não seria necessariamente um bom augúrio para o "projeto de autonomia" e pode não levar ao tipo alternativo de sociedade que Castoriadis tem em mente.

**16.** Lyotard, op.cit., p.116, 118, 124, 141.

**17.** Ver a Introdução de Wolfgang Sachs a *The Development Dictionary: A Guide for Knowledge as Power*, Londres, 1992. Ver também particularmente os verbetes escritos por Gustavo Esteva, Vandana Shiva, Majid Rahnema, Gerald Berthaud e Ivan Illich neste livro notável, apaixonado e bem-fundamentado. Ver também a inteligente discussão sobre o livro ("Beware the rich bearing gifts", de Walter Schwarz) em *The Guardian*, 11 jul 1992.

**18.** Robert E. Lane, "Why riches don't always buy happiness", *The Guardian*, 9 ago 1993.

**19.** Nietzsche, *The Genealogy of Morals*, Nova York, Doubleday, 1956, p.160, 162, 171 (trad. bras., *A genealogia da moral: uma polêmica*, São Paulo, Companhia das Letras, 1987). A descuidada espontaneidade da autoafirmação aristocrática equilibra o desprezo pelo comum, a sua outra e menos atraente face, benigna e apenas meio grave: "No desprezo se acham mescladas demasiadas ligeireza, desatenção e impaciência, mesmo demasiada alegria consigo, para que ele seja capaz de transformar seu objeto em monstro e caricatura. ... Eles não tinham de construir artificialmente sua felicidade ... por meio de um olhar aos seus inimigos (como costumam fazer os homens do ressentimento)".

**20.** Nietzsche, *Twilight of the Idols*, Harmondsworth, Penguin, 1968 (trad. bras., *Crepúsculo dos ídolos: ou como se filosofa com o martelo*, São Paulo, Companhia das Letras, 2006). "[M]esmo quando o moralista se volta apenas para o indivíduo e lhe diz, 'Você deveria ser assim e assim', ele não deixa de se tornar ridículo. O indivíduo é, de cima a baixo, uma parcela do *fatum* [destino], uma lei a mais, uma necessidade a mais para tudo que virá e será" (p.37).

**21.** Nietzsche não faz uma análise imparcial da história da ética, claro. Seu propósito é partidário, guiado pelo compromisso com o resgate da ruína daquilo que ele considerava ser a autoafirmação original, prístina, aristocrática que soberanamente dispensa toda a crítica de si mesmo como uma expressão vulgar e covarde do *ressentimento*. Aos leitores de *O anticristo*, Nietzsche tinha o seguinte conselho a dar: "É preciso ser superior à humanidade pela força, pela *altura* da alma – pelo desprezo." E o seguinte resumo de sua própria moralidade positiva: "O que é bom? – Tudo o que eleva o sentimento de poder, a vontade de poder, o próprio poder no homem. O que é mau? – Tudo o que vem da fraqueza. O que é felicidade? – O sentimento de que o poder *cresce*, de que a resistência é superada" (*The Anti-Christ*, Harmondsworth, Penguin, 1968, p.114-5 [trad. bras., *O anticristo e ditirambos de Dionísio*, São Paulo, Companhia das Letras, 2007]).

**22.** Joseph A. Schumpeter, *Capitalism, Socialism and Democracy*, Londres, George Allen & Unwin, 1976, p.129-30.

**23.** Ver Barrington Moore Jr., *Injustice: The Social Basis of Obedience and Revolt*, Londres, George Allen & Unwin, 1979.

**24.** Axel Honneth, "Moral consciousness and class domination: some problems in the analysis of hidden morality", *Praxis International*, abr 1992.

## 2. Formas de integração *(p.67-100)*

**1.** Michael Schluter e David Lee, *The R Factor*, Londres, Hodder & Stoughton, 1993, p.15, 14. O medo de se erguer acima do nível da animação suspensa alcança as profundezas, penetrando lugares que outrora foram pontos de relacionamento intenso. Nas palavras dos autores, "a própria casa tornou-se mesquinha e má, com as famílias maiores sendo divididas em unidades nucleares e monoparentais, em que os desejos e os interesses do indivíduo caracteristicamente prevalecem sobre os do grupo. Incapazes de deixar de pisar uns nos dedos dos outros na megacomunidade, temos fincado pé em nossas casas isoladas e fechado as portas, e, então, fincado pé em nossas salas isoladas e fechado a porta. A casa torna-se um centro de lazer polivalente, no qual os membros da família podem viver, por assim dizer, separadamente lado a lado. Não apenas a indústria dos combustíveis, mas a vida em geral, tem sido privatizada." (p.37)

**2.** Jonathan Matthew Schwartz, *In Defence of Homesickness: Nine Essays on Identity and Locality*, Kobenhavns Universitet Akademisk Forlag, 1989, p.15, 13, 32.

**3.** Arne Johan Vetlesen, *Perception, Empaty, and Judgment: An inquiry into The Preconditions of Moral Performance*, Pennsilvania State University Press, 1993, p.202.

**4.** Philippe Ariès, in Ariès e Georges Duby (orgs.), *Histoire de la vie privée*, v.3, Paris, Seuil, 1986, p.165 (trad. bras., *História da vida privada*, São Paulo, Companhia das Letras, 1991, p.165). A civilidade, diz Ariès, é uma "forma estritamente regulada de conduta", projetada para conduzir em público uma identidade (ou uma faceta dela) que se deseje apresentar a outros anônimos que constituam a "esfera pública", e, assim, exige uma "separação forçada entre os afetos íntimos" e intercursos públicos.

**5.** Citado de *La civilité puérile* (1530), apud Jacques Revel, "Les usages de la civilité", in *Histoire de la vie privée*, op.cit., p.172.

**6.** Knud E. Logstrup, *The Ethical Demand*, Filadélfia, Fortran Press, 1971, p.20-1. "Ninguém é mais impensado", diz Logstrup, "do que aquele que faz questão de aplicar e realizar instruções já dadas. ... Tudo pode ser levado a cabo muito mecanicamente; tudo que é necessário é uma série de cálculos puramente técnicos. Não há nenhum traço de pensamento e imaginação que seja provocado apenas pela incerteza e pela dúvida." (p.121)

**7.** Emmanuel Lévinas, "La soufrance inutile", in *Entre-nous: Essais sur le penser-à-l'autrui*, Paris, Grasset, 1991 (trad. bras., *Entre nós: ensaios sobre a alteridade*, Petrópolis, Vozes, 2005).

**8.** Paul Ricœur, *La symbolique du mal*, v.2, *Philosophie de la volonté: finitude et culpabilité*, Paris, Aubière Montaigne, 1960, p.35.

**9.** Vetlesen, op.cit., p.305. Vetlesen conclui: "Não há qualquer acesso ao fenômeno do sofrimento que seja desinteressado; quando se barra a capacidade de se sentir algo da moralidade, barra-se sua humanidade."

**10.** Hannah Arendt, *The Origins of Totalitarianism*, Londres, André Deutsch, 1985, p.299 (trad. bras., *As origens do totalitarismo: anti-semitismo, imperialismo, totalitarismo*, São Paulo, Companhia das Letras, 1989). Hannah Arendt passou grandes sofrimentos para mostrar que a "anormalidade" de Hitler tinha suas raízes profundamente fincadas na fábrica formal/legal da sociedade moderna. "O lema de Hitler de que 'o direito é aquilo que é bom para o povo alemão' é apenas a forma vulgarizada de uma concepção de lei que podia ser encontrada em todo lugar" (p.299). Hitler "provou sua habilidade suprema para organizar as massas sob o domínio total, partindo do pressuposto de que a maioria dos homens é... acima e antes de tudo, empregados eficazes e bons chefes de família" (p.338). "A iniciativa intelectual, espiritual e artística [pode--se adicionar: moral] é tão perigosa para o totalitarismo quanto a iniciativa de banditismo da ralé, e ambas são mais perigosas do que a mera oposição política" (p.339). *Toda* iniciativa deve ser removida como erva daninha; a iniciativa nascida do ódio é tão perigosa quanto a nascida do amor; nesse sentido, pode--se dizer, a concepção de um substituto ético para a moralidade é "totalitário de cor"; em todo caso, isso não entra em conflito com a crueldade coletiva – se tanto, é a condição necessária delas.

**11.** Karl-Otto Apel, *Diskurs und Verantwortung*, Frankfurt/Main, Suhrkamp, 1989, p.17-8. Aquilo que Apel fala é dito de uma maneira ou de outra por todos os seguidores contemporâneos da "ética discursiva". A crítica feita a ele aplica--se em grande medida à "ética discursiva" em si, sobretudo às proposições de Jürgen Habermas, seu primeiro proponente.

**12.** Ver Lévinas, "Freedom and Command", in *Collected Philosophical Papers*, Haia, Martinus Nijhoff, 1987, p.20. Lévinas aponta que o "encontro com a face" segue um "comando anterior às instituições, que o encontro articula" (p.21); em outras palavras, o encontro segue suas próprias regras, constroi-se "no caminho", à medida que se processa. Esse é o exercício na liberdade, inconcebível no mundo das convenções do tipo estar-com: "As instituições obedecem uma ordem racional em que a liberdade já não se reconhece. A vontade experimenta as garantias que oferece contra sua própria degradação, que resultaria em outra tirania" (p.17) – convite mantido para a rebelião conquanto a vontade seja incitada por seu ímpeto de liberdade.

**13.** Ver Logstrup, op.cit., p.22, 58.

**14.** Lévinas, Emmanuel, *Entre-nous*, p.10. Ver também "A filosofia e o despertar", ibid., p.115.

**15.** Entrevistas de Emmanuel Lévinas a François Poirié, in François Poirié, *Emmanuel Lévinas – Qui êtes-vous*, Lyon, La Manufacture, 1987, p.115.

**16.** Em uma entrevista ao *Le Monde* por ocasião da Assembleia Internacional de Escritores, reunida em Strasburgo (ver "La ligne de resistance", *Le Monde*, 5 nov 1993, p.29), Jean-François Lyotard falou da necessidade de repensar "o político fora do bicentenário princípio da legitimação" estabelecido pela Revolução Francesa. O princípio exigiu a *legitimidade* de direitos e de deveres humanos, e estabeleceu que essa legitimidade é conferida por textos impositivos e que pode ser estabelecida consultando-se esses textos. O princípio, diz Lyotard, não opera mais pelo colapso da razão legislativa, podemos argumentar. Ver o meu *Intimations of Postmodernity*, Londres, Routledge, 1992; não nos resta escolha senão "seguir em frente sem autoridade para tentar fazer significar o que não é significável ou, pelo menos, que apresenta uma deficiência de sentido, fazer perceber que algo não é claramente audível, que é mesmo difícil de apontar". Para se agir – e pensar – sem autoridade é necessário, entre outras coisas, uma língua nova, separada do cordão umbilical que a une a um discurso centrado na legitimação.

**17.** Logstrup, op.cit., p.123.

**18.** Martin Buber, *The Knowledge of Men: Selected Essays*, Nova York, Harper, 1965, p.73-4.

**19.** Lévinas, "Language and Proximity", *Collected Philosophical Papers*, p.137.

**20.** Ver Logstrup, op.cit., p.24s.

**21.** Lars-Henrik Schmidt, *Settling the Values*, Aarhus, Center for Kulturforskning, 1993, p.1-8.

**22.** Maurice Blanchot, *The Siren's Song: Selected Essays*, Bloomington, Indiana University Press, 1982, p.241. O mesmo se aplica à arte como um todo. A arte, diz Blanchot, "é sempre adiantada em relação a formas estabelecidas de cultura, de modo que, na verdade, é pós-cultural" (p.188). "A cultura exige os trabalhos terminados que possam ser vistos como completos e ser admirados na permanência de estática naqueles depósitos de cultura que são nossos museus, nossas salas de concerto, nossas academias, audiotecas e bibliotecas. ... Assim, uma arte que não tenha nenhuma resposta, mas somente perguntas, que chega mesmo a questionar a existência da própria arte, não pode deixar de ser vista como perturbadora, hostil e friamente violenta." (p.189)

**23.** Blanchot, *Vicious Circles*, Nova York, Station Hill, 1985, p.59-60.

**24.** Blanchot, *L'Entretien infini*, Paris, Gallimard, 1969, p.187 (trad. bras., *A conversa infinita*, v.2, São Paulo, Escuta, 2001).

**25.** Lévinas, *Le temps et l'autre*. Paris, PUF, 1991, p.64. Sobre o futuro incuravelmente surpreendente, Karl Jaspers teve o seguinte a dizer: "Podemos antever possibilidades, probabilidades e impossibilidades, mas a experiência nos diz que o impossível pode acontecer, que o provável pode nunca vir, e, acima de tudo, realidades novas, completamente impensadas, podem surgir. ... Nada verdadeiramente grande, nada fundamental, nunca foi previsto, nem teve suas origens compreendidas em retrospecto" (*The Future of Mankind*, University of Chicago Press, 1961, p.282-3).

**26.** M.M. Bakhtin, "K filosofii postupka", apud P.S. Gurevich, "Problema drugogo v filosofskoi antropologii M.M. Bakhtina", in *M.M. Bakhtin kak filosof*, Moscou, Nauka, 1992, p.86. A intenção de Lévinas é impressionantemente similar. Ele quer opor a "coletividade" do eu-tu, fundada na "transcendência temporal de um presente na direção do mistério do futuro", ao legado do "social" pós-platônico, "que sempre foi buscado no ideal de uma fusão", em que "o sujeito tende a se identificar com o outro ao mergulhar em uma representação coletiva ou um ideal compartilhado. Era uma coletividade que dizia 'nós' e que, voltando-se o sol da inteligibilidade, para a verdade, sentia o outro do lado de si, não *en face*" (Lévinas, *Le temps et l'autre*, p.88).

**27.** Blanchot, *L'Entretien infinit*, p.58-9. Em "Ordo Amoris", Max Scheler escreve sobre a "*não limitação do amor* por nós experimentada como potencialidade. Por conseguinte, o empenho construído sobre o ato de amor é também ilimitado.... É um amor que por essência seja infinito, por mais interrompido, por mais limitado a e particularizado pela organização específica de seu portador, e exige, para sua satisfação um *bem infinito*. ... Onde quer que o homem, individualmente ou em comunidade, acredite que se chegou a um *bem finito* na realização final e na satisfação de seu ímpeto amoroso, temos um exemplo de

Notas 395

*desilusão*, uma estagnação de seu desenvolvimento ético-espiritual." Isso, diz Scheler, não é um caso de amor, mas um caso de paixão cega (*Selected Philosophical Essays*, Evanston, Northwestern University Press, 1973, p.114).

**28.** Max Frisch, *Sketchbook 1946-1949*, Nova York, Harcourt Brace Jovanovich,1977, p.17.

**29.** Ver György Lukács, "The moment and the form", in *Soul and Form*, Cambridge (Mass.), MIT Press, 1974, p.107-9.

### 3. Vidas despedaçadas, estratégias partidas *(p.101-142)*

**1.** Gillian Rose, *The Broken Middle: Out of our Ancient Society*, Oxford, Blackwell, 1992.

**2.** Ibid., p.xiii.

**3.** Ibid., p.95.

**4.** Blanchot, "Idyll", in *Vicious Circles*, Nova York, Station Hill, 1985, p.10.

**5.** Ibid., "After the fact", in *Vicious Circles* p.60.

**6.** Rose, op.cit., p.87.

**7.** Ibid., p.86.

**8.** *The Diaries of Franz Kafka*, Harmondsworth, Penguin, 1964, p.18-9.

**9.** Rose, op.cit., 73-4.

**10.** Lévinas, *Otherwise than Being or Beyond Essence*, Haia, Martinus Nijhoff, 1981, p.13.

**11.** Logstrup, *The Ethical Demand*, p.48, 46, 114.

**12.** Rose, op.cit., p.296.

**13.** Ver Paul Valéry, "Sur la crise de l'intelligence", in *Vues*, Paris, La Table Ronde, 1948, p.122-4.

**14.** Douglas Kellner, "Popular culture and constructing postmodern identities", in Scott Lasch e Jonathan Friedman (orgs.), *Modernity and Identity*, Oxford, Blackwell, 1992.

**15.** Santo Agostinho, *The City Of God*, Nova York, Image, 1958, p.325 (trad. bras., *A cidade de Deus*, Petrópolis, Vozes, 1991). O significado da peregrinação e do eremitério dos primeiros cristãos foi primorosamente explorado por Judith Adler em todo o seu trabalho.

**16.** Richard Sennett, *The Conscience of the Eye: The Design and Social Life of Cities*, Londres, Faber and Faber, 1993, p.6.

**17.** Edmond Jabès, *The Book of Questions*, v.2, Hanover, Wesleyan University Press, 1991, p.342; *The Book of Margins*, Chicago University Press, 1993, p.xvi. Jabès cita as palavras de Gabriel Bounoure: "O deserto, por sua exclusão da habitação, abre uma infinidade de outros lugares à errância essencial do homem. Ali, nenhum faz sentido." (p.16). Jean Baudrillard foi tomado em sua fatídica viagem aos Estados Unidos pela afinidade entre o deserto e a metrópole moderna: "Não há apenas uma profunda e necessária relação entre a imoralidade da circulação de signos e a cena primitiva dos desertos; elas são a mesma coisa. ... Os desertos, não nos esqueçamos, são o lugar de extermínio (incluindo o dos índios), o lugar de um desaparecimento de significado (incluindo o da natureza). As metrópoles, as megalópoles, com o '*American way of life*', são também o lugar de um sutil extermínio do homem e de seus fins; as prodigiosas

396 Vida em fragmentos

consequências delas, o exato inverso do deserto, são, contudo, em igual proporção, um sutil extermínio de significado." ("'The End of the End', entrevista com John Johnston", in Mike Gane (org.), *Baudrillard Live: Selected Interviews*, Londres, Routledge, 1993, p.162.)

**18.** Sennett, op.cit., p.44, 46.

**19.** Janine Chasseguet-Smirgel, *The Ego-Ideal: A Psychoanalytic Essay on the Malady of the Ideal*, Londres, Free Association Books, 1985.

**20.** Tenho falado sempre do peregrino no masculino. Foi uma escolha deliberada. O que quer que se tenha dito até agora sobre a construção moderna da vida como peregrinação aplica-se apenas aos homens. As mulheres, junto a outras categorias, não pensadas como capazes de autocriação (ou melhor, como convocadas a transcender sua condição atual e se tornar algo melhor do que são), foram transferidas para o fundo, para a paisagem *pela qual* o itinerário do peregrino seria traçado; foram lançadas em um perpétuo "aqui e agora", num espaço sem distância e um tempo sem futuro. O espaço e o tempo lineares eram masculinos.

**21.** Christopher Lasch, *The Minimal Self: Psychic Survival in Troubled Times*, Londres, Pan Books, 1985, p.32, 34, 38.

**22.** Ibid, p.57, 62.

**23.** Anthony Giddens, *The Transformation of Intimacy: Sexuality, Love and Eroticism in Modern Societies*, Cambridge, Polity Press, 1992, p.58, 137, 61, 52, 27 (trad. bras., *A transformação da intimidade*, São Paulo, Unesp, 1992).

**24.** Dean MacCannell, *Empty Meeting Ground: The Tourist Papers*, Londres, Routledge, 1993, p.60. Um dos resultados espetaculares dessa pressão, MacCannell sugere, é que "um critério emergente para certo tipo de sucesso visível, de status de estrela, para mulheres profissionais, é uma declaração pública de homo ou bissexualidade, ou pelo menos uma negação de interesse em relações heterossexuais e suas associadas bagagem cultural, família, 'carreira de mãe'".

**25.** Henning Bech, "Living together in the (post) modern world", paper apresentado na sessão Changing Family Structure and the New Forms of Living Together, Conferência Europeia de Sociologia, Viena, 22-28 ago 1992.

**26.** Ver Bauman, *Legislators and Interpreters: On Modernity, Postmodernity and Intellectuals*, Cambridge, Polity Press, 1987, cap.3 (trad. bras., *Legisladores e intérpretes: sobre modernidade, pós-modernidade e os intelectuais*, Rio de Janeiro, Zahar, 2010).

**27.** Chris Rojek, *Ways of Escape: Modern Transformations in Leisure and Travel*, Londres, Macmillan, 1993, p.216.

**28.** Jonathan Matthew Schwartz, *In Defense of Homesickness: Nine Essays on Identity and Locality*, Copenhaguem, Akademisk Forlag, 1989, p.15, 32.

**29.** Ver Bauman, *Modernity and Holocaust*, Cambridge, Polity Press, 1989, cap.7 (trad. bras., *Modernidade e Holocausto*, Rio de Janeiro, Zahar, 1998); *Postmodern Ethics*, Oxford, Blackwell, 1993.

**30.** Christopher Lasch, *Culture of Narcissism: American Life in an Age of Diminishing Expectations*, Nova York, Warner Books, 1979, p.102, 69.

**31.** Jean-François Lyotard, *Moralités postmodernes*, Paris, Galilée, 1993, p.32-3.

**32.** Lasch diz: "Não tendo nenhuma esperança de melhorar suas vidas de qualquer modo significativo, as pessoas se convenceram de que o que importa é o autoaprimoramento psíquico: entrar em contato com seus sentimentos, comer alimentos saudáveis, fazer aulas de balé ou dança do ventre, imergir na sabedoria do Oriente, correr, aprender como 'se relacionar', superar o 'medo do prazer'" (*Culture of Narcissism*, p.29). Permitam-me acrescentar que o sentimento difuso, desfocado, de que nem tudo está bem com o programa tende a ser articulado como uma questão de terapia, com alvo no infeliz ou incapaz de se autoaprimorar. Mas é canalizado para fora do próprio programa; se algo acontece, o programa emerge do teste com autoridade reforçada.

**33.** Lyotard, *Moralités postmodernes*, p.66-8.

**34.** Jean Baudrillard, *America*, Londres, Verso, 1988, p.111.

**35.** Stjepan G. Mestrovic, *The Barbarian Temperament: Toward a Postmodern Critical Theory*, Londres, Routledge, 1993, p.5. Todas as estatísticas mostram por unanimidade uma queda constante da parcela dos pobres na partilha da riqueza nacional e um contínuo crescimento da parcela dos ricos. (Nos trinta anos anteriores ao meio da década de 1990, conforme calculado por Ignacio Ramonet, a distância entre países ricos e pobres aumentou cinco vezes. Cerca de um bilhão de homens e mulheres sobreviviam naquele momento com cerca de quarenta pences (por volta de 0,60 dólares) por dia – ver *Le Monde Diplomatique*, out 1994). Richard Alcock declarou sagazmente o como é difícil cessar essa tendência quando a mentalidade andarilha-turista-jogadora domina a vida política: "O duque de Westminster e os da sua espécie, que já depositam mais do que fazem retiradas, deveriam ser convencidos de que recebiam algo do sistema, e não apenas uma pensão do Estado e mais cinquenta libras por semana de subsídio extra quando necessário; mas nos benefícios indiretos de viver numa sociedade em que os pobres são razoavelmente bem-alimentados e saudáveis, em lugar de pendurados nas esquinas por propósitos nefastos." ("New poverty overtakes welfare state", *The Guardian*, 6 set 1993).

**36.** Stuart Hall, "Thatcherism today", *New Statesman and Society*, 26 nov 1993, p.16.

## 4. Catálogo de medos pós-modernos *(p.143-171)*

**1.** Sigmund Freud, *Civilization and its Discontents*, Londres, Hogarth Press, 1973, p.14 (trad. bras., *Mal-estar na civilização*, in *ESB*, v.21, Rio de Janeiro, Imago.

**2.** *The Works of Jeremy Bentham*, v.4, Edimburgo, William Tait, 1843, p.40, 64, 54.

**3.** Bryan S. Turner, *Regulating Bodies: Essays in Medical Sociology*, Londres, Routledge, 1992, p.16.

**4.** J.R. Searle, *Eugenics and politics in Britain, 1900-1914*, Leyden, Noordhoff, 1976, p.9, 20. Como demonstrado por Chris Shilling (*The Body and Social Theory*, Londres, Sage, 1993), um protesto contra a "deterioração do corpo" acompanhou, em geral, a erupção das grandes guerras. Um grito de protesto foi a reação nacional às estatísticas de qualidades corporais dos jovens americanos publicadas por ocasião de um recrutamento durante a Primeira Guerra Mundial. "Um professor de fisiologia em Cornell estimou que os nova-iorquinos sozinhos carregavam dez milhões de libras em gordura excedente, que teria sido mais bem utilizada como ração para os soldados." (p.30).

398       Vida em fragmentos

**5.** Como J. Edward Chamberlain e Sander J. Gilman asseveram na introdução ao livro de ensaios que organizaram (*Degeneration, the Dark Side of Progress*, Columbia University Press, 1985), "a degeneração era uma das noções mais incertas e – como alguns vírus – das mais difíceis de isolar. A ideia de degeneração pode ser confortavelmente apanhada na tapeçaria da ambivalência, para falar a verdade; se foi concebida como urdidura ou como trama, esta seria uma questão de gosto." (p.xiii) Na verdade, a ambivalência irreparável era um recurso, mais que uma desvantagem, no caso de uma noção que deveu sua enorme popularidade e um lugar central no debate público a: (1) o feito de atar de outro modo díspares medos de recaída no caos; (2) tornar condescendente o inefável para articular a expressão; e (3) mascarar os perigos que não se podem afastar com tarefas práticas que aparentemente se poderia realizar; é uma noção que poderia ter valor pragmático apenas sob a condição de dissimular suas verdadeiras referências.

**6.** Ver Herbert Spencer, *The Study of Sociology*, Nova York, Appleton, 1874, p.342-5.

**7.** Ver Bauman, *My memories of Class*, Londres, Routledge, 1983.

**8.** André Béjin, "The influence of sexologists and sexual democracy", in Philippe Ariès e André Béjin, *Western Sexuality: Practice and Precept in Past and Present Times*, Oxford, Blackwell, 1985, p.211.

**9.** Os problemas para tratar a alteridade do outro, como tentei demonstrar no Capítulo 4 de *Postmodern Ethics*, são enormes e não prometem solução fácil.

## 5. O estranho revisitado – e revisitando *(p.173-189)*

**1.** Michael Schluter e David Lee, *The R Factor*, Londres, Hodder & Stoughton, 1993, p.15.

**2.** Ver Lars-Henrik Schmidt, *Settling the Values*, Aarhus, Center for Kulturforskning, 1993, p.1-8.

**3.** Alf Hornborg, "Anthropology as vantage-point and revolution", in Kaj Arhem, (org.), *Anthropological Visions: Essays on the Meaning of Anthropology*, aqui citado em tradução de Bauman.

**4.** Ver Lyn Lofland, *A World of Strangers: Order and Action in Urban Public Space*, Nova York, Basic Books, 1973, p.176s.

**5.** Richard Sennett, *The Conscience of the Eye: The Design and Social Life of Cities*, Londres, Faber and Faber, 1993, p.52.

**6.** Dick Hebddige, *Hiding in the Light*, Londres, Routledge, 1988, p.18.

**7.** Henning Bech, "Citisex", paper revisado para uma conferência internacional, intitulada *Geographies of Desire: Sexual Preferences, Spatial Diferences*, Universidade de Amsterdã, 19 jun 1993; ver também "Living together in the (post) modern world", trabalho apresentado na sessão "Changing Family Structure and the New Forms of Living Together", Conferência Europeia de Sociologia, Viena, 22-28 ago 1992.

**8.** Erich Fromm, *The Anatomy of Human Destructiveness*, Londres, Jonathan Cape, 1974, p.343.

**9.** Ver Hebddige, op.cit., p.159s.

**10.** Ver Phil Cohen, *Home Rules: Some Reflections on Racism and Nationalism in Everyday Life*, University of East London, The New Ethnicities Unit, 1993.

**11.** Sennett, op.cit., p.148.

**12.** Jonathan Friedman, "The implosion of modernity", citado a partir do manuscrito.

**13.** Dean MacCannell, *Empty Meeting Grounds: The Tourist Papers*, Londres, Routledge, 1992, p.89.

## 6. Violência pós-moderna *(p.191-220)*

**1.** Krzysztof Pomian, "L'Europe et ses frontières", *Le Débat*, n.68, 1992, p.30s.

**2.** John Law, *Organizing Modernity*, Oxford, Blackwell, 1994, p.6-7.

**3.** Michael Winter, *Ende eine Traumas: Blick zurück auf das utopische Zeitalter Europas*, Stuttgart, J. Matzler B., 1993, p.330.

**4.** De *Wirtschaft und Gesellschaft*, apud H.H. Gertz e C. Wright Mills (orgs.), *From Max Weber*, Londres, Routledge, 1970, p.78.

**5.** Hélé Béji, "Le patrimoine de la cruauté", *Le Débat*, n.73, 1993, p.167. Béji prossegue demonstrando que a renegociação da repartição entre justiça e injustiça, vício e merecimento, "é seguida de uma manifestação de poder". A "coerção legítima" é renomeada como violência apenas quando seus perpetradores são derrotados e suas vítimas se sentam no tribunal. Caso contrário, sem essa (mais uma vez violenta!) redistribuição das cartas, "a memória transforma a crueldade em história, lhe confere um sentido, lhe dá um status, integra-a piedosamente ao patrimônio." (p.163)

**6.** Helmut König escreve: "Frequentemente, a estrada que parte de um conceito de civilização destinado a ser analítico-descritivo para um conceito normativo e prescritivo é muito curta" (*Mittelweg*, v.36, n.6, 1993, p.50). A estrada é de fato curta, mas diferentemente do que diz König, ela é trilhada, via de regra, na direção oposta.

**7.** Ver Y.M. Lotman, *Kul'tura i vzryv*, Moscou, Gnosis, 1992, p.9. No campo minado, enfatiza Lotman, a escolha do ponto em que se dá a explosão "não é definida nem por uma lei causal nem pelas probabilidades – no momento da explosão, esses dois mecanismos estão desativados." A escolha é *acidental*.

**8.** Ver Jan Philipp Reemtsma, "Die 'Signatur des Jahrhunderts' – ein kataleptischer Irrtum?", *Mittelweg*, v.36, n.5, 1993, p.9.

**9.** O que se segue a isso é que a observação de Ulrich Bielefeld de que "a violência inesperada pode ocorrer a qualquer momento" ("Die Folgen der Gewalt", *Mittelweg*, v.36, n.6, 1993, p.82) é tão correta quanto tautológica. "Violência", na definição cunhada pela teoria e pela práxis do alvoroço ordenador moderno, é precisamente o que é "inesperado". Qualquer aplicação de força planejada, projetada, legitimada, "oficial", receberia outro nome.

**10.** Ou, na verdade, seguindo Norbert Elias, segundo o qual a concentração de força nas mãos do Estado e das instituições por ele autorizadas, em conjunto com a "mudança civilizadora do comportamento" ("A moderação das emoções espontâneas, o abrandamento dos afetos"), levaram a uma situação em que a violência física "não é mais uma forma perpétua de insegurança… mas uma peculiar forma de segurança". Uma "pressão contínua, uniforme, é exercida sobre a vida individual pela violência física armazenadas nos bastidores da vida cotidiana." (*The Civilizing Process: State Formation and Civilisations*, Oxford,

Blackwell, 1982, p.328 [trad. bras., *O processo civilizador*, v.2: *Formação do Estado e civilização*, Rio de Janeiro, Zahar, 1982]).

**11.** Howard Caygill, "Violence, civility, and the predicament of philosophy", in David Campbell e Michael Dillon (orgs.), *The Political Subject of Violence*, Manchester University Press, 1993, p.51-2.

**12.** Daniel Pick, *Faces of Degeneration: A European Disorder, c.1848-c.1918*, Cambridge University Press, 1989, p.8, 42-3. No fim do século XIX, um prestigioso periódico da elite intelectual britânica escreveu que "barbárie, cupidez e rufianismo" entre os "estratos inferiores" são "tão abundantes como nos dias de sir Robert Walpole e lorde George Gordon. Vemos por que partição fina e precária, afinal, estamos separados dos elementos de violência que subjazem a todas as sanções civilizadas." ("Mobs", in *Blackwoods*, 1893, p.123.)

**13.** Karl Jaspers, *The Future of Mankind*, University of Chicago Press, 1961, p.viii.

**14.** Ver Emmanuel Lévinas, "Useless suffering", in: *The Provocation of Lévinas: Rethinking the Other*, Londres, Routledge, 1988, p.163.

**15.** Em seu notável estudo sobre o papel desempenhado pelos sentimentos no comportamento moral, Arne Johan Vetlesen se opõe à interpretação de Hannah Arendt, de que a capacidade de Eichmann para o mal decorria de sua "incompetência para pensar": "Eichmann *não era* meramente *irrefletido*, mas antes de mais nada *insensível*. ... E enquanto adota uma atitude objetivadora em relação a seus companheiros, por oposição a uma postura enfático-participativa, Eichmann, para todos os efeitos, *impede que o domínio do fenômeno moral seja transparente para ele.*" (*Perception, Empaty and Judgement: An Inquiry into the Preconditions of Moral Performance*, Pennsylvania State University Press, 1994, p.305.) Como era de se esperar, Vetlesen tem restrições também ao apelo de Hans-Otto Apel à "responsabilidade da razão, que deve tomar o lugar de uma consciência do pecado baseada em alguma medida no instinto" (*Diskurs und Verantwortung*, Frankfurt, Suhrkamp, 1988, p.17-8), o que ele considera um equívoco; qualquer que seja a esperança para a moralidade, ela deve estar relacionada à preservação da repulsa instintiva à crueldade gratuita. A razão moderna, pelo contrário, é conhecida pela ingenuidade com que essa repulsão é suprimida ou tornada irrelevante.

**16.** Max Frisch, *Sketchbook 1946-1949*, Nova York, Harcourt Brace Jovanovich, 1977, p.34.

**17.** Michael J. Shapiro, "That obscure object of violence: logistics and desire in the Gulf War", *The Political Subject of Violence*, p.118, 126.

**18.** Heide Gerstenberger, "Vernichtung und Alltag: zur Anmerkungen Erfor-schung des Alltags em Nationalsozialismus", *Mittelweg*, v.36, n.3, 1992, p.41.

**19.** Como um modelo para a mudança discutida, podemos tomar o caso convincentemente apresentado por André Béjin da progressiva substituição da "psicoterapia" pela "terapia sexual" (ou, mais precisamente, "orgasmologia"), para a qual os "temas perissexuais" – contracepção, gravidez, aborto, doença venérea – são apenas de interesse secundário ("The decline of the psychoanalyst and the rise of the sexologist", in Philippe Ariès e André Béjin, *Western Sexuality: Pratice and Precept in Past and Present Times*, Oxford, Blackwell, 1985, p.183s). A ênfase deslocou-se, de uma forma decisiva e radical, de "como fazer as coisas" para "como experimentá-las". O que é, além disso, articulado como um "problema terapêutico" não é mais o *desvio* (o pesadelo tipicamente moderno), mas a *disfunção* (entendida como uma incapacidade de "viver" a experiência de forma intensa e adequada para dela extrair as sensações que ela é capaz de gerar). De acordo com o modelo de boa forma subjacente às práticas da orgasmologia, é preciso "abandonar-se à sensação sem deixar de submeter nossas ações a um cálculo racional de 'diligência sexual'. O prazer deve ser, em harmonia e ao mesmo tempo, um acontecimento espontâneo e uma performance teatral encenada pelo cérebro." ("The influence of sexologists and sexual democracy", *Western Sexuality*, p.211s).

**20.** In Stuart Hall e Paul Du Gay, *Questions of Cultural Identity*, Londres, Sage, 1996.

**21.** Ferenc Feher e Agnes Heller, *Biopolitics*, Viena, European Centre, 1994, p.28. E isso poderia ser feito apenas com o "praticar a lavagem cerebral sob o nome de 'conscientização', ou (melhor ainda) de 'treinamento de sensibilidade', apresentando como traidores aqueles que mantêm relações amigáveis com o extragrupo ou expressam dúvidas sobre a estratégia ou escolha de métodos do intragrupo" (p.31).

**22.** E.M. Cioran, *A Short History of Decay*, Londres, Quartet Books, 1990, p.4. Cioran também adverte que, muitas vezes, o mártir revela-se um "*tyrant manqué*", e que "os grandes perseguidores são recrutados entre os mártires ainda não decapitadas". Que a violência pode ser realizada pela comunidade oprimida sob o lema de salvá-la da violência contra ela, foi algo explicado de maneira admirável por Geoff Dench in *Minorities in the Open Society: Prisioners of Ambivalence*, Londres, Routledge, 1986.

**23.** Ver "Eine Biotechnik für ganz Europa", *Die Tageszeitung*, 2 mai 1994, p.13.

**24.** Ver Klaus Dörner, *Tödliche Mitleid: Zur Frage der Uneträglichkeit des Lebens oder: Die Soziale Frage: Entstehung, Medizinisierung, NS-Endlösung – heute und morgen*, Giitersloh, Jakob van Hoddis, 1993, p.128s.

**25.** Ver Peter Wagner, *Sociology of Modernity: Liberty and Discipline*, Londres, Routledge, 1994, p.176, 190.

**26.** Jeffrey Weeks, "Rediscovering values", in Judith Squires (org.), *Principled Positions: Postmodernism and the Rediscovery of Value*, Londres, Lawrence & Wishart, 1993, p.200. Weeks acusa as comunidades que exigem lealdade exclusiva de promoção de "etnocentrismo ao reivindicarem uma validade universal" (p.202), o que significa revisitar os caminhos trilhados por todas as formações modernas com ambições de integração e que pode levar também à reiteração de seus crimes. "O desafio", diz Weeks, "é construir essa unidade [*da humanidade*] de uma forma que ela conquiste ('invente' ou 'imagine') um sentido de 'valor humano universal', e respeitando a diversidade humana e a diferença" (p.199). De fato.

### 7. Moralidades tribais *(p.221-298)*

**1.** Walter Benjamin, *Illuminations: Essays and Reflections*, Nova York, Schocken Books, 1968, p.257.

**2.** Krzysztof Pomian, "L'Europe et ses frontières", *Le Débat*, n.68, 1992, p.42, 45.

**3.** Patrice Rolland, "Robespierre, ou La fondation impossible", *Le Débat*, n.68, 1992, p.50.

**4.** Edward Craig, *The Mind of God and the Works of Man*, Oxford, Clarendon Press, 1987, p.28.

**5.** Rolland, op.cit., p.57.

**6.** Jean-Marie Benoist, "Au nom des Lumières", *Le Monde*, 6 jan 1989, p.2.

**7.** Apud Antony Lentin (org.), *Enlightened Absolutism (1760-1790)*, Newcastle, Avero, 1985, p.15.

**8.** James Burgh, *Political Disquisitions*, Londres, Dilly, 1775, v.3, p.176.

**9.** Andrew Scull, "Moral treatment reconsidered", *Mad-Houses, Mad-Doctors, and Madmen*, Londres, Athlone Press, 1981, p.109-10.

**10.** Yi-Fu Tan, *Dominance and Affection: The Making of Pets*, New Haven, Yale University Press, 1984, p.2.

**11.** Jacques Ellul, *Tecnological Society*, Nova York, Continuum, 1980, p.273, 280.

**12.** Charles Féré, apud Daniel Pick, *Faces of Degeneration: A European Disorder, c.1848-c.1918*, Cambridge University Press, 1989, p.32.

**13.** Analisei essa questão profundamente em *Mortality, Immortality, and Other Life Strategies*, Cambridge, Polity Press, 1992, cap.4.

**14.** Pick, op.cit., p.7, 15, 10.

**15.** Lion Tiger, *The Manufacture of Evil: Ethics, Evolution and the Industrial System*, Nova York, Harper & Row, 1987, p.219.

**16.** Ibid., p.10.

**17.** Sander L. Gilman, *Difference and Pathology: Stereotypes of Sexuality, Race and Madness*, Ithaca, Cornell University Press, 1985, p.130.

**18.** Stephan L. Chorover, *From Genesis to Genocide: The Meaning of Human Nature and the Power of Behaviour Control*, Cambridge/Mass., MIT Press, 1979, p.109, 80-1. Em seu esclarecedor estudo *Tödliche Mitleid: zur Frage der Uneträglichkeit des Lebens. oder: Die Soziale Frage: Entstehung, Medizinisierung, NS-Endlösung – heute und morgen* (Gütersloh, Jakob van Hoddis, 1993), Klaus Dörner salienta que, em seu desejo de lançar o lastro da imperfeição e da insuficiência, a sociedade moderna continuamente divide-se e se redivide em "Tüchtigen und die Minderwertigen" (o capaz e o inferior). A segunda forma – o de desempenho insuficiente e o retardado, não tem função óbvia a desempenhar e, assim, ingressa na totalidade exclusivamente sob a forma de "problema social" a ser resolvido. Os nazistas, diz Dörner, também foram *Bürger* (cidadãos), "que, como os outros cidadãos antes e depois deles, procuravam uma resposta para seus problemas sociais" (p.13). Quando apresentados como portadores do "problema social", os olhos adquirem o "olhar de Pannwitz" tão vivamente descrito por Primo Levi – "aquela coisa lá fora pertence a uma espécie cuja destruição faz obviamente todo sentido" (p.9).

**19.** Robert Proctor, *Racial Hygiene: Medicine under Nazis*, Cambridge, Mass., Harvard University Press, 1988, p.38.

**20.** Pick, op.cit., p.31, 239.

**21.** Willem H. Vanderburg, "Political imagination in a technological age", in Richard B. Day, Ronald Beiner e Joseph Masciulli (orgs.), *Democratic Theory and Technological Society*, Armonk, ME Sharpe, 1988, p.9. Como John Law perspicazmente observa, "o problema da ordem social foi substituído pela preocupação com os processos plurais da ordenação sociotécnica", mas o "projeto reflexivo moderno de monitoramento, produção de sentido e controle" continua a ter muitò vigor (*Organizing Modernity*, Oxford, Blackwell, 1994, p.2).

**22.** Hans Jonas, *Philosophical Essays: From Ancient Creed to Technological Man*, Englewood Cliffs, Prentice Hall, 1974, p.19.

**23.** Ulrich Beck, *Gegengifie: die organisierte Unverantwortlichkeit*, Frankfurt, Suhrkamp, 1988, p.14.

**24.** Tiger, op.cit., p.137.

**25.** Cornelius Castoriadis, *Philosophy, Politics, Autonomy: Essays in Political Philosophy*, Oxford, Oxford University Press, 1991, p.250, 249, 259. Nos comentários adicionados à terceira (1993) edição de *Tödliche Mitleid* (p.129s), Klaus Dörner apresenta o "movimento bioético" na Alemanha e o "Deutscher Gesellschaft für humanes Sterben" (Sociedade Alemã para uma Morte Humana) como tentativas de traduzir as visões outrora perseguidas pelo Estado opressivo em tarefas empreendidas de forma voluntária, e com alegria, pelos indivíduos e desempenhadas (com a ajuda de peritos, claro) de uma forma faça-você-mesmo. Livrar-se de "problemas sociais" como doença senil, filhos indesejados ou traços humanos inferiores aos preferidos por meio da "morte por demanda" ou do "aborto por demanda" é algo que tende a ser retratado como "libertação do indivíduo", e, ao mesmo tempo, como um dever do indivíduo. W. Wolfensberger cunhou a frase – num livro com esse nome – *Das neue Genozid an den Alten, Benachteiligen und Behinderten* [*O novo genocídio, para os idosos, desfavorecidos e deficientes*]. Gütersloh, Jakob van Hoddis, 1991.

**26.** Jonathan Raban, *Soft City*, Londres, Collins Harvill, 1988, p.174-5.

**27.** Paris, Plon, 1955; ver cap.38. Trad. ing., *A World on the Wane*, Londres, Hutchinson, 1961.

**28.** Ver Hélé Béji, "Le patrimoine de la cruauté", *Le Débat*, n.73, 1993, p.164-5. (Béji aqui cita o estudo de Hannah Arendt sobre o imperialismo.) "Há uma coisa", diz Béji, "que a justiça compartilha com a injustiça: ambas precisam, para serem exercitadas, de toda a autoridade da força" (p.167). A própria noção de "crime contra a humanidade" nunca teria fincado raízes na consciência moderna se não tivesse sido acompanhada de uma convincente demonstração de poder.

**29.** A expressão "limpeza étnica" foi usado pela primeira vez num decreto emitido pelo ministro *ustashi* Milan Zanic, em 2 de maio de 1941, para "limpar de etnias" a recém-nascida Croácia, excluindo sérvios, judeus e ciganos. (Outro ministro do mesmo governo, Andrij Artukovic, proibiu sérvios, judeus, ciganos e cães de entrar em restaurantes, parques e transportes públicos.) A expressão se converteu em prática – seguiu-se o genocídio de sérvios, judeus e ciganos, perpetrado por tropas *ustashi* ansiosamente apoiadas por unidades SS muçulmanas bósnias. Essa tradição *ustashi*, em meados da década de 1990, era citada pelas tropas de assalto lideradas por Dobroslav Paraga, o líder do "Partido da Lei Croata" (HOS), grupos que incluem gama bastante grande de mercenários, com a ordem de não deixar prisioneiros vivos. Os sérvios responderam na mesma moeda: tática similar foi adotada por Vejislav Eeljow (líder do "Partido Radical Sérvio") e pelos "White Eagles" de Zeljko Raznjatovic, que, por sua vez, ressuscitaram a tradição dos *chetniks* de Draza Mihajlovic. Ambos os lados aceitam (cada qual a invocar as "lições da história") que "apenas *faits accomplis* contam" (Grajewski, Andrzej. "Trzecia Wojna Balkanska". *Przeglad Polityczny*, n.21-22, 1993, p.54-66).

**30.** Ver Paul Yonnet, *Voyage au centre du malaise français*, Paris, Gallimard, 1993.

**31.** Castoriadis, "Reflections on racism", *Thesis Eleven*, n.31, 1992, p.6, 9.

**32.** Alain Finkielkraut, *Le mécontemporain: Péguy, lecteur du monde moderne*, Paris, Gallimard, 1991, p.174. Finkielkraut continua: "A partir de agora pós-moderno, o homem contemporâneo proclama a igualdade entre o antigo e o novo, entre o maior e o menor, entre gostos e culturas. Em vez de conceber o presente como um campo de batalha, ele o abre sem preconceito e sem exceção para todas as combinações".

**33.** Castoriadis, op.cit., p.10.

**34.** Michael Schluter e David Lee, *The R Factor*, Londres, Hodder & Stoughton, 1993, p.22-3.

**35.** Ver Hannah Arendt, *The Origins of Totalitarianism*, parte 3.

**36.** Veja Götz Aly e Susanne Heim, *Vordenker der Vernichtung: Auschwitz und die deutschen Pläne für eine neue europäische Ordnung*, Hamburgo, Hiffman & Campe, 1991, p.14-15, 10; Götz Aly, "Erwiderung auf Dan Diner", *Vierteljahrshefte für Zeitgeschichte*, v.4, 1993. Um escritório originalmente pequeno, estabelecido em 6 de outubro de 1939 para supervisionar as "transferências de nacionalidades" na Europa (Reichskommissar für die Festigung deutschen Volkstums) logo se tornou uma instituição ramificada e poderosa, que emprega, além de "escriturários", milhares de economistas, arquitetos, agrônomos, contadores e todos os tipos de peritos científicos (*Vordenker der Vernichtung*, p.125-6).

**37.** Detlev. K. Peukert, *Inside Nazi Germany*, New Haven, Yale University Press, 1987, p.208.

**38.** Helen Fein, *Genocide: A Sociological Perspective*, Thousand Oaks, Sage, 1993, p.6.

**39.** Frank Chalk e Kurt Jonassohn, *The History and Sociology of Genocide: Analyses and Case Studies*, New Haven, Yale University Press, 1990, p.23.

**40.** Ver Nils Christie, *Crime Control as Industry: Towards Gulags, Western Style?*, Londres, Routledge, 1993.

**41.** Ver Artur Sandauer, "O sytuacji pisarza polskiego pochodzenia zydowskiego w XX wieku (Rzecz, którą nie ja powinienem by napisac)" ["Sobre a situação do escritor polonês de origem judaica no século 20: Um ensaio que eu não deveria ter escrito"], *Pisma Zebrane*, v.3 (Varsóvia, Czytelnik, 1985). A única referência direta ao conceito de Sandauer em textos em inglês que encontrei foi no estudo seminal de Bryan Cheyette (ver *Constructions of "the Jew" in English Literature and Society: Racial Representations, 1875-1945*, Cambridge, Cambridge University Press, 1993, p.8). O livro de Cheyette é um exemplo brilhante do uso cognitivamente revelador e luminoso como o campo de estudo ao qual a seleção do *alo* em vez do *anti*ssemitismo pode ser colocada.

**42.** Apud Michael A. Mayer, *The Origins of the Modern Jew: Jewish Identity and European Culture in Germany, 1749-1824*, Detroit, Wayne State University Press, 1979, p.140.

**43.** Witold Gombrowicz, *Dzienniki, 1953-1955*, Paris, Kultury Instytut, 1957, p.121.

**44.** Cioran, *The Temptation to Exist*, Londres, Quartet Books, 1987, p.80-1.

**45.** Biale David, *Power and Powerlessness in Jewish History*, Nova York, Schocken Books, 1986, p.28.

**46.** Ver Fredrik Barth, *Ethnic Groups and Boundaries: The Social Organization of Cultural Diference*, Bergen, Universitets Forlaget, 1969, p.30s.

**47.** Jonathan Raban, *Soft City*, Londres, Collins, 1988, p.13, 15. Raban sintetiza: "As próprias qualidades plásticas que fazem da cidade o grande libertador

Notas                                                                    405

da identidade humana também fazem com que ela seja especialmente vulnerável à psicose e ao pesadelo totalitário." (p.18)

**48.** Shulamit Volkov, *The Rise of Popular Antimodernism in Germany: The Urban Master Artisans, 1873-1896*, Princeton, Princeton University Press, 1978, p.329-30.

**49.** Ver Jacob Katz, *From Prejudice to Destruction: Anti-Semitism, 1700-1933*, Cambridge/Mass., Harvard University Press, 1980, p.81s.

**50.** Éduard Dumont, *La France juive: essai d'histoire contemporain*, v.1, Paris, Flammarion, s.d., p.29.

**51.** Michael Schluter e David Lee, op.cit., p.15.

**52.** Anna Zuk. "A mobile class. The subjective element in the social perception of jews: The example of Eighteenth-Century Poland", in *Polin*, v.2, 1987, p.169.

**53.** Jacob Katz, *Exclusiveness and Tolerance: Studies in Jewish-Gentile Relations in Mediaeval and Modern Times*, Oxford, Oxford University Press, 1961, p.133.

**54.** Ver Alina Cala, *Wizerunek Zyda w polskiej kulturze ludowej*, Varsóvia, Uniwersytet Warszawski, 1992, p.119, 139.

**55.** Norman Cohn, *Warrant for Genocide*, Londres, Eyre & Spottiswoode, 1967, p.264-5.

**56.** Apud George L. Mosse, *Toward the Final Solution: A History of European Racism*, Londres, J.M. Dent & Sons, 1978, p.188.

**57.** Phil Cohen, *Home Rules: Some Reflections on Racism and Nationalism in Everyday Life*, Londres, University of East London, 1994. Entre as muitas observações seminais das quais o estudo de Cohen é pleno, deve-se salientar sobretudo os alertas de que "quanto mais fraco ou marginal o indivíduo ou grupo, maior a pressão para adotar posições imaginárias de onipotência a partir das quais transmitir a centralidade política ou pessoal de alguém, a fim de expulsar a pecha de exclusão por meio da contra-afirmação de superioridade moral"; de que "as vítimas também podem se tornar carrascos"; de que "o projeto de transformar os espaços defensáveis em campos de treinamento para as ambições mais coletivas e políticas é muito facilmente deslocado para conflitos locais de demarcação sobre esferas de influência"; e que "as ideologias continuamente fabricam seus próprios procedimentos de validação empírica, sua própria racionalidade", e, assim, quando se trata da pragmática da autoafirmação, o diálogo racional desmorona em monólogos mutuamente incomunicáveis.

## 8. Moralidade e política *(p.299-387)*

**1.** Régis Debray, *Le pouvoir intellectuel en France*, Paris, Ramsay, 1976, p.43-4.

**2.** Pascal Ory e Jean-François Sirinelli, *Les intellectuels en France, de l'affair Dreyfuss à nos jours*, Paris, 1986, p.18.

**3.** Roger Muchembled, *Culture populaire et culture des élites en France*, Paris, Fayard, 1978, p.13, 220s.

**4.** Ernest Gellner, *Nations and Nationalism*, Oxford, Blackwell, 1983, p.134.

**5.** Paul Valéry, *Mauvaises pensées et autres*, Paris, Gallimard, 1943, p.9.

**6.** Arnold J. Toynbee, *A Study of History*, v.5, Oxford University Press, 1939, p.154-5.

**7.** Maurice Natanson, *Literature, Philosophy and the Social Sciences*, Haia, Martinus Nijhoff, 1962, p.170.

**8.** Karl Mannheim, *Ideology and Utopia*, Londres, Routledge, 1968, p.72, 143.

**9.** Matthew Arnold, *Culture and Anarchy*, Cambridge University Press, 1963, p.105, 50.

**10.** Pierre Bourdieu, *Distinction: A Social Critique of the Judgement of Taste*, Londres, Routledge, 1984, p.62 (trad. bras., *Distinção: crítica social do julgamento*, Porto Alegre/São Paulo, Zouk/Edusp, 2006).

**11.** Ver John Carey, *The Intellectuals and the Masses: Pride and Prejudice among the Literary Intelligentsia, 1880-1939*, Londres, Faber & Faber, 1992, p.15.

**12.** Theodor Adorno, "Culture and administration", *Telos*, n.37, 1978.

**13.** Harold Perkin, *The Rise of Professional Society*, Londres, Routledge, 1989, p.390-8.

**14.** Michel Fumaroli, *L'État culturel: essay sur la religion moderne*, Paris, Gallimard, 1992, p.30.

**15.** Howard S. Becker, *Art Worlds*, Berkeley, University of California Press, 1982, p.151, 137.

**16.** George Steiner, *Extraterrestrial*, Harmondsworth, Penguin, 1975, p.174.

**17.** Régis Debray, op.cit., p.168.

**18.** Embora alguns porta-vozes da intelectualidade, sobretudo Pierre Bourdieu (ver seu artigo "L'intellectuel dans la cité", *Le Monde*, 5 nov 1993), queiram que acreditemos que esse negócio é habitual, esse retorno é exatamente o que precisa e *pode* ser feito, e não depende de nada além das próprias decisões dos intelectuais.

**19.** Há mais do que casos isolados de intelectuais que oferecem seus serviços a tribalismos emergentes (ou aspirantes) da era pós-moderna. Por motivos antes expostos, os intelectuais sempre foram fascinados pelo poder, e com a perspectiva de uma autoridade ecumênica caindo aos pedaços, o difundido enfeitiçamento dos intelectuais pela ressurreição das "comunidades" parece uma perigosa versão pós-moderna do velho romance. Que resultado esse flerte pode produzir? Pode-se ficar sabendo de um precedente histórico: como alertou Hannah Arendt, houve outrora, entre a elite intelectual, e não que há muito tempo, "o fascínio terrível e desmoralizante da possibilidade" de que "o homem pode ser livre para mudar seu próprio passado à vontade, e que a diferença entre verdade e mentira pode deixar de ser objetiva"; e que "a antiga verdade tinha se transformado em pias banalidades, precisamente porque não se podia esperar que ninguém pudesse levar os absurdos a sério" (*The Origins of Totalitarism*, Londres, André Deutsch, 1986, p.333-4).

**20.** Andrew Jamison e Ron Eyerman, *Seeds of the Sixties*, Berkeley, University of California Press, 1994, p.210.

**21.** Jürgen Habermas, "Citizenship and national unity: some reflexions on the future of Europe", *Praxis International*, v.12, n.1, abr 1922, p.13.

**22.** Bauman, *Modernity and Ambivalence*, Cambridge, Polity Press, 1992 (trad. bras., *Modernidade e ambivalência*, Rio de Janeiro, Zahar, 1999).

**23.** O fenômeno não se limita em nada aos países do extinto bloco comunista. Observe a seguinte declaração: "Malta é um país europeu por sua cultura e sua história. Sentimo-nos europeus. ... Acreditamos verdadeiramente na Europa." (Eddie Fenech Adami, primeiro-ministro maltês, 22 fev 1992)

**24.** Carlo Schmid, "Verhältnis der Bürger zum Staat in der Bundesrepublik Deutschland und in Frankreich", in Wolfgang Neumann e Berenice Manach (orgs.), *Staat und Nation in Deutschland und Frankreich*. Lodwigsburg, Deutsch-Französisch Institut, 1977, p.2.

**25.** Gregory Clark, "The lecture is rising a bit hollow", *New York Herald Tribune*, 23 mar 1994, p.8.

**26.** Eric Hobsbawm, "Whose fault-line is it anyway?", *New Statesman and Society*, 24 abr 1992, p.24-5.

**27.** Jürgen Kocka, "Probleme der Politischen Integration der Deutschen", in Otto Büsch e James J. Sheenan (orgs.), *Die Rolle der Nation in der Deutschen Geschichte und Gegenwart*, Berlim, Colloquium Vertrag, 1985, p.122-3.

**28.** Entrevista no *Le Monde*, 26 mai 1992, p.14.

**29.** Michael Walzer, *Spheres of Justice: A Defense of Pluralism and Equality*, Nova York, Basci Books, 1983, p.38 (trad. bras., *Esferas da justiça: Uma defesa do pluralismo e da igualdade*, São Paulo, Martins Fontes, 2003).

**30.** Ver Eric Hobsbawm, "Some reflexions on 'The break-up of Britain'", *New Left Review*, n.105, 1977.

**31.** Johann Gottlieb Fichte, *Adresses to the German Nation*, Westport, Connecticut, Greenwood Press, 1979, p.17.

**32.** Ernest Gellner, "Ethnicity, culture, class and power", in Peter F. Singer, (org.), *Ethnic Diversity and Conflict in Eastern Europe*, Santa Barbara, ABC Clio, 1980, p.260.

**33.** Ver Eric Hobsbawm e Terence Ranger (orgs.), *The Invention of Tradition*, Cambridge University Press, 1983, p.4.

**34.** Arendt, op.cit., p.274-5. Arendt deposita a culpa inequivocamente às portas da Liga das Nações, totalmente dominada por Estados antigos, bem-enraizados e seguros, que domesticamente fizeram da identidade entre Estado e nação um "fato da vida". O Tratado das Minorias, que a Liga impôs aos Estados recém-nascidos no "cinturão de populações mistas", "dizia em linguagem simples... que apenas os nacionais podiam ser cidadãos, que apenas pessoas de mesma origem nacional poderiam se beneficiar da proteção irrestrita das instituições jurídicas, que pessoas de diferentes nacionalidades necessitavam de uma lei de exceção até, ou ao menos, que tenham sido completamente assimiladas e se divorciado de sua origem".

**35.** Julia Kristeva, *Étrangers à nous-mêmes*, Paris, Fayard, 1988, p.290.

**36.** Henri Brugmans, *L'Idée européenne, 1920-1970*, Bruges, De Tempel, 1979, p.360, 39.

**37.** Max Frisch, *Sketchbook 1946-1949*, Nova York, Harcourt Brace Jovanovich, 1977.

**38.** Logstrup, *The Ethical Demand*, op.cit.

**39.** Shestov Lev, *A Shestov Anthology*, Athens, Ohio University Press, 1970.

**40.** Arendt, op.cit.

**41.** Ibid.

**42.** Giddens, *The Transformation of Intimacy*, op.cit.

**43.** Schluter e Lee, op.cit.

**44.** John Dunn (org.), *Demoracy: The Infinished Journey, 508 BC to AD 1993*, Oxford, Oxford, 1993.

**45.** Neal Ascherson, "The british problem", *Independent on Sunday*, 3 abr 1994.

**46.** Hans Jonas, *The Imperative of Responsability*, Chicago, University of Chicago Press, 1984 (trad. bras., *O princípio responsabilidade: Ensaio de uma ética para a civilização tecnológica*, Rio de Janeiro, Contraponto, 2006).

**47.** Ibid.

**48.** Judith Squires (org), *Principled Positions: Postmodernism and the Rediscovery of Value*, Londres, Lawrence & Wishart, 1993 (artigos de Steven Connor e Jeffrey Weeks).

**49.** David Campbell e Michael Dillon, *The Political Subject of Violence*, Manchester, Manchester University Press, 1993.

**50.** Georges Balandier, *Le Dédale*, Paris, Fayard, 1994 (trad. bras., *O Dédalo: Para finalizar o século XX*, Rio de Janeiro, Bertrand Brasil, 1999).

**51.** Richard J. Mouw e Sander Griffioen, *Pluralism and Horizons: An Essay in Christian Public Philosophy*, Eerdmans, Grand Rapids, 1993.

**52.** Max Frisch, ibid.

# · Índice remissivo ·

## A

adiaforização, 137-8, 183, 202-7, 211, 264, 349, 355
adiamento da gratificação, 119-23, 125
Adler, Judith, 395
Adorno, Theodor, 156, 313
Agostinho, santo, 115-6, 395
Alcock, Richard, 397
alossemitismo, 279, 286, 291, 294, 297
Aly, Götz, 266-8, 404
ambivalência, 10-3, 17-9, 65, 95-6, 99, 101, 112-3, 136, 162-3, 174, 175, 189-93, 212-3, 218, 227, 230, 244, 256-7, 266, 279, 284-98
Apel, Karl-Otto, 85, 393
Arendt, Hannah, 13, 84-5, 104, 206, 219, 246, 265, 275, 295, 340, 348, 354, 377, 383, 393, 400, 403-4, 406, 407
Ariès, Philippe, 81, 392, 398, 400
Arnold, Matthew, 311, 406
arte, 96-8
Ascherson, Neal, 367, 407
atenção, 75, 124, 140, 213-4, 357, 379
ator/autor, 102-3
autoformação, 33-4, 154, 233, 237, 296-7, 338, 369-70
autonomia moral, 57, 65-6, 95, 138, 170, 258, 350-3, 385

## B

Bacon, Francis, 311
Bailey, Joe, 42, 43, 390
Bakhtin, Mikhail, 97, 203, 394
Balandier, Georges, 322, 325, 382, 408
barbarismo, 56, 195-201, 261
Barth, Fredrik, 287, 404
Barthes, Roland, 241
Baudelaire, Charles, 126
Baudrillard, Jean, 140, 205, 259, 395-6, 397
Bech, Henning, 128, 180, 183-4, 188, 189, 396, 398
Beck, Ulrich, 41, 109, 199, 235, 241, 374, 403
Becker, Howard S., 406
Béji, Hélé, 194, 245, 399, 403
Béjin, André, 161, 398, 400
Benda, Jules, 302
Benjamin, Walter, 126, 221, 288, 401
Benoist, Jean-Marie, 223, 402
Bentham, Jeremy, 146-7, 397
Biale, David, 285, 404
Bielefeld, Ulrich, 399
Bismarck, Otto von, 333
Blanchot, Maurice, 96-7, 102, 154, 394, 395
boa forma, 122, 156-66, 209
Bourdieu, Pierre, 312, 406
Breyer, Hiltrud, 216
Brugmans, Henri, 341, 407

Buber, Martin, 80, 91, 394
buscadores de experiências, 132-4, 139-40, 156-70, 183-4

**C**

Cala, Alina, 292, 405
caos, 25-31, 38-45, 50, 52-4, 81, 129, 135, 280, 304, 345, 398
capacidade de agir, 221-4, 263
caráter episódico, 74-5, 111, 125-8, 154-6, 211, 379
Carey, John, 312, 406
Carroll, Lewis, 214
casa/lar, 133-4, 184-9, 298
Castoriadis, Cornelius, 26-7, 31, 33, 38, 44-5, 235-6, 255, 257, 389-91, 403-4
Caygill, Howard, 196, 201, 400
cena primordial, 9, 19, 27, 93
Chalk, Frank, 274, 404
Chamberlain, J. Edward, 398
Chasseguet-Smirgel, Janine, 119, 396
Cheyette, Bryan, 404
Chorover, Stephan L., 231, 402
Christie, Nils, 276, 404
cidadania, 366, 380-1, 384-6
Cioran, E.M., 30, 37, 41, 215, 283-4, 390, 401, 404
civilidade, 81-2, 392
Clark, Gregory, 331, 407
Clemenceau, Georges, 299-300, 302
código de ética, 12-6, 21, 44-5, 54-66, 83-8, 100-5, 137, 345, 349-51
Cohen, Phil, 185, 298, 398, 405
Cohn, Norman, 293, 405
comprometimento, 79, 83
Comte, Auguste, 223
comunidades postuladas, 213-4, 251-2
Connor, Steven, 16, 382, 389, 408
consumismo, 122, 127, 154-8, 169, 209-10, 275, 315, 366, 384
convenção, 82-90
Craig, Edward, 222, 401
crueldade, 203-5, 218, 258-66, 270

**D**

Debray, Régis, 300, 405-6
demanda não dita, 82-9, 98
Dench, Geoff, 401
Descartes, René, 213

desenvolvimento, 47-52
deserto, 116-21
desocultação, 33-7
desregulamentação, 54
difusão de estímulo, 307
direitos humanos, 339
Dörner, Klaus, 216-7, 401, 402, 403
Dostoiévski, Fiodor, 32
Douglas, Mary, 163-4
Drucker, Peter, 106
Dumont, Éduard, 290, 405
Durkheim, Émile, 34, 71

**E**

Eichmann, Adolf, 84-5, 267, 400
Elias, Norbert, 203, 363, 399
Ellul, Jacques, 224, 402
encontro, 67-83, 126-8
era pós-legitimação, 89, 323
Erasmo de Roterdã, 81
especialidade, 112-5, 227-30, 235
espírito comunitário, 363-5
Estado-nação, 196-7, 250, 275, 294-5, 315, 317, 330-5, 339-40, 371-2
estar-ao-lado, 75, 78, 358
estar-com, 72-82, 83-4, 90, 100, 358, 393
estranhos, 67-9, 96, 130, 173-81, 185-9, 243-4
estratégia fágica *versus* estratégia êmica, 242-5
estratégias de vida, 19, 125-6, 142
estratégias inclusivistas/exclusivistas, 253-4, 298, 341
Eyerman, Ron, 324, 406

**F**

Feher, Ferenc, 214, 401
Fein, Helen, 273, 404
Féré, Charles, 402
Finkielkraut, Alain, 403-4
*flâneur*, 126-7, 180, 182, 211
fornecedores de bens, 155, 160, 167-9
Foucault, Michel, 146, 148
fragmentação, 74-9, 111, 125, 137-8, 156, 182, 186, 211, 265, 356, 377-9
Freud, Sigmund, 51, 111, 119, 143-4, 397
Friedman, Jonathan, 188, 395, 399

## Índice remissivo

Frisch, Max, 98, 205, 342, 385, 395, 400, 407, 408
Fromm, Erich, 181, 398
fundamentos (da moralidade), 23, 31-2, 34, 44-5, 61, 170
futuro, 43-4, 96-7, 100, 109-11, 122, 134, 154

**G**
Gellner, Ernest, 305, 338, 405, 407
genocídio, 231-2, 245-7, 260-1, 263, 271-4, 340, 403
Gerstenberger, Heide, 207, 400
Giddens, Anthony, 48-9, 123, 358-9, 396, 407
Gilman, Sander L., 231, 398, 402
globalização, 40, 336
Gombrowicz, Witold, 283-4, 404
Göring, Hermann, 261
Grajewski, Andrzej, 403
Griffioen, Sander, 383, 408

**H**
Habermas, Jürgen, 40, 210, 328, 393, 406
Hall, Stuart, 142, 397, 401
Hebdidge, Dick, 179, 182, 398
Hegel, Georg Wilhelm Friedrich, 30, 40, 195, 389-90
hegemonia cultural, 197, 303, 315-6, 330
Heidegger, Martin, 124
Heim, Susanne, 266-8, 404
Heller, Agnes, 214, 401
Herr, Lucien, 301
Hesse, Hermann, 102-3
heterofobia, 268, 280
Hilberg, Raoul, 231-2
Hirschman, Albert, 384
Hitler, Adolf, 266, 268-9, 277, 295-6, 393
Hobbes, Thomas, 34, 304, 344
Hobsbawm, Eric, 331, 334-5, 338, 407
Honneth, Axel, 64, 392
Horkheimer, Max, 34-5, 156, 390
Hornborg, Alf, 174-5, 398

**I**
identidade, 71-2, 112-4, 119-21, 124, 152, 187, 218-9, 234, 250-1
inadequação, 153-6

incerteza, 11-2, 17, 25, 145, 147-8, 151-6, 175, 227, 249-52, 288-9, 369, 381
inconseqüência, 15, 43, 122-4, 136-8, 181, 352-6
indiferença, 80, 84, 95
injustiça, 63-5
integração,
   estacionária, 68
   manifesta, 70-2
   meta, 73
   moderada, 69
   móvel, 67
   postulada, 71-2
intimidade, 81, 138

**J**
Jabès, Edmond, 117, 395
Jamison, Andrew, 324, 406
Jaspers, Karl, 111, 199, 394, 400
Jonas, Hans, 234-5, 374, 376-7, 402, 408
Jonassohn, Kurt, 274, 404

**K**
Kafka, Franz, 102-4, 108, 154, 395
Kant, Immanuel, 80, 251, 376
Kapuscinski, Ryszard, 270-1
Katz, Jacob, 290, 292, 405
Kellner, Douglas, 112-3, 395
Kierkegaard, Soren, 104
Klemm, David E., 39, 390
Kocka, Jürgen, 332, 407
König, Helmut, 399
Kristeva, Julia, 341, 407

**L**
Lane, Robert E., 50-1, 391
Lasch, Christopher, 19, 121-2, 138, 389, 396-7
Law, John, 192, 399, 402
Lee, David, 174, 264, 361, 392, 398, 404, 405, 407
Levi, Primo, 402
Lévinas, Emmanuel, 83, 87-8, 93-7, 104, 202, 358, 392-5, 400
Lévi-Strauss, Claude, 242
liberdade, 44, 93, 101, 104, 117, 128, 174-5, 179-80, 188, 217, 222, 229, 270-6, 288, 316-9, 364
Lofland, Lyn, 175, 398

Logstrup, Knud E., 82-9, 94-5, 104, 342-3, 392-4, 395, 407
Lotman, Yuri, 194, 399
Lukács, György, 99, 395
Lyotard, Jean-François, 36, 46-8, 91-2, 139, 323, 325, 390-1, 393-4, 396-7

**M**

MacCannell, Dean, 124, 189, 396, 399
Maffesoli, Michel, 71, 252
Mannheim, Karl, 309-11, 406
massa, 303-4, 318
MacCartney, C.A., 340
McLuhan, Marshall, 357
Mestrovic, Stjepan G., 140, 397
Milgram, Stanley, 263-4, 350
mixofilia, 189, 297
mixofobia, 189, 297
Moore, Barrington Jr., 63-4, 293, 391
morte, 99-100, 110, 144-5, 166, 227-31, 238-40
Mouw, Richard J., 383, 408
Muchembled, Robert, 302-3, 405
Mulgan, Geoff, 352
mulheres, 148

**N**

Natanson, Maurice, 310, 406
neotribalismo, 213-5, 219, 252, 255-6, 278
Nietzsche, Friedrich, 27-8, 30, 58-60, 71, 312-3, 389, 391
notoriedade, 320-1

**O**

Offe, Claus, 210
Ondaatje, Michael, 53
ordenamento social do espaço, 133, 139, 167-8, 183, 205, 210-1, 251, 258
ordenação/organização, 56, 129, 145-8, 192-8, 248-9, 256, 271, 280, 286-7, 295-6, 304, 311
Orwell, George, 43, 353
Ozick, Cynthia, 266

**P**

*pariah*, 288-9
*parvenu*, 288-9
peregrino, 115-23, 125-8, 211, 359

periferia, 200-1, 306-9, 329
Perkin, Harold, 313, 406
Peukert, Detlev, 269, 404
Pick, Daniel, 150, 197-8, 228, 232, 400, 402
Pinsker, Leo, 295
Poe, Edgar Allan, 363
Pomian, Krzysztof, 192, 222, 399, 401
possibilidade, 97-111
Pound, Ezra, 290
presente contínuo, 122
privatização, 152-5, 162, 213, 215, 218, 233, 238, 257, 275, 296, 316, 318, 319, 321, 361-73, 378, 382, 385
Proctor, Robert, 232, 402
produtores/soldados, 208
proteofilia, 186-7
proteofobia, 162-3, 186-7, 244-5, 280, 282

**R**

Raban, Jonathan, 237, 288, 403-5
racismo, 185, 242, 252-4, 269
Ramonet, Ignacio, 397
Rawls, John, 383
razão, 36-40, 53, 61-2, 79-81, 253, 256-7, 258-60, 344-5, 347
reciclagem, 54, 107, 113, 358
Reemtsma, Jan Philipp, 194, 197, 399
responsabilidade, 9-17, 57, 65-6, 71, 77-8, 85, 88-95, 98-9, 102, 112, 115, 122, 137-8, 153-5, 165, 170-1, 181, 183, 206, 211, 258, 264-5, 348-9, 352-8, 372-4, 383-6
Ricoeur, Paul, 83, 297, 392
risco, 41, 68, 102, 109, 135, 173, 184-6, 374-6
Robinson, Mary, 333
Rojek, Chris, 132, 396
Rolland, Patrice, 222, 401-2
Rose, Gillian, 17-8, 101, 389, 395
Rowntree, Seebohm, 157
Rühs, Friedrich, 282
Russell, Bertrand, 258

**S**

Sachs, Wolfgang, 391
Saint-Simon, Claude, 30
Sandauer, Artur, 279, 404

# Índice remissivo

saudade de casa, 72, 134, 186, 288
saúde, 122, 148, 157-8, 208-9, 228-9, 237-9
Scheler, Max, 394-5
Schluter, Michael, 174, 264, 361, 392, 398, 404-5, 407
Schmid, Carlo, 330, 407
Schmidt, Lars-Henrik, 96, 174, 394, 398
Schopenhauer, Arthur, 29-31, 34-5, 51, 111, 389-90
Schumpeter, Joseph A., 62, 391
Schwartz, Jonathan Matthew, 72, 134, 392, 396
Scull, Andrew, 402
Searle, J.R., 149-50, 397
self desembaraçado, 14, 63, 113-4, 117, 145
sentimentos, 80-7, 90-2, 136-7, 346-8, 353
ser-para, 11, 77-9, 90-3, 97-100, 168-9, 358
Shapiro, Michael J., 205, 400
Shestov, Leon, 342-3
Shilling, Chris, 397
Simmel, Georg, 251
simulacro, 205
Skinner, Quentin, 365-6
sociedade autônoma, 33-4
solidão, 84-6, 99-102, 381
solidariedade, 35, 70-1, 106, 298, 367-8
soluções totalitárias, 274-7
Soper, Kate, 16, 389
Spencer, Herbert, 150, 398
Stálin, Joseph, 268-9, 277, 295
Steiner, George, 124, 320, 357, 406
subencontro, 126-8, 139

## T

Tan, Yi-Fu, 223, 402
Tarkowska, Elzbieta, 25, 389
telecidade, 128

Thatcher, Margaret, 202, 367-8
Tiger, Lion, 229-30, 402-3
Tönnies, Ferdinand, 251
Townsend, Peter, 157
Toynbee, Arnold J., 308-9, 405
transgressão, 222-7
Truman, Harry, 48
Turner, Bryan S., 148, 397
Turner, Victor, 71

## U

universalização, 36-41, 46-7, 61, 105, 112-3, 322-3
utopia, 42-4, 175-6, 268

## V

Valéry, Paul, 106-7, 305, 335, 395, 405
Vanderburg, Willem H., 402
Vetlesen, Arne Johan, 79, 84-5, 392, 400
vida na cidade/vida urbana, 173-4, 177-88
Volkov, Shulamit, 289, 405

## W

Wagner, Peter, 218-9, 401
Walzer, Michael, 333, 407
Weber, Max, 117-8, 155, 193, 346, 399
Weeks, Jeffrey, 219, 384, 401, 408
Winter, Michael, 192, 399
Wittgenstein, Ludwig, 112, 244
Wolfensberger, W., 403

## Y

Yonnet, Paul, 254, 403

## Z

Zola, Émile, 299, 320
Zuk, Anna, 292, 405

ESTA OBRA FOI COMPOSTA POR MARI TABOADA EM AVENIR E MINION PRO
E IMPRESSA EM OFSETE PELA GRÁFICA PAYM SOBRE PAPEL PÓLEN SOFT
DA SUZANO S.A. PARA A EDITORA SCHWARCZ EM JUNHO DE 2022

A marca FSC® é a garantia de que a madeira utilizada na fabricação do papel deste livro provém de florestas que foram gerenciadas de maneira ambientalmente correta, socialmente justa e economicamente viável, além de outras fontes de origem controlada.